国際機構論講義

最上敏樹
Mogami Toshiki

International Organization

岩波書店

# 目　　次

## 序　章　国際機構論のパラダイム……………………………… 1

### I　なぜ国際機構を学ぶか…………………………………… 1
1　国民国家体系と国際機構　1
2　定義の問題　3
3　国際機構論のパラダイム変更とマルティラテラリズム　6
4　国際立憲主義的な国際機構論　9

### II　本書の構成……………………………………………… 14

## 第1章　抗争と交流──国際機構の生成と進化……………… 19

### I　国際機構が生まれる──ウエストファリア以後………… 19
1　抗争と交流──基本単位の出現　19
2　種々の《平和案》──ヨーロッパにおける原型　23

### II　戦争が国際機構を生む(その1)………………………… 25
　　──ヨーロッパ協調とハーグ平和会議
1　ナポレオン戦争とヨーロッパ協調　26
2　平和秩序の希求とハーグ平和会議　30
3　NGOの台頭──ウィーン・ジュネーヴ・ハーグ　33

### III　国際行政連合………………………………………… 35
1　産業革命と国家間交流の進展　35
2　国際河川委員会　36
3　国際行政連合　37
4　ヨーロッパ的なるものとしての国際機構　41
5　立憲主義と機能主義──原型の生成　44

### IV　戦争が国際機構を生む(その2)──国際連盟………… 45
1　巨大な状況圧力──戦争協力と戦後処理　45

2　連盟の創設——国家と非国家、大国のマルティラテラリズム　47
　3　制度の概略——不運な出発の後遺症　50
　　（1）理事会と総会　50
　　（2）事務局と常設国際司法裁判所　53
　4　活動の概略——成果と限界　55
　　（1）平和／安全保障分野　55
　　（2）人道的・社会的・経済的分野　60
　5　まとめ——連盟型集団安全保障と《ユース・アンテ・ベルム》　61

# 第2章　国際連合　67

## Ⅰ　成立の経緯　67

　1　米国主導の戦後機構構想　67
　2　ダンバートン・オークス会議からヤルタ会談へ　68
　3　サンフランシスコ会議　71
　4　主要機関と《国連システム》　75
　　（1）事務総長および事務局　75
　　（2）経済社会理事会・信託統治理事会・国際司法裁判所　83

## Ⅱ　草創期における特徴点——国際機構史における革命的転換　85

　1　国連型集団安全保障——強制行動の思想　85
　2　個別主義的安全保障　86
　3　体制の遺漏——非侵略型武力紛争・平和維持活動・紛争の平和的解決　89
　4　世界国家なき世界政府——国際寡頭制　91

## Ⅲ　冷戦期の変化　93

　1　「国連軍」の不成立——骨抜きの集団安全保障　93
　2　安保理の「麻痺」——国際寡頭制の沈黙　95
　3　平和維持活動の進展　96
　　（1）3大原則——強制行動との異質性　98
　　（2）連盟の遺産——何が生かすべき特質か　99
　4　総会の台頭——機構内ヘゲモニーの顕在化　101
　　（1）総会中心的な国連　102
　　（2）機構内ヘゲモニー　103

  (3)規範構想的な国連──《文民型》国連の表出　105
  (4)国連の《規範的統治》と《現業的統治》　106

### IV　冷戦終焉後の変化　108
 1　二つの正統性──その拮抗と錯綜　108
 2　平和／安全保障機能の複雑化　112
 3　武力行使の「外注」　113
 4　「対テロ戦争」がもたらしたもの　114

### V　70年の成果と限界　115
 1　マルティラテラリズムの時代　115
 2　「普遍性」の光と影　117
 3　流入する世界的諸問題　119
 4　仕組みとしての国連──その相対化　120

## 第3章　国連改革　123

### I　国連改革とは何か　123
 1　《多面体の改革》であることについて　123
 2　機能面と制度面の分別について　124
 3　世界秩序問題としての国連改革　127

### II　国連改革論の軌跡と系譜　130
 1　育　成　論　131
  (1)安全保障分野　131
  (2)経済社会分野　132
 2　矯　正　論　134
  (1)ヘゲモニーと秩序選択をめぐる角逐　134
  (2)国連システムの「政治化」への批判　135
 3　「事務局」と「予算」の焦点化　137

### III　冷戦後世界と国連改革　139
 1　不完全な「再生」　139
 2　平和強制(執行)部隊から平和維持活動の再生まで　141
 3　安保理改組問題と国連改革　145

## IV 「改革」の本質的焦点 … 148

## 第4章　地域的国際機構 … 153

### I　普遍的国際機構と地域的国際機構 … 153
#### 1　地域的国際機構とは　153
#### 2　増殖とその原因　155
(1)普遍的国際機構の代替　155
(2)イデオロギー的同質性と経済的同質性　157
#### 3　思想としての地域主義　159
(1)地域主義と普遍主義　160
(2)移行と相互補完　161
(3)地域主義と地域統合　163

### II　欧州連合(EU)——統合の機構について … 164
#### 1　統合体としてのEU　164
#### 2　EUとEC　167
#### 3　EUの組織と法　170
(1)欧州理事会(European Council)　170
(2)理事会(Council)、またはEU理事会(Council of the European Union)　172
(3)欧州委員会(European Commission)、または委員会(Commission)　174
(4)欧州議会(European Parliament)　176
(5)欧州連合司法裁判所(Court of Justice of the European Union, CJEU)　179
(6)EU法(共同体法)　182
#### 4　統合と超国家性　184
(1)超国家性とは何か　184
(2)条件つきの超国家性　186
(3)超国家性の逆説　188
(4)統合の正統性と欧州市民権　191
#### 5　まとめ　194

Ⅲ　欧州評議会——人権保障共同体と法的統合 ………………………… 195

　　1　欧州評議会という機構　195
　　2　EUと異なる法的統合　196
　　3　人権保障の共同体　198
　　4　成果と新展開　201
　　5　他の国際機構との関係　204
　　　(1)国連の保障装置との関係　204
　　　(2)EUと欧州人権条約　205

　Ⅳ　北欧共同体——非超国家的統合のかたち ……………………………… 207

　　1　北欧共同体とは何か　207
　　　(1)協力形態　207
　　　(2)協力分野　208
　　2　北欧「統合」の歴史的経緯　210
　　　(1)NGOの先行　210
　　　(2)政府間協力および議員間協力　211
　　　(3)北欧審議会(Nordic Council)　212
　　　(4)超国家化の抑制とその理由　213
　　3　北欧「統合」の特徴点——不定型な「統合」は統合か　214
　　　(1)軍事と経済の除外　214
　　　(2)非超国家性あるいは不定型性　215

　Ⅴ　地域主義の普遍化と多様化 ………………………………………………… 217

　　1　地域主義の普遍性——軍事から経済へ、北から南へ　217
　　2　地域主義の多様性　221
　　　(1)ASEANのゆるやかな統合　221
　　　(2)OASとAUにおける人権と司法の地域主義　223
　　　(3)SCOとAIIBの新展開　227

# 第5章　国際機構創設の動因 ………………………………………………… 229

　Ⅰ　国民国家体系とマルチラテラリズム ……………………………………… 230

　　1　国益の克服——ウエストファリア・システムの部分的修正　230
　　2　国益の伸長——ウエストファリア・システムの維持　231
　　3　共通利益の創造——マルチラテラリズムの力学　234

(1) 政府間国際機構、あるいはその中の政府間的機関　235
　　(2) 政府間機構の中の非政府部分(IGO の中の NGO 的な部分)　235
　　(3) 非政府間機構(NGO)　238

　II　創設動因の具体的類型 …………………………………………………… 239
　　　──国家性と非国家性の交錯するところ

　　1　国際行政連合の系譜に属する技術的・機能的な機構　240
　　2　世界管理あるいは治安維持体制としての国際機構　240
　　3　覇権糾合型の国際機構　242
　　4　弱者連帯型の国際機構　243

　　　(1) 政治分野　243
　　　(2) 経済分野　245
　　　(3) 弱者連帯の位相転換　247

　　5　NGO および NGO 的なるもの　249

# 第6章　国際機構の構造・機能・意思決定 …………………………… 251

　I　構　　造 …………………………………………………………………… 251

　　1　構造の一般的パターン　254

　　　(1) 総会と理事会(国家的機関)　254
　　　(2) 事務局(非国家的機関)　257

　　2　《無形の国際機構》に関する付論　258

　　　(1) G7／G8　259
　　　(2) PSI　261

　II　機　　能 …………………………………………………………………… 262

　　1　フォーラムとしての機能　263
　　2　情報機能　264
　　3　基準設定機能　266
　　4　規範創設機能　267
　　5　規則実施(適用)監視機能　269
　　6　司法機能　271
　　7　現業的機能　274

### III 意思決定 …………………………………………………… 276

1 意思決定方式に関する基本的論点　277
　(1)非拘束性ないし勧告性　277
　(2)票決制度　278
　(3)コンセンサス方式　282
2 意思決定と国際システム　284
　(1)大国のヘゲモニー　285
　(2)小国の《機構内ヘゲモニー》　289
3 《マルティラテラルな意思決定》の含意するもの　289
4 決定された意思の優劣と国際立憲主義　291

## 第7章　国際機構論の方法 …………………………………………… 295

### I アプローチと技法 ………………………………………………… 295

1 二つの主要アプローチ　295
2 五つの技法　297

### II 法学的アプローチと政治学的アプローチ ……………………… 300

1 法学的アプローチ——法規範的に構造を問う　301
　(1)記述的／経験的アプローチ　301
　(2)記述論から政策論へ　303
　(3)根幹的アプローチ——構築主義との接点　304
2 政治学的アプローチ——経験的に動態を問う　306
　(1)国家／国際機構の行動学　306
　(2)理論化への自由度の高さ　308

### III 歴史的アプローチの提唱 ……………………………………… 309

## 第8章　国際機構の理論 ……………………………………………… 313

### I 《国際機構の理論(theory)》と
《国際機構現象の理論化(theorization)》 ……………………… 313

1 一般理論の不在　313
2 理論(theory)または準理論(quasi-theory)　316

### II リアリズムとネオ・リアリズム ………………………………… 318

## III 相互依存論、レジーム論、グローバル・ガヴァナンス論 … 320

1 相互依存論　320
2 レジーム論　322
3 グローバル・ガヴァナンス論　324

## IV 連邦主義・機能主義・新機能主義・構築主義 ……… 327

1 連邦主義　327
2 機能主義　330
   (1) 概　要　330
   (2) 機能主義の論理　331
   (3) 問題点と意義　333
3 新機能主義　335
   (1) 機能主義との共通点および相違点　335
   (2) 理論的核心および問題点　336
   (3) 機能主義との比較　338
4 構築主義　339

## V 本書の結びにかえて ……………………………………… 341

主要参照文献　343
文献案内──更なる学習のために　349
あとがき　351
索　引　353

序　章

# 国際機構論のパラダイム


## I　なぜ国際機構を学ぶか

### 1　国民国家体系と国際機構

　20世紀は国際機構の世紀だった。19世紀にヨーロッパで生まれ始めた政府間国際機構が、20世紀に入って次々と増え、第二次世界大戦後には国際連合（国連）を軸にして増加の一途をたどった。また数的に増えただけでなく、国際関係の運営において必要欠くべからざる存在に育っていったことも、この世紀の大きな変化である。国連システムに属する機構だけではない。地域ごとに国家グループが自らに適正な規模の機構をつくる、地域的機構の世界もまた着実に拡大した。そうした地域的機構もまた、たとえば欧州連合（EU）の例からも明らかなように、加盟国にとって不可欠の重要性をもつと同時に、世界全体に対して無視できない影響を及ぼすものも少なくない。《国際機構》と呼ばれる存在が、世界運営の中で質量ともに確固たる地位を占めた点において、20世紀は《国際機構の世紀》となった。
　そうして国際機構が量的・質的な成長を遂げつつある間、それに関する基本的な問いは、国際機構が《なぜ・いかに》存在するのかだった。おのおのの国家が強い主権をもち、その制限に従順には応じない世界において、諸国を束ねた機構が独自の存在となり、時には諸国に対して行動の規制をしたり一定の命令を下したりすることは、言うほどに容易なことではない。にもかかわらず、なぜ国際機構がつくられるのか。どのような歴史的潮流を背景にして、あるいはどのような利害関係の組み合わせにより、国際機構はつくられることになった

のか。そのうちのあるものが成長し、あるものが衰退するのは何を契機としているのか。また、数多い国際機構は、それぞれどのような制度をもち、どのように機能しているのか。制度や機能には何らかの共通性があるのか。そうした問いが、過去１世紀弱のあいだの、国際機構論という学問の基礎的な問題群だった。このような基本的な問題群および解答群を《パラダイム》などと呼ぶ。

　20世紀に輪郭を固めたこれら諸問題に、われわれは引き続き取り組まねばならない。国際機構というものがいまなお国際関係の不可欠の一部であり、その存在の意味を問わずに国際関係を語ることはできないからである。加えて、前世紀に立てられた諸問題の多くが、実はまだ完全には答えられていないからである。とりわけ、さまざまな国際機構が「国際社会」の性格を変えつつあるのか、とくに「主権国家からなる社会」をどれほど変成させていると言えるのか、等々である。

　問題は更に増えた。《国連》は平和の確保をはじめ、世界の秩序の構築に決定的な貢献をしたのか。人権保障、通商推進、金融安定、環境保全等においてはどうか。またそれは、主権的国民国家体系(または国民国家システム)になんらかの変化をもたらしたのか。さらに、20世紀国際機構世界において実践的にも理論的にも大きな注目を集めたEUは、主権的国民国家体系を乗りこえるモデルとなったのか。なったにせよなっていないにせよ、この《新奇な国際機構》はより人道的でより社会正義に富む世界の構築に寄与する性質のものであったのか否か。どの問いに対しても、異論の余地なく明瞭な答は見いだされていない。

　問題は更に複雑である。20世紀が始まったとき、国際機構は「主権国家の織りなす組織体」という概念規定でとらえられ、したがってその機能も主権国家間の関係調整だけであり、「世界を変えた」かどうかの基準も、国々の主権がかつてほど強力で絶対ではなくなったかどうかだけだった。だが、世界は本当に主権国家だけでつくられているか。弱小国家よりもはるかに大きな財力を持つ多国籍企業や、国際人道法(武力行使犠牲者保護のための国際法)の運用や人道援助活動を大規模に行う非政府間国際機構(NGO*)や、世界各地で人権保障

　　＊NGOというと国内の団体を想起する読者もあるようだが、国際機構論においてはむしろ、国際的な団体を指すことが多い。「国際」であることを強調したINGO（International Non-governmental Organization）という言い方もあるが、本書では基

あるいは推進運動を展開する NGO の存在は、「世界運営」の一部でないとは言えないはずであり、それらを捨象した世界認識もいまや端的に無効になった。「世界」を定義するときに「主権国家の集合体」といった概念を用いるのは旧来の国際法に依拠する人々にほぼ限られる。そういう公式チャネル一点張りの国際法概念を、国際法史学の世界では「外務省国際法」などと呼んだりもするが(Bederman 2007)、それが——少なくとも 21 世紀のこんにちでは——作為的に作られた世界像であることは間違いない。NGO などの非国家主体(Non-State Actors, NSA)は「国際社会の構成主体ではない」のではなく、「外務省国際法によって国際社会の構成主体ではないとされている」から、形式的に排除されているだけなのである。

## 2　定義の問題

　国際機構論とは、何を・どのように研究する学問なのか——これは国際機構論をどう定義するかの問題だが、同時にそれは、そもそもその対象たる「国際機構」とは何かという、国際機構をどう定義するかの問題でもある。

　研究である以上、その対象の定義を避けて通ることはできない。他方でそれは、きわめて複雑で困難な——おそらく国際機構を学問的に処理する作業の中で最も困難な——作業である。たとえば、比較的よく用いられる、「複数の国家が、共通の利益や意思を推進する目的を持って設立する組織体で、通常は国際条約によって設立され、設立主体たる加盟国とは別個の法人格を与えられ、独自の行動手段や権限を備える」といった定義を例にとってみよう。一方でそれは、法学にありがちな「秘儀的な」言いまわし(Ku and Diehl 2009: 1)ではあるものの、抽象的定義としてはそれなりに目配りが行き届いている。設立主体・目的・設立根拠・権限等々、主要な構成要素にまんべんなく触れているからである。また具体的にも、たとえば国際機構の代表例と考えられることの多い国連などにはきれいに当てはまる。国連は 190 を超える加盟国で構成され、平和の維持や開発の推進を機構の目的とし、設立根拠として国連憲章という国

---

本的にたんに NGO と表記する。

際条約を持ち、加盟国とは別の国際法人格(国際法にのっとって法律行為をする能力)を与えられ、安全保障理事会(安保理)や事務局といった主要機関には相応の権限も与えられているからである。

　他方でこの定義は、国際機構と呼ばれるあらゆる機構に当てはまるのではない。むしろ、ほとんどすべての機構について、なにがしか当てはまらない面がある、と言うべきであろう。あるいは、要素の当てはまり方の度合いが機構によって異なる、と言ってもよい。たとえば欧州安保協力機構(OSCE)は加盟国における紛争解決のための実地調査権限などを持つが、機構を設立する直接の条約(設立条約)があるわけではない(1990年の「パリ憲章」が緩やかな制度的基礎である)。また、EUが持つ権限は、加盟国を拘束する立法権など、他の国際機構には類例がないほど広範なものである。EUを国際機構と呼ぶなら、他の国際機構は大部分が国際機構でなくなるとさえ言いうるだろう。だが、そこまで対象群を解体するのは無意味である。そうであるなら、国際機構の「定義」は、数語で対象の本質をえぐり取るというより、何を議論の対象とするかの枠づけにとどまらざるを得ない。

　もっとも、具体的な諸機構の研究においては、その程度の枠づけであってもとりあえずは十分に用をなす。したがって本書でも、いまの定義を更に精緻にする(＝対象を絞りこむ)ことは試みない。だが問題は残る。もし国際機構をそう定義するなら、たとえばアムネスティ・インターナショナルや国境なき医師団などは国際機構にはならないのだろうか。

　この疑問は正当である。少し前にも述べたように、いまの定義は国家間(inter-state)あるいは政府間(intergovernmental)で作られる機構、すなわち政府間国際機構(International Governmental Organization, or Intergovernmental Organization, IGO)のみを包摂し、非政府間国際機構(NGO)はあらかじめ除外されているからである。だがそれは本書の趣旨にはそぐわない。アムネスティも国境なき医師団も、国家を構成単位とせず、国際条約によって設立されていない機構である。国際的な目的のために多くの国の人々が参加し、多国で国際的に活動するそれらの機構が国際機構でないとするなら、国際機構論こそが現実の国際社会の動きの或る部分に目をつむり、国際社会の構成要素を狭めていることになろう。

こうして、さきに提示した定義は政府間国際機構についてのそれである、と限定しなければならなくなる。そして、非政府間国際機構については別に、「個々人が、国境を超えて、国際社会の公的目的のために結成し、行動する組織体」といった定義を与えることが必要になるだろう。

だが、IGO と NGO の両方を包み込むような定義を立てることは当面はむずかしい。「国家が構成員である場合もあり、そうでない場合もある」とか「国際条約によって設立されているものもあり、そうでないものもある」という具合に、二律背反の要素をいくつも含む定義は、定義とは呼べないからである。

統一的な定義を立てられないのなら、その両者は全く別の、異質な現象だということになるのだろうか。おそらくそうではないだろう。たとえばアムネスティ・インターナショナルと国連人権理事会は、両者ともに基本的人権の侵害防止、その尊重の推進という目的において共通し、人権侵害の違反を監視する行動においても、違反に対する非難などの判定においても共通している。違いのうち最も根本的なものは、それぞれの構成が国家を代表するものであるか(国連人権理事会)、そうでないか(アムネスティ)、という点である。ただ、その違いは、どのような基準によって、どこまで本質的なのだろうか。

一般的に言って、国際法を基礎とする国際機構論の場合、IGO への関心が主眼になりがちで、NGO が大きく扱われることはあまりない。これは国際法自体が基本的に国家中心主義的な思考を保っているためである。これに対し、国際関係論を基礎とする国際機構論の中には、一方には IGO も含めて国際機構を全面的に無視するものもあるが、他方で NGO も議論の対象とするものが増えてきた。もっとも、国際法型が国際関係論型よりも劣っている、ということでは必ずしもない。たしかに前者の視野は狭いが、組織体の制度や手続きそのものの分析を重視する姿勢は有用である。国際機構論が国際機構論であって国際関係論ではない以上、その姿勢は不可欠でもあるだろう。これに対し後者は視野が広く、研究領域の設定も柔軟だが、ともすれば機構の制度や手続き自体は軽視され、国際関係論全般へと議論が傾いていくきらいがある。

このように、今世紀において国際機構世界を研究するときに必要なことは、前世紀から持ち越しの問題を解くだけでなく、時間の経過とともに変わりつつある「国際社会」の性質に即して、新しく出現した問題を取り込むことでもあ

る。まずは国際社会の組成あるいは行為体の認識のやり直しから始まり、主権国家だけではない社会の概念化から始めねばならない。次いで、それらのうちのどれがどういう局面で問題解決に寄与しているか、逆にまた阻害しているかを問うことが必要になる。そのとき、国家の主権が国際機構によってどれほど制御されているかを問うだけでは足りない。そういう問いにおいて「国際機構」と呼ばれるのは、ふつうは政府間国際機構(IGO)だけである。そしてそこで想定される過程は、国際機構が権限を拡張し(あるいは権力を保有し)それによって個別国家の主権を制限する、というものである。その問いが無意味になったわけではない。だが、いまや新たな焦点になっているのが非国家主体であり、かつそれは制度的に国家主権を吸い上げることができるわけではない存在なのだから、主権国家と政府間国際機構の関係性だけを思考しても、十分には用をなさないのである。

## 3  国際機構論のパラダイム変更とマルティラテラリズム

　こうして、いま問われているのが、20世紀の国際機構論のパラダイムの変更であることが明らかになる。それは更にもうひとつの次元を包摂している。それは20世紀に成長した国際機構論に内在していた、ある種の目的論的あるいは性善説的な傾向の問い直しである。国際機構は善であり、進歩であるか——そういう概括的な問いに対して無条件で肯定的な答が与えられるはずはない。にもかかわらず、20世紀後半の国際機構論にはそういう暗黙の前提があった。とりわけこの期間の《基層的》(paradigmatic or stereotypical)国際機構である、国連とEU(かつては欧州共同体＝EC)に関してである。前者は世界大の平和のための国際機構であり、その後に表面化し深刻化した世界大の諸問題解決の担い手として、その成長が当然視された。また後者は、国家主権を吸収する超国家的な(supranational)集合体として、主権的国民国家体系を超える試みとして注目され続けた。

　そういう期待に理由がないわけではない。また、現実がそのように展開するかどうかはまさに現実の問題であって、現実化するかどうかに学問が責任を負っているわけではない。しかし、もしそれが学問的視座の偏りを生むとすれば、

この学問体系の基礎が一度見直されねばならなくなる。国連という方法が万能であり最適であって、世界運営のすべてを託すことができるものなのか、EUという結合形態が主権国家体系の唯一の乗りこえ方なのか、それは世界全体にとって普遍的であり、世界全体に普遍的な恩恵をもたらすものなのか。

　学問研究に目的論的な側面というものは存在する。たとえば世界の安全保障を論ずる際、「武力紛争を可能な限り抑制する」という発想は、政策的な視点であると同時に、かような抑制が最善の政策だと判断する学問的立場から設定される課題でもある。そうしていったん学問的な課題とされた以上、今度はその「武力行使抑制」という目的論的な課題が、それを達成するためにどういう方法が追求されるべきかの研究を促すだろう。学問の一つの課題は、そうした目的論が研究者個人の信念に発するのではなく、その問題に関わる人々や国々の多数の支持がある《共通目的》であるかどうかを確認し、さらに、そうと確認された目的を正統性ある目的として追求することである。

　他方で、そのような合目的性をみずからに許すことと、特定の研究対象を無条件に肯定することとは、おのずと異なる。国連を研究することは国連を全肯定することではないし、EUを研究することもEUを全肯定することではない。他のいずれの国際機構についても、それは同様である。むしろ、客観的な目的論に照らして、各機構の原理や機能が適正かどうかを、時代の要請にも照らしながら、不断に問い直すことこそが求められるであろう。たとえば世界の平和と安全にとって国連の集団安全保障体制は原理的・機能的に最適であるかどうか、ただすべき欠点はないかどうか、等々である。あるいは、主権的国民国家体系を乗りこえるべきなのだとした場合、EUの原理や機能には問題がないかどうか、等々である。

　パラダイム変更の名のもとにあえてこういう問いを再確認するのは、これまでの国際機構論世界に、多かれ少なかれ《国連中心主義》の要素があったからである。それは二つの部分から成る。一つは、国連の政策体系を基本的に肯定的に捉え、その実現を容易あるいは確実にする視点に立つ傾向である。国連は第二次世界大戦の反省の上に立って創られた《平和のための国際機構》であったし、加えて人権や開発や環境保全の推進をも活動目標にすることになったため、それに対して実践的にも学問的にも一定の期待が寄せられたのには相応の理由が

ある。他方で、たとえば「第二次世界大戦への反省」は、必ずしも勝者と敗者の区別のない普遍的な反省ではなかった。世界の構造や歴史の力学にあの戦争の原因があったと認識し、それらを等しくただすのではなく、侵略に走った枢軸国の行為を防げなかったことへの反省こそが原点だった。であるならそれは、時間の経過および政治状況の変化とともに正統性が薄れていくし、枢軸国による再侵略が問題ではなくなったとたんに政策体系としての実効性も疑わしくなっていく。それゆえ、その体制を無条件に肯定することは、原理的な無理を伴うと同時に、目的論的議論としても成り立ちにくくなっているのである。

　もう一つは、国連に対するそのような期待と表裏をなす事柄であるが、国際機構を媒介にして変貌した世界を認識するときに、いわば国連を中心に据えて議論を出発させがちになることである。国連は多くのことをなさねばならないし、方法次第では世界秩序のために多くをなしうる機構である。国連のような組織でなければならない事柄もいくつかある。しかし、世界のあらゆる問題について、まず国連があり、その周囲に他のアクター（行為主体）が付加的に存在しているだけなのではない。たとえば平和維持のためのあらゆる活動が国連によってなされねばならないということはなく、人権保障が誰よりも国連によってよりよくなされているわけでもない。とりわけ、主権国家による《政府間国際機構》としての限界が常につきまとう機構として、非政府間国際機構には能力的に及ばない面もある。国連は決して世界運営の不動の中心ではないし、今後についても、そうなるべきだという見通しが有力であるわけではない。

　このようにわれわれはいま、国際機構世界についての認識を新たにし、国際機構を内包する世界自体についての認識もまた、新たにすることを迫られている。先にパラダイム変更という大きな言葉を使ったゆえんである。他方で、国連中心主義的な国際機構論および国際機構世界観に修正を加えることと、なんらかの世界統合原理を保持することは必ずしも矛盾しない。20世紀後半の国連を中心とする国際機構が（一定程度）主流化したことにより世界に植えつけられた原理の一つは、国々がばらばらに存在し続けるのではなく、ともかくも共生し共同行動をとるべしとする《マルティラテラリズム》というものである。長い間それは、多国間主義などと訳されてきたが、多数の行為主体が世界運営に関わるという意味でならば非国家主体も加えられるこんにち、これは適切な訳

語ではない。しかし他に適切な訳語もないため、本書では(明らかに「国家関係」に限定される場合を除き)「マルチラテラリズム」の語を用いることにする。

　国連中心主義的パラダイムに懐疑的になるということは、その原理的基盤であるマルチラテラリズムに対しても否定的になることを意味しない。マルチラテラリズムの最小限の概念は、その反対概念であるユニラテラリズム(一国行動主義)に否定的であるということである。その原理的基盤は変えないことを条件にして考えた場合でも、マルチラテラリズムにはいくつもの種類が存在しうる。たとえば国際安全保障に関して、国連型マルチラテラリズムは安保理への権力付与を核心とするそれだが、それが唯一無二のあるいは最適のマルチラテラリズムであるという保証はない。反対にたとえば、多くの非国家行為体が非暴力的に行動することによる国際安全保障というものの構想の余地もある。そしてその場合、マルチラテラリズムの意味も変わるだろう。そういう構想が観念的ではなく現実的になっているのが21世紀世界の特徴であり、そうであるならばいよいよ、われわれは認識を組み替えねばならない。

## 4　国際立憲主義的な国際機構論

　こうして本書は、国際機構論および国際機構世界のパラダイム変更を構想し、そのために21世紀におけるマルチラテラリズムの意義と有効性とを検証するものとなる。同時に、筆者にとってそれは、国際法学における国際立憲主義の延長上に位置する国際機構論の試みでもある。国際立憲主義は多義的な概念であるが、ここではひとまず、世界を秩序づける上で国際法および国際機構がいかなる機能を果たしうるか、そのためにいかなる国際法規範および国際機構活動が重視されるべきかを論ずる方法論と定義しておこう(国際立憲主義は政治論としての「主義」ではなく学問的な方法論である)。

　それは現代世界が立憲的に動いているという現状認識ではなく、世界が一国行動主義的あるいは暴力的に運営されるかわりに、より規範遵守的・平和的に運営されるためにはどのような規範構造が望まれるかを探り当て、それに適合する要素を推奨し、適合しない要素を批判する学問的営為である。そもそもは

国際法学における議論だったが、これこそまさにマルティラテラリズムへの信頼に基礎を置く国際機構論が依拠すべき立場でもある、と筆者は考える。実際にこれまで筆者は、マルティラテラリズムを論ずるときに《規範的マルティラテラリズム》という概念を用い、立憲主義を論ずるときに《批判的立憲主義》という概念を用いて、その両者がきわめて近接していると論じてきた（最上 2014: 20; 同 2012 ②）。前者はマルティラテラリズムが機能する際に、いかなる反一国行動主義を具現すべきかを考える視点であり、また後者は 21 世紀までに国際法世界が達成した憲法的原則が何であるかを突き止め、それに反する行動や制度を批判する視点である。両者がその志向においてきわめて近いことは明らかであろう。

このパラダイム変更的な視座は、さらに、国際機構と国際法の歴史を批判的に再検討するものでもある。《規範的》とか《批判的》といった用語法からも、そのことはおおよそ見当がつくと思われる。

国際法といい国際機構といい、一方では（歴史の進展につれて）普遍的な恩恵をもたらした面もあるものの、そもそもの起源において欧米中心的あるいは大国中心的であったことはよく指摘される。欧州においていち早く近代国家体系が出現したこと、それらが他国（地域）を征服するほどの武力や財力を蓄えたこと、その中で事実面では「国際関係」を構築し、規範面では「国際法」の成立をリードしえたこと、勝者敗者いずれであれ世界大戦の主役になり、したがって戦後処理体制でもあったメガ国際機構（国際連盟や国際連合）の創設の主力になったことなど、欧米／大国中心的な史的展開が一貫して存在していたのである。それはただの偶然ではなく、近代国際関係が基本的に権力政治をその特性としていたことの、相当程度に必然的な結果だった。

国際関係を立憲化するということは、このような権力政治の要素さえ持つ実力主義の無制約な支配をただすことを意味する。それは同時に、ひとまず国々の主権平等を尊重し、国々の共同決定と共同行動とを国際関係運営の基盤とするという意味で、マルティラテラリズム強化の志向でもある。

起源において欧米中心的かつ大国中心的であった国際法体系および国際機構世界の基本原理は、しかし、次第に変化を迫られてこんにちに至っている。実力主義と規範主義は世界運営を両端から引っ張る二つの力であり、それは容易

には消えない。しかし、国際法および国際機構それ自体が、実力主義を規範的に補正する要素へと育ち始めた。とりわけ20世紀後半以降の世界においてそうである。実力主義一辺倒で今後の世界運営が持続できるとは思われないし、むしろそのような規範的補正こそが歴史的に不可避だと思われる。それゆえ、そこに立脚した目的論もまた学問的な許容範囲内にあると言えるのである。

　ただ、立憲化およびマルティラテラリズム強化という所説の出発点が、ひとまず国々の主権平等の尊重ということである点については少々の解説を要する。そのような等式に尽きるのであれば、国際立憲主義およびマルティラテラリズム志向は、いわゆる「ウエストファリア・モデル＝主権平等国家体系」に回帰するものであり、その限りにおいて国際法および国際機構論の革新を志向するのではなく、むしろ保守的な議論であることになる。（「ウエストファリア・モデル＝主権平等国家体系」という等式が無条件に成り立つかどうかについてはかなり疑問の余地があり、これはのちに論ずる。）

　だが、本書も立脚する立憲主義ないしマルティラテラリズムの立論において、国家主権の原則的尊重はいわば荒れ地の整地作業にすぎず、究極の目標は別のところにある。まず、「荒れ地」と命名するのは、国々の主権平等ということが実質的にも形式的にもおおむねフィクションでしかないことを指す。国々の間に貧富の差や軍事力の差が歴然としてあり、それは──より抽象的に──「政治的な」力の差にもなって現出する。「国家主権」が「国々の管轄権の及ぶ領域」を意味する限りにおいて、国家主権は国々の平等をではなく、むしろそのような不平等をもたらす要因なのである。さらに国家主権体制は、せめて形式的平等だけでももたらすことが期待されるかというと、けっしてそうではない。国連安保理における常任理事国の拒否権や、世界銀行や国際通貨基金（IMF）における加重票制（出資額に応じて持ち票数が変わる制度）は、実質的不平等を基準にして形式的平等を不平等に補正したものである。

　そのような不平等化はしばしば世界運営に不安定化をもたらす。主権平等が形式的にせよ国際社会の基本原則であり続けている以上、それに真っ向から反する方式はいちいち正統性を疑われ続けざるを得ないからである。ゆえに、形式的平等をわざわざ不平等に補正した制度は、いったん、より平等な方向へと軌道修正するほうが合理的であるかもしれない。それが整地作業の一つであり、

その限りでは「保守的」な志向とならざるを得ないのである。

　もう一つの整地は、主権国家体制が(時代によって差はあるものの)自由放任の要素を常にもち、ともすれば強者の軍事的・経済的・政治的・文化的支配へと傾きがちであるという現実に関わる。それが武力行使の安易さにもつながることは、軍事大国による武力行使あるいは武力による威嚇が、軍事小国(あるいは強力な非武力志向国家)によるものよりもはるかに多い事実からも明らかであろう。これをどうただすかが立憲主義やマルティラテラリズムの課題となる。大国支配や武力行使がすべて主権国家体制の必然的な結果であると言うことはできないが、他国の主権の無視あるいは軽視であることは確かである。であるならば、ここでもまた、ひとまず主権尊重という基本原則に立ち返るほかない。とりわけ、武力行使および威嚇をもって他国の主権を蹂躙(じゅうりん)する行動は完全に否定される必要がある。

　他方で、本書の行うこうした整地作業は、国家主権の強化やそれに伴う排他的国際関係の樹立を目論むものでは全くなく、むしろ個々の主権国家を超えた地点にある、個々の人間の根源的な価値に基礎を置いている。主権国家体制のもとではどの人間も特定の国籍を持ち、その国の支配の下で暮らしているが、その紐帯(ちゅうたい)だけが唯一の必然的な紐帯なのではない。にもかかわらず特定の紐帯の支配下で、ある人々は軍事大国国民としてその事実を謳歌し、別の人々は兵役に苦しめられる。更に別の人々は、内戦の中に閉じ込められたり、難民化してどこにも救いのない境遇に置かれる。そのすべてが、どれが所属国であるかという偶然の産物にすぎない。必然的でなく、したがって不可避でもないのならば、そうした不遇および「厚遇の格差」はただしていくほかない。とりわけ、現代世界においては、極度の人権侵害や、甚だしい貧困や、内戦等による難民および国内避難民化などは、もはや国内問題ではなく国際問題であり、放置すれば国際秩序を崩壊の淵に追いやるものと認識されている。その意味でも、個々人の権利保障や人道的待遇が、国際関係の研究においては基盤とされねばならない。

　国際立憲主義の議論の中には、そのことを当然の前提とするものがすでに現れている。たとえばアンネ・ペータースは、国際立憲主義の基盤的議論とも言える論文において「国際立憲共同体の構成員」問題を論じ、①個人、②国家、

③国際機構、④非政府間国際機構、⑤ビジネス行為体、の順で列挙して世界の構図を描いている(Peters 2009 ①；同②も参照のこと)。その根底には、国際法学その他の国際関係諸学にあっても《人間性》あるいは《人類》(Humanity)こそがあらゆる制度の根源だという認識がある。さまざまな人間的価値の実現と、さまざまな非人間的(非人道的)事態の改善と除去こそが社会科学の目的論とすべきものであるという認識である。それは狭義の国際法論ではなく、むしろ一つの世界観に拠った学問的立場と言うべきであろう。それがすべての国際立憲主義論者の立場なのでもないが、筆者はこの立場を共有している。

　一つの世界観に拠った学問的立場が好ましいかどうかについては意見が分かれるところであろうが、学問的にそれが絶対に許されないということはない。たとえばそのような立場の選択を拒み、「非人道的な事態が除去されようとされまいといずれでもかまわない」と宣明したとすると、それは立場の選択の拒否ではなく、別の立場の選択にほかならなくなる。そして、仮に二つの立場のうちのどちらかを選ばねばならない(あるいは選んでもよい)とすれば、歴史的な選択としては人間的価値を優先する立場のほうがより合理的であると言えよう。国際法や国際機構の史的展開を見ると、人権や人道の認識の覚醒、それらについての制度の拡充の絶えざる過程だったからである。むろんそれは、人権規範や人道法が常に守られてきたという意味ではない。原則や規範の常として、それらはしばしば破られ、制度的にも不完全なものが作られるなど、理想どおりには進まないが、価値と理念の次元では不可逆に発展している。それゆえにマルティラテラリズム重視型・国際立憲主義型の国際機構論も、そうした価値や理念と現実との乖離を測定することを根本的な学問的課題とするのである。

　ただし、個人の人間的な価値に立脚し、個人を根源的な単位とする世界像を基礎に置くと言っても、それは非国家的行為体をすべて肯定的に捉えるという意味ではない。たとえば国際的テロリズムを組織的に行う非国家的行為体に対しては、国際法的には否定的評価を与え、国際機構もまたそれら主体の暴力を除去せねばならない、とするのが当然の立論となる。問題は、国際的な難題もまた、そのように非国家的行為体によって生み出されているものが多くなっているという、新たな現実それ自体である。その現実を精確に認識し、それに適確に対応するということが何を意味するのかを把握しなければならない。また、

その対応が国家中心的な世界像だけで十分に果たしうるのかどうか、そのことも精確に見極めなければならない。たとえば非国家主体によるテロリズムへの対応として、国連安保理が集団安全保障の仕組みを動員すれば十分であるかどうか。不十分だとすれば国際安全保障の原理や仕組みをどう変えるべきなのか。国連という制度は真に有効なのか。それらが問題である。そこでもまた、21世紀世界に合わせて国際機構論のパラダイムの組み替えまでも行う用意があるかどうかが問われるのである。

　国際機構論という学問的営みは、IGO を中心に種々の国際機構の活動を記述し、分析し、制度構造の特性を明らかにすることが基本ではあるものの、機構ごとの形式的な分類をすること（とりわけ IGO と NGO を単純に峻別すること）なのではない。むしろ、20 世紀から 21 世紀にかけて、次々と《世界秩序基準》とでも呼ぶべきもの（たとえば人権の保障）が析出され、政府間・非政府間を問わずさまざまな種類の主体がその基準を実現する活動に乗りだした。国際機構論は、そうした多種の主体による秩序構築活動を包括的にとらえることを志向している。

　その意味で国際機構論は、《諸機構の学問》であるというよりは、《秩序構築方式としてのマルティラテラリズムについての学問》である。本書は、マルティラテラリズムが世界秩序の変革や構築にどう関わっているか、それを問うことを根本的な課題としている。

## II　本書の構成

　以上の問題関心と枠組みに沿って、本書は以下のような構成をとる。
　まず第 1 章では、国際機構の簡単な歴史を説きおこすことから始めた。とはいっても、史上最古の国際機構は何かをさぐり当てるといった作業はいったん脇におき、19 世紀のヨーロッパ協調や国際行政連合など、学界の通説でも「近代的」国際機構の端緒とされているあたりから扱うにとどめている。「国家」というものの形態もあやふやな時代にまでさかのぼってみても、本書の趣旨に寄与するところの少ない発掘主義で終わると考えたためである。それは通

史にはほど遠いものだが、主権的国民国家の成長という事態に直面した人類がどういう国際的制度をもって対応しようとしてきたか、その要点を把握するのに十分な程度の略史にはなるだろう。ヨーロッパが記述の中心になるが、それはこういう制度がまずヨーロッパから発生してきたからであって、他の地域を軽視する意図ではない。またその際、国際機構生成の歴史的要因として本章が重視するのは、世界大戦規模の戦争と政治的経済的革命である。それ自体は特に筆者の独創ではない。ただ、《抗争と分断に対するアンチテーゼ》という、筆者なりの国際機構現象に対する意味づけをたどる上で、いやおうなくこれらの大転換点に注目せざるをえないのである。そのようにして本章では、とりあえず国際連盟までの歴史を跡づけていく。

　第2章では、第1章からの時間的な流れに沿って、国連の構造の概略と基本的な論点について述べる。とはいえ、この膨大な機構のすべてを詳細に論ずるのは不可能だから、こと細かに国連の制度解説をするのではなく、国連という機構のいわば本質的論点を析出することに主眼を置いている。国連もまた、「戦争によって生み出された」国際機構の典型だった。それゆえこの機構は、それ以前の、連盟に至る国際機構の歴史の集大成という性格を帯びてもいる。同時にそれは、それまでにない新機軸をもたらした大転換でもあった。1世紀以上にわたって連綿と続いた《国際機構という営み》の歴史にとって、国連という機構は何を意味するものなのか——それが本章の根底をなす問題意識である。

　第3章では、国連に関する議論のうち、国連「改革」の問題を抜き出して論じた。抜き出すだけの重要性があると考えたためである。もっともそれは、国際機構論的な重要性であって、時論としての重要性ではない。本書の原型の出版時から現時点に至るまで、国連の「改革」が常に焦点になっていた。しかしその時々の時論は、国際機構論的な観点からはあまり本質的ではないものが多かった。そもそも国連改革論自体、近年に始まったことではなく、いわば国連の歴史とともにあったものである。その中で何が強硬におし進められ、何に抵抗が企てられ、何がぬけ落ちてきたのか。そうした問題のおのおのに国連という存在の意味を読み解くヒントがあり、国連と主権的国民国家体系との緊張関係も如実に現れている。国連改革を国際機構論的に（学問的に）論ずるということは、まずはそれらのヒントや現実を的確にとらえるということである。この

考え方に沿って本章での議論は、「日本の安保理常任理事国化は是か非か」というたぐいの時論は避け、何が国連「改革」の本質なのかを見きわめようとする作業で徹底した。

次いで第4章では、さらに経験論的な論述を続け、地域的国際機構について解説し論じている。同じ国際機構とはいっても、「普遍的国際機構」と呼び慣わされてきた国連のような世界大の国際機構と、EUのような「地域的国際機構」とでは、その意味するところも抱える問題点もかなり異なる。その差異を際立たせながら後者を論ずることを、この章では目的とした。とりわけEUについては、変化は急速かつ膨大で、常にアップデートしなければならない。この機構は特殊ではあるものの、その本質をおさえることは肝要であると考え、「統合」という概念を基軸に章の構成を組み立てている。他方で同時に、近年とくに進展の度を深めた中南米・アフリカ・アジア等の地域の地域的機構についても、概略ではあるが解説を加えるようにした。これらの機構については、少し別の観点から第5章でもふれている。

経験論的な議論は以上で終わり、第5章からはより理論的な論述をおこなう。

第5章では国際機構の創設と維持の力学を一般的に論じた。第1章が国際機構創設の巨史的（マクロヒストリカル）な要因を語るものであったのに対し、この章はより個別的・具体的に国際機構の「つくられ方」を見ようとするものである。国家はどのような場合にどのような理由で国際機構に加わろうとする（あるいはしない）のか、それがこの章の中心テーマである。その分析のための道具としては、米国などの国際機構論でも一般的に用いられている、「費用（コスト）と便益（ベネフィット）の比較衡量（こうりょう）」というそれを基本にすえた。もっとも、「国家というものは国際機構に加わることに伴う費用が便益より大きければ加わらず、逆であれば加わる」といった単純な議論で済ますつもりはない。個々の国家の損得勘定だけでは説明しきれない要素が、国際機構の創設と維持にはあるからである。そして何より、国際機構が存在することによって主権的国民国家体系というものが修正されるのか、あるいは維持強化されるのか、その点に目を向けておかなければならない。言い換えればそれは、国際機構という現象が一面的な性善説でも性悪説でもとらえきれないことを論じようとするものである。更に本章では、近年の具体的な諸機構に即して、その創設の動因を類型化することも試みた。NGO創

設の問題も、そこで多少の言及をしている。

　第6章では国際機構の構造と機能と意思決定について、やはり一般論的に検討する。このうち前二者、つまり構造と機能に関してはまさに一般論を展開することに主眼を置くが、意思決定に関しては一般論的な記述を少し拡張し、より分析的な議論が必要になるだろう。多くの国際機構において、意思決定の問題が単なる制度（表決制度など）の問題であるにとどまらず、国際機構と主権的国民国家体系のせめぎ合いが端的に現れる局面でもあるからである。国際機構における意思決定は、主権的国民国家体系を根本から変容させるものであるかもしれないし、あるいは逆に、それからの規制を強くこうむるものであるかもしれない。いずれであるにせよ、この問題が国際機構現象を考察する際の中心的な問題であることは確かである。とりわけそれは、国連のような世界大の国際機構において死活的な問題として立ち現れるものであり、本章でも国連を軸に議論を進めることになる。

　第7章では国際機構論の方法を論じた。初学者にとって、国際機構論とは何をどのように学習し研究するものなのか、必ずしも明らかではないと考えたためである。とくに国際法学とどのように違い、国際政治学とどのように違うのか——そうした点を中心に、「アプローチ」と「技法」の種類を分けて説明している。もっとも、国際機構論という学問はまだ歴史が浅く、他のどの分野にも見られない特性といったものはそれほど多くない。アプローチも技法も既存の学問分野からの借りものが多いのだが、にもかかわらず、国際機構論という分野は、国際法学そのものとも国際政治学そのものともちがう、独自の興味をかき立てる分野である。その興味を学問的にどう高めていくべきか、個々の機構を脈絡なしにではなく体系的に学習・研究するにはどうすればよいのか。そのための道標をささやかでも提示することを、この章では狙いとした。

　最後の第8章では国際機構の理論化について論じた。「国際機構の理論」ではなく「理論化」としたのは、国際機構の一般理論と呼びうるものや国際機構独自の理論といったものは、まだほとんどないからである。そのため、全体的に理論（theory）よりも理論化（theorization）に重きを置き、国際機構を理論的に把握するとはどういうことかを照射しようと試みた。国際機構の研究がともすれば断片的な経験論だけで終わりがちだからである。その際、「レジーム」や

「ガヴァナンス」といった、新旧の流行概念の有用性にも多少の言及をしている。他方で、いまや旧聞に属する理論になりつつある国際統合理論にはあえて一節をさいている。その理論構成がいまなお面白さを失なわずにいるからである。いずれにせよ根本の問題意識は、「なにゆえに人類は国際機構という営みに従事するのか」という問いであり、それを見失わぬためにも、「日々の国際機構」を超えて理論的にとらえる努力を続けねばならない。

＊

　概説書としての通読のしやすさを第一に考え、あえて註は付さないことにした。ただし、出典を明らかにすべき責任が大きいと思われる場合には最小限の引用註を本文中に挿入し、本文から離れて触れたほうがよいと思われる場合などは、本文から分離して短い説明註を同じ頁に掲載してある。

# 第1章

# 抗争と交流
――国際機構の生成と進化――

## I　国際機構が生まれる――ウエストファリア以後

### 1　抗争と交流――基本単位の出現

　国際機構の歴史を語ることは、一点においてのみ容易である。国際機構と呼ばれるものの本格的出現が19世紀に入ってからであり、したがって歴史といっても約2世紀ほどをたどればあらかたの用は足りることである。
　他方、それは事実の時系列的記述についてだけ言えることであって、何を国際機構的事実として語るかとなると、けっして容易ではない。そこではまず、「何をもって国際機構とみなすか」という、序章で述べた国際機構の定義の問題と正面から向き合わねばならなくなる。加えて、ひとまず議論を政府間国際機構（IGO）に限定するならば、それは国家間（inter-state）の機構であるから、それらについて語る場合、まずいつの時点で基本単位たる国家（state）が成立したと言えるかという、ある意味ではより困難な定義問題から始めねばならなくなるからである。
　またそのように問題をたどった場合、規範的・学問論的に、この後も克服解題として残るであろう難問も登場する。すなわち、西欧国家体系の成立、その「国家」たちによる制度作りという、欧州中心の記述は避けがたく、それは更に学問自体が欧州中心的になりうるおそれを内包している。加えてそこには、前章で述べた国家中心性から学問がどう自由になるか、という課題も密接に関わっている。
　それらの課題を念頭に置きつつ、この章では1648年のウエストファリア講

和会議以降、特に1814-15年のウィーン会議以降の時代に焦点を絞り、それ以前の時代については簡単にふれるにとどめる。基本的にそれは、本書が国際機構の通史ではないこと、および時代により「国際システム」のかたちが大きく異なる以上、国際機構の「原型」を発掘することにあまり意味はないと考えることによる。

《ウエストファリア以前》への言及は、国際機構論の概説書においてもきわめて少ない。とりわけ近年の概説書においてその傾向は著しく、19世紀以降の国際機構世界のみを記述するものが大半だといってよい。国際機構研究初期の文献で言及されている例としては、古くはエラムやヒッタイトなど古代エジプトの諸王国間の同盟関係、紀元前7-5世紀の中国において周王朝に対抗した周辺諸国の同盟関係、古代ギリシャ都市国家間のアンフィクチオニア会議など、少し時代をくだると14世紀に最盛期を迎えた北部ヨーロッパのハンザ同盟、13世紀に結成されたスイス州(カントン)連合、16世紀に結成されたオランダ自治州連合などがある(Mangone 1954: 12-20; Gerbet 1981: 28-29)。

このうち古代エジプトや古代中国の例については、同盟の構成単位がそもそも近代的な国家と呼べるかどうか疑わしいという理由で、前駆とみなすことに消極的な見解が一般的だが、アンフィクチオニア会議やハンザ同盟になると、同様に構成単位が近代的な国家と呼ぶのが困難であるにもかかわらず、それを前駆とみなす傾向が比較的強くなる。アンフィクチオニア会議から派生した、いくつかの都市国家間同盟がある種の国家連合に近似したものになっていたこと、とりわけその代表格であるリキアン連合では大都市国家3・中都市国家2・小都市国家1という加重票制が採用されていたこと、またハンザ同盟においては多数決制で運営される総会が最高意思決定機関となり、その権限の中には宣戦までも含まれていたこと、同盟の運営経費も加盟都市によって分担される仕組みができあがっていたこと、等々がその理由である(Mangone 1954; Gerbet 1981、いずれも前掲箇所)。

何が史上初の国際機構であるかを、これ以上は問わない。国際機構というものが国民国家という存在を前提しているという立場にあくまでこだわるなら、それだけで、上の例のいずれも国際機構ではないと片づけることも不可能ではないのである。以上のような《あいまいな前駆》にも目を向けることに理由があ

るとすれば、それらが前駆として挙げられる事実それ自体のうちにある。そのとらえ方の中に、現在に至るまであまり変わらない、国際機構論の基本的な関心が集約的に見られるからである。

　第一に、こうして国際機構論が関心を寄せてきた現象（《国際機構現象》）に共通しているのは、そのいずれもが一定の政治的・経済的・行政的単位の間の《抗争》か、あるいは《交流》を背景としていることである。それらの単位が近代的な国民国家であるかどうかは、あまり本質的ではない。基本単位が強大部族であれ、王国であれ、都市国家であれ、それらが他の単位とは別の存在であるという認識がありさえすれば、とりあえずは十分である。相互に識別し合う集団が複数できれば、その間に抗争が生まれるか、あるいは逆に交流が進展するだろう。そうした抗争をどう制御しどのようにみずからの安全を高めるか、また、相互の利益調整をはかりながら交流をどう容易にするか、あるいはいかにしてみずからの利権を擁護するか——そうした目的に向けた共同の営みこそが、広い意味での「国際機構」の原点となる。いずれにせよ、その背景となる社会現象が抗争か交流かであるという歴史的事実に、ここでは注目しておきたい。

　第二に、これら一連の事象に関して着目されているのは、そういう現象を背景にして企てられる、単位間の《結合》である。交流の促進のほうはともかく、抗争の制御といった目標は、自動的に単位間の結合を生むわけではない。抗争の制御のためには、結合ではなく《分離》という、全く正反対の対応も考えうるのである。にもかかわらず《結合》が指向された場合に初めて、広義だが有意な《国際機構現象》が生まれることになる。とりわけ交流の促進については、ことの性質上、いやおうなしに《結合》に向かわざるをえない面があるだろう。もっともこの分野における「前駆」は、たとえばハンザ同盟がそうであったように、参加都市間の交流促進というより、デンマークやスウェーデンや後には英国など、同盟外の勢力に対抗して利権（たとえば海上貿易の独占）を共同防衛するといった性格が強かった。商業活動に関するものも含めて、同盟型の結合は国際機構の原型のひとつではあるのだが、外敵への対抗ではなく成員相互の自制と協調と協力を旨とする、本来の意味での《交流促進的な結合》があらわれるのは、このもう少し後のことになる。

　こうして、国際機構論の学問的関心が何であるかは、不定型な古代・中世へ

の漠然とした着目のうちにも現れている。しかし、そうした関心はやはり 19 世紀以降（早くは 17 世紀以降）の世界に集中的に向けられる。そうした時点に近代的な意味での《国民国家》が形を取り始め、それに連れて国際機構現象も本格化し始めたからである。通説的理解によれば、ウエストファリア講和会議を機に近代的国民国家が成立し始め、それら相互の間の交流が増加した後、ウィーン会議を境にして国民国家というものが普遍化し体系化へと向かった、とされている。

　もっとも、ウエストファリアの講和自体は、べつに近代的な国際機構を作ったわけではない。あくまで、それが西欧の近代国家体系形成の出発点になっただけであり、それも、そののち長い時間をかけて徐々に拡大したものである。その意味で、ウエストファリア原理とかウエストファリア体制とかいった用語は、やや「乱用された用語」(Neff 2014: 140) だと言ってよい。とりわけ、17 世紀に短い期間で完成し、そのまま 21 世紀にまで引き継がれているかのような用法は、むしろ歴史認識の誤りだとさえ言えるだろう。瞬時に完成したわけではなく、そこで始まった主権的な国民国家というものも、またそれらが構成する「国際社会」も、一方で徐々に完成に向かいつつ、他方で歴史とともに大きく変貌したと言うべきだからである。それゆえ、現代の描写として今もなお《ウエストファリア以後》といった形容を用いることも、実は実体がない。

　これに対し、ウィーン会議以後のヨーロッパでは、そうして 17 世紀に始まった政治秩序の再編が強固になったことを受けて、実質をともなった国際機構現象が本格的に始まった。次節で述べるヨーロッパ協調体制と国際行政連合がその具現である。そこにおいて、制度面（総会や理事会や事務局といった機関が備わっているか）、機能面（単なる同盟的存在を超えて日常的政策調整および協力にまでわたっているか）、権限面（何らかのかたちで構成単位を拘束する意思決定を行うことができるか）等々、いくつかの点で現存する国際機構に似た組織体が、散発的ではない存在として現れ始めたのである。この点の記述には次節で戻ろう。

　ここで再確認しておくべき点は、《抗争や交流を背景とした結合》があらゆる「国際機構」の原初形態だということである。やがて構成単位が氏族や部族や都市国家から近代的国民国家へと変わり、「国際機構」の機関や手続きが一層整備されれば、それはより「近代的な」国際機構へと接近することになるだろ

う。だが、原初形態であれ発展形態であれ、関心が向けられる特質に本質的な違いはない。

　こうした特質を、国際機構研究は《国際社会の組織化》と呼んできた。分離ではなく結合という選択、あるいは分離から結合へという移行こそが、その言葉の中心的な意味内容である。そして組織化という言葉が含意するように、多くの場合そこでは、拡散から凝集へ、無秩序から秩序へ、さらには無政府性から権力の措定へ、という構造変容が想定されている。またそう見るならば、国際機構研究が主として近代国民国家体系の開始以後に焦点を合わせてきたのも理由のないことではない。それは、そもそも「国際社会」という語がこの体系に即して使われ始めただけでなく、分離や拡散が無秩序や無政府性といったネガティヴな効果をもたらしているという認識が、とりわけこの体系との関連において強まったことの現れでもあった。

　分離が常に無秩序に通ずるわけではない。にもかかわらずこの体系に関して《分離＝無秩序》という図式が普通に語られるのは、その二つを結びつけ、あたかも同義であるかのようにする要素がこの体系に備わっていたからである。すなわち、近代国民国家の成長と軌を一にしてあたかもその属性のように強化されつつあった、国家主権(特に対外主権)という制度である。そこでは、分離した個々の単位がそれぞれ至高の存在である。そうであるなら、それらの間の角逐を制御することも容易ではなく、したがって《無秩序であること》がその体系の基本的属性となりやすい。主権的国民国家体系が本質において排他的であり、しばしば閉鎖的にもなりうるのは、主としてこの理由による。加えて、18世紀頃から正戦論(戦争には正しい戦争と不正な戦争とがあるという法理論)が衰退し、主権国家が大幅な戦争の自由を獲得するに至って、主権的国民国家体系は同時に抗争の体系へと転化していった。分離や拡散のマイナス面が、いよいよ顕著になったのである。国際機構という営みは、そのマイナス面を克服あるいは緩和するための意匠として歴史に登場した。

## 2　種々の《平和案》——ヨーロッパにおける原型

　こうして、国民国家体系そのものが国際機構の生成を必然的にする。とはい

え、国際機構の必要性が痛感されたのがもっぱら近代的国民国家の成立以後であ̇るということでもない。近代的な国際機構現象が本格的に開始される以前から、いわば国際機構形成の思想ともいうべき、種々の《平和案》が数世紀にわたって唱えられていた。さきに見た「前駆」をわきに置くなら、国際機構の起源はこれらの思想のうちにあったと言っても過言ではない。たとえば、キリスト教君主国間の平和協調を旨とする同盟型安全保障機構の設立を説いた代表的な人物のうち、フランスのピエール・デュボワは13-14世紀、ボヘミア王ゲオルク・ポディエブラートは15世紀の人である。さらに、ヨーロッパ諸侯に対して、交易促進を主目的とし紛争の平和的解決の機能も備えた、キリスト教君主に限らない(「普遍的な」)機構の設立を提唱したフランスのエメリック・クリュセなどは、16世紀末から17世紀にかけての世界を生き、ちょうど1648年に没している。いずれも《ウエストファリア以前》の人々である。(以上全般につき、パーキンソン1991: 41-44; Gaurier 2014: 425-441。)

　《ウエストファリア以後》もこの潮流は続いた。とりあえず《ウィーン会議以前》で時代を区切るなら、1693年に著した『現在および将来のヨーロッパの平和のために』において、紛争調停機能と一種の集団安全保障機能を備える「ヨーロッパ君主議会」を提唱した英国(のち米国)のウィリアム・ペンや、1713年に『ヨーロッパにおける永久平和のための計画』を著して「恒久ヨーロッパ議会」を提唱し、戦争の永久禁止と通商紛争の解決をめざしたフランスのアッベ・ドゥ・サン゠ピエールなどがいる。こうしてなんらかの連邦(federation)あるいは国家連合(confederation)を建設することが、この時代の平和案のひとつの潮流となっていった。同じフランスのジャン゠ジャック・ルソーは、1761年に著した『サン゠ピエールの永久平和計画についての摘要』でサン゠ピエールの説を痛烈に批判したことで知られるが、そのルソーも連邦的な国際政体の形成に関するサン゠ピエールの想定が非現実的だと批判したのであって、連邦的な政体そのものを否定してはいない。

　そしてこの世紀も終わろうとする1795年、イマニュエル・カントが著した『永遠平和のために』をもって、こうした思想的潮流もいちおうの完結を見ることになる。それは国々に共和制の採用を促し、常備軍の廃止を訴えて、そうした国々が「自由な諸国の連合」を形成することを提唱したものだった。ちな

みにカントのこの構想は、それから120年以上も後に、国際連盟の設立を強力に推進したウッドロウ・ウイルソン米国大統領に多大の影響を及ぼしたとされる（以上全般につき、Gaurier 2014: 442-466）。

　もっとも、本章第IV節でも述べるように、国際連盟における《カント的なるもの》の現れ方は、「カントの構想が国際連盟に結実した」と言えるような単純なものではない。またカントは、ルソー同様、世界国家的なものに対しては終始否定的だったことも、ここで一度強調しておこう（これと国連との関連につき、最上1995③）。

　このように、国際機構をつくる必要があるという思考は、必ずしも国民国家体系の確立を待って、それへの反措定として生まれたものではなかった。君主国家であれ国民国家であれ、それらが統治の単位として一定の自律性と主権性を備え、他の単位との抗争的な関係を構造化していさえすれば、国際機構形成の思想が誕生する条件は十分に熟しているのである。もっとも、以下の第III節でも見るように、19世紀に入って続々とつくられ始めた「近代的」国際機構の多くは、こうした思想的起源の根底にある、抗争的関係をいかに乗りこえるかという立憲主義的な問題意識よりも、国家間の交流をいかに円滑にするかという機能主義的な動機に促されたもののほうが多かった。そうではあれ、こうした抗争抑制的で無秩序（あるいは無政府性）止揚的な構想は、その後も長きにわたって人々の国際機構観、ひいては国際機構研究にも深い影響を及ぼし続けている。その意味で、この思想的起源には十分に着目しておかなければならない。


## II　戦争が国際機構を生む(その1)
### ヨーロッパ協調とハーグ平和会議

　国際機構成立の動因には、歴史的潮流に関わる巨史的(マクロヒストリカル)な側面と、折々の政策目標の実現・利害関係の調整等に関わる具体的個別的な面とがある。後者の例としては、たとえば難民の国際的救援という目的のために国連難民高等弁務官事務所がつくられる、といった事例を考えれば分かりやすい。その側面に

ついては章をあらためて述べることとし、ここではまず巨史的な動因に目を向け、その態様を把握することに主眼をおく。

国際機構の生成に関してもし法則といったものがあるとするなら、その第一は、《戦争が国際機構を生む》ということだと言ってよい。「前駆」の多くが国家等の抗争や紛争の抑制に関わるものであったこと、そして国際機構の設立を提唱した諸思想もまた何より戦争の廃絶をめざすものであったことは、すでに述べたとおりである。だがここでの《戦争が国際機構を生む》とは、そうして戦争の抑止や廃絶に関わるものであるというより、戦争（大戦）の結果、主として戦後世界管理の必要から大構想型（グランド・デザイン）の機構がつくられる傾向を指す。第一次大戦後の国際連盟と第二次大戦後の国際連合が、その最も明瞭な典型である。いわば、破壊された秩序の回復と戦争終結時の現状維持を主目的とする機構である。むろんその場合でも、戦争の抑止という目標が無縁なわけではなく、終結したばかりの大戦の惨禍をかえりみて再びそれをくり返すまいという意思が働いてはいるだろう。その意味でこの種の機構は、明らかにデュボワ以来の国際機構思想の系譜に連なるものではあるが、具体的な大戦の終結を契機としている分だけ、《戦勝国が築いた秩序の戦勝国自身による維持》という実際的な性格を帯びることにならざるをえない。その点で講和型国際機構というものは、観念的な《普遍的平和》の具現とは一線を画すことになる。

なお、地域的機構の中では欧州連合（EU、旧・欧州共同体＝EC）なども、やはり大戦の産物である点は共通している。だが、世界大の機構と異なり、戦争終結時の——世界大の——現状維持という性格はいくぶん弱まる。かわりに加盟国間の平和の確立という、デュボワ以来の平和思想の具現という面はより強まることになる。

## 1　ナポレオン戦争とヨーロッパ協調

こうした「機構」の実質的に最初の例とされるのが、ナポレオン戦争後、ウィーン会議を契機に成立したヨーロッパ協調（the Concert of Europe）である。英国・オーストリア・ロシア・プロシアの4国同盟として発足したこの体制は、1818年のエクス・ラ・シャペル会議を機に、敗戦国だがなお大国で、かつ戦

争以前の旧体制であるブルボン王朝体制に復帰したフランスを加え、5大国指導体制として19世紀ヨーロッパ秩序の核心を構成することになった。

　基本的にそれは大国間協議の仕組みであり、こののち第一次世界大戦に至る約1世紀の間に30回近い会合が持たれた(Reinalda 2009: 26)。協議内容は、主として勢力均衡の維持と植民地および勢力圏配分を狙いとした、紛争の処理や中小国への介入についてである。だが常設的な事務局といったものはなく、独自の法人格はむろんのこと、加盟国に対する存在の別個性や自律性といった、こんにちの国際機構が備えるような特性にもほとんど欠けていた。その限りでこの体制は常設的国際会議以上のものではなく、それ自身、いまだ国際機構の「前駆」のひとつに数えられるべき存在にすぎなかったとも言える。

　にもかかわらずヨーロッパ協調が近代的国際機構の出発点のひとつと目されるのには、それなりの理由がある。第一に、まさに常設的国際会議であるという事実そのものによってである。それはただの会議ではなく、まぎれもなく多国間会議外交の制度化だった。それまで、外交とは基本的に2国間のものであり、国際会議もほとんど講和会議のみだったのに対し、この体制は、戦後世界でも引き続いて(ということは平時から)それを多国間で行おうとする試みだったのである。たしかに会議外交の延長にすぎないとはいえ、それはマルティラテラリズム(ここでは多国間主義)の始まりを告げるものだった。

　のちにギリシャ、ベルギー、トルコなどをはじめとする中小の国々がこの仕組みに加えられ、帝国主義的な合意(たとえばアフリカ分割)などを除けば、この体制は中小国もまじえた協議の場という性格も帯びることになる。少なくとも懸案事項の当事国あるいは利害関係国についてはそうだった。たとえば、すでに1820年と21年、ナポリ革命処理のために開催された会議(トロッパウおよびライバッハ会議)に両シチリア王国を招請したことや、1856年のパリ会議に、英仏を支持してクリミア戦争に兵力を派遣したサルディニアを招請したことなどがその例である。この体制も末期の1906年、モロッコ問題処理のために開催されたアルヘシラス会議には、6大国(5大国に統一イタリアが加えられる。なおプロシアは統一ドイツにとって代わられていた)のほか米国も加わり、当事国たるモロッコ、利害関係国たるベルギー・スペイン・オランダ・ポルトガル・スウェーデンが参加した。

むろん多国間主義とはいっても、根本において大国中心的あるいは大国支配的な仕組みではあった。いまの中小国招請の例なども、その多くは、実態としては大国が中小国に干渉し大国の意思に従わせることを意図していた、と見ることもできよう。一つの大国に他の大国が干渉した例としては、わずかに、トルコ問題(1853年のクリミア戦争、77年の露土戦争)との関連で、56年のパリ会議および78年のベルリン会議においてロシアが干渉の対象になった例が挙げられる程度である。そういう限界を持つものではあれ、多国間の――多くは平和的な――問題処理がここまで拡張したという事実は、やはり国際機構の歴史において見過ごすことのできない重要性を持っている。

　第二に、しかし、仮にヨーロッパ協調が圧倒的に大国支配の体制であったとしても、国際機構論的にはそのこと自体に深い意味があることも指摘しておかねばならない。つまり、大国が指導的な地位に立ち機構の意思決定の要(かなめ)になるという、こののち国際連盟や国連に受け継がれることになる制度原理の原型がこの時に生まれた、と見られることである。これを《選民型ないしエリート型の機関》と言ってもよい。集団的な意思決定および問題処理(多国間主義)を実効的にするための、それはある意味で「現実的な」意匠だったが、同時に主権平等原理とは相いれない制度原理でもある。というより、主権平等原理を貫徹していたのでは「秩序」維持にならないという観点から、意図的にそれを修正するための意匠だったと言うべきかもしれない。いずれにせよそれは、少数の国に《加重された主権》を与える制度となる(後出第2章第Ⅱ節参照)。機能的に見るなら、《秩序維持＝現状維持》という図式を成り立たせる制度、あるいは国際機構によって現状を正統化する制度ということになるが、それが主権平等原理をタテにした挑戦を真っ向から受けるようになるのは、国連成立以降のことである。

　もっとも、ウエストファリアからすでに2世紀を経ていたとはいえ、ヨーロッパ協調の時代に主権平等原理が確立していたと言えるかどうかは疑わしい。たしかに中世の普遍的・統一的な権威が崩壊し、分権的・分断的な「国際社会」が生まれつつはあったが、それが国民国家体系へと再編され始めるのはまさにヨーロッパ協調の時代になってからだった、と見ることもできるのである。そういう流動的な時代にあって、主権平等という法原則だけが前もって確立し

実施される、ということがあろうはずもない。したがってヨーロッパ協調も、時代の政治力学と法的現実とに沿って生まれてきたものであって、ことさらそれを修正しようという意図からつくられたものではなかった。実際にもこの体制は、のちの国際連盟や国連のように、ひとつの機構の中で一方には主権平等原理を貫徹する機関(総会)、他方にはそれを修正する機関(理事会など)があって、権力的に後者が優越するという構図とは異なり(後出第2章および6章参照)、もっぱら後者のみで成り立つ体制だったのである。つまり、とりあえずヨーロッパ協調を初歩的な国際機構とみなすとしても、それはこんにちの国際機構の半分の要素だけを備えたものでしかなかった。だが重要なことは、この時につくられた一つの原型が、政治的・法的な背景が変化したこんにちでもなお、国際機構の重要な構成原理として存続しているという事実である。

　第三に、こうして多国間外交の技術が洗練されるにつれて、国際機構のもうひとつ別の要素、すなわち事務局(Secretariat)についても、その原初的な形態をこの体制はもたらした。会議が開催されるごとに複数の参加国が書記官(Secretary)を出し、それがアドホックな事務局らしきものを構成する、という方式である。ウィーン会議からライバッハ会議まではオーストリアが、その後1871年のロンドン会議までは開催地国が書記官を提供するという方式だった。だが1878年のベルリン会議の際、会議の議長でもあったビスマルクがドイツ人に加えてフランス人を書記官に任命したことにより、2カ国国民の混成にすぎないものではあったが、史上初の多国間事務局が誕生することになった(Mangone 1954: 56-57)。この混成方式はその後も引き継がれることになる。

　こうした新方式も、こんにち存在するような国際事務局(たとえば事務総長以下の国連事務局)とは明らかに異なるものだった。こんにち普通に見られる国際事務局とは、加盟国の政府代表ではない人員によって構成され、その点で加盟国に対して独立で、機能的には個別の国益実現とは別次元の任務を負い、存在も恒常的であるような機関である。それはまた、国際機構そのものの存在の恒常性を決定づけ、加盟国に対する《存在の別個性》を高める要因でもあろう。そうした事務局が出現するには、機はまだ熟しきれていなかった。そうではあれ、ヨーロッパ協調のように高度に政治的な事項を扱う仕組みにおいて、複数の国籍の人間が共同で国際的な行政事務を処理するという先例がここでつくられた

ことの意味は、やはり小さくない。国際機構が多国間主義の具現である以上、いずれはそういう要素を備えることが避けがたいという制度的な要請が、ささやかながらそこで認識されているからである。もっとも、本格的な「国際」事務局への進化は、ヨーロッパ協調の枠の外でも胎動し始めていた。この点は本章第III節で見る。

## 2 平和秩序の希求とハーグ平和会議

　《戦争が国際機構を生む》という文脈でヨーロッパ協調の次に議論されるべきは、常識的には国際連盟であろう。だがここではその前に、1899年と1907年の2度にわたって開催されたハーグ平和会議に目を向けておきたい。この2度の会議を「ハーグ体制」(the Hague System)と名づけて本格的に論じたのは、米国のイニス・クロードである(Claude Jr. 1956: Ch. 2)。それを「体制」あるいは「システム」と呼ぶことが適切かどうか、以下に述べる実態からは疑問もなくはないが、ヨーロッパ協調の別名である「ウィーン体制」と対比すべき時代であった点を明瞭にする効果はありえよう。

　もっとも、ハーグに始まったこのできごとは、《戦争が国際機構を生む》という命題からはやや距離があることに注意しておきたい。第一にこの会議は、ヨーロッパ協調を生んだウィーン会議や国際連盟を生んだヴェルサイユ会議などと異なり、それに先立って大きな戦争があったわけではなく、一般的に戦争の抑制あるいは緩和を推進することがその目的だった。第二に、それはまさに会議であり、それ自体を機構と呼ぶのはいささか無理がある。にもかかわらずこの体制は、「国際社会の組織化」の歴史における里程標として取りあげられることが多い。それは以下のような理由に基づいている。

　この会議は、紛争の平和的解決の制度作り・軍縮・交戦法規の整備などを目的としたもので、国際立法会議の色彩が濃いものだった。現実にもそれは、「ダムダム弾の禁止に関する宣言」や「毒ガスの禁止に関する宣言」(第1回会議)、「国際紛争平和的処理条約」や「陸戦の法規慣例に関する条約(および付属規則)」(第2回会議)など、いまもなお現実的な意味を保つ立法上の成果をいくつも生みだしている。つまりこの会議は、「機構」という形をとることはなか

ったものの、それに先立つ約700年間のうちに展開された平和案（国際機構形成の思想）を、理念の面で継承するものではあったのである。

　それだけではない。そうした規範創設面の寄与に加えて、この体制は機構論的にも新しい要素をいくつかつけ加えることになった。第一に、ヨーロッパ協調が近代的国際機構における《理事会》、つまり選民型ないしエリート型の機関の原型をつくったとするなら、このハーグ体制は、主権平等原理に立脚する《総会》型の機関の原型をつくったとみなしうることである。第1回会議には、米大陸から参加した米国およびメキシコ、アジアから参加した日本および中国（清国）を加え、26カ国が出席した。一面でそれは《世界のヨーロッパ化》ではあったが、こうした《国々のネットワーク》がヨーロッパ外にも広がったことの意味は大きい。また第2回会議には、コスタリカとホンデュラスを除くほとんどすべてのラテンアメリカ諸国が参集し、総数でも44カ国と、当時の「国家」の大多数が参加する会議となった。

　こうして《普遍性》という徴表が、国際的な結合関係における新たな制度原理としてつけ加えられることになった。それは単に、国際機構論の分野で日常的に用いられる、「普遍的国際機構」（大多数の国が加盟）と「地域的国際機構」（一部国家のみが加盟）という分類のうちの一方が登場した、という事実にすぎないのではない。ある種「普遍的な」機構ならそれ以前に出現し始めていた（後述の国際行政連合）ということもあるが、それ以上に、高度に政治的な問題を討議する場に中小の国々もいちおうは対等な地位で加わるという、主権平等原理の言い換えとしての《普遍性》が登場した点に、真の機構論的意味があるのである。

　主権平等原理に根ざす限りにおいて、それはある意味で《民主的な機関》でもあった。実際にこれ以後、そういう意味で「民主的」な機関、すなわち全加盟国が構成する総会を欠く国際機構はありえなくなる。もっとも、そこに言う「民主的」の語には一定の限定が付されねばならない。つまり、「すべての加盟国が参加していさえすれば自動的にその機関は民主的になるか」、という入り組んだ問題があるからである。より一般的には、「国際機構における民主主義とは何か」という問題があるのであって、筆者としては「総会型の機関があれば加盟国間の関係は民主的になる」といった意味づけはしていない。あくまで、国家の大小強弱を問わずいちおう平等に全加盟国が参加していればあからさま

に非民主的ではない、という意味での「民主的」である（国際機構と民主主義の関係につき、最上 1995 ②参照）。

　第二にこの体制は、平和的秩序の樹立が国際社会全体の課題だという認識の深まりを示すものでもあった。それも、ヨーロッパ協調のように、いま現に起きている具体的な紛争にどう対処するかに主眼があったのと違い、事前に・かつ将来に向けて、どう国家間抗争を制御するかに力点をおいた点に特色がある。おそらくそれは、戦争終結時の講和会議ではない、平時の会議なればこその特色であったろう。講和会議による秩序作りは、たとえ将来に向けたそれであるかに見える場合でも、実は後ろ向きの秩序作りでしかないことが多い。その「秩序」なるものが、根底において終戦時の現状の維持以上ではないのが常だからである。時にそれは、その「現状」に不満を持つ国々をかえって刺激し、秩序不安定化要因にさえなりうるかもしれない。そうであるなら、いくぶん抽象的ではあっても平和と秩序構築を事前に構想しておくことにも、それなりの意味があるのである。しかも、「たんに事前に」ではなく、勝者と敗者の間の秩序構築（あるいは強制）ではなく、客観的で第三者的な秩序がそこでは構想される。

　もっともこの体制も、秩序構想としては明らかに限界があった。とりわけ、平和あるいは秩序の構築といっても、多分にリーガリズム（単純な遵法主義）の気味を帯びたそれであったことである。あえて言うならば、法をつくれば平和や秩序がもたらされるという思考の産物でさえあった。たしかに、そこで生みだされた法はいずれも重要な意味を持つものばかりだったが、それだけで戦争を防げるものでないことは、第 2 回会議からわずか 7 年後、世界大戦の勃発により証明されることになる。おそらくそこで必要だったのは、ヨーロッパ協調とハーグ体制それぞれの長所を兼ね備えた仕組み、すなわち国際社会の広範な合意に裏づけられた規範を基盤にしつつ、同時に具体的な紛争に応じて作動しうる処理制度も持つような仕組みだった。

　第三に、もう一つの限界でもあるが、前にも述べたように、この体制はまさに会議であって機構ではなく、諸国の（一時的な）集合ではあっても（より恒常的な）結合ではなかった。常設性と定型性という点からは、およそ「国際機構」とは呼びがたいものだったのである。にもかかわらずこの体制が機構論的に注

目されるのは、第一点に挙げた特性に加え、この体制においてそうした限界が明瞭に認識されてもいたことである。実際にこの会議の場においても、それを常設的国際会議にしようとする意見が表明されていた。それは、《普遍的規範に支えられた、平和のための国家間結合》という、デュボワ以来の国際機構思想、特にカント的なそれが開花しようとするきざしだった。だがそれも、第一次世界大戦の勃発によって途絶させられる。それがよみがえるのは、戦後、国際連盟の成立によってである。こうして、なにがしかカント的な機構を持つまでに、世界はナポレオン戦争から更にもうひとつの大戦を経ねばならなかった。

　常設性に対するこの会議の志向は、1899年の国際紛争平和的処理条約によって常設仲裁裁判所を設立した点に現れている。もっとも、実際に存在したのは裁判官名簿だけで、司法機能を持つ機関が「常設」されたわけではなかった。紛争当事国が同裁判所への付託に合意し、名簿に記載された人々の中から裁判官を選任することができた場合にのみ、開廷される仕組みにすぎなかったのである。機関面で常設的なのは、事務部門として文書管理などを行い、事務局長と少数の事務局員からなる「国際事務局」だけだった。イギリスのD. W. バウエットが言うように、「常設的でも裁判所でもなかった」のである（Bowett 1982: 260）。1907年の会議の際には真に常設的な裁判所（「仲裁司法裁判所」）の設立構想も出されたが、陽の目を見ることなくついえた。この面における決定的な発展もまた、第一次大戦後の国際連盟の創設まで待たねばならない。

## 3　NGOの台頭──ウィーン・ジュネーヴ・ハーグ

　以上、《主権国家間の組織化》だけに論点を絞り、IGO（政府間国際機構）の誕生に至るゆっくりとした歩みを駆け足でたどったが、実はウィーン会議以降、現在で言うところのNGO（非政府間国際機構）も着実に発展し始めていた。というより、NGOが《人間たちの不定型な組織化》である分、国家間の組織化よりも自由に進展しやすい要素を備えていたと言うべきかもしれない。国際的NGOの存在ないしNGOの国際的活動が顕著になったのは、確認しうる記録によれば、前出のウィーン会議の時からである。国内次元でのNGOに関しては、たとえば18世紀終盤の米英両国における奴隷制廃止団体などが先駆けだとする

見方もあるが、国際機構論である本書では「国際的な」次元に関わるものだけに絞ろう。

　ウィーン会議にはフランクフルトおよびハンザ同盟のユダヤ人団体が参加し、会議の議長を務めたメッテルニヒ・オーストリア外相に陳情書を提出した(Charnovitz 1997: 195)。それは法的に結実し、ウィーン会議第9議定書として採択された、「ドイツ連邦憲法」第16条のユダヤ人市民権尊重規定となった。この会議ではまたドイツの出版業界代表も参加し、表現の自由および著作権の保護を求めて、これもまた上記ドイツ連邦憲法第18条によって保障されるところとなった(史料典拠: Hurst 1972: 38, 39)。

　19世紀後半には、ジュネーヴでもNGO史の記念碑が建った。普墺戦争の一部であったイタリア・ソルフェリーノの戦い(1859年)の悲惨さに衝撃を受けたスイスの実業家、アンリ・デュナンの呼びかけにより、のちの赤十字国際委員会(ICRC)の前身となる組織がつくられる。戦争の負傷者を救護するための国際体制づくりをNGOが主導して行う時代が始まったのである。当初はデュナンと4人の仲間で発足し、1863年に戦争犠牲者救護国際常設委員会の名称を採用し、翌1864年には史上最初の「ジュネーヴ条約」である、戦地における傷病者の状態の改善に関するジュネーヴ条約の締結を推進した。1880年に赤十字国際委員会を正式の名称とし、国際人道法(戦争犠牲者保護のための国際法)の拡充の活動を推進していく。1864年条約は数度改正され、1929年の改正では捕虜の人道的待遇を定める条約となった。第二次大戦後には1949年に4つのジュネーヴ条約がICRCの主導で締結され(第1～第4条約)、今日に至るまでこのスイスのNGOは、「ジュネーヴ法」と呼ばれる国際法の制定や運営の主たる役割を担っている。

　再びハーグ平和会議に戻ると、この会議にもまた、ヨーロッパ各地から平和運動組織、少数民族、女性運動団体などの代表が多数出席した。それに関して特筆すべきことは、主として平和、特に戦争の放棄および仲裁裁判実現を唱導する女性団体の活動が急激に開花したことである。欧州各国から主に富裕層の女性が多数参加し、会議の政府代表たちとも頻繁に接触し、政府間会議の場に参集して政府代表に働きかけ市民層の声を届けるという、今日では普通に見られるようになったNGOの行動スタイルの原型がここでつくられたとも評され

る(Reinalda 2009: 67)。そうした活動を主導した一人であるオーストリアのベルタ・フォン・ズットナーは、女性初のノーベル平和賞受賞者となった(1905年)。

## III 国際行政連合

### 1 産業革命と国家間交流の進展

《戦争が国際機構を生む》画期的な例である国際連盟へと話を進める前に、19世紀におけるいま一つの発展を跡づけておきたい。それは18世紀から19世紀にかけての科学革命および産業革命、それにともなう国境を超えた物的・人的交流の増大を契機とする政府間国際機構の増大を指す。国家間の抗争が多国間主義を促すのとは対照的な、交流が多国間主義を促すというパターンである。動因となる分野も、戦争や平和や安全保障といった高度に政治的なそれから、交通や通信など、人々の社会生活に即したより技術的なそれへと変わった。13世紀以来の平和案・国際機構設立案ではあまり重視されていなかったこの分野は、しかし、国際機構の発展に大きな足跡を残すことになる。

18世紀以来の科学技術の革命的な進展と、それにともなう産業革命の現出は、国々の生産性を飛躍的に高め、国境を超えた人や財やサービスや、思想および文化の交流を急激に深めるに至った。そうして交流が進もうとするとき、国家という単位はなにがしか障害として立ち現れることになる。都市国家であれ、君主国家であれ、国民国家であれ、一定の自律性を備えた統治単位であるということは、そこに閉鎖的な生活空間がつくられるということでもあるからである。それぞれが別個の通貨を持ち、独自の度量衡を定め、移民の流入に対する制限を設け、別々の衛生基準を敷いたりすること——そうした諸制度が人間の生活空間を閉鎖的に(不自然に自己完結的に)する。また、それこそが領域主権というものの日常的な意味にほかならない。

だが国境を超えた交流の進展は、当然ながら一国だけでは処理しきれない問題群を生み出す。国境を超えた通信をどう規制するか、円滑な交易を妨げる度量衡の違いをどう処理するか、国境をまたぐ交通網をどう整備し、そのための

共通規則をどう実施するか、等々。共通の問題が存在するということは、主権国家というものが本来的に閉鎖的でありながら、実はその大多数が自己完結的ではありえない、ということを示している。主権国家というものが領域的な単位にすぎず、機能的な観点から合理的に分割された単位でない以上、それは当然ではあろう。こうして、不自然に分断された生活空間が、機能的な必要に促されて再び結び合わされることになる。

## 2　国際河川委員会

　そうした《機能的な協力》の第一の例が、ヨーロッパ協調の成立とほぼ同時につくられ出した国際河川委員会(international river commissions)だった。数カ国を貫流する国際河川での航行(主として商業目的のそれ)を自由化し、それを管理するための国際制度である。主なものだけでも、まず 1815 年にライン河について設立され、次いで 1821 年にエルベ河、1856 年にドナウ河、1885 年にコンゴ河およびニジェール河について、それぞれ設立された。その機能は、各委員会ごとに多少の違いはあるが、①航行の自由や安全を監視すること、②航行・警察規則を制定すること、③衝突事故や航行規則違反に関する裁判において沿岸国裁判所の上訴審としての役割を果たすこと、などだった(Mangone 1954: 68-69)。行政・立法・司法の三分野にわたって、相当に広範な権限を付与されていたのである。

　このうちライン河の国際河川委員会は、すでに 1804 年、フランスとドイツ(当時はまだ神聖ローマ帝国の一部)との間で結ばれた協定によって、その原型がつくられていた。航行自由化の試み自体は、17 世紀以来、沿岸各国によってなされていたが、地方的領主らによる恣意的な通航税徴収などがあとを絶たず、それを防止するために両国が専従の機関を設けることにしたのである。それによれば、両国が任命する 1 名の「事務局長」が通航税の設定および徴収に関する一切の管理業務を行うものとされた。いずれの国の国家代表でもない機関が国際行政を担うということが、ここで始まったのである。それは今でいう「国際公務員」制度の先駆けでもあった。1815 年の協定ではすべての沿岸国が当事国となり、委員会の権限も拡張されるが、独立の機関(名称は「監督長官」と

なった)が国際行政を担うという方式はそのまま維持された。

　国際公務員制度の先駆けと述べたが、実はそれ以上と言うべきかもしれない。国際河川委員会に付与された権限が、現存する国際公務員集団(国連事務局など)のそれと較べてはるかに広範かつ強力だったとも言えるからである。この点に関しては特に、1856 年のパリ条約で設立されたドナウ河国際河川委員会が注目される。同委員会は、沿岸国代表で構成される「沿岸国委員会」および、非沿岸国代表も加えた「ヨーロッパ委員会」という二つの機関から成っていたが、特に後者が重要で、立法権(航行および警察規則の制定)・行政権(規則実施および通航税徴収)・司法権(航行に関連した紛争の裁判)を有していた。当初ヨーロッパ委員会はパリ条約当事国代表によって構成されていたが、1878 年のベルリン会議において、当事国群とは別個の、独立した地位を与えられることになったものである。独自の紋章と職員を持ち、その制定する規則も、航行従事者に対して直接に(すなわち、沿岸国や航行従事者所属国を跳び越えて)法としての効力を持つこととされた。そこには明らかに、こんにち《超国家性》と呼ばれるものの萌芽が見て取れる。国際機構が加盟国に対して高度の独立性を有し、時には加盟国をしのぐほどの権限を与えられる、という特性である。このヨーロッパ委員会が、《領域国家》と対比されて比喩的に《河川国家》などと呼ばれることがあるのも、同委員会のこうした特性をとらえてのことであろう。同委員会の独立性が実際にはきわめて限られたものだったという理由で、それを「超国家的」と規定することに否定的な見解をとる論者もあるが、こうした特性を備えた国際機構が出現したという事実だけでも、国際機構史の観点からは大きな意味がある。(以上、国際河川委員会につき、Mangone 1954: 68-73; Reinalda 2009: 28-32, 107-112; Zorgbibe 1986: 4、特にドナウ河国際河川委員会につき von Lindeiner-Wildau 1970: 64-74 を参照。)


## 3　国際行政連合

　こうして国際河川委員会が、ウィーン会議・パリ会議・ベルリン会議など、ヨーロッパ協調の枠組みの中で生まれるかたわら、その枠組みとはいちおう別個に、交流を基盤とする別の国家間結合が同じ時期に生まれつつあった。それ

表 1-1　主要な国際行政連合

【交通通信】
- 国際電信連合［ITU］(1865 年)
- 万国郵便連合［UPU］(1878 年＝75 年に設立された郵便総連合を改称)
- 国際鉄道貨物輸送連合(1893 年)
- 国際無線電信連合(1906 年)

【保健衛生】
- 国際衛生協定事務局(1853 年)
- 国際公衆保健機関(1903 年)および国際保健事務局(1907 年)

【産業および科学】
- 国際度量衡事務局［メートル法連合］(1875 年)
- 工業所有権保護連合(1883 年)
- 著作権保護連合(1886 年)
- 国際砂糖連合(1902 年)
- 国際農業機構(1905 年)

【人権】
- 反奴隷貿易国際海事事務局(1890 年)
- 国際労働事務局(1901 年)

が国際行政連合(international administrative unions)、あるいは公共国家連合(public international unions)である。

　国際行政連合とは、交通・通信や衛生といった技術的な諸問題に関して、行政および立法面で国家間の調整をはかることを目的とした機構を指す。19 世紀中葉から 20 世紀初頭にかけて、分野別に約 50 ほどつくられた。加盟国は主としてヨーロッパ諸国だったが、19 世紀末からは米大陸諸国の参入も活発になる。主要なものとしては表 1-1 のような機構がある。

　これら諸機構の機能や構造は一様ではない。たとえば万国郵便連合は、引き受け可能な郵便物の重量や料金に関する加盟国間の違いを調整し、加盟国間の料金精算事務を補佐した。1891 年には、加盟国間の国際郵便料金の精算を機構自身が行うことが確立している。事務局の権限はまだささやかだったが、加盟国間の紛争に対して意見を述べたり、機構で(国家代表によって)採択される国際郵便規則の改正を提案したりすることが認められていた。また国際公衆保健機関に至る種々の衛生・保健関連機構は、トルコからヨーロッパにコレラが伝染するのを防ぐことを契機につくられ始めたものである(Panisset 2000: 25; 最上 1995 ①: 65)。最初にヨーロッパでコレラが蔓延したのは 1830 年だが、早く

も1838年には英仏やトルコとの間に「高等保健審議会」(Superior Council of Helath)なるものが創設され、トルコの港の衛生規則を監視する任にあたった。これ自体は、衰退しつつあるオスマン・トルコ帝国に対して新大国が行政的な干渉をするというものだったが、伝染の防止という目的は国際公衆保健機関にもそのまま引き継がれる。すなわち、伝染病の発生を他国に通知するという、次第にヨーロッパ諸国間に確立されつつあった義務の履行を確実ならしめ、必要ならば伝染病発生国に対して隔離措置をとるといったことである。もっとも隔離措置のほうは、通商の自由を妨げることにもなるし、それが発生国港湾の封鎖のような措置となる場合には主権侵害にもなりうるので、19世紀末に「隔離の最大限度」が合意され、トルコに対してとられたような措置が一般化されることはなかった。そのような措置をとりえた高等保健機関とは、トルコが弱体化しつつあったからこそ可能な、いわばヨーロッパ協調による支配の技術分野版とも言うべき特殊な機構だったのだろう。なお、こうした保健衛生関連の機構の場合、医学や疫学の専門知識が必要とされることもあり、規則の制定や機構の運営に国家代表ではない「専門家」の関わる余地も大幅に増えた。こうして、国際機構の《加盟国からの自律性》も次第に高まっていく。

　むろん、国際行政連合によって「近代的」国際機構が最終的に出現したということではない。多くの国際行政連合において、名称に若干の違いはあれ、すべての加盟国で構成される全権委員会議、一部加盟国で構成される管理理事会、そして事務局という三つの機関が備わるようになっていたが、そのうち常設的なのは事務局だけだった。国家代表の構成する機関も含めて、機構全体が常設的になるには至らなかったのである。また任務の面でも、基本的に加盟国が集まって共通の関心事項を討議し、加盟国の情報交換の場となり、共通の基準を設定するなどして加盟国の行政を調整するといったことに限られており、加盟国に対して拘束的な決定を採択したり、機構がみずから行動主体となって国際行政を執行するというのは、なお例外的事象にとどまる。

　とはいえ国際行政連合は、国際機構の歴史において明らかに大きな一歩を踏み出すものだった。近代国民国家体系が確立に向かうということは、同時に国際社会の分断が進むということでもあるが、まさにその時に、国家間には多国間主義(マルティラテラリズム)の慣行も根づき始めたのである。分断社会にありがちな、国家の利己的

な単独主義(ユニラテラリズム)に対する抑制因子が、国際社会に備わることになったのだと言ってよい。そうして国際行政連合によって開かれた新局面は、おおむね次の諸点に表されている。

第一に、国際協力あるいは協調の対象事項が大きく拡大した。それも、平時の、人間生活に深く関わる分野においてである。ヨーロッパ協調やハーグ体制は、主として安全保障分野における対立の調整、あるいは危機的な状況や例外状況への対処が主眼だった。それに対し国際行政連合は、分野の違いもあるが、特に対立が顕在化していなくとも諸国が共同して政策調整をはかることを眼目にしている。国際社会の組織化の態様として、前者は「禁止的」(現存の共存関係をいかに維持するか)であり、後者は「構築的」(協力関係をいかに高めるか)だとする見方があるが、これは国際行政連合というものの本質を捉えている。なお、緩やかな制度ではあったが、反奴隷貿易など人権に関わる機構がいくつかでき始めたことも注目してよい。

第二に、国際事務局という制度が常設化した。全権委員会議など、国家代表で構成される主要機関が真に常設的でないことから、この当時の国際機構はそのままではあくまで不定型な、定期的国際会議以上ではないということにもなりえた。それに対し、たとえ権限は微弱であれ、まがりなりにも常設的な機関が存在することによって、機構の活動に継続性が与えられるだけでなく、機構そのものが最小限の常設性を獲得することになる。むろん、権限がより大きければ、《加盟国に対する機構の存在の別個性》がいっそう高められたであろうが、それをことさらに強調する必要はない。国際機構の事務局が真に加盟国から独立した権限主体となったと言える例は、現在でもなお稀だからである。

第三に、さきにも触れたが、総会形式の機関・理事会形式の機関・事務局という、国際機構の３大主要機関がここで出そろっていることである。理事会形式の機関の起源はヨーロッパ協調にあった。むろん国際行政連合の場合、理事会が必ずしも《エリート型・選民型》の機関であるということではなく、ひとつの総会から次の総会までの間の期間に全加盟国の代表が集まるのが困難な場合、そのつなぎの役目を果たすことがむしろ主眼だった。他方、総会形式の機関の起源はしばしばハーグ体制に求められるが、それはあくまで高度に政治的な問題領域に関してであって、技術的な分野に関してはすでに国際行政連合がその

原型を確立していたのである。理事会がいくつかの国際機構においてヨーロッパ協調的な《エリート型・選民型》の機関となり、総会が《主権平等民主型》の機関となって、それらの間の権限上の優劣が問題とされるようになるのは、こののち国際連盟が誕生して以降のことにすぎない。ともあれ、この2者に事務局を加えた、構成原理の異なる3種類の機関が、こうしてひとつの国際機構の中に同居することになった。それを単に、異なった任務を担わせるために異なった種類の機関が必要だったから、という説明ですますのは単純にすぎよう。そこにあるのはむしろ、「国際社会を組織化する」ということが、あるいは──たとえ「共通利益ないし共通目的」のためであっても──主権国家を「結合させる」ということが、実は言葉以上に複雑な営みなのだという事実である。組織化といい結合といい、それを具体的な制度構造に転換しようとすると、いくつもの異なった原理を調和させねばならない。この、いまや自明となった機構的要請が、ここですでに現れていたのである。

## 4  ヨーロッパ的なるものとしての国際機構

　こうして国際行政連合の続出により、国際機構世界は急激に拡大し強化されたが、それがほとんど排他的にヨーロッパの現象であったことは一目瞭然である。わずかに、20世紀初頭、米州共和諸国連合が特許・商標・著作権に関する行政連合を二つつくったのが、この時期では例外として存在するだけである。「近代国家」がヨーロッパの現象として生成し、したがって「近代国際機構」もまたヨーロッパの現象として進展していった。

　国際機構論的に機械的でやや非歴史的な説明をすると、そこには諸国をつなぐ契機となる条件がいちおうそろってはいた。すなわち、①共通に解決すべき問題の存在、②その共同処理に当たる最小限の精神的一体性の存在、③諸国をつなぐ最小限のリーダーシップの存在、である。河川を国際化して自由航行を可能にし、それによって結びつながれることへの精神的な抵抗が少なく、それを推進する用意のあった大国がいた、国際河川委員会制度の例を考えればそのことは明らかであろう。

　なぜ世界他地域に先駆けてヨーロッパでのみそういう国際機構世界の「発

展」が起こったのか、その説明は本書の範囲を超える問題なのでここでは立ち入らない。だが、そこに至る前段階で前提たるヨーロッパ国家体系が何を契機に「発展」したかという点について、その過程を概略的に理解しておこう。国際機構の拡大深化の過程にはしばしば革命的ないし変異的な契機があり、それを理解しておくことが必要だからである。

ヨーロッパで主権的国家体系が急速に発展した背景条件の一つがフランス革命であることは、国際法史の研究者などによってよく指摘される。この革命とその余波がヨーロッパ各地でナショナリズムの勃興を刺激し、国民国家体系の拡充に寄与した、という点である。

中産階級を担い手とする国民主権という、フランス革命が生んだ観念をヨーロッパ各地に伝えようとしたのはナポレオンだった。各地を専制から解放するという標語によってである。ところが皮肉なことに、ナポレオンは「専制からの解放」を通り越して、みずから異民族を帝国的支配の下におくようになり、それに対するナショナリスティックな反発を招く結果となった。つまり、フランス革命によって共和制を基礎づけるものとしての正統性を与えられたナショナリズムは、ほかならぬフランスの支配をきっかけにして盛り上がることになったのである(Grewe 2000: 413-414)。フィヒテの『ドイツ国民に告ぐ』(1807年)は、そうした時代精神の端的な現れだった。実際にも、この世紀の後半にドイツとイタリアが統一を果たしただけでなく、ヨーロッパ協調の下、いくつものヨーロッパ国家が独立をとげ、主権概念を決定的に確立して、現在まで続く主権的国民国家として存続していくことになる。

その意味するところは明らかであろう。国民国家体系というものが、たしかにウエストファリアを起源としてはいたが、このフランス革命を契機にようやく本格的に普遍化の過程を開始した、ということである。ところが問題は、この「近代的な」体系が「主権」原理に立ち、本質的に分断的で分権的なことだった。分断性は産業革命の時代にはそぐわない。また分権性は、《究極の紛争解決手段》としての戦争を国家の手中に残してしまう面がある。こうして、ようやく生成したばかりの国民国家体系は、出生と同時に、存在自体に起因する難題を抱えることになった。それは何らかの手段で解決されねばならないが、解決の手段は限られている。生成したばかりのこの体系は、とにもかくにも

「近代的な」ものであり、それを破壊して中世的な普遍的権威の世界に戻すことはできない。他方で非国家的(国境横断的)・非領域的に進む通商や通信や人の往来を永遠にせき止めることも、主権国家を「至高の」存在に仕立てあげて、それらが相互に殺戮をくり返すのを放置しておくこともできない。となると、解決方法は当面ひとつしかないであろう。つまり、国民国家体系の消極面である、過度のナショナリズムと自国中心主義を中和する制度を設けるということである。そうした中和のための制度として、あるいは新しい政治制度と新しい機能的要請の《両立のよすが》としてつくられたのが、国際機構というものにほかならなかった。

　その点に関連して言えることのひとつは、国際機構の誕生に、近代合理主義のある一面が強く反映しているという点である。ヨーロッパ協調から国際行政連合を経てハーグ体制に至る時系列的な流れを、米国のイニス・クロードは、国家間の「妥協」から「協力」を経て「規制」に至る過程と規定している(Claude Jr. 1971: 38)が、そのように変化するにつれ、国際機構という(あるいはそれに類する)存在が国家主権との関わりの度を深めていることに注意したい。つまり、国際社会が主権国家を基本的構成単位とするということを前提としつつ、主権的自由を無制約に認めるのではなく、逆に許容可能な行動の枠を設け、それを徐々に強化していく、という思考がその背後に見られるのである。

　この思考を——拡散を収斂(しゅうれん)させ無秩序を止揚する点において——「理性」と呼ぶとするなら、国際機構という営みには、たしかに《理性の産物》という面が抜きがたくつきまとっている。その種の「理性」を貫徹すれば国家は分断性を克服し統一性を希求するようになるという推論が働いている点で、それはすぐれて「近代合理主義的な」思考なのだと言ってよい。こうして、封建的支配に代わる制度だったという意味でそれ自体が「近代」の産物であった国民国家は、複数のそれが主権的国民国家として接触を開始するやいなや、別種の「近代」によって乗りこえられるべき存在へと転化した。

　クロードの指摘した変化はまた、高度に政治的で、往々にして主観的で、ある意味では非民主的な《特定国の支配》を、より法的で、したがってより客観的で、形式的にはより民主的な《法の支配》へと移行させようとする変化でもある。その点でも国際機構という営みは、やはり近代合理主義の刻印を帯びるものだ

った。むろん、そうした志向が常に「よりよい秩序」をつくることになるという保証はない。ここで把握しておくべきことは、ともかくも、国際機構という営みが純粋に偶発的だったのではなく、いま述べたような、ある種の歴史的な力に促されて「発達」してきたものなのだということである。そして、ハーグ体制ののち、こうした法治主義的な合理主義をとりわけ強く持っていた人物が現れ、その人物の構想に沿って更にひとつ、画期的な国際機構がつくられる。それがウッドロウ・ウイルソンであり、国際連盟だった。

## 5　立憲主義と機能主義——原型の生成

　以上が20世紀開始時点までの国際機構の発展過程である。それらは現代の国際機構に比べ、成り立ちも権限も簡略なものではあった。同時にしかし、この時期の発展の中に、すでに国際機構世界の原型が形を現していることに注意しておきたい。それは広義の立憲主義と広義の機能主義がヨーロッパで形を現し、しかもほぼ同時に現れたことである。

　立憲主義(国際立憲主義)と機能主義の通常の意味合いについては、それぞれ序章および第8章で述べているが、広義の立憲主義とは国家間の政治的関係に一定の秩序を与えるべく国際制度構築をすることを(本書では)指す。また広義の機能主義とは、そのように直截的に政治的関係を制度化するのではなく、より技術的(＝「機能的」)と思われる分野において制度化を図ることを指す。

　広義の立憲主義はヨーロッパ協調から始まった。制度化の程度が低く、まず原理だけを示したという点ではウエストファリア会議を始点とすることもできるが、ここでは多国間主義的な制度化がなにほどか見えるようになったヨーロッパ協調から叙述を始めるほうが、この学問分野の性格には合っているだろう。また、近年の国際立憲主義は何らかのかたちで国際民主主義の側面への言及を含むが、ヨーロッパ協調の時代にはそのような視座はまだ現実化していない。あくまで、何らかの国際権力が設定され、そこに一定の政治秩序が現出することを指している。その意味での立憲主義が、次はもう少し民主的な相貌を帯びてハーグ体制へと受け継がれた。もっとも、受け継がれたのは多国間主義だけで、それを常設的な機構へと育てるに至ってはいない。

同時に強調しておくべきことは、この時期に機能主義的要素が膨大に現れていた事実である。むろん、機能主義という概念は第二次世界大戦中に生まれたものであり（第8章参照）、19世紀のこの時代にそのようなものはない。だが、おびただしい数の国際行政連合は、非政治的分野で多国間主義を始めるという、こんにち機能主義と呼ばれる制度構築の基本条件を実践するものだった。にもかかわらず、国際機構論の概説書の多くにおいて、国際河川委員会を含む国際行政連合がきちんと叙述され、その国際機構論史的意味が論じられることは少ないままできた。現代の機能主義の理論的有効性がどの程度であるかはともかく、立憲主義的な始点からのみ捉えられてきたこの時代が実は機能主義的観点からも豊穣であったこと、というよりむしろ、機能主義的の観点から見た場合により豊穣と言える時代であったことを、国際機構論はあらためて正当に評価しなければならない。
　もう一つ再認識すべきことは、この時代の発展が政府間だけでなく非政府間の次元でも著しく進んでいたことである。それは最近ようやく進み始めた国際機構史研究による発掘の成果であり、NGOという現象が20世紀に始まったものだという思い込みをただすものだった。むろん現代のNGOとまったく同列に論ずることはできない。しかし国家中心主義的な史観に修正を迫るには十分な流れはすでに存在していた。ヨーロッパにおいて多国間主義がはっきりと形を成した19世紀という時代は、早くも非国家主体を含むマルティラテラリズムの時代として姿を現していたのである。

## IV　戦争が国際機構を生む(その2)──国際連盟

### 1　巨大な状況圧力──戦争協力と戦後処理

　戦争が国際機構を生むという因果関係は、20世紀にはいって新たなかたちを取ることになった。つまり、たんに講和体制として国際機構がつくられるだけでなく、同盟国間の戦時協力それ自体が国際機構と呼びうる存在になる、という現象が生まれたことである。

戦時に同盟国どうしが協力することは当然だとしても、第一次世界大戦の際の英仏を中心とする連合国間の協力は、およそ未曾有と言ってよいほどに緊密なものだった。まず1916年、アスキス英首相とブリアン仏外相の提唱で「連合国委員会」という共同機関がつくられる。首相ほかの閣僚で構成する文民の機関で、共通の関心事を討議し、連合各国に対して拘束力のない政策提言をすることが、その主たる任務だった。ところが1917年、連合国側のイタリアがオーストリアに大敗を喫したことに危機感を強めた連合国は、ロイド・ジョージ英首相の発案に呼応して、軍事参謀も加えた共同機関を設置する。これが「戦争最高理事会」といわれるもので、本部をフランスのヴェルサイユに置き、こののち終戦まで共通の最高戦争指導機関となった。公式には英仏伊3国からなる機関で、米国は非公式の参加にとどめている。戦争最高理事会は、常設の事務局のほか、下部機関として海軍理事会・陸軍理事会・輸送理事会・封鎖委員会・宣伝委員会・軍需委員会などを持つ、――戦争遂行のためという限定つきではあるが――本格的な国際機構だった。当時、常設事務局の長をつとめていたモーリス・ハンキーは、「この機構は真の国際的な政府的機関だったと言っても過言ではない」と述懐しているが、それはあながち誇張ではない。(以上につき、Gerbet 1981: 37-38; Northedge 1988: 11-12; Zorgbibe 1986: 6-7。)

　戦時の集中的な協力と、そのための組織づくりは、軍事部門を越えて民生部門にまで及んだ。その意図は、市場経済が崩壊しては戦争遂行もおぼつかないから、食糧を中心とする基礎物資について《資源の共通化》をはかろうというものである。統轄機関として「連合国糧食理事会」がつくられ、そのもとに、小麦や肉や砂糖など、種々の物資ごとに「執行委員会」が設けられた。それは一種の食糧統制および配給体制であり、戦時には格別珍しいことではない。だが、こうして国際的な規模で《資源の共通化》が試みられるのは、やはり特異なことには違いなかった。それがたんなる軍事的同盟行動をこえ、民生分野にまでわたる共同意思決定の体制となっていたからである。加えて、下部の理事会や委員会といった機関は、政府代表で構成されてはいたが、過度に各国政府からの訓令にしばられることもなく、大局的な見地と効率性の観点から政策を立案して、かなり独立性の高い存在になっていたという(Gerbet 1981: 38)。そうであるならば、異常な状況圧力のゆえではあれ、つかの間、主権は「融合」したの

だとも言える。

　国際的な《資源の共通化》が不可能ではないという経験はまた、のちの国際機構現象にも少なからず影響を与えることになった。まさにこの発想が、第二次世界大戦を経て三十数年後によみがえり、欧州共同体 (EC) という機構に化体するのである。上記の「執行委員会」のひとつには、フランス代表団の一員として派遣され、この新しい協力方式の可能性に注目した若いフランス人貿易商がいた。のちに欧州統合の推進役の一人となり、最初の共同体である欧州石炭鉄鋼共同体 (ECSC = 1951年創設) の初代委員長にもなった、ジャン・モネである。これが単なる偶然であるとは思われない。事象はたしかに連鎖しているのである。しかも、第一次大戦時の《資源の共通化》は戦争に勝つためのものだったが、第二次大戦後のそれは、戦争をひき起こさないようにするためのものだった。歴史の事象は、時として上向きに連鎖する。

## 2　連盟の創設——国家と非国家、大国のマルティラテラリズム

　こうして高度に「政府的な」機構がつくられたのにもかかわらず、戦争終結後につくられた国際連盟は、その政府的体制の平時への延長というかたちを取らないこととなった。戦争最高理事会は、名目的には1920年まで存続したものの、事実的にはヴェルサイユ講和条約が調印されるのと相前後して活動を停止していたし、「経済最高理事会」と改称されていた糧食理事会も同条約調印時に消滅している。戦時協力体制を平時にも延長するという構想も、フランス（連合国糧食理事会の設置を提唱したクレマンテル通商大臣やモネ）などにはあったが、それが自由貿易体制を侵すものだという英国などの反対でいれられず、結局、連盟は戦時協力機構とはいちおう切り離されるかたちで発足することになった。

　もっとも、連合国戦時協力機構の継続か否か、という視点のみから連盟の成立経緯を見るのも適切とは言えない。第一に、連合国戦時協力とは独立に、連盟の成立を促す社会的・思想的な運動が、民間でも政治指導層のレベルでも存在していたからである。民間では、すでに戦争初期から平和機構を設立しようとする運動があった。1915年に米国で結成された「平和強制連盟 (League to

Enforce Peace)」や、同年英国で結成された「国際連盟協会(League of Nations Society)」などである。いずれの団体も、紛争の平和的解決を強制的に行うことのできる国際機構の設立を訴え、また、その手続きを踏まずに戦争に訴える国に対して他国が集団で反撃するという、こんにちで言うところの《集団安全保障》の構想も含むものだった。NGOが平和のためのIGOの設立を訴えるというパターンが、ここで早くも見られることに注目しておきたい。わけても、ハーグ平和会議のころから続々とつくられ始めた女性の平和団体および権利推進団体の、パリ講和会議における意見表明活動はめざましいものがあった。たとえば「平和と自由のための国際女性同盟」(WILF)や国際女性評議会(ICW)などであり、うち後者は、連盟職員雇用における男女平等を規定する国際連盟規約第7条の制定にあずかって力があったとされる(Reinalda 2009: 195)。

　また第二に、政治指導層のレベルでも、連合国の中心たる英仏伊以上に、形式的にはその外縁にいた米国から強い推進力が働いた。言うまでもなく、当時のウイルソン大統領である。カントの影響を受け、遵法主義的・道徳主義的な平和思想を持っていたといわれるこの大統領は、やはり紛争の平和的・司法的解決の必要性を強調していた。それを踏まえた上で、1918年に発表した「ウイルソンの14箇条」の最終項目では、「すべての国の政治的独立と領土保全を保障するための」国際機構の設立を提言する。時系列的には、米国よりも英国政府のほうが戦後機構構想において先んじていたが、パリ講和会議の頃からは米国が主導権を握り始め、とくにウイルソンの主導力は圧倒的だった。

　こうして、もろもろのNGOといいウイルソンといい、これらの運動や提言に関する限り、国際機構の歴史の転換点において、カント的なるものが明瞭に自己主張していた。だが現実の機構設立の営みはカント(あるいはウイルソン)の思想のとおりに進められるわけではない。それを部分的に取り入れつつも、やはり戦勝国による戦後世界管理という目的も果たさねばならないし、そのために戦勝国間の利害調整もはからねばならないのである。ウイルソンの理想主義もまた、機構を対独防衛の手段にしようとするフランスやイタリア、特に前者の現実主義とつり合いを取らなければならなかった。のみならず、世界平和のための国際機構を推進しながらもウイルソンは、フランスが主張した「機構自身が軍事力を保有する」案には反対であり、結果的に国際連盟の《集団安全保

障》体制を不徹底なものにする(この経緯につき詳しくは、最上 2005: 第 2 章)。

　このように、国際連盟の創設に際し、ヨーロッパの旧大国は新興大国たる米国の構想にある面で引きずられてはいた。しかしそれを離れても、連盟の創設の軌跡には、《カント的なるもの》との関係で妙に蛇行した面が見られる。つまり、戦争遂行中にはある程度「融合」していた国家主権が、勝利が確実になるや再びたちどころに「分解」した、という点である。それがさきに触れた、制度的には戦時から切り離されて連盟が発足したという事実につながっていく。

　ある意味でそれは、奇妙な発足の仕方ではあった。純粋にカント的な構想に基づく機構ならばともかく、戦勝国による戦後世界管理体制であるならば、新しくつくられる機構が「国際的な政府的機関」という性格を何ほどか帯びることは避けがたい。だが連盟の発足は、一度成立した「政府的な」機構をわざわざ解体して、再び別の形態の「政府的なもの」を目指したものだとも言えるからである。戦後管理体制でもある連盟には相応の「政府性」＝「権力性」志向があった。だがそれは、連盟＝ヴェルサイユ体制がウィルソンの主張していた「無併合・無賠償」の原則にのっとらず、敗戦国に過大な負担をしいるものとなったことにより、ほとんどその点だけに限られる偏った「政府性」となった。

　さらに、以下でも検討するように、連盟の権限の不十分さや実効性の乏しさを見るなら、それが世界全体に対して「政府的な」存在となったと言うこともむずかしい。《世界政府》にはほど遠く、結果的にはカント的な意味での「恒久平和のための自由な諸国の連合」にすらならなかったと言うべきであろう。こうして、連盟における戦中と戦後は、あざやかな対照をなしている。連合国の戦時協力機構が、瞬間的にでも主権を「融合」するなど、ある意味では《カント以上》であったのに対し、その後を襲った連盟はおおむね《カント以下》だったと言えるからである。

　国際連盟の発足の仕方はまた、生みの親のひとつである米国が加盟しないことになった点でも皮肉なものだった。ウィルソン大統領の熱意にもかかわらず、ロッジ上院議員の反対運動が奏功して、連盟規約(ヴェルサイユ条約第 1 編)の批准に必要な上院の 3 分の 2 の賛成が得られなかったためである。多数は加盟に積極的だったが、最後の投票(1920 年 3 月 19 日)でも賛成 49 に対し反対 35 と、ついに 3 分の 2 に達することはなかった。米国はこのまま連盟に加盟すること

なく終わる。この米国の不在が連盟の致命的な弱点だったとする通説的な理解には、後述するように疑問もなくはないが、少なくとも連盟が一つの心理的な空白を抱えて出発したとだけは言えるだろう。

ただ、《カント以下》であり、ウイルソン型の《法の支配を軸とした多国間主義》が挫折し、米国という「中心国」を欠きはしたものの、連盟がたんなる退行現象だったわけでもない。国際機構の歴史に照らして見るなら、やはりそこにもいくつか画期的な点はあったのである。次にその点を概説していく。

## 3 制度の概略——不運な出発の後遺症

### (1) 理事会と総会

連盟には理事会および総会という、二つの常設的な主要機関があった(図1-1)。

理事会は常任および非常任理事国からなり、そのうち常任理事国は当初、英国・フランス・日本(1933年まで)・イタリア(1937年まで)の4カ国からなっていた。こののち、ドイツ(1926-33年)とソ連(1934-39年)がつけ加えられる(日独伊3国の終了年次は脱退通告年で、その発効はいずれも2年後。ソ連の終了は除名による)。非常任理事国は軍事的・経済的中小国から選任され、当初は4カ国とされていたが、その後1922年には6カ国、26年には9カ国、36年には11カ国に増員された。発足当初の4カ国は、連盟規約でベルギー・ブラジル・スペイン・ギリシャが指定されたが、その後は総会が選任した(連盟規約第4条1項)。加盟国のうち一部だけによって構成されるという点で、基本的にこの機関は、ヨーロッパ協調の伝統を受け継いでいる。特に、軍事的・経済的大国が常に議席を占める常任理事国制度にそれがよく反映されていた。

もっとも、ヨーロッパ協調とは異なり、連盟理事会は機関として常設的であったし、その権限も条約で画定されていた(規約第4条4項)。いわば《より近代化されたヨーロッパ協調》とも言うべき機関だったのである。また、非常任理事国を設けることによって一応大国と中小国のバランスをとった点でも異なるし、機構の擁する複数の機関のうちの一つであった点でも異なる。更に言うなら、常任理事国であるがゆえの特権といったものも格別に規定されてはいない。それらの点で連盟理事会(特に常任理事国)は、発想および形態の面でヨーロッ

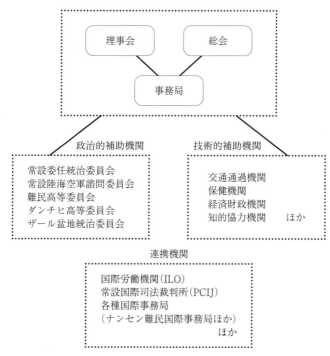

図1-1　国際連盟機構図

パ協調の系譜に属するものではあったが、質的にはより大きな限定を施されたものでもあった。ヨーロッパ協調が本格的に「復活」するのは、こののち第二次世界大戦を経て国連がつくられ、安全保障理事会に常任理事国制度が確立するときである。

　もう一つの主要機関である総会は、すべての加盟国で構成される機関であり、発想的・形態的にハーグ体制の流れを汲んでいる。しかもそれは、開催のために諸国の発議を必要としない常設的な機関であって、その点では、総会(全権委員会議)がまだ常設的ではなかった国際行政連合よりも更に一歩進むものだった。もっとも、《選民型の理事会》と《平等＝民主的な総会》という対照はまだ十分に顕在化してはいない。それが顕在化するためには、そもそも国際(国家間)民主主義の観念がなにほどか成育していなければならないが、時代はまだその段階に至っていなかったのである。だが、平和の維持という高度に政治的な問題を扱う機構において総会が主要機関のひとつとして設置されたというこ

とは、中小国にも発言の場を与えた点で、たしかに国際関係のある種の「民主化」が始まったことを意味していた。こうして「主権平等」原理がようやく国際機構の制度原理の一部となり、国際関係ないしは国際機構における民主主義という問題に正面から取り組まねばならない時代が始まる。

　だが、理事会と総会という、組織原理の異なる二つの主要機関を設けることによって、連盟創設者たちは何を達成しようとしていたのだろうか。実はこの点になると、連盟規約は指針よりもむしろ戸惑いを与えるものだった。総会の全般的権限を規定した連盟規約第3条3項と、理事会の全般的権限を規定した第4条4項とは、主語が違うだけで本文は一字一句違わないのである。すなわち、総会も、理事会も、「連盟の行動範囲に属し又は世界の平和に影響する一切の事項をその会議において処理する」。むろん、規約上、理事会と総会それぞれの専権事項というものもあった。たとえば加盟国の除名は理事会の権限に属し(第16条4項)、新加盟への同意は総会の権限に属していた(第1条2項)。しかし、第3条3項と第4条4項の奇妙な重複に象徴されるように、連盟の最も大事な任務とされた平和の維持に関しては、ことごとく二機関の権限が競合あるいは交錯する。たとえば国際紛争が起きた場合あるいは起きそうな場合、加盟国はそれを総会にも理事会にも付託できることとされていたし(第11条2項)、比較的細かく理事会の役割が規定されていた「紛争審査」(仲裁裁判や司法裁判と同列の紛争解決方法)についても、当該紛争を総会に移管することが可能とされていたのである(第15条9項)。

　のちに国連に関連して検討するように、こうした競合ないし交錯には、実はそれなりの意味もなくはない。つまり、ある事項を一機関の専権事項とした場合、その機関の判断や処置が不適法あるいは不適切でもそれを矯正する手だてがない、ということも起こりうる。これに対し、権限を競合させておけばそうした不都合をある程度は防げるのではないか、という点である。理想的には、そうした処置の適法性や妥当性を審査する機関が別にあればよいが、それがない場合には、権限が競合していることの結果として一機関の独走に歯止めがかかることを期待するほかない。きわめて原始的ではあるものの、この競合がある種の《抑制と均衡(check and balance)》の装置になってくれることを期待するのである。

だがその点をわきに置くなら、連盟諸機関への権限配分はやはり未整理だったと言わねばならない。もっとも、現実には連盟が扱った66件の紛争のうち63件はまず理事会に付託されており、いちおうの仕分けがなされてはいた。ただ問題は、こうした立法技術上の不手際が現実にどういう不都合を生んだかではなく、その不手際の中に、そもそも連盟という機構をどう構成し何をさせるかという、連盟の《機構構想》が不明確であったことがよく現れている、ということである。

連盟の機構構想の不明確さは、創設過程ですでに現れていた。すなわち、戦時協力体制を戦後にも延長するかどうかについての不一致（前述）に加え、「連盟の軍事力」についても戦勝大国の意見が食い違っていたことである。一方でフランス・イタリア両国が、主としてドイツの再侵略阻止を狙いとして、強大な軍事力の保持を主張したのに対し、米国と英国は「国際軍事主義」だとの理由でそれに反対して、結局後者の主張が通ることになった（Gerbet 1981: 42; 最上 2005: 第2章）。権限関係の未整理ぶりは、そういう混乱した経緯のひとつの現れにすぎない。のみならず、基本的な制度構造さえも最後まで不確定なままだった。「常任」理事国のうち連盟の創設から解体までそうであったのは英仏2カ国だけで、他の4カ国は途中で出入りする《非常任の常任理事国》で終わったのである。連盟の蹉跌は、すでにこうした点に宿っていた。

## (2) 事務局と常設国際司法裁判所

以上のほか、国際連盟には事務局および常設国際司法裁判所（PCIJ）という二つの主要機関があった。事務局は事務総長の指揮の下に連盟の行政事務を行うもので、政治的に重要な機能は与えられなかったが、国際公行政の観念を決定的に進めたと評される。国際行政連合にもその要素がないではなかったが、まだ各国の行政の調整という面のほうが強かった。各国の行政の総和ではなく、国際機構そのものの行政的問題を、加盟国に対して独立的な（「国際公務員」が構成する）機関が処理するということが、ここでついに確立したのである。人事や財政運営、理事会や総会の準備、それらの政治的機関が紛争処理等にあたる際の補佐など、さまざまな事柄を《国際官僚》が加盟国集団とは別個の存在として処理し始めた。

このような進展には、初代事務総長エリック・ドラモンド卿の功績が大であったといわれる。ドラモンドは、政治に対する不偏不党性を旨とする英国官僚制の申し子として、連盟にも同じような仕組みをつくろうとした。米国のリーロイ・ベネットによれば、多くの人がこの人物を「分別と賢慮に満ち、もの静かで出しゃばらず、状況を慎重に見きわめる周到さがあり、豊富な情報をもとに適切な判断を下す」、優秀な官僚の典型だと評していたという（Bennett 1991: 382-383）。このドラモンド時代には、連盟のもとにできたいくつかの「国際行政機構」（交通通過機関・保健機関・経済財政機関など）を連盟が統轄することになる、といった進展もあった。なお、事務総長はドラモンド（1919-33）のあと、フランスのジョゼフ・アヴェノル（1933-40）、アイルランドのショーン・レスター（1940-46）と3代を数える。事務局は当初はロンドンで業務を開始したあと、1920年からジュネーヴに移った。

残るひとつは、規約第14条に基づいて1921年につくられた、常設国際司法裁判所である。これは裁判官15名を擁する、真に常設的な裁判所だった。常設的な国際裁判所としてはこれに先立つ1907年、中米司法裁判所が設立されているので、歴史上初めての常設的国際裁判所ではなかったが、世界的な規模の裁判所としてはこれが初めてである。こうして連盟は、戦勝国の秩序維持機構でもあり、次に見るように《集団安全保障》の体制でもあると同時に、ウイルソンが構想したような、紛争の平和的・司法的解決のための体制にも一歩近づくことになった。

とはいえ、これは現在の国際司法裁判所（ICJ）でも同様だが、その「常設性」はひとつの点で大きく制限されていた。つまり、紛争の一方当事者が出訴すれば他方は応訴の義務を負い、自動的に裁判が開始されうるという、「強制管轄権」が裁判所に与えられていなかったことである。わずかに、いわゆる「選択条項」の仕組みだけは取り入れられた。PCIJ規程の当事国となる国（連盟加盟国とは限らない）が、規程の署名や批准に際して、法律的紛争を同裁判所に付託することをあらかじめ包括的に認めておく制度である。それを定めた規程の条項を「選択条項」といい、当事国はそれを受諾する旨を任意に宣言することができた。そうすれば、同じ宣言をした他国との間ではあらかじめ裁判管轄権が設定されていることになり、それらの国の間では裁判を開くことが常に可能に

なる。全面的な任意的付託を主張する大国と、全面的な義務的付託を主張する中小国(特にラテンアメリカ諸国)との間の妥協の結果ではあったが、規程当事国となった五十数カ国のうち、この宣言をした国が1934年には42を超え、結果的にはそれなりの成果をあげたと言うこともできよう。

同裁判所は、1940年にその活動が中断されるまでの18年間に、32の判決と27の勧告的意見とを残した(国際司法裁判所HP掲載資料より=「判決」には裁判管轄権の存否決定判決を含む)。勧告的意見とは、連盟総会または理事会の要請に応じて与えられる、法律問題についての一般的な解釈や意見を指す。更に、確定判決が出された事件に加え、当事者によって取り下げられた事件も10件を数えたが、これは判決実績に準ずるものと考えることができる。その後身である国際司法裁判所の当初18年間の実績と比べ、それは悪い数字ではない。

## 4 活動の概略——成果と限界

### (1) 平和／安全保障分野

国際連盟の根本目的は平和の維持だった。この分野における連盟の活動実績に関して通常言われるのは、一方で中小国の関係する小規模な紛争の解決にはある程度成功したが、他方で大国が関係する紛争にはほとんど無力だった、ということである。たしかにこの評価は、大筋において誤ってはいない。同時にそれは、連盟は紛争の平和的解決においてはそれなりの成果をもたらしたが、連盟あるいは加盟国群が軍事力も動員する、より強力な解決方式の面では失敗に終わった、と言い換えることもできるだろう。

### (a) 中小国の関係する紛争、あるいは紛争の平和的解決

中小国の関係する紛争のほうを見ると、連盟は発足から10年ほどで約30件の紛争を解決に導いた。よく知られたものとしてはたとえば、いずれも領土国境紛争だが、スウェーデンとフィンランドの間のオーランド島紛争(1921年)、ポーランドとドイツの間の上部シレジア紛争(1921年)、コロンビアとペルーの間のレティシア地域紛争(1932-34年)などがある。いずれも、理事会が法律家委員会を設置して解決案を提示させたり、あるいは理事会みずからが調停にあ

たったりして紛争の収拾に成功した。また、現実に武力行使が開始されてからの事例としては、ギリシャ・ブルガリア国境紛争(1925年)が際立った成功例として残されている。この時の理事会議長はのちにパリ不戦条約(1928年)を生みだしたブリアン仏外相だったが、ブリアンは両国に停戦を要請し、交戦を4日で終息させた。加えて理事会は停戦監視のために、英仏伊3国からなる軍事監視団を派遣し、事実調査および解決条件立案のための審査委員会も設けた。一歩まちがえばバルカン戦争の再燃になりかねない事態が、こうして紛争の平和的解決と、のちに国連で平和維持活動と呼ばれることになる活動に似た措置との組み合わせによって、どうにか回避されたのである。

(b) 大国の関係する紛争、あるいは集団安全保障

　国際連盟の国際安全保障方式は、一般に「集団安全保障」と呼ばれる。被侵略国を加盟国が一丸となって防御し、そのために共同で軍事力を行使したりもする方式である。だが本書ではこれまで、この言葉を《集団安全保障》とカッコ付きで使ってきた。それは国際連盟がつくられたころはまだ、この言葉が広く使われておらず、概念としても確立していなかったからである。研究によれば1932-33年頃までこの言葉は広く使われてはいなかった(Egerton 1983: 95)。文献から明らかになるのは、それが使われ始めたのがおおよそ1935-36年頃らしいということである。

　ベルギー出身の外交官で国際法学者だったモーリス・ブルカンの編になる『集団安全保障』という書物がある(Bourquin 1936)。ジュネーヴ高等国際問題研究所を軸にして1929年から継続して数年間、国際安全保障その他の問題についての研究会議が開かれた。上掲書はその成果であり、主に1935年ロンドン会議の成果をまとめたものだが、そこで集団安全保障(sécurité collective)の研究部会が設けられ、その概念規定に始まり方式の有効性に至るまで、多面的に検討されている。その中で《集団安全保障》という言葉が試験的に使われているのである。報告者により用語法も意味内容も不統一だが、このころから学術的・実務的な用語として本格的に使われた様子がうかがえる。

　ということは、国際連盟が創設されたころにはこの言葉が少なくとも一般的に使われてはいなかった、ということである。国際連盟の国際安全保障の仕組

みを集団安全保障と呼ぶのは、のちの時代の用語法を過去に遡及したものと言うべきであろう。とはいえそれが、のちの時代に集団安全保障と呼ばれることになった仕組みの一形式であったことも確かであり、それゆえに本書でもこれ以降は、集団安全保障という用語を格別の留保なしに用いる。また、国際連盟の集団安全保障体制と国連のそれとでは一定の違いもあるので、《連盟型集団安全保障》という表現も折にふれて用いる。

　本論に戻ると、前述のように中小国が当事者である紛争には一定の成果があったが、大国が当事者である紛争に関しては、おおむね失敗の記録だけが残された。ここで「失敗」とは、連盟の採用した集団安全保障体制が有効に機能しなかったという事実のみを指している。

　連盟の集団安全保障体制は、「戦争または戦争の脅威は連盟全体に関わる事項である」という考えに立ち（規約第11条）、一定の範囲の戦争を禁止するところから始まる。その上で第一に、「国交断絶に至る虞のある紛争」は仲裁裁判か司法的解決か理事会の紛争審査に付さねばならないと定め、裁判の判決あるいは審査の「報告」（紛争解決のための勧告など）が出された後、3カ月を経過するまでは戦争に訴えてはならないとした（第12条1項＝「戦争モラトリアム」）。第二に、裁判の判決に服し、あるいは理事会の勧告に応ずる国に対して戦争に訴えることも禁止された（第13条4項・第15条6項）。ただし後者は、紛争当事国を除く理事会の全会一致で採択された報告書の場合のみで、多数決で採択された報告書については適用がない。

　ここまでの段階、つまり「紛争の平和的解決」の段階もまた、広くは集団安全保障のなかに含めて考えることができるが（後述第2章第Ⅱ節）、通常の理解によれば、連盟の集団安全保障体制が本格的に作動するのは、こうして規約によって禁止された戦争に訴える国に対してであるとされる。このような国は、「他のすべての連盟国に対して戦争行為をなしたるもの」とみなされる（第16条1項）。それはいわば集団安全保障体制の観念的な作動だが、次に実体的な作動として、経済ほかの非軍事的制裁および軍事的制裁が用意されている（第16条1項・2項）。このうち非軍事的制裁のほうは、連盟の機関の決定をふまえて行うのではなく、加盟国が自発的に行うこととされていた。第16条の文言を見る限り、それは規約違反の戦争に訴えた国に対して自動的に加盟国によっ

て実施されるかに見える。しかし1921年に総会が採択した「規約第16条の適用に関する指針」(「1921年の解釈決議」)は、規約違反があったかどうかの判定を個々の加盟国に委ねた。その結果、非軍事的制裁を加えるかどうかも個々の加盟国の任意に委ねられたことになる。

　他方、軍事的制裁(規約では「兵力の使用」)は、理事会が連盟各国に提案するものとされた(第16条2項)。より精確には、「使用すべき兵力に対する連盟各国の陸海又は空軍の分担程度を関係各国に提案する」というものだが、実質的にそれは、連盟が軍事的制裁を実施するという発議を理事会が行うことを意味する。非軍事的制裁に比べて意思決定が集権化されたとも言えるが、理事会の議決それ自体は拘束力を持たないから、軍事的制裁が実施されるかどうかはやはり加盟国の任意に委ねられることになり、その点では依然として分権的なままの集団安全保障体制だった。もっとも、それ以前の問題として、理事会の議決には全会一致が必要だったから、制裁対象国が理事国である場合にはそのような決議が採択されるはずもなかった。一見したところ意思決定面では「集権化」されたかに見える方式も、こうして全会一致という《分権性の極点》が付着し続けることにより、現実には作動しえないであろう仕組みにとどまることになったのである。

　この集団安全保障の仕組みが作動しなかった典型的な例が、1931年9月の日本の中国侵略、いわゆる満州事変である。日本の武力行使を受けた中国は連盟理事会に提訴した。だが理事会は、同月に紛争不拡大を呼びかける決議の採択には成功したものの、翌10月、日本の撤兵を求める決議の採択を日本1国の反対によって阻まれることになった。現在、国連の安全保障理事会についていわれる「拒否権」の行使と同じことがなされたと考えればよい。《極度に分権的な集権化》の限界が早くも現れたのである。

　そこで中国は、まず規約第15条6項および7項の手続きの適用を求めた。理事会が紛争を「審査」し「報告書」を採択するという前述の手続きだが、この報告書の採択には紛争当事国の投票が除外されるから、日本も「拒否権」を行使することができない。だがこの要請がいれられなかったため、中国は同条9項に基づき、この事態(紛争)を総会へ移管するよう求めた。これは紛争の一方当事者の請求があれば認められるから、この事態は要請どおり総会に移管さ

れた(32年1月)。だが総会も日本に対して具体的な措置をとることはなく、わずかに、31年12月に理事会によって設置が決議されていた審査委員会(理事会自身による「審査」とは別である)、すなわちリットン委員会(調査団)の報告書を採択するにとどまった。報告書自体は日本の武力行使が(日本の主張するような)自衛権の行使ではないとし、「満州国」建設の正統性を否認するなど、それなりの内容を含むものだったが、総会がそれを採択したのは33年も2月になってからのことである。そしてその翌月、日本は連盟に対して脱退を通告した。

　もうひとつの例は、1934年に開始され、35年に本格化したイタリアのエチオピア侵略である。この際、軍事的制裁こそ英仏両国の消極姿勢によって実現しなかったものの、35年10月、理事会と総会が相次いでイタリアの武力行使を規約違反とし、制裁を示唆する審査委員会(6ヵ国で構成)の報告を採択した。イタリアは両方に反対したが、理事会決議についてはいま見た規約第15条6項ゆえに「拒否権」の効果を持たず、総会決議も単に制裁実施のための政府間会議を設置するという内容であったため法的には連盟の手を離れ、いずれも有効に成立した。こうして54の加盟国のうち50ヵ国が参加する、史上初めての、国際機構による制裁が実現した。。

　制裁の内容は、①イタリアに対する武器弾薬の禁輸、②イタリア政府あるいは企業に対する信用供与の停止、③イタリア製品の輸入停止、④ゴム・錫・マンガンなど一次産品の禁輸などで、イタリア経済に相当の打撃を与えたといわれる。だが、一次産品のうち石油・鉄鋼・石炭など最重要の戦略物資は禁輸項目から除外された。それらの品目が、すでに連盟を脱退していた日本やドイツ、加盟していなかった米国などからどのみち輸入されるだろうから、という理由によってである。それに加え、戦争をヨーロッパに飛び火させないことを主眼にしていた英仏両国が徹底した制裁には消極的だったなど別の要因もあって、イタリアは制裁を乗り切り、エチオピアを征服した。当初の大きな効果にもかかわらず、連盟の経済制裁は目的を達することができずに終わったのである。この間、36年3月にはヒトラーがロカルノ条約を破棄してラインラントに侵攻し、国際情勢はもはや連盟の集団安全保障体制の手の及ばぬものとなっていく。

(2) 人道的・社会的・経済的分野

狭義の平和ないし安全保障以外の活動分野としては、委任統治制度（規約第22条）および、人道的・社会的・経済的分野における任務（同第23条）があった。委任統治制度は、主として第一次大戦の結果ドイツおよびオスマン・トルコから切り離された地域を中心に、「まだ自立しえない」と判定された地域を先進国が「後見」するという制度である。「後見」の任にあたる国を「受任国」といい、フランス・英国・日本などがそれに指定された。委任統治地域は自立の程度に応じてA・B・C三つのグループに分けられ、合計21の地域がそれに指定された。連盟における責任は理事会が負い、そのもとに常設委任統治委員会が設けられ、受任国からの年次報告の検討にあたった。21地域のうち、A方式に編入された旧オスマン・トルコ領の5地域（レバノン・シリア・イラク・パレスチナ・トランスヨルダン）は1932年から47年の間にすべて独立したが、BおよびC方式に編入された旧ドイツ領のアフリカ・太平洋16地域のほうは独立を国連成立以後に持ち越され、その点では植民地体制の継続にほかならなかった。

人道的・社会的・経済的分野の活動について、連盟規約はわずかに第23条1カ条を当てたのみである。児童のための人道的な労働条件の確保、自国領域内の「土着住民」に対する公正な待遇の確保、連盟国間の交通・通過および通商の自由の確保、疾病の予防と撲滅などがその具体的な目標だった。規定のこうした簡潔さは、平和／安全保障分野に比べて、この分野があくまで付随的なものとしか扱われていなかったことを示している。一方ではたしかに、経済・社会・文化分野での制度作りは相応に進展していた。前述のようにドラモンド時代、経済財政機関・交通通過機関・保健機関など、連盟傘下にいくつかの国際行政機構が設立されたほか、連盟の発足とともに国際労働機関（ILO）という重要な国際機構もつくられている。ILOは連盟規約ではなくヴェルサイユ条約に基づいて設立されたため、形式的には連盟とは別組織だったが、密接な関係を持ち、事実上「国際連盟の一部」だった（Walters 1952: 194）。このほか、知的協力国際委員会（のち知的協力機関）や麻薬等危険薬物諮問委員会のような「委員会」形式の機関、国際教育映画撮影技術機関のような外郭機関もつくられている。連盟期、非政治的分野での進展もたしかにあったのである。

他方で、それらによって平時から国家間の協力と交流を深めることが「平和」の礎石となる、という認識はまだ十分に成熟していなかった。連盟も後期の1939年になり、ようやくこの分野の活動を強化することの重要性が認識され、理事会が、かねてそれを主張していたオーストラリアのスタンリー・ブルースを委員長とする検討委員会(ブルース委員会)を設置する。同年8月、ブルース委員会は、「連盟は、世界平和にとって有益な国家間の協力と組織化を高めようという人類の渇望の表明である」という確信のもとに、経済社会分野の活動に安全保障分野と同等の重みを与えるべきだという趣旨の報告書を提出し、「経済社会問題中央委員会」という機関の新設を提唱する。だがその10日後、ヒトラーがポーランド侵攻を開始し、連盟の再生はここでも挫折することになった。ブルース委員会の構想がささやかながら実現するのは、第二次大戦後、国連において経済社会理事会という、この分野を独立に担当する主要機関が設けられた時である。

## 5　まとめ——連盟型集団安全保障と《ユース・アンテ・ベルム》

　国際連盟は、第一次世界大戦および第二次世界大戦という二つの大戦にはさまれ、その両方から引っ張られ続けた機構だった。それだけでしかなかったというのは過言だが、第一次大戦の清算も十分にできず、第二次大戦を防ぐこともできなかったという意味では、あたかも二つの大戦を橋渡しするために存在したかのような機構だったと言うことができよう。

　だがそれを、たんに「集団安全保障がうまく機能しなかったからだ」といった説明で済ますのは、やや単純にすぎると思われる。第一に、「大国」の実力をあてにした集団安全保障体制というものは、一方ではたしかに「現実的」な面もあるかもしれないが、おそらく致命的と言ってよい構造的欠点を抱えている。「大国」が機構内にあり、かつ機構の意思決定に「拒否権」を行使できる限り、集団安全保障の措置が当の「大国」に向けられることは原則としてないことである。日本に対してほとんど為すすべもなかったことが、それを明瞭に物語っている。イタリアに対しては「拒否権」を封じ込める法的手続きを見いだし、どうにか経済制裁にまでこぎつけたが、機構の手の届かない、非加盟国

たる大国（米国）の十分な同調が得られずに終わった。集団安全保障体制を支えるべき大国が率先して侵略に走るのでは、それが働く余地は全くなくなる。

　連盟の集団安全保障体制は、「うまく機能しなかった」というより、制度的・構造的に最も機能しにくい局面で機能することを求められ、なかば当然に失敗した、と言うべきなのかもしれない。それは連盟のみならず、《大国主導の集団安全保障体制》に固有の問題点なのである。だが第2章で見るように、この構造的な欠点の克服は国連に持ち越されることになったが、国連安保理の常任理事国制度はそれを克服するものではなかった。むしろこの構造的な欠陥は増幅され、その限りで連盟の蹉跌は教訓として残らなかったことになる。

　さらに、それ以前の問題として、そもそも連盟は本当に平和のための機構だったと言えるのかどうかも問うておく必要があるだろう。戦勝国の戦後世界管理体制でもあったこの機構が「勝者の平和」を固定するものでしかなかった、という指摘は多くの論者によってなされる。この評価が誤りでないことは、ドイツに対して課された天文学的な賠償金だけを見ても明らかであろう。戦勝国の側からすれば、それはドイツの再侵略を防止するためにやむをえない措置だったかもしれない。しかし、それが社会的な不安定や不満までも生みだしたという点では、この「平和を維持するための措置」は同時に《非平和》をもつくりだすものだった。連盟が「（普遍的な）平和を維持するためではなく、特定の平和を維持するための機構だった」というイニス・クロードの洞察（Claude Jr. 1971: 41。傍点原文）は、この落とし穴をみごとについている。いつの時代でも、「特定の平和」——すなわち特定の国を押さえ込むような平和——を維持するのは容易ではない。それをしようと思うなら、その国（々）は、非平和状態に置かれた国々の不満を封殺できるほどに強大な軍事力や経済力を用意しておかなければならないだろう。これもまた、国際安全保障の仕組み作りに関して連盟が残した教訓のひとつだった。

　第二に、技術的に見て、連盟の機構構想が当初からあやふやなものだったということも、しばしば連盟の弱点として指摘される。前述のように、連盟創設の際、仏伊両国がドイツを抑え込むに足る「強い連盟」を求め、連盟が独自の軍事力を持つべきだとさえ主張したのに対し、英米両国がそれを「国際軍事主義」だとして反対したため、連盟の集団安全保障は焦点の定まらないものにな

った。このとき米国は、連盟が実現すべき秩序の性格について、「強制による社会」ではなく「善意による社会」の構築を目指すべきだと主張したとされる。秩序構想として興味深い論点だが、そのことはさておき、連盟自体が不決断な状態に置かれたことに変わりはない。おそらく、より完全な集団安全保障を求めるなら仏伊両国の構想に従うべきであったろうし、反対に英米両国の思考に従うなら、軍事制裁を核とする集団安全保障とは違う安全保障体制を求めるべきであったろう。連盟はそのいずれでもなかったのである。

　なお、連盟は米国を欠いていたから失敗に終わったと解説されることが多いが、それは事実の一端を説明するものでしかない。たしかに米国は連盟に加盟せず、それがイタリア制裁の失敗につながったという事実もあるが、連盟発足後じきに各種機関に米国人の参加が増えたし、常設国際司法裁判所（米国は同裁判所規程の当事国にはなった）にも4名の裁判官を送り込んでいる。ベルンの大使館やジュネーヴの領事館を通じての接触も時代を追うにつれて密になっていった（Walters 1952: 348-350）。満州事変の際の理事会審議には特別に政府代表が招かれて討議に加わってもいる。米国が正規の加盟国であったなら日本やイタリアに対しても実効的な制裁、とくに軍事的な制裁を加えることができたかもしれないという推測は、こうした実態を無視したものであり、なにより、連盟規約の手続き上はなんら根拠のないものである。

　これらもろもろの弱点にもかかわらず連盟の出現には、国際機構の歴史上、やはりそれなりの意味もあった。第一にそれは、機構の常設性と機構目的の複合性において、国際関係を総合的に「組織化」する初の試みだった。安全保障や紛争解決など、高度に政治的な問題のみを扱うヨーロッパ協調やハーグ体制とも異なり、技術的協力のみを扱う国際行政連合とも異なる。その両方を活動分野とし、かつそのいずれもが為しえなかった常設性を初めて獲得したのである。

　第二に、総会はむろんのこと、理事会でも中小国に議席を与え、それによって一種の世界的なフォーラムがつくられることになった点も、それなりに評価してよい。前述のようにそれは、国際関係に一定の「民主化」をもたらした。少なくとも、《国際関係の民主化》ということが重要なテーマとなる契機を提供したのである。このような世界的フォーラムはまた、本格的な国際世論の形成

を促し、国際社会の多様な意見を吸い寄せる機能を営むことになるだろう。事実、イタリアによるエチオピア侵略に際し、連盟がともかく行動を起こすことになったのも、ラテンアメリカを中心とする中小国、とりわけ有色人種国家の大国批判によるところが大きかった。理事会がイタリアの行為を黙認しかけたことに対し、それらの国々が、アフリカ国家に対する侵略を白人国家に対するそれとは別の基準で扱うものだと反発したのである。大国の都合だけで世界を取り仕切る時代の、それは、終わりの始まりだった。

　第三に、連盟型集団安全保障の「失敗」の陰になって見落とされがちだが、その方式とは相反する方法、つまり紛争を平和的に処理する機運が連盟時代以前に強まっていたのに、そのある面が連盟期にやや下火になった事実にも目を向けておこう。前に見たように連盟期、PCIJ は相応に活発な活動実績を残したが、その前から、ハーグ平和会議で設立され1900年から活動開始した常設仲裁裁判所（Permanent Court of Arbitration, PCA）も存在していた。この裁判所自体はそもそも強制的ではないし、英仏といった大国がアフリカ植民地に関する紛争をこの裁判所に付託することを拒むなど、大きな成果を挙げることはなかった。しかし1901年にラテンアメリカ諸国が集団で、この裁判所を設置した国際紛争平和的処理条約に加入して、紛争の平和的処理への気運を高めた。その時代に諸国間で締結された仲裁条約は100を超える。だが、戦間期にはどうにか8件あったこの裁判所の利用も、1938年以降はぴたりとやんだ。そういう事実に関する限り、連盟が紛争の平和的解決の仕組みを十分に育て上げることができなかったことが、強力的解決の仕組みを働かせることができなかったこと以上に問題だとも言えるのである。開戦について定める開戦法規（ユース・アド・ベルム）、交戦の規則を定める交戦法規（ユース・イン・ベロ）という概念が国際法の世界では長く用いられていたが、そもそも武力行使そのものを実効的に防ぐための法体系が強化されねばならない。それを仮に《戦争以前の法（ユース・アンテ・ベルム）》と呼ぶとすれば、そのような法体系を強化し充実させるという課題は、連盟でも実施されぬままに終わり、そののちも未完の課題のまま残されている。

　最後に、もう一度、《国際関係の民主化》との関連で、国際機構が国際関係の変容に対してどんな役割を果たすことができるのか、何を期待されているのか

を復習しておこう。連盟の時代がもたらしたものを、《国際関係の民主化》の一語で済ますのは単純化が過ぎるが、一方で「主権平等」観念は進展した。というより、それが法的な観念として確立し始めるのは、ようやくこの時代になってからなのである。それはある種の「民主化」であると同時に、国際社会の分権性の再強化でもあった。集権化への衝動を内包した国際機構が同時に分権性を正統化せねばならない——そういう二律背反を国際機構はこの時に抱えることになったのである。

　同じことは、ウイルソンとレーニンによって主張され、やはりこの時代に法観念として伸長し始めた《民族自決権》についても言えるだろう。それが植民地その他、大国支配のもとにあった諸民族の独立を促進し、一定の国際正義を実現した功績は大きい。他方でそれは、国民国家こそが世界政治の自然かつ不変の基本単位だという確信を育てることにもなった。これもまた国際機構に難題をもたらす。第一にそれは国民国家の絶対性という錯覚を生み、それを求める複数の「民族」相互の「自決権」の衝突を招きうる。それが本当に深刻化するのは、国連の時代、それも冷戦が終焉してからだが、いずれにしても国際機構はそこから生ずる武力紛争の処理に追われることにならざるをえない。民族自決権を健全に開花させるためには、それが国民国家の絶対性と同義ではない（同義でなくても支障はない）ことを、あらかじめ確認しておく必要があったのである。第二に、いまだ誕生を待つ「国民国家」があるのなら、当然のこととして国民国家体系は流動化する。あるいは、形態的に不確定な状態が続く。国際機構が国民国家体系を何らかのかたちで「乗りこえる」任務を負っているのだとして、乗りこえられるべき当の体系が不確定である場合、国際機構は何をどのように乗りこえることになるだろう。この時に生まれたこの問題は、こののち、国連憲章によって一つの解答を与えられ、しかし、問題そのものは根本的に解決することなく、現在まで続いている。

# 第2章
# 国際連合

## I 成立の経緯

### 1 米国主導の戦後機構構想

　国際連盟の「失敗」は、国際社会(主として第二次大戦時の連合国)に、連盟よりも実効的で強力な世界機構をつくることの必要性を痛感させた。とりわけ、侵略を有効に鎮圧し、違法な武力行使にたしかな制裁を加えうる機構である。ファシズム・全体主義・軍国主義との闘争の果てに一つの機構をつくろうというのだから、機構作りの主たる関心がその点に向けられるのも、なりゆき上当然なことではあっただろう。むろんそれだけではない。枢軸国の侵略が大規模な人権侵害(あるいはその結果)でもあるという認識がすでに芽生えていたから、新しい国際機構は人権保障の砦となるべきものでもあった。さらに、第二次世界大戦の遠因として世界恐慌(1929年)と保護主義の台頭があったという事実に鑑みるなら、来るべき国際機構は自由貿易を擁護し、経済社会分野における国際協力を推進するものでもなければならない。こうして、第二次世界大戦終了前夜の世界には、《究極一歩手前の(penultimate)国際機構》を持つための社会的条件が満ち始めていた。究極一歩手前とは、機能的には国家に比肩するほど広いが、権力的には究極の(ultimate)組織化、すなわち世界国家には至らぬもの、という意味である。

　連合国による戦後世界構想の策定は、すでに1941年、ローズヴェルト米大統領とチャーチル英首相が大西洋上で会談した時から始まっていた。ただ、その時点ではまだ世界機構設立への言及はなく、それが初めてなされるのは

1943年のモスクワ宣言においてである。それに至るまでの前段階では、米国政府部内で、特にコーデル・ハル国務長官やサムナー・ウエルズ国務次官らの奔走があった(詳細は最上 2005: 第3章)。それと相前後して、まず個別的な機構作りが連合国戦時協力の一環として進んだ。1943年には、農業生産の増大と食糧の安定供給を目的とする機構作りのため、連合国食糧農業会議がヴァージニア州ホットスプリングスで開催され、1945年の国連食糧農業機関(FAO)の設立に道を開いている。またこの会議に触発されて、それまで難渋ぎみだった戦災の救済と復興および難民救済のための機構づくりも加速し、ニュージャージー州アトランティックシティーでの会議により連合国救済復興機関(UNRRA)が設立された。また1944年にはニューハンプシャー州ブレトン・ウッズで連合国金融財政会議が開かれ、国際通貨基金(IMF)および国際復興開発銀行(IBRD=世界銀行)の設立も決められている。なお、戦争が進行するなか、国際連盟および関連機関もヨーロッパで任務を継続することが困難になり、1940年にはILOの活動拠点がモントリオールに、国際連盟の一部活動拠点は米国のプリンストンに移されている(Reinalda 2009: 271-273)。

## 2　ダンバートン・オークス会議からヤルタ会談へ

　こうした中、モスクワ宣言を受けて、中核となるべき「総合的国際機構」の設立準備も進んだ。1944年8月から、ワシントン郊外ダンバートン・オークスにおいて米国・英国・ソ連・中国の4カ国代表が会合し、新しい国際機構の構想について協議を始める(ダンバートン・オークス会議)。もっとも、ソ連が日ソ中立条約をタテに日本と交戦状態にある中国との同席を拒んだため、実際の会議は《米英ソ》および《米英中》という二つの組み合わせに分けて順に行われた。また、「中国」とは当時の国民党政府、現在の台湾である。フランスはまだ加えられていない。

　会議における討議の基礎となったのは、その前月、7月に米国政府が他の連合国に呈示した、「総合的国際機構のための合衆国暫定提案」である。約2カ月に及ぶ協議の結果、4カ国は大筋において合意し、「総合的国際機構の設立に関するダンバートン・オークス提案」をまとめた。機構の名称を the United Nations(「国際連合」あるいは「連合国機構」)とすることも合意され、現在の国連憲章の原型がここでできあがったのである。

　ダンバートン・オークス会議では、機構の構成(総会・安全保障理事会・国際司法裁判所・事務局)や、いわゆる集団安全保障を連盟のそれ以上に精緻かつ強力な仕組みにすることなど、主要なほとんどの点について合意が得られたが、いくつか重要な点が積み残しになった。特に、①安全保障理事会(安保理)常任理事国の拒否権の事項的範囲(あらゆる事項か特定の重要事項か)、②総会におけるソ連邦構成共和国の代表権問題、という二つの点である。

　①の拒否権に関する対立は、基本的にソ連と英国の間で起きた。ソ連がすべての事項への適用を唱えて、紛争の平和的解決などについての勧告であれ侵略等に対する「強制行動」(いわゆる「制裁」)であれ、常任理事国はその対象とされなくなるような案を主張したのに対し、英国は逆に、紛争処理に関しては当事国が安保理の表決から除外されるべきだとし、そもそも拒否権の行使も起きえないような仕組み作りを唱えたのである。米国は英国案に好意的だったが、妥協案として、基本的に英国案に立ちつつも、国連の強制行動が常任理事国に向けられるような決議に対しては拒否権を行使しうるとする方式を提示した。だがソ連はそれにも満足せず、決着がつかずに持ち越しとなったものである。また②の問題は、ソ連が連邦を構成する16(当時)の共和国すべてを原加盟国とするよう求めた問題である。その場合ソ連は、一国一票制を原則とする国連総会において、1カ国だけ16票を保有することになる。それに対して、当然ながら他国が反対し、これも未決となった。

　こうした争点に決着がつけられるのは、翌1945年2月のヤルタ会談(米・英・ソ3国)においてである。まず拒否権の適用範囲に関して3大国は、安保理の審議事項を「手続き事項」と「非手続き事項(実質事項)」とに分け、後者についてのみ拒否権の適用が認められるとした。つまり、手続き事項については11理事国のうち7理事国の賛成があれば可決されるが、非手続き事項についてはその7の賛成票の中にすべての常任理事国の「同意投票」が含まれねばならない、という方式である。この方式は国連憲章第27条に取り込まれることになった。

　「ヤルタ方式」とも呼ばれるこの制度は、拒否権の適用範囲に制限を設けた

点では英米案にも似ているが、実質的にはソ連案により近い。つまり、何が手続き事項で何が非手続き事項であるかが明定されておらず、ある事項がそのいずれであるかの決定は(常識的には「手続き」に見えるかもしれないが)非手続き事項だとされている。そうすると、その分類的決定そのものにおいてまず一度拒否権を行使して「実質事項」と決め、次いで「実質事項」となった本案に対して更に一度拒否権を行使することが可能になる。いずれにしても常任理事国は、自らの意にそわない決議にはほとんど常に拒否権を行使しうることになった。新しくフランスを加えた「5大国」が拒否権を持つという制度には、このあとのサンフランシスコ会議でも中小国が異論を唱えて争点となるが、結局はこのヤルタでの合意にそって確定する。

　なお、この「ヤルタ方式」はまた、強制行動の場合でなく紛争の平和的解決に関する議決の場合は、常任理事国であっても紛争当事国であるなら棄権しなければならないと決めたものでもあった(これが国連憲章第27条3項となる)。それは同時に、国連型集団安全保障のデザインにおいては、強制行動が主であり平和的解決は従であること——あるいは強制行動こそが集団安全保障であり平和的解決はそのラチ外にあること——とされたことを意味している。この点はのちにあらためて述べる。

　ちなみに国連発足後の1965年、理事国数は11から15に、可決必要票数は7から9に、それぞれ改正された。また、慣行上、常任理事国による棄権は反対投票とみなされず、したがって拒否権の行使にもならない。言い換えると、非手続き事項の表決における「常任理事国の同意投票」とは、必ずしも「賛成票を投ずること」ではなく、「反対票を投じないこと」と同義であると解釈されていることになる。同様に、欠席も拒否権の行使とはみなされない。

　総会におけるソ連の代表権問題に関しては、ソ連が「16共和国すべて」から「3共和国か少なくとも2共和国」へと要求を後退させ、結局ソ連邦そのものに加えて、ウクライナと白ロシアを原加盟国とすることで妥協が成立した。この2共和国が抽出されたのは、両国の面積や人口といった要素のほか、両共和国が第二次世界大戦でとりわけ多くの戦死者を出したことに対する考慮が働いたのだとも言われる。いずれにしてもこうして、ソ連は実質的に総会で3票を持つに等しい特殊な地位を与えられることになった。特定の国が多国より多

くの票を与えられることを加重票制(あるいは加重表決制＝第6章参照)と呼ぶが、ソ連にだけそういう特別待遇が与えられることになったのである。そもそも、総会での加重票制は、ダンバートン・オークスまで米国が主張していたものだった。ただし、「総会が財政決議を採択する際」という限定つきである。だが、限定つきであれ何であれ他国の賛成が得られず、米国はそれを取り下げていた。こうして一方では加重票制の構造化が否定され、他方では一つの加盟国だけが加重票を付与されるという、組織の論理としては一貫性を欠く妥協的な決着がそこではかられたことになる。

## 3　サンフランシスコ会議

　国際連合(あるいは「連合国機構」)創設過程の仕上げは、1945年4月から2カ月間、サンフランシスコにおいて行われた。「国際機構に関する連合国会議(UNCIO)」と称する、現在の国連憲章を確定するための会議である。4大国を招請国とし(5月にフランスも追加)、総勢50カ国で開催されたこの会議は、表2-1のような4委員会・12部会の編成で憲章原案を討議した。

　会議の審議は膨大な量にのぼったが、おおむねダンバートン・オークス提案の線に沿って合意をみている。むろん争点もいくつかあった。とりわけ重要と思われるのは、安保理との対比において、総会にどれだけ権限を与えるかという点である。ダンバートン・オークス提案の比重は、大きく安保理にかけられていた。特に安全保障分野における総会の権限は、ほとんど無きに等しいものだったとさえ言える。例えば「総会は、国際の平和と安全の維持に関するいかなる事項に関しても、安全保障理事会が現に取り扱っているものについては、自らの発意で勧告を行ってはならない」(提案第V章B節1項)といった規定である。これに対し、ニュージーランドとオーストラリアを中心とする「中小国」から、もっと総会の権限を拡張すべしとの主張がなされた。特にニュージーランドの主張は、強制行動をとるための決定には総会の同意がなければならないとする修正案を含む、かなりラディカルな対抗構想だった。

　さすがにこの修正案は5大国からただちに拒否されたが、両国の抵抗はまだ続く。すなわち、総会の討議権に関するダンバートン・オークス提案の規定が

表2-1　サンフランシスコ会議の構成

| |
|---|
| 第Ⅰ委員会：一般規定 |
| 　第1部会：前文・目的・原則 |
| 　第2部会：加盟・改正・事務局 |
| 第Ⅱ委員会：総会 |
| 　第1部会：構成および手続き |
| 　第2部会：政治および安全保障機能 |
| 　第3部会：経済的社会的協力 |
| 　第4部会：信託統治制度 |
| 第Ⅲ委員会：安全保障理事会 |
| 　第1部会：構成および手続き |
| 　第2部会：平和的解決 |
| 　第3部会：強制行動の仕組み |
| 　第4部会：地域的取極 |
| 第Ⅳ委員会：司法機関 |
| 　第1部会：国際司法裁判所 |
| 　第2部会：法的諸問題 |

「国際の平和と安全の維持に関するいかなる問題をも……討議する権利を有すべきものとする」(同前・傍点筆者)となっていたのに対し、そのような事項的制限を外していかなる問題でも討議できることにすべきだと主張したのである。ニュージーランド案は、「国際関係分野に属するいかなる事項でも」討議しうるとすべきだというものだった。大国と中小国の対立が続く。難産の末、現行憲章第10条にあるように、「この憲章の範囲内にあるいかなる問題または事項」という表現に落ち着いた。もっとも、勧告権限に関しては安保理の優越が維持され、「安全保障理事会がこの憲章によって与えられた任務をいずれかの紛争または事態について遂行している間は、総会は、安全保障理事会が要請しない限り、この紛争または事態についていかなる勧告もしてはならない」という、現行憲章第12条1項の規定となる。

　この不一致が興味深いのは、そこですでに、安保理中心的な機構構想と、(総会中心的とは言わぬまでも)安保理と総会の権限の均衡をはかろうとする構想との間の対立が見られるからである。弱体だった連盟の経験に照らして徹底的に選民型あるいはエリート型の機関を重視する考え方と、それと平等主義型の機関との権衡を重視する考え方の対立、と言ってもよい。各々の考え方の担い手に即して言うなら、「大国」対「中小国」の対立でもある。安保理中心的な

大国主導型の機構構想に対する思想的挑戦が本格化するのは、独立をとげた旧植民地が国連に大量加盟する 1960 年代のことだが、その萌芽は、こうして、すでにサンフランシスコ会議で見られていた。萌芽期と後期の違いは、「中小国」の主力が、ニュージーランドやオーストラリアのほかラテンアメリカ諸国など、いわば西側の中小国から、アジア・アフリカ諸国を中心とする南側の中小国へと代わった点である。

　そうした経緯はあったが、現実につくられた国連は、平和／安全保障分野の活動に関する限り安保理中心的な機構そのものだった。国連憲章第 7 章(および第 24 条・第 12 条 1 項)を見れば、そのことは歴然としている。それにはそれなりの理由もあっただろう。つまり、国連は強力で迅速で実効的な安全保障体制を備えねばならず、そのためには少数の大国に権限を集中することが不可欠だという、連盟の「失敗」から得た教訓である。それはこの時点なりの「現実主義」でもあった。もっとも、それが真の意味で「教訓に学んだ」ものと言えるかどうかは疑わしい。連盟の「失敗」は、何より、大国による侵略を防止(あるいは早期に鎮圧)できなかった点にある。だとすればその「教訓」も、いかにして大国による侵略を防止し実効的に対処すべきかということのはずだった。加えて、日本の中国侵略の例が示すように、当の大国が機構の措置に対して拒否権を行使するような制度に再考の余地はないか、それも当然に検討課題とさるべきものであっただろう。そうした教訓や課題が国連の機構構想にどれだけ取り込まれたかとなると、実はかなり不確かな面があると言わねばならない。ただ、この点に関する議論はもう少し入り組んでいるので、次の第 II 節であらためて論ずることにする。

　いずれにせよ、サンフランシスコにおけるこの対抗構想の顕在化は、大国主導型・安保理中心的な機構構想が、実は当初から不確かな正統性しか享有していなかったことを示唆している。不確かだったにもかかわらずそれが現実の制度となったのは、やはり当時の状況圧力によるところが大きい。いままさに終わろうとしている未曽有の大戦は、再び繰り返されてはならないものだった。仕組みに多少の問題があっても、このような大戦の再発を防止するという目的がそれを凌駕することになったのである。更に、ニュージーランドなどが提起した問題は、言い換えれば国連を民主的な(特定の大国に権限が偏らない)機構に

表 2-2　国際連合略年譜

| 年 | 事項 |
|---|---|
| 1943 | モスクワ宣言(一般的安全保障に関する4カ国宣言) |
| 1944 | ダンバートン・オークス会議 |
| 1945 | ヤルタ会談(2月)。サンフランシスコ会議(国連憲章採択、4-6月) |
| 1946 | 国連総会および安全保障理事会、開催開始(いずれもロンドン) |
| 1948 | パレスチナに初の平和維持活動、国連停戦監視機関(UNTSO)設置。総会、世界人権宣言採択 |
| 1950 | 朝鮮戦争、安保理が韓国支援を勧告。総会、「平和のための結集」決議採択 |
| 1956 | 初の平和維持軍、第一次国連緊急軍(UNEF・I)を中東に派遣 |
| 1960 | 17カ国が大量加盟。総会、植民地独立付与宣言を採択 |
| 1961 | ハマーショルド第2代事務総長、コンゴで殉職。没後、ノーベル平和賞 |
| 1965 | 安保理、ローデシアに対して初の制裁(強制行動)(-1979) |
| 1967 | 安保理、パレスチナ紛争に関し決議242採択、紛争解決の基本原則設定 |
| 1971 | 総会、中国の代表権を国府(台湾)から北京政府に変更 |
| 1972 | ストックホルム国連人間環境会議 |
| 1974 | 総会特別会期、新国際経済秩序(NIEO)樹立宣言を採択 |
| 1977 | 安保理、南アフリカに対する武器禁輸の制裁措置(強制行動)を決定。米国、国際労働機関(ILO)脱退 |
| 1981 | 国連難民高等弁務官事務所(UNHCR)にノーベル平和賞 |
| 1982 | 国連海洋法条約交渉(1973-)終結、条約を採択 |
| 1984 | 米国、ユネスコを脱退。同、国際司法裁判所強制管轄権から離脱 |
| 1988 | 国連平和維持活動にノーベル平和賞 |
| 1990 | 湾岸危機、安保理が多国籍軍に対し武力行使授権を決議 |
| 1992 | ガリ事務総長報告『平和への課題』 |
| 1993 | ソマリアで「平和強制(執行)活動」。安保理、旧ユーゴ国際刑事法廷(ICTY)を設置 |
| 1994 | ルワンダで大虐殺、安保理、ルワンダ国際刑事法廷(ICTR)を設置 |
| 1995 | 世界貿易機関(WTO)設立 |
| 1997 | 国連気候変動枠組み条約当事国、京都議定書を採択。総会、テロ爆弾攻撃抑止条約を採択 |
| 1998 | 国際刑事裁判所(ICC)設立会議、裁判所規程を採択(2002年発効) |
| 2000 | 総会、「国連ミレニアム宣言」採択 |
| 2001 | ニューヨーク同時多発テロ、安保理「テロ対抗委員会」設置。アナン第7代事務総長、ノーベル平和賞 |
| 2003 | 米英等、安保理決議なしでイラクに対し戦争開始 |
| 2007 | 安保理、スーダン・ダルフールにおけるAU・国連合同平和維持活動(UNAMID)を設置 |
| 2008 | 安保理、コソヴォにおけるEU平和維持活動(EUlex)の展開を承認 |
| 2009 | ICC、スーダンのアル＝バシール大統領に対し逮捕状発行 |
| 2011 | 安保理、有志国に対しリビア攻撃を授権(「保護する責任」)。ユネスコ総会、パレスチナの(国家としての)加盟を承認 |
| 2012 | 総会、パレスチナにオブザーバー国家の地位を与える |
| 2015 | パレスチナ、ICC当事国に |

すべきだということだが、その主張もまた別の状況圧力の前に影が薄くなった、という点も挙げておいてよい。状況圧力とは、それらの「大国」がこの大戦においてファシズムや全体主義から民主主義を擁護すべく戦った国々だという事実である。民主主義を擁護した主役の国々が機構の主役になるということと、その機構が民主的であるかどうかとは本来別のことのはずだが、それらが未整理のまま「国連における民主主義」の問題は先送りされた。だがこの問題は、数年ののち、機構構想の正統性に関わる深刻な争点として再び立ち現れることになる。

## 4　主要機関と《国連システム》

こうして創設された国連の「主要機関」は、総会、安全保障理事会、経済社会理事会(経社理)、信託統治理事会、国際司法裁判所(ICJ)、そして事務局である(国連憲章第7条)。総会はすべての加盟国によって構成され、3つの理事会は限られた数の加盟国によって構成される。その点で、国連という機構も、他の国際機構と同じパターンにそって作られていた。もっとも、総会が《意思決定の最高機関》で、理事会は《その意思を実施する二次的な機関》であるというのが普通の図式だが、国連の場合、それは当てはまらない。特に大国主導型の常任理事国制度をとる安保理について見るなら、前にふれたように、安保理が一次的な機関で総会は二次的な機関であるという、通常とは逆の特異なパターンになっているのである。

その点を含め、安保理と総会の関係性や、安保理を軸とする国連の安全保障体制の変遷については次節で述べることとし、ここではひとまず主要機関を中心に国連の諸機関、および傘下にある諸機構の見取り図について述べておこう。

### (1)事務総長および事務局
(a)ふたつの超国家性

国際連盟と同様、国連もまた事務局を置き、その長として事務総長職を設定した(表2-3)。事務総長は安保理の勧告に基づいて総会が任命する(国連憲章第97条)。事務総長職を設定しただけの連盟規約(第6条1項)と異なり、国連憲章

表 2-3　歴代国連事務総長

| | | |
|---|---|---|
| 1 | トリグブ・リー（ノルウェー） | 1946-1952 年 |
| 2 | ダグ・ハマーショルド（スウェーデン） | 1953-1961 年 |
| 3 | ウ・タント（ビルマ） | 1961-1971 年 |
| 4 | クルト・ワルトハイム（オーストリア） | 1972-1981 年 |
| 5 | ハビエル・ペレス・デクエヤル（ペルー） | 1982-1991 年 |
| 6 | ブートロス・ブートロス＝ガリ（エジプト） | 1992-1996 年 |
| 7 | コフィー・アナン（ガーナ） | 1997-2006 年 |
| 8 | 潘基文（韓国） | 2007-2016 年 |
| 9 | アントニオ・グテーレス（ポルトガル） | 2017- |

は事務総長の地位と任務を多少とも詳細に規定した。

　まず地位については、事務総長をはじめとする事務局職員の「独立性」が規定された(憲章第 100 条)。独立性とは、職員が任務の遂行にあたっていずれの政府からも、国連以外のいかなる当局からも支持を求めず受けない、という意味である。加盟国もまた、そのように職員の責任遂行を左右する行為をしてはならない(同条 2 項)。この第 100 条 2 項では「国際性」の語が用いられているが、要するに加盟国との関係における職員の独立性と、加盟国に対する中立性・公平性あるいは不偏不党性を意味する。

　この独立性ないし国際性は、最小限の《超国家性》と呼ぶこともできる。超国家性とは、単純化して言うなら「国家を超える地位あるいは権限」であるが(第 4 章参照)、その要素が多少とも国連に備わることになったのである。つまり、「加盟国を超越した地位」と「加盟国に命令を下す権限」のうち、少なくとも前者が事務局に与えられ義務づけられたことである。加盟国を超越するとは、言い換えれば「無国籍的」だということであり、その意味で事務局は NGO 的である。国連という政府間国際機構の中に非政府間的な部分が存在する(IGO の中に NGO 的な部分が存在する)わけで、この点は 21 世紀の国際機構像を考える際に大きな重要性を持っている。

　もっとも、国連の中にはもうひとつ「超国家的な」要素が備わっている。言うまでもなく、「加盟国に命令を下す権限」を付与された安保理である。国連憲章は、いわば、違った種類の超国家性を別々の機関に付与したと見ることができる。ただし安保理に付与した超国家性のほうは、それによって「国連という機構が加盟国を超越した」と言うにはいささか変則的である。その「超国家

性」が、形式的には機関に付与したものではあるが、後述するように、実態的には常任理事国を別格に扱う差別体制にほかならないからである。しかし、もし超国家性の本来の目的が「すべての加盟国の個別的な主権を乗りこえること」であるなら、原理的には、さきに述べた超国家性のふたつの側面がひとつの機関において融合することが求められる。つまり、権限面で「加盟国に命令を下す」ような超国家性が、地位の面で「すべての加盟国を超越した」独立の機関に付与される、というあり方である。だが国連憲章が生み出したのは、他加盟国に命令を下しうる機関(安保理)には独立性がなく、独立性を有する機関(事務局)には加盟国に命令を下すだけの権限がない、という制度だった。

### (b) 事務総長の政治的機能

　その一方で国連憲章は、事務総長をたんなる行政の長にとどめず、それを超える政治的な権限も与えた。すなわち、「国際の平和および安全の維持を脅威すると認める事項について安全保障理事会の注意を促す」(憲章第99条)権限であり、同条は事務総長の政治的権限に言及した、憲章中ほとんど唯一の規定となっている。文言だけを見るなら別にどうということもない規定だが、1945年12月、第1回総会の直前に開かれた準備委員会では、事務総長がこの条項に基づいて調停役や加盟国の公的な相談役となることができる、という解釈で合意が得られていた。事務総長がたんに《主たる行政官》(chief administrator)ではなく、《主たる調停役》(chief mediator)でもあるという理解は、このときの合意を根拠にしている。

　もっとも、事務総長の政治的権限に言及した唯一の規定であるにもかかわらず、本条が直截に援用されることは多くない。「第99条」という文言は現れないが内容的に同条を援用したと言えるのは、1960年7月、コンゴ動乱に際してハマーショルド第2代事務総長が安保理に注意喚起した事例および、1979年11月、テヘランの米国大使館占拠事件に際してワルトハイム第4代事務総長が同様の要請をした2例である。このほか、安保理の緊急会合を求めたりすることによって暗黙に援用したと見なされる例はある。こういう場合、安保理は「事務総長の注意喚起に基づく招集」を定めた安保理仮手続規則第3条にのっとって招集されることになるが、そこから逆に、こうして安保理が招集され

れば第99条を援用したと見なされるのである。このような例とされるのは、デクエヤル第5代事務総長の、イラン・イラク戦争に関する安保理への紛争解決要請(1987年)および、レバノン情勢悪化に関する緊急会合要請(1989年)などで、こちらも実行例は多くない。

　こうした実行例の少なさは、しかし、安保理を「動かす」ことに対して歴代事務総長の熱意が乏しかったという意味ではない。本条を明示的に援用もせず、安保理の開催も求めないが、紛争や事態に対する懸念を安保理議長に表明したり、安保理理事国の相互協議を要請したりする例は多数にのぼる。例えばパキスタンからのバングラデシュ独立に伴う内戦状況に関して(1971年＝ウ・タント第3代事務総長)、ヴェトナム戦争に関して(1972年＝ワルトハイム第4代事務総長)、イラン・イラク戦争に関して(1980年＝同)などである。しばしば「第99条の文言はあまり援用されないが、その精神は頻繁に援用されてきた」と言われるのは、こうした事情を背景にしている。

　「第99条の精神を援用した」という点でとりわけ際立つのは、おそらくハマーショルド第2代事務総長であろう。ハマーショルドの同条解釈はおおよそ以下のようなものだった。第一に、同条は事務総長に対して行政的な責任だけでなく政治的な責任も負わせている。第二に、それは単なる権能ではなく、義務を事務総長に課す規定である。第三にこの規定は、「黙示の権限」として、事務総長に事態を調査する権限を与えたものであり、そこには調停のような非公式の外交的機能も含まれる(著者による要約。Hammarskjöld 1961: 335)。黙示の権限とは、機構設立条約(国連憲章など)に規定されてはいないが、機構の目的や任務から判断して、当然に機構がそれを持っていると推定される権限を指す。

　「安保理に対する注意喚起の権能」を「調停の権能」にまでつなげるというのは、やや論理に飛躍があるようにも思われるが、さきに述べたように、それは1945年の準備委員会の見解でもある。そうであるから正しい解釈だということにはならないが、この見解にせよハマーショルドの解釈にせよ、国連憲章の発効後に見えてきた「法の欠缺(けんけつ)」を事後的に補おうとするものではあった。憲章は、一方で事務総長の政治的役割への言及に踏み込みながら、他方では具体的にそれが何であるかを語り尽くしていない。だが、立法技術の問題として見るなら、調停の権能ぐらいは規定されても不自然ではなかった。第一に、

「国際の平和と安全を脅威すると認める」ことができるというのは、一次的判定にすぎないとはいえ高度に政治的な判断を含む重要な機能である。また第二に、安保理という最高度の政治的機関を起動しうることも、けっして軽微な権能ではない。それほどに高度な権能を付与されているのなら、調停権能を欠くというのはむしろ均衡を失することになる。しかも第三に、事務総長職はいずれの国の利害にも左右されない「国際的な」独立機関だとされている。そうであるなら、これら三つの条件をそろえている機関が国際紛争の調停のような役割を帯びることは、自然でもあり必要でもあるだろう。こうして、「安保理への注意喚起」と「調停」の間には、文理的なつながりはともかく、機能的なつながりは確かにあると言える。「第99条の精神」なるものも、実はこうした機能的な連関を別の言葉で言い表したものにほかならない。

　事務総長の調停活動は、総会または安保理の授権によって行われるのが普通だが、事務総長が単独で行う場合もある。例えばハマーショルドによるカンボジア・タイ紛争の調停(成功)、ウ・タントによるヴェトナム戦争調停の試み(失敗)、デクエヤルによるいくつかの中米諸国紛争の調停(おおむね成功)などである。特にハマーショルドは、調停その他の《紛争の平和的解決》について、事務総長は必要ならば総会や安保理からの授権がなくとも行動を起こすことが期待されている、という考え方をとっていた。この考え方に基づき、1958年にはレバノンに派遣していた休戦監視団の規模を、安保理の反対にもかかわらず拡大している。

　なお、アナン第6代事務総長は第99条の直截な援用には消極的だったが、1998年、イラク大量破壊兵器問題が緊張した際には、安保理構成国を説得しバグダッドで調停にあたったことで知られる。「保護する責任」推進にも積極的だった。数度にわたり安全保障改革の報告書もまとめている(第3章参照)。

### (c) 権限と責任の不明確さ

　このように「超国家的な」性質を有する事務総長職の権限については、総じて以下のように言うことができる。第一に、さきに述べたように、憲章中、事務総長の権限に関する規定は甚だ少ない。少ないということは不明確だということでもあるから、「事務総長職の権限がいかなるものであるかは個々の事務

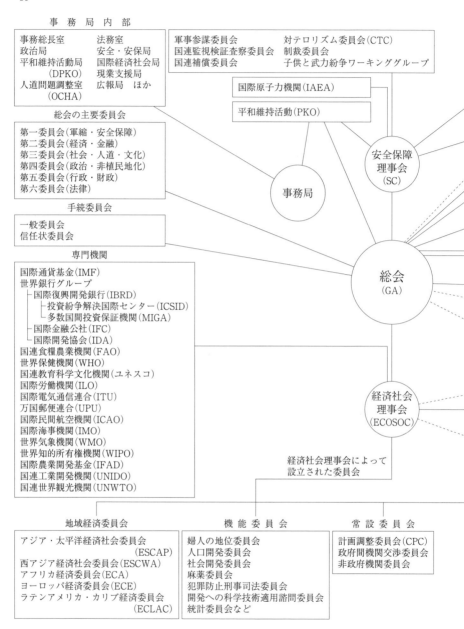

図 2-1 国際連合機構図

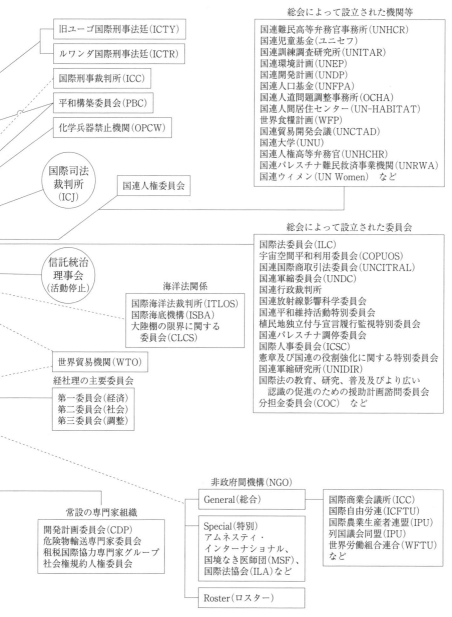

(2016年11月現在、国連資料より作成)

総長の個性によって決まる」(Bowett 1982: 87)という、およそ法制度らしくない現実を生むことになる。少ないだけでなく、政治分野(紛争解決および安全保障)であれ経済社会分野であれ、事務総長に与えられた権限はほとんど微弱と言ってよい程度でしかない。それを「加盟国に命令を下す」という意味の「超国家性」にまで高めるべきかどうかは別としても、中立的で公平な立場から果たすことが望まれる機能に関しては、もう少し権限を整理し明確化する余地があるだろう。

　第二に、権限が不明確であることの裏面として、権限行使(無権限の行為を含む)に対するコントロールも十分とは言えない。「個性によって」決まるのなら裁量の幅も広く、したがってそれだけコントロールの必要性も高まるはずだが、国連憲章にも職員規則にも、事務総長の権限行使に対するコントロールを定めた規定がほとんどないのである。例えばブートロス＝ガリ第6代事務総長が提言し、ソマリアなどで実施され失敗した「平和強制(執行)」活動は、形式的には安保理決議に基づいてはいるものの、実質的には事務総長の主導で進められたものだった。そこでの問題は、政策の失敗について責任をどうとらせるかではなく、安保理に対する事務総長の提案あるいは勧告権限はどういう範囲で認められるか、という点である。憲章上は、第98条に基づいて安保理が「委託」さえすれば、その範囲内で事務総長はいかなる提案または勧告もなしうるとも言える。しかし、その委託がいわば白紙委任に近いもので、ソマリアの事例のように「国連軍」による武力行使やその中止まで含むとなると、はたして第98条の「委託」だけで法的根拠が十分かどうか、疑問が残る。平和強制活動について言うなら、それは事務総長の提言で始まり、事務総長の勧告を受けてソマリアで実施され、失敗ののち事務総長の勧告を契機に中止され、そののち更に、平和強制活動そのものを当面は実施しないことが事務総長の方針として打ち出され、実際にもその通りになった。事務総長によるこれだけの措置は、おそらく憲章起草者も意図していなかったことであるし、そうであるなら、そのための権限付与の法的根拠については「第98条による包括的委任」よりも精緻なものが求められる。権限の行使が権力の行使にまでわたる場合には特に、「超国家的な」機関であるからといって自由に裁量をふるえるわけではなく、ましてや無答責であってよいことにもならないのである。

もっとも事務総長に関しては、憲章で明確に負わされた義務の違反についてすら問責規定がない。例えば第100条に規定された「国際性」(加盟国からの独立性・加盟国に対する不偏不党性)の義務に明らかに反する行為を行った場合、事務総長の責任はどのように問われうるのだろうか。国連職員規則によれば、事務総長以外の職員については事務総長が解雇を含む懲戒措置をとりうるが、事務総長自身に対する措置についての規定はないため、結果的に不問責で終わる可能性がある。任命権限を持つ総会が任命権限の裏返しとして解任しうる(あるいは任命の取り消しを行いうる)という理解もあろうが、「超国家的な」機関の解任ないし罷免は、それほど安直になされるべきものでもない。例えばEU委員会委員の罷免は、任命権者である加盟国政府ではなく、EUの司法裁判所によってのみなされうる(EU運営条約第247条)。こうした規定を欠くこともまた、国連憲章の不備と言ってよいであろう。

　こうして事務局体制、特に事務総長に関する憲章規定は不完全なままできたが、次節で見るように、国連事務局という《IGOの中のNGO》が設置されたことの意義は、冷戦時代を通じて次第に高まっていく。国連には、主要機関によって設立された国際機構(総会によって設立された国連貿易開発会議＝UNCTADなど)があり、さらに外側にも、国連と密接に関連するが国連本体とは別の機構である15の「専門機関」(ユネスコやIMFなど。世界銀行グループを1つと数える)も存在する。それらすべてをまとめて《国連システム》などとも呼ぶ。それらは、《IGOの中のNGO》であると同時に、主として世界の民生部門を担当し、また事務局型の機関であるからいわば文民型の機関でもある。このシステムは、活動分野の広範性、複雑を極めるその制度構造(図2-1)のいずれをとっても、創設当初すでに十分に壮大だったが、年を追うごとに拡大し複雑化した。その詳細は次節に譲る。

**(2) 経済社会理事会・信託統治理事会・国際司法裁判所**

　国連の主要機関としてはこのほか、経済社会理事会、信託統治理事会、国際司法裁判所がある。

　経済社会理事会(経社理)は54カ国によって構成されるが、安保理と異なって常任理事国の制度はない。すべて非常任であり、3年任期で総会によって選

出される(毎年 18 ヵ国ずつ改選)。経済的・社会的・文化的・人道的諸問題に関する国際協力および国連の取り組みの中心となるべき機関だが、全般的な政策指針の策定については総会が、個別的な現業活動等については専門機関がそれぞれ主たる役割を担っているため、やや影の薄い存在となる傾向がある。しかし、①冷戦終焉後の世界秩序の再構築において経済社会問題が重要な柱であり、それを主管する機関の強化が不可欠であること、②この分野を管掌する国連諸機関が分散化し整理統合が必要になっているが、経社理がその中心的役割を果たすよう期待されること、③この分野における国連の活動は NGO との連携を深めつつあるが、そうした団体との協力も経社理の任務である(憲章第 71 条)こと等々に鑑みるなら、実は国連改革論議の最大の焦点となるべき機関でもある。

信託統治理事会は、1994 年、一応その歴史的使命を終えた。将来の独立を含みとして国連の信託統治地域に指定された 11 の地域が順次独立し、最後まで残っていた、太平洋諸島信託統治地域のひとつであるベラウ(パラオ)が同年 10 月に独立したためである。もっともこれでかつての植民地がすべて独立したわけではなく、国連によって「非自治地域」と指定された 17(2016 年現在)の地域が残されている。この地域については特に主管機関といったものはなく、1960 年の植民地独立付与宣言(総会決議 1514(XV))の履行を監視する目的で作られた「植民地独立付与宣言履行監視特別委員会」(24 ヵ国委員会)が、それら地域の自治や独立に向けた進展状況を監視している。

国際司法裁判所(ICJ)はオランダのハーグに置かれた「国連の主要な司法機関」(憲章第 92 条)である。国際連盟時代に設けられた常設国際司法裁判所(PCIJ)の後を引き継いだ機関だが、PCIJ 同様、さまざまな制約のもとにある。とりわけ大きな制約は、裁判所に(開廷のための)強制管轄権が与えられておらず、裁判が開かれるためには何らかのかたちで当事国の付託合意が必要とされることである。国内裁判所のように、《一方当事者の付託の権利＝他方当事者の応訴の義務》という図式は成り立たない。ただ、加盟国(ICJ 規程当事国)が、一定の範囲の紛争についてあらかじめ裁判所の管轄権を認める宣言を行うことはできる(ICJ 規程第 36 条)。強制管轄権の受諾と言い、それを行なった国家相互の間では特別の付託合意なしに裁判が開かれうる。なお、ICJ において裁判(争訟事件)の当事者となることができるのは国家のみで、国際機構などは国連

といえども当事者となることはできない(ICJ規程第34条)。わずかに、総会、安保理、および総会の許可を得た専門機関その他の国連機関だけは、法律問題についての一般的な判断である「勧告的意見」を求めることができる(国連憲章第96条)。国連システムによる紛争の平和的解決機能の向上のため、管轄権の強化など、その活用可能性の拡充がとりわけ望まれる機関であるが、司法裁判によって紛争に黒白をつけるという手段が何にもまして主権制約的であると認識されがちなため、容易には強化されずにきた。しかし冷戦終焉のころを境にして付託件数も増加傾向にあり、1990年まで83件であったのに対し、その後2015年までに通算で約160件となっている。当初45年間の件数とその後25年間の件数がほぼ同数である。

## II 草創期における特徴点——国際機構史における革命的転換

### 1 国連型集団安全保障——強制行動の思想

　現在も続く機構の概略の解説は以上で終え、議論を再び国連の時系列的変化に戻して、国連の安全保障体制を中心にその特徴点をたどっていこう。

　創設された国連に委ねられた機能の中で最も大きなものは、平和あるいは安全保障だった。それ以外の機能も目的の中に広範に包含されてはいたが、主眼はやはり平和／安全保障に置かれていたと言える。この分野に関する制度強化への志向にそれが如実に現れていた。つまり、強制行動を起こすという安保理の決定が加盟国に対して法的な拘束力を持ち(憲章第25条)、国連自身がそのための実力手段を動員しうることにさえなっていたのに対し(同第43条)、それ以外の経済社会分野等に関して国連の諸機関がなしうるのは、すべて法的拘束力のない勧告にとどまっていることである。安保理には常任理事国が置かれたのに経社理にはそうした制度がないという事実も、もうひとつの裏付けと考えてよいであろう。いずれもささいな相違ではない。侵略やそれと類似の行為に対してそのようにも強力な措置をとりうるのなら、人権侵害の是正や開発の促進などについても同様に強力な措置を取りえない理由はないはずだからである。

強制行動、特に軍事的なそれが、国連型「集団安全保障」の新機軸だった。国際連盟規約同様、国連憲章にも「集団安全保障」の語はない。違いは、前者が締結されたときには学問と実務の世界でもその語がなかったのに対し、後者が締結されたときにはすでにその語があったことであり、少なくとも学問的には「どのような集団安全保障体制が作られるか」という関心は可能になっていたことである。実際にも国連創設直後から、国連の安全保障体制を集団安全保障と呼ぶ慣行はすぐに広まった。

　仔細に見ると集団安全保障の概念は論者によって少しずつ異なるが、ともかくも国連憲章(特に第7章)がその基本型であると理解されることにより、集団安全保障に関する基本概念や議論の仕方も決まっていった。集団安全保障体制の特徴は何か、国連に比べて国際連盟の集団安全保障体制の弱点は何であったか、集団安全保障体制はいかに改善されうるか、等々である。何より重要なことは、集団安全保障体制の核心が国際機構(の権力的機関)による経済的・軍事的な力の行使にある、という概念化がいよいよ確立したことだった。たとえば高野雄一による集団安全保障の概念規定は、「国際社会あるいは国家の集団そのものの立場からそれに属する国家の安全を統一的に保障する」ことであり、「それら国家の間で相互に戦争その他の武力の行使を禁止し、これを破って平和を脅かす国に対してはこれらの国家が集団的に力を併せてそれを防止し、または鎮圧する」ことである(高野 1957: 320)。国家の個別的武力行使にどう反撃するか、あるいは鎮圧し処罰するか。こうして国際社会の公的な実力行使が集団安全保障の核心となった。《強制行動の思想》の完成である。

## 2　個別主義的安全保障

　強制行動こそが核心であるとする集団安全保障概念は、国連憲章に先立って存在していた概念ではない。むしろ国連憲章に即して、それをなぞって作られたものと言うべきである。それゆえ、唯一の集団安全保障概念ではないし、唯一かつ最善の安全保障概念でもない。にもかかわらず、連盟の失敗から国連における再生という回路を経ることにより、そうした集団安全保障概念は次第に正統性を高めていった。であるなら、そこでもれ落ちたものはないか、それが

(ある種の必要悪として)もたらした副産物はないか、犠牲になったものはないか、等々が問題にされねばならない。国連憲章に定められた集団安全保障は、冷戦期、ほとんど機能を発揮しなかったが、その事実経過を記述する前に、いま列挙した原理的な問題点を整理しておこう。

　第一に、侵略等の防止(あるいは処罰)体制たる国連型集団安全保障が「真に連盟の教訓に学んだ」と言えるかどうかという、前に議論し残した問題がある。

　国連の平和／安全保障機能中心性は、根本的に、枢軸国による大規模な侵略への反発から生じたものだった。そして国際安全保障において失敗した連盟から学ぶべき教訓があるとすれば、何より、①大国による侵略にどう対処するか、②「国際平和機構」が大国の拒否権で身動きがとれなくなる事態をどう回避するか、といった点であっただろう。これはすでに述べたとおりである。

　これらの課題に対する国連憲章体制の解法は、現実主義的であるがゆえにきわめて単純でもある技巧を含むと同時に、予定調和を想定しているかのような楽天性に裏打ちされたそれだった。その解法とは、侵略を行ったかつての「大国」を、国連の中で制度的に「大国」とは扱わない、ということである。つまり、これらの「旧敵国」に安保理常任理事国の地位を与えないということにほかならない(それどころか、創設当初は加盟国にさえしなかった)。それによってこれらの国々が拒否権を行使する余地はなくなり、それだけは封じ込めることができる。ドイツや日本は今後、自らの侵略に関して拒否権を行使することはなくなる——。

　それは単純と言えばあまりに単純な技巧だった。それによってもたらされるのは、日本やドイツといった、特定の国の侵略(およびその他の違法な武力行使)が加罰される可能性(確証ではない)だけである。すべての国のそれが罰せられるのではないのはむろんのこと、その特定の国についても、彼らがそうした行為に及ぶのを防止する役目を果たすという保障はない。

　その意味で国連の安全保障体制は、普遍主義的というより個別主義的なものとして形成された。イニス・クロードが連盟について述べた「特定の平和」志向(Claude Jr. 1971: 41)が、国連でも同じようにくり返されたのである。それが戦勝国による戦後世界管理体制である以上当然だったと言えばそれまでだが、連盟とちがって国連の場合、ある種の楽天性が反映しているように思われる。

つまり、憲章起草者の意図はともかくとして、こうした方式の背後には、「安保理常任理事国は違法な・処罰さるべき武力行使を行わない」という前提が潜んでいるとも言えるからである。たしかに、そのような前提自体は夢想に近いものだし、実際にもそうした前提が働いていたという証拠はない。にもかかわらず、現実につくられた制度は、この夢想のような前提と論理的には一貫するものでもあった。つまり、ある武力行使が違法であるかどうか、したがって裁かれるべきかどうかを判定するのは安保理の権限であるから、安保理が「そうでない」と判定すれば法的には「そうでない」ことになる。拒否権を付与されている以上、常任理事国がみずからの武力行使は違法で処罰さるべき行為だと判定することは考えにくいから、理論的・制度的には、彼らが「違法な・処罰さるべき」武力行使を行うこともありえなくなるのである。

　いずれにしてもこの体制は、決定論的な二分法に立脚するものではあった。すなわち、一方には「侵略等を行いそうな／侵略等に加罰さるべき国」、他方には「侵略等を行わないはずの／仮に侵略等を行っても加罰されない国」という、制度的になかば固定された区分である。更に、(後者に属する5カ国が中核の)安保理による権限行使が適法ないし妥当であるか、それを法的にチェックする仕組みはない。司法機関(ICJなど)、他の政治機関(総会など)のいかんを問わずそうである。わずかに、5常任理事国だけでは意思決定ができず、更に四つ(かつては二つ)の非常任理事国の賛成を得なければならないという要件だけが、内在的な制約として働きうるにすぎない。そのように民主的な権力抑制手続きを欠いているのなら、国連の安全保障体制とは、一方ではたしかに「国際の平和と安全」を目的にしてはいたが、他方では世界大の治安維持体制にすらなりうるものだった。やや単純化して言うなら、「大国」に逆らうものは制裁される、という体制である。実効的な集団安全保障体制は必要だったかもしれない。だが国連の現実においてそれは、形式的にも実質的にも、国際民主主義というもう一つの価値の犠牲の上に成立することになったのである。

　ただ、安保理決議の適法性に関しては、1990年代後半から国際法学者の間で、それを判定する仕組みが存在しなければならないのではないか、という議論がなされるようになった。1991年の湾岸戦争に引き続くこの時期、安保理が一部加盟国に対して武力行使を授権する実行が増加したが、その事実に批判

的に向き合った議論だった。現在のところ、いまの国連憲章のもとでも実施可能な「解釈論」としてではなく、むしろ国連憲章の法規定を改めて実施すべきだという「立法論」の面が強いが、検討に値する問題提起である(例: Alvarez 1996; 最上 2012 ①②)。

## 3　体制の遺漏——非侵略型武力紛争・平和維持活動・紛争の平和的解決

　国連型安全保障体制の第二の問題は、こうして大規模な侵略への対応(特に強制行動)を主眼としたために、非侵略型武力紛争への対処の想定が不十分な体制でもあることになった点である。非侵略型武力紛争とは、内戦や、いずれの側が有責か不分明であるような国家間紛争などである。有責な側の特定が困難な場合、処罰的ないし懲罰的な強制行動は発動しにくい。また、当該武力紛争がきわめて小規模である場合、それに対して世界機構が強制行動を起こすことがかえって不適切にもなりうる。そのような場合の対処として考えられるのは、

①強制的な平和的紛争解決手続き(強制的だが狭義の「強制行動」ではない)
②非強制的な軍事行動(兵力を動員するが当事者の同意に基づいて展開される)
③半強制的だが戦闘が主目的ではない軍事行動(当事者の同意に基づかずに展開されるが、武力行使が事態の悪化の防止という目的に限定され、いずれかの当事者への制裁ではないような行動。警察行動であって強制行動ではない)

等々である。

　いずれもきめ細かさが求められる対処にはちがいない。また、ひとつの法制度をつくるときにあらゆる事態を想定することは不可能だから、憲章体制がいくつかの対処を盛り込んでいなかったとしても、それだけで否定的な評価を与えるべきでもない。とはいえ、国連が創設されたあとの戦後世界は、まさにいま述べたような非強制行動型のきめ細かな対処を必要とする、非侵略型武力紛争の多くなった世界だった。加えて、幸いドイツや日本が再侵略に走ることもなかったため、国連の安全保障体制は、それが主眼としていたものをじきに見失うことになった。それを見失ったあと国連に残された安全保障方式が現実の事態には大きすぎるのなら、国連ができた時にすでに時代遅れだったと言うの

が誇張だとしても、創設後ほどなく時代遅れになったと言うことは許されるだろう。

　実際には、しかし、「きめ細かな」対処方法もいくつかは生み出された。例えばさきの②に属する方式だが、冷戦終焉までの伝統的な平和維持活動などはその顕著な例である。平和維持活動の事実展開についてはのちにあらためて論ずるが、問題は、できる限り非戦闘的に紛争の拡大を防ぎ紛争を予防するこのような方式が、長いあいだ国連の集団安全保障の構成要素であるとは考えられてこなかったことである。だが、集団安全保障の根本は国際安全保障であるのだから、非強制行動であっても有用な活動方式がそこに含められて悪いことはない。その発想に乏しかったため、伝統的平和維持活動は基本的に「集団安全保障の機能不全のなかで派生的に生まれた代替物」といった扱いを受けてきたのである。

　更にもうひとつ、紛争の平和的解決もまた、集団安全保障とは切り離される傾向が長く続いてきた。前章で述べたように、国際連盟の安全保障方式は紛争の平和的解決と強力的解決（制裁等）が一連の流れとして規定されていた。その意味で、紛争の平和的解決は集団安全保障の一部に位置づけられていると見なすこともできる仕組みだった。これに対し国連憲章の安全保障方式においては第６章に紛争の平和的解決について規定したあとで、章を変えて第７章で強制行動（「平和に対する脅威、平和の破壊、および侵略に関する行動」）について規定している。両者のつながりはほとんど明らかではなく、かつ、第６章に定められた加盟国の義務や、安保理の権限は、第７章のそれに比べてはなはだ微弱である。このような切り離しは、本章第Ⅰ節第２項で述べた「ヤルタ方式」との関係において、つまりいかなる議題に拒否権を適用できるかをめぐる大国間の妥協の結果として生じたものだった。だが形式的な切り離し以上に問題なのは、紛争の平和的解決に対する規範的かつ実践的熱意が乏しい結果になっていることである。国際安全保障の強化を構想する際、こうして「国連の集団安全保障」から切り離されてきた諸側面を取り込み、活性化することが求められると言えよう。

## 4　世界国家なき世界政府──国際寡頭制

　国連型集団安全保障体制は、安全保障機能そのものだけでなく、国連という機構の構造にも特異な性格を与えることになった。安保理という世界政府的な存在を出現させたことであり、これが第三の(ある意味では最も根深い)問題点となる。

　「弱い」集団安全保障体制だった連盟とは異なり、国連においては、侵略や平和の破壊あるいは平和に対する脅威(以下「侵略等」)の存否を認定する権限は安保理に一元化され(憲章第39条)、それに対してとるべき措置の内容も安保理が専権的に決定するところとなった(同第40・41・42条)。この点で、ハンス・モーゲンソーが安保理を「現代の神聖同盟」と呼んだ(Morgenthau 1971: 461。「神聖同盟」は「ヨーロッパ協調」と同義で用いられている)のは、まさに正鵠を射ている。

　ところで、ヨーロッパ協調は支配(少なくとも指導)体制であり、支配体制は何ほどか政府的な企てであるから、安保理は一種の世界政府的な存在として定立されたと言うことができる。こうして、国連自身は世界国家あるいは世界連邦としてつくられたものではなかったが、その中にいわば世界政府に類する機関を内蔵することになった。いずれも《国際寡頭制》である点で共通しているが、ヨーロッパ協調と安保理の違いは、前者がその支配に法的な根拠づけが乏しい事実的な(de facto)寡頭制であったのに対し、後者は支配に法的な根拠を与えられた法的な(de jure)寡頭制となった点である。

　安保理の支配の法的な根拠とは、いうまでもなく国連憲章である。憲章は加盟国すべてが批准した条約だから、仮にそれが支配体制だとしても、そこには「被治者」の同意という意味での《正統性(legitimacy)》が含まれている。同時に、根拠が国連憲章という法文書であるがゆえに、安保理の支配力はある程度まで法的に画定(ないし限定)されてもいる。これに対しヨーロッパ協調のほうは、その中核たる1815年の4国同盟＝英国・ロシア・オーストリア・プロシア＝にせよ、1818年の5国同盟＝4国およびフランス＝にせよ、あくまで大国のみの同盟にすぎない。大国によるこの合議体が何をなしうるかは、その合議体が

みずから決めるのである。もっとも、その点に関して安保理が、形式的にはともかく実質的にヨーロッパ協調とどれほど異なることになったか、実はあまり截然と区別できない面もある。安保理の権力行使がどのように制御されるか、法規定からは必ずしも明らかではないからである。この点は後述する。

　こうした《世界国家なき世界政府》という方式は、しかし、そのこと自体のうちに混乱の種子をはらむものでもあった。つまり、それが5大国に特権的な地位を与え、その点で常任理事国は他の一般の加盟国よりも重い主権を与えられた、とも言えることである。これを《加重主権制》と呼んでおこう。常任理事国の「特権」は主として二つの側面から成っている。一つは、この国々が、権力の強い安保理という機関において常に理事国である、という点である。もう一つは前述の「拒否権」であるが、それは更に二つの面を持つ。一つは、他のすべての理事国が賛成している決議案をたった一国でも葬り去ることができる点であり、もう一つは、それゆえに自らは違法な行為をしても国連の処罰的な行動（強制行動）を向けられることがけっしてない、という点である。このような方式は、終戦間際の動乱期が過ぎ去れば、遅かれ早かれ懐疑をかき立てずにはいなかったであろう。そして国連の場合、それをかき立てるような、ヨーロッパ協調や国際連盟とは違った構造的な要因を備えてもいたのである。

　まずヨーロッパ協調との比較では、安保理が国連という機構の複数の機関の中のひとつだった、という点に着目しなければならない。ヨーロッパ協調はまだ国際機構の名に値するかどうかも疑わしいほど制度的に未成熟で、あえて国際機構になぞらえるとしても、いわば大国の同盟が独任機関であるようなそれだった。これに対し国連の場合、権限の軽重こそあれ、ともかくも複数の機関を備える機構である。その場合、他の主要機関のいずれかが安保理と均衡をはかるような、いわば対抗機関としての役割を負い始める可能性もそれだけ高くなる。とりわけ、選民性あるいはエリート性を構成原理とする機関と、主権平等主義を構成原理とする機関とが並存している場合にはそうである。いうまでもなく後者の機関は国連総会を指す。それが安保理の権限を奪うとか安保理決議を覆す(つがえ)とかいうことではなく（そのようなことは憲章上不可能である）、構成原理の正反対な機関が機構の中で台頭するという事実そのものが、機構の他の部分に見られる大国中心性への批判となるのである。それはたんなる可能性にと

どまらず、1960年代以降の国連において現実に展開した機構変容だった。

　国際連盟との比較においてはどうか。言えることは、連盟もまた複数機関を要する機構だったが、エリート型機関のエリート性が突出しにくく、エリート型機関と主権平等型機関の対照も際立ちにくい構造になっていたという点である。限定数の加盟国からなる連盟理事会にも、国連安保理同様、常任理事国と非常任理事国とがあったが、そこにおける意思決定方式は全会一致であり、特に常任理事国にだけ拒否権が与えられていたわけではなかった。常任理事国がエリート型機関の中のエリートなのだとしても、連盟の場合、エリートのエリートたるゆえんがいまひとつ不明確なのである。また総会と理事会の関係についても、前述のように両者の権限は根本的な点で完全に重複しており、あえて対抗関係に立つべき理由もなかった。紛争の審査に関する管轄の競合はありえたが（連盟規約第15条9項）、現実にそれが大きな問題になったわけではない。わずかに軍事制裁が理事会の専権事項らしき外観を呈していたが（同第16条1項）、それとても加盟国に対する勧告にとどまるもので、形式的には平等である加盟国群を超越する契機にはなりえないものだったのである。

　このようなヨーロッパ協調および国際連盟とは対照的に、国連は、他の機関（特に総会）との関係における安保理のエリート性が際立ちやすく、逆にまた対抗機関からの挑戦も受けやすい構造を持っていた。それは一面で国連の「進歩」でもあり、他面では国連の内在的不確実性要因でもあったと言わねばならない。このような体制は、未曾有の世界大戦が終わった時点での現実主義でもあったし、これだけの革命的転換を制度化しておけば世界平和が必ず保たれるという、大いに楽観的な1945年の理想主義でもあった。次に見るように、この楽観的理想主義は国連の創設後まもなく、現実によって裏切られる。

## III　冷戦期の変化

### 1　「国連軍」の不成立——骨抜きの集団安全保障

　強力な強制行動体制を中核とする国連の安全保障構想は、創設後まもなく挫

折することになった。安保理中心的機構構想が失速したのは、構想そのものに内在していた無理や矛盾もさることながら、やはり時代環境の変化によるところが大きい。とりわけ大きな打撃を与えたのは、言うまでもなく東西冷戦である。

　安保理中心主義は、「強制行動の現実性」という意味での「集団安全保障体制の確立」とセットになっていた。安保理(特に常任理事国)の結束が堅くなければ国連型集団安全保障体制の確立はありえず、また治安維持的な集団安全保障体制が確立していなければ安保理(常任理事国)中心主義なるものも権威を持ちえない、という意味においてである。冷戦はそのいずれをもくじいた。何より、中軸たるべき米ソ両国が極度に反目しあっているのだから、安保理が一枚岩になるはずもない。またその当然の結果として、国連型集団安全保障体制の最大の眼目とも言うべき「国連軍」の創設も頓挫した。「国連軍」とはいっても、必ずしも国連自身が保有する常備軍という意味ではなく、むしろ、国連が強制行動をとる際に加盟国が安保理の用に供しうるよう、あらかじめ自国軍隊の一部をその用途のために指定しておく待機軍制度と言ったほうがよい。いずれにせよ憲章の規定では、そうした兵力のほか、支援や便益など、加盟国の貢献内容は、安保理と加盟国の間で結ばれる「特別協定」(国連憲章第43条)で定められることになっていた。

　特別協定の構想原案は、1946年から安保理の助言機関たる軍事参謀委員会(常任理事国の参謀総長またはその代理で構成)で検討されたが、意見が全く一致せず不成功に終わる。不一致は5カ国ほとんどすべての間で見られたが、主要な対立はやはり米ソ間のそれだった。米国は強大な軍事力の設定を主張し、ソ連のほうは――国連軍が軍事大国たる常任理事国を敵にまわすことはないというもっともな理由で――小規模な軍事力を主張する。また構成についても、ソ連がいずれの国も均等に三軍を提供すべきことを主張したのに対し、米国は国ごとに提供内容を変えるべきことを主張するという具合だった。安保理にも対立はそのまま持ち越され、そのレベルでも打開をはかることはできず、ついに1948年、何らの結論も得ることなく委員会は検討を打ち切る。こうして国際連盟のもう一つの教訓、すなわち集団安全保障は「牙」を持たねばならないというそれは、国連の創設直後に早々と放棄されることになった。

## 2　安保理の「麻痺」——国際寡頭制の沈黙

　冷戦的対立はその後も安保理を支配し、特に拒否権の応酬というかたちをとって現れた。もっとも、いつも安保理の本来の機能をめぐってというわけではなく、初期の頃とりわけ多かったのは、相手方陣営からの加盟を阻止するための拒否権行使だった。例えば 1960 年までに行使された拒否権総数 102 のうち、半数の 51 件が加盟申請に対するものである。ただし、応酬とはいってもそのうち 50 件はソ連による行使で、残り 1 件だけが中国（台湾）によって行使されたものだった。それ以外の拒否権の多くは、安保理の本来の機能である紛争処理等に関連する事案で投ぜられたものである。そこではおおむね、自陣営利益の擁護／相手方陣営利益の妨害、という行動原理が貫かれていた。こうして安保理は「麻痺」することになる。その限りでこの時期、国際寡頭制が現実のものとして力を発揮することはなかった。

　ただ、安保理の「麻痺」というと、集団安全保障体制の不作動、特に強制行動の発動不能といった意味に理解されることが多いが、必ずしもそうではないことに注意しておかなければならない。強制行動をとろうにもそのための「牙」を持たないから不可能だっただけでなく、強制行動をとることのみが安保理の任務なのではないからである。紛争当事者に対して有権的に停戦を命じたり、調停その他の平和的解決手段を実施したりすることも安保理の重要な任務だが、それすらも妨げられたことこそが「麻痺」の実質にほかならなかった。また、仮に「牙」を持っていたとしても、くり返し述べてきたように常任理事国にその「牙」が向けられることはけっしてないのだから、それが起きなかったことが「麻痺」であるわけでもない。

　冷戦の終焉以前に軍事的強制行動類似の措置がとられた唯一の事例は朝鮮戦争だが、それは紛争に利害関係を持つ常任理事国のひとつであるソ連が安保理を欠席していて、あえて拒否権を投じようとしなかったという不可解な偶発的事情に起因している。ちなみに、常任理事国自身が当事者である紛争に関して拒否権が投ぜられた事例としては、ソ連についてはハンガリー動乱（1956 年）・チェコスロヴァキア侵攻（1968 年）・アフガニスタン戦争（1980 年）など、また米

表 2-4　主要国連平和維持活動

| 略　称 | 正　称 | 期　間 |
|---|---|---|
| UNTSO | 国連停戦監視機構 | 1948.6〜 |
| UNMOGIP | 国連インド・パキスタン軍事監視団 | 1949.1〜 |
| UNEF・I | 第一次国連緊急軍 | 1956.11〜1967.6 |
| ONUC | コンゴ国連軍 | 1960.7〜1964.6 |
| UNSF | 西イリアン国連保安隊 | 1962.10〜1963.4 |
| UNFICYP | 国連キプロス平和維持軍 | 1964.3〜 |
| UNDOF | 国連兵力引き離し監視軍 | 1974.6〜 |
| UNIFIL | 国連レバノン暫定軍 | 1978.3〜 |
| UNAVEM | 国連アンゴラ検証団 | 1988.12.20〜1991.5.30 |
| UNTAG | 国連ナミビア独立移行支援グループ | 1989.4〜1990.3 |
| UNIKOM | 国連イラク・クウェート監視団 | 1991.4〜2003.10.6 |
| ONUSAL | 国連エルサルバドル監視団 | 1991.7〜1995.4 |
| MINURSO | 国連西サハラ住民投票監視団 | 1991.4〜 |
| UNPROFOR | 国連保護軍 | 1992.3〜1995.12 |
| UNTAC | 国連カンボジア暫定機構 | 1992.3〜1993.9 |
| UNOSOM・I | 国連ソマリア活動 | 1992.4〜1993.4 |
| ONUMOZ | 国連モザンビーク活動 | 1992.12〜1994.12 |
| UNOSOM・II | 第二次国連ソマリア活動 | 1993.5〜1995.3 |
| UNOMUR | 国連ウガンダ・ルワンダ監視団 | 1993.6〜1994.9 |
|  |  | 1993.8〜2009.6 |
| UNOMIG | 国連グルジア監視団 | 1993.9〜1997.9 |

国に関してはグレナダ侵攻(1983年)・ニカラグアへの武力干渉(1984・85年)などがあるだけで、両国(特に米国)の拒否権の大部分は自陣営の盟邦の擁護を目的としたものだった。米国の場合それは、大多数がパレスチナ問題におけるイスラエルの擁護である。

## 3　平和維持活動の進展

　以上のように、安保理が「麻痺」していたと言いうるとしても、それは通常考えられているのとは違った意味においてである。他方で、「安保理が麻痺していた」と言うことが「安保理は平和／安全保障分野で何もしていなかった」という意味であるなら、それもまた不精確だということをつけ加えておかねばならない。たしかに強制行動はとられなかったが、それとは異質な《平和維持

(本文で言及した活動／2016年時点遂行中の活動はすべて記載)

| 略　　称 | 正　　称 | 期　　間 |
|---|---|---|
| UNAMIR | 国連ルワンダ支援団 | 1993.10〜1996.3 |
| UNMOT | 国連タジキスタン監視団 | 1994.12〜2000.5 |
| UNPREDEP | 国連予防展開 | 1995.3〜1999.2 |
| UNMIBH | 国連ボスニア・ヘルツェゴヴィナ・ミッション | 1995.12〜2002.12.31 |
| UNTAES | 国連東スラボニア、バラニャ及び西スレム暫定機構 | 1996.1〜1998.1 |
| MONUA | 国連アンゴラ監視団 | 1997.6〜1999.2 |
| MIPONUH | 国連ハイチ文民警察ミッション | 1997.12〜2000.3 |
| MINURCA | 国連中央アフリカ共和国ミッション | 1998.4〜2000.2 |
| UNOMSIL | 国連シエラレオネ監視ミッション | 1998.7〜1999.10 |
| UNMIK | 国連コソヴォ暫定行政ミッション | 1999.6〜 |
| UNITAET | 国連東チモール暫定行政機構 | 1999.10〜2002.5 |
| MONUC | 国連コンゴ(民)ミッション | 1999.11〜2010.6 |
| UNMIL | 国連リベリア・ミッション | 2003.9〜 |
| UNOCI | 国連コートジボワール活動 | 2004.4〜 |
| MINUSTAH | 国連ハイチ安定化ミッション | 2004.6〜 |
| UNAMID | ダルフール国連アフリカ連合合同ミッション | 2007.7〜 |
| MONUSCO | 国連コンゴ民主共和国安定化ミッション | 2010.7〜 |
| UNISFA | 国連アビエ暫定治安維持軍 | 2011.6〜 |
| UNMISS | 国連南スーダン共和国ミッション | 2011.7〜 |
| MINUSMA | 国連マリ多元統合的安定化ミッション | 2013.4〜 |
| MINUSCA | 国連中央アフリカ多元統合的安定化ミッション | 2014.9〜 |

＊ 国連資料より作成。日本語名称は文献により異なる。

活動》という活動方式が生み出され、冷戦期(1990年まで)だけでも通算14活動を展開するという実績を残しているからである。その後、諸事情で急速に増え、2016年5月までの累計では70活動にものぼる(表2-4)。

　平和維持活動とは、非武装または軽武装の要員が、通常は停戦合意が得られた後で紛争当事者の間に割って入り、紛争の再発あるいは拡大の防止につとめる安全保障方式である。1948年に第一次中東戦争の停戦監視のために初めて非武装組織として設置され、1956年にはスエズ動乱沈静化のため、軽武装の国連平和維持軍も含む活動となった。1989年、独立目前のナミビアを支援するために展開された国連ナミビア独立移行支援グループ(UNTAG・1989-90年)の頃からは、選挙の監視や行政機構確立の支援などを文民要員が行う任務形態も増え、平和維持活動全体が「多機能化」している。

### (1) 3大原則——強制行動との異質性

　前述のように、国連による史上初の平和維持活動は第一次中東戦争の際にパレスチナに派遣された非武装の軍事監視団であり、国連停戦監視機構（UNTSO）と命名され、いまもなお存続している。しかし、平和維持活動が国際的にも注目され始めたのは、軽武装の兵士からなる軍事部門、すなわち平和維持軍が初めて派遣されたときだと言ってよい。前述のようにその初の例は1956年に、スエズ運河の国有化をめぐってエジプトとイスラエル・英国・フランスの間で発生した、いわゆるスエズ動乱に際してである。1950年の《「平和のための結集」決議》（国連総会決議377(V)）に基づいて招集された「緊急特別総会」が加盟国に兵力の派遣を勧告するという、国連憲章では想定されていなかった手続きがこのとき初めて用いられた。だが、それを推進したカナダのレスター・ピアソン外相とハマーショルド事務総長は、こうして提供された加盟国兵力に、強制行動とは異なった任務および行動準則を課すことになる。

　このときに試行され、その後の平和維持活動の実践の中で確立された平和維持軍の行動準則は、以下の3点に要約される。第一に同意原則、すなわち兵力の派遣を受け入れ国の同意を得た上で行うことである。非強制性と言ってもよい。第二に中立原則、すなわち紛争当事者のいずれか一方に加担するような行為を慎むことである。（国連の）非紛争当事者性と言ってもよい。第三に自衛原則、すなわち要員の護身や平和維持軍活動拠点の防護に必要な場合を除き、火器の使用は行わないことである。非戦闘性と言ってもよい。

　それは強制行動とは本質的に異なる活動方式だった。すなわち、軍事的強制行動が——その本質上当然に——強制的であり、戦闘的でもあり、（対象国と敵対関係に立つという意味で）武力行使の一方当事者となるものであるのに対し、この3原則を遵守した場合の平和維持活動は、兵力を動員するという意味で軍事的である点だけは共通しているものの、その他の点では全く異質と言うほかないからである。長年事務局で平和維持活動の遂行に携わったブライアン・アークハートは、それが「軍事的な地平に非暴力の原理を投射すること」であると言う。そして、「平和維持活動の要諦は武力の行使にあるのではなく、（国連の）政治的（権威を介在させる）象徴主義にある」（Urquhart 1987: 248）。

　しばしば平和維持活動は、強制行動がとれないための「間に合わせ」である

といったとらえ方をされてきたが、これは必ずしも正しくない。集団安全保障体制のもとでの軍事的強制行動は、私的な暴力（国家の武力行使など）の鎮圧のために公的な暴力を投射することである。「超暴力」（哲学者・久野収の表現）と呼んでもよい。そうした超暴力の投射はまた、違法な行為に及んだ国に向けられるのであるから、おおむね制裁的・懲罰的でもある。これに対し平和維持活動は、超暴力の投射が不適切な場合にとられることの多い方式である。不適切な場合とは、どちらが違法な側であるかの判定が容易ではない場合や、いきなり超暴力を投射して鎮圧することまでは不要で、むしろ事態の悪化を避ける手だてを施しつつ当事者に主体的な紛争解決を促すほうが適当と判断される場合などである。

平和維持活動は、紛争の平和的解決に関する憲章第6章にも強制行動を定めた第7章にも分類しがたいという意味で、「6章半活動」などと呼ばれてきたが、以上のように考えるならそれは、限りなく6章に近い6章半なのだと言うべきであろう。むろん、平和的解決に近いとは言っても、それは活動の仕方が「平和的」だということであって、紛争の「解決」に常に結びつくわけではない。

なお、強制行動と平和維持活動の間にも共通点はある。いずれの場合でも、軍事力の動員は公権力の行使だという点である。ただし、平和維持活動の場合、戦闘性も強制性も弱い。いずれにせよ公権力の行使であるなら、いま強制行動に従事する国連軍を「紛争当事者」と描写したのは、法的にはやや不精確な面がある。公権力の行使であるならば、それと個別国家による私的な武力行使とを法的に同列に論ずべきではないとも言えるからである。その語を用いることの意図は、あくまで、武力紛争の本来の当事者たちの間に介在だけすることを本旨とする、平和維持活動との対比を分かりやすくするためでしかない。

## (2) 連盟の遺産──何が生かすべき特質か

ここで注意しておきたいことは、このような活動方式が国連期になって突然始まったのではなく、連盟時代にも前例があるという、さきにも摘記した事実である。1920年のポーランド・リトアニア紛争に際して派遣された軍事委員会（国際軍の派遣計画もあったが実現せず）、1925年のギリシャ・ブルガリア国境

紛争に際して派遣された小規模な撤兵監視団、1935年のザール地域における人民投票の監視のために派遣されたザール国際軍などで、まさしく「平和維持活動」の先駆だった。いずれもそれなりに成功を収め、制裁的・懲罰的でない安全保障方式というものがあることを示して見せたのである。しかし、国連がつくられるとき、この方式が明確に憲章の中に書き込まれることはなかった。国連は懸命に連盟の「失敗」から学ぼうとし、ある意味でそれから学びすぎたが、連盟の「成功」からは十分に学ばなかったのだとも言える。

　それはともかくとしても、この活動方式がいくつかの局面で必要とされ、有用でもあることが証明済みである以上、強制行動とは異なった類型として憲章上の位置づけを明確にし、その適切な運用をはかることが常に求められてきた。むろん、平和維持活動は「紛争そのもの」の解決には関わらないことも多く、その点では限界もある。強制行動でなければ立ち行かない場合もあるだろう。しかし、中間的で、かつできるだけ暴力的でない安全保障方式が必要なこともまた明らかである。紛争や事態に直面して、国連が「大なたをふるう」か「無為無策である」か、いずれかの選択肢しか持たないというのは望ましいことではない。

　ただ、平和維持活動のこの特質が、冷戦終焉後は次第に挑戦を受けつつある。平和維持活動であるにもかかわらず、当事者の同意なしに設置される事例(旧ユーゴスラヴィアに派遣された国連保護軍＝UNPROFORのマケドニアに予防展開された部分。のち「国連予防展開＝UNPREDEP」の名称で別組織化)や、自衛の範囲を超えた武力行使もできるとされた事例(1993年からの第2次国連ソマリア活動＝UNOSOM・Ⅱなど)が出現したからである。特に後者は「平和強制(執行)部隊」と呼ばれ、1992年の事務総長報告書『平和への課題』(Boutros-Ghali 1992)において提唱されたものだった。強制性と戦闘性を持つ、新種の「平和維持活動」である。だがその最初の例となったUNOSOM・Ⅱは現地武装勢力と戦闘を交え、民間人にまで犠牲者を出した。そのため現地住民の反発も買い、結局1994年2月に平和強制活動を断念した(活動の任期自体は95年3月まで継続)。

　この一つの「失敗」例だけを取り上げて、平和強制(執行)活動は不要ないし不適切だと結論づけるのは性急にすぎよう。問題は、この「新機軸」が、いわば「平和維持活動を超えるもの」という位置づけを伴って登場したことである。

第一にそれは、伝統的な平和維持活動では不十分だという認識に立つものだった。確かに不十分な場合もあるであろう。だが、その「不十分さ」の意味するものが「武力行使能力および権限の不足」ということにすぎないのなら、それはかえって過誤を招きうる。武力行使能力あるいは戦闘能力が高ければそれだけ紛争解決がしやすくなる、という保障はないからである。

　第二に平和強制（執行）活動は、その名称も示すように、内容的には強制行動により近い。いわば《平和維持活動の名のもとに行われる強制行動》だとも言える。強制行動だからいけないのではない。問題は、それによって平和維持活動が強制行動に飲み込まれてしまうおそれのあることである。平和維持活動には強制行動とは違った論理と原則があり、それゆえに違った存在意義があるはずだった。強制行動が必要であるなら、国連憲章にはそのための手続きが明瞭に規定されているのだから、その手続きを踏むことが可能であり必要である。その手続きを省略するために「平和維持活動」の名を借りたのだとすれば、それは逸脱のそしりをまぬかれない。この逸脱は、平和維持活動の本来の長所を伸ばすのではなく、あらゆる場合に当てはまるわけではない「短所」を改めようとし、活動の長短を整序するというよりむしろ混乱にさらすものだった。

　平和維持活動を含め、国連の平和／安全保障分野の展開は、冷戦末期から冷戦終焉後にかけて、更にいくつかの変転を経ている。それについては少し後でまとめて触れよう。

## 4　総会の台頭──機構内ヘゲモニーの顕在化

　平和維持活動という（当初は想定外だった）安全保障方式がそれなりに展開されたという事実は、冷戦によって安保理が「麻痺」したという評価が全面的に正しいのではないことをも意味している。初の平和維持軍である第一次国連緊急軍（UNEF・I）を除き、平和維持活動はすべて安保理決議によって設置されたものだからである。少なくともその限りにおいて、安保理は「何もしていなかった」わけではない。

　だが、より重要なことは、仮に安保理が「麻痺」していたと言いうるとしてもそれがすなわち「国連の麻痺」だったのではない、という点である。そうし

て安保理が「麻痺」するかたわらで、事務総長や総会といった他の主要機関が別の面で「国連」を象徴する存在になり始めたからである。事務局と事務総長についてはすでに述べたので、ここでは、安保理と同様にいわゆる「政治的機関」である総会に着目しておきたい。「政治的機関」とは、「国際公務員」からなる事務局などと異なり、国際機構の生みの親である加盟国自身によって構成され、それゆえに機構の意思決定にも大きく関わる機関を指す。

### (1) 総会中心的な国連

前述のように、総会が安保理の平和／安全保障機能をまるごと肩代わりすることはない。国連憲章の規定からも、総会が強制行動に類する行動を起こしたり、加盟国を法的に拘束する決議を採択したりすることは不可能なのである。むろん総会決議で紛争当事者に敵対行為の中止を求めたり、ある加盟国の武力行使や違法な占領を非難したり、事務総長に調停努力を勧奨したりすることはある。また、1950年の《「平和のための結集」決議》(前述)に基づいて加盟国に武力行使を勧告することはありうる。しかしそのいずれも、あくまで「勧告」であって拘束力はない。

だが、総会の「台頭」はむしろ別の面で現れた。とりわけ、経済社会分野を中心とする諸問題に関する《基準設定》の面においてである。《基準設定》とは、国々が守るべき人権基準、開発推進のために国々が達成すべき援助目標値などを定めることを指す(第6章参照)。「基準」であるから法的拘束力はない。しかし、国際社会の基本原則や実現目標を有権的に宣明するものとして、その中には軽視できない重要性を持つものが少なからずある。世界人権宣言(1948年)、植民地独立付与宣言(1960年)、友好関係原則宣言(1970年)、人間環境宣言(1972年)などである。

主としてこの基準設定機能をテコに、冷戦期、機構の重心は次第に安保理から総会へと移行していった。特に1960年代に入り、独立したかつての植民地が続々と加盟したことにより、総会の比重はいやおうなしに高まらざるをえなくなる。ほどなく総会の多数を占めることになるこれらの国々の最大の関心は、集団安全保障体制の充実であるより、開発の促進であり、新植民地主義に対する防御であり、主権国家としての自己確立だった。あるいはまた、アパルトへ

イトに苦しめられる南アフリカ共和国の有色人種や、イスラエル占領下のパレスチナ人との連帯だった。こうした関心のすべてが利己的な動機と無縁だったとは断定できないが、単なる「治安維持」的な発想には収まりきれない領域の問題が噴出し、国際社会の新たな構成原理づくりが始動したことをよく示してはいる。そして、問題領域が安全保障ないし治安維持ではなく、問題提起の担い手が中小の国々であるなら、主舞台が安保理から総会へと移ったとしても不自然ではない。こうして国連は、(すでに閉塞していたとも言える)安保理中心的な構想に立つ機構から、総会中心的な機構へと変容することになった。

### (2) 機構内ヘゲモニー

こうした《総会中心的な国連》の国際機構論的な意味は、理論的にどう解説されうるだろうか。筆者はこの現象を、《機構内ヘゲモニー》の語を用いて説明している。その意味するところは、ひと口で言うと、国連という機構の内部において、現実世界では軍事的・経済的な中小国が集合的に主導権を握る事態を指す。

集団安全保障機構としての国連にかげりが見え、国連内における大国の地位も相対的に低下した1960年代は、相次いで独立を果たしたかつての植民地がなだれを打って国連に加盟し始める時期でもあった。国連の内外で弱者の連帯が進行し、61年には非同盟諸国会議が結成され、64年にはUNCTAD(国連貿易開発会議)が創設される。それらに象徴される弱者の連帯は当然のように国連本体にも持ち込まれることになった。いわゆる「77カ国グループ(G77)」がそれである。

国連総会はこうした弱者の連帯にとって恰好の舞台だった。一国一票制をとり、しかも多数決を原則とする、国の大小強弱とは無関係な平等主義に立脚する機関だからである。もっとも、これらの国々が常に結束投票（ブロック・ボーティング）を行なっていたと言われることがあるが、この国々の投票一致度が70%前後で推移していたという事実に照らすなら、あまり精確な指摘とは言えない。とはいえ、一致しうる範囲内ではたしかに団結していたのだし、その成果を決議内容に反映させていたことも一面の真実である。そのように団結して先進国本位の現状に対抗することにより、途上国群はみずからの願望を具現するさまざまな基準設

定(非植民地化や新国際経済秩序樹立など)を次々に行うことになった。いわば、観念的ではあるが、ある種の《対抗ヘゲモニー》を生みだしたのである。

　それは新種の「力」の誕生を意味している。現実世界の力関係を完全に逆転したという意味で新しく、世界大の国際機構(の表決制度)を媒介にしてこそ可能になったという意味でも新しい。これを《機構内ヘゲモニー》と名づけるなら、そこには、さきの二つの「新しさ」の各々に対応する問題点ないし特徴がこめられている。

　まず、現実の力関係を逆転したという点に関しては、そこでの「力」は、軍事力や経済力といった古典的なそれと全く異質なものだった。あくまで団結を元手とした、機構の動向を支配する力にとどまり、他国を軍事的に屈服させたり経済的に支配したりする力とは異なる。とはいえ、力は力である以上それは、機構外でなおヘゲモニーを保持している「大国」に、機構内でヘゲモニーを握れないことへのフラストレーションを高めさせるだろう。とりわけ、超大国のうちでも米国においてそれが著しかった。ソ連のほうは、常に被包囲意識にさいなまれていたこともあり、米国のように現実世界で圧倒的なヘゲモニーを握った経験が実はなかったとも言えるからである。米国が反国連姿勢を強め、1970年代にいわゆる「国連の危機」が起きたが、その要因の一つは、こうして機構の外と内とで力関係が逆転したことへの不満だった。

　次に、世界大の国際機構という場、あるいはその表決制度を媒介として成立した「力」であるという側面に関しては、それが文脈的(contextual)あるいは状況的(situational)な力であるという点を強調しておかねばならない。つまり、ある特定の制度的文脈の中でのみ、「力」として顕現しうるということである。むろん、文脈的だからといってその力が全くの虚構になるということではない。その力によって一定の国際基準は設定されうるし、実際にも第二次大戦以降、それがなされてきたのである。

　ただ、虚構ではないものの、同時にそれは、この機構内ヘゲモニーを握った側にも、それを失った側とは別のフラストレーションを生むことになった。つまり、機構内ヘゲモニーを握って、新国際経済秩序の樹立とか国家の主権平等とか再植民地化の防止とか、さまざまな基準設定はするものの、機構の外の現実がそれとただちには連動しない、というフラストレーションである。いくら

国際社会の向かうべき方向性を立てても現実がそれと乖離し続けるなら、当事者たちが権力奪取の実感を持つことはないであろう。その結果、こうして連帯する弱者たちは機構内ヘゲモニーを更に強めようとするかもしれないし、それは機構内ヘゲモニーを握れぬ側のフラストレーションを倍加することにもなりうる。これこそが、70年代から80年代にかけて国連システムを中心とする国際機構世界が陥った、根深い隘路にほかならない。

　機構内ヘゲモニーは、国際関係における「力」の意味を変え、現実の力関係を逆転した構図を現出させるという革命的な事態をもたらしはしたが、それによって世界の現実も本質的な変化を遂げたわけではなかった。こうした事情はポスト冷戦期においても、その後のポスト・ポスト冷戦期になっても、本質的な変化はない。その意味では、ひと頃は革命的な意味を持った《機構内ヘゲモニー》にも、冷戦期ほどの重みはなくなっている。

### (3) 規範構想的な国連──《文民型》国連の表出

　総会中心的な国連は、中小国中心的な国連であり、機構内ヘゲモニーを現出させた国連であると同時に、規範構想的あるいは規範定立的な国連でもある。規範定立的とは言っても、厳密な意味での「立法」(拘束力ある国際法規範の定立)ではない。より広く、国際社会の基本原理を模索し設定する、というほどの意味合いである。これに対する安保理中心的な国連とは、いわば規範執行的なそれだと言うことができよう。つまり、平和に対する脅威・平和の破壊・侵略といった、消極的平和に関する事項に限られてはいるが、その事項に関する規範の違反への対処を執行するものである。

　そこで問題になるのは、そういう規範執行的な機関が休眠状態に陥った後で規範定立的な機関が主役として登場してきたという事実である。たんに先後関係を問題にしているのではない。執行されるはずだった規範が消極的平和に関するものであり、そののち定立され始めた規範がそれとは別の分野に関するものであるなら、その先後関係だけを問題にしてもあまり意味はないのである。

　ならば何が問題なのか。それは、消極的平和に関する規範体系(集団安全保障体制)が守ろうとしていた秩序の内実が、実はまだかなり空疎なものだった、という点である。平和が脅かされ破られるのを防止し処罰することは法秩序の

根本的要請だが、同時に法秩序の外枠だけを対象とする営みでしかない。外枠を守ることも重要ではあるが、それは、その外枠に包まれた内実がどのようなものであるかとは無関係になされうるものでもある。守られるべき平和や秩序の内実はいかなるものであるべきか——自明性を前提されていたこの問題が、総会の台頭によって初めて再検討されることになった。

　それが具体的には開発の促進や新植民地化の防止であることはすでに述べたとおりである。言い換えれば国連は、安保理中心性から総会中心性へと移行することにより、消極的平和(戦争がないこと)から積極的平和(社会正義あるいは平等が実現されること)へと重心も移したのだと言える。同時にそれは、国連の諸機関のうち、軍と兵士によって構成される機関よりも、文民によって構成される機関のほうが圧倒的に多くなっていくことを意味していた。国連の中で軍事的な機関と言えば、憲章42条型の国連軍はないから各地に展開する平和維持軍だけである。それに対し、文民で構成される機関は、開発や教育や衛生や食糧問題に関わる種々の「専門機関」をはじめ、国連開発計画(UNDP)、国連難民高等弁務官事務所(UNHCR)、世界食糧計画(WFP)、国連児童基金(ユニセフ)、国連環境計画(UNEP)、UN Women(女性の権利促進のための機関)など、きわめて多数にのぼる。それらの機関を総称して筆者は《文民型の国連》と呼んでいる。

　その呼称に対しては、当然のことをわざわざ特別な呼称で呼ぶものとの違和感も持たれるかもしれない。だが歴史的に国連は、「国際安全保障のための牙を持つ機構」として生まれて来たものではあっても、そのように世界の開発に従事し、教育を推進し、食糧や衛生など民生の必要を満たし、環境を保全して、全体として「人間の(非軍事的)安全保障」を推進する機構とイメージされて生まれたものではなかった。生まれて初めて、世界のそのようなニーズが膨大である現実に直面し、それに応えるべく機構的な発展を遂げたのである。それは民生の充実に努め、文民職員(現地雇用を含む)が主役にならざるをえない「国連」だった。

(4) 国連の《規範的統治》と《現業的統治》
　こうして冷戦期の国連は、二つの意味において、ある種の統治機能を担い始めた。第一に、いま述べた規範定立機能(厳密には基準設定機能)においてである。

それは命令を下し法を遵守させるという意味での統治(あるいは「政府機能」)ではない。むしろ、国際社会がめざすべき方向を指示する、広い意味の規範を提示するということだが、そうした「秩序の輪郭づけ」もまた、ある種の統治である。《権力的統治》とはちがう、《規範的統治》と言ってもよい。第二に、他方で、この時期に国連の「現業的な」活動も増加したことである。国連がたんなる討議機関の枠を超え、行動主体として世界各地で人々のニーズを充足し始めた。前述のようにそれらは、開発援助、教育援助、食糧援助、技術指導、保健衛生事業、家族計画の実施、戦争被災者や難民の救援など、きわめて多岐にわたる(詳しくは第6章参照)。これらの事業は、国連以前は各国政府が行うことになっていたものだが、国連はそれらを、政府としての権力を持つことなしに遂行することになった。国連といっても国連本体(特に事務局)であるとは限らず、むしろ専門機関や国連総会等によって設立された関連機関が実際の現業活動を行うのが普通である。いずれにせよこうして、国連は《現業的統治》を行う主体にもなった。これらの点を見る限り、冷戦期の国連が「何もしていなかった」と評することは、かなり現実を見誤った言い方であることになる。

　もっとも、総会と民生への重心移動が、あらゆる点で国連の進歩あるいは改善だったわけではない。ただでさえ冷戦によって消極的平和への関心が冷えきっていたところに、更に追いうちをかけたとも言えるからである。冷戦期の世界は、武力の行使および威嚇を禁ずる国連憲章第2条4項の存在にもかかわらず、その例外への主張が着実に増し加えられた時代でもあった。先制的自衛、在外自国民保護、間接侵略に対する自衛権行使、人民の自決権(かつて民族自決権と呼ばれていたもの)の行使あるいはその支援、迫害される人々を救援するという名目の「人道的介入」など、第2条4項からの逸脱を正当化するために新たに立てられた根拠はいくつもある(「人道的介入」につき、詳しくは最上2001を参照されたい)。それらにより、武力不行使原則の規範性は明らかに弛緩させられていた。むろんそれは、消極的平和よりも積極的平和を優先しようとした側だけに責任があるのではなく、まず第一に、消極的平和だけでも率先して守らねばならないのにそれすらもしようとしなかった「大国」(特に超大国)の責任が大きい。同時にしかし、全体的に国連が武力不行使原則の規範性を支える力を失ったということも言えるだろう。

だが、消極的平和が実現されれば積極的平和が実現されるとは言えないのと同様に、消極的平和が実現しそうもないのに積極的平和が実現することもない。両方の平和に関する規範が存在し、強化され、遵守されることが必要なのである。しかし、国連において積極的平和に関する規範定立への傾向が強まった時代は、消極的平和に関する規範へのシニシズムが蔓延した時代でもあった。積極的平和のための有意義な規範が次々と蓄積されるのに世界の現実はあまり変わらないという皮肉な事態は、このような構造を背景にして生まれたものである。

## IV　冷戦終焉後の変化

### 1　二つの正統性──その拮抗と錯綜

　冷戦期に見られた、安保理中心的な国連から総会中心的な国連への転換は、機構構想の正統性にも関連していた。それぞれ《第一世代の正統性》、《第二世代の正統性》と呼ぶなら、前者はファシズムや全体主義を打倒したという事実を源泉とし、その後もそれらを防止することへの期待から付与された正統性だった。統治形態としては寡頭制である。これに対し後者は、国家間の不平等を是正し、「公正な」世界秩序を樹立することへの期待から生まれた正統性であり、統治形態としては主権平等原則に立つ、形式的に民主的なそれである。

　第一世代の正統性は、「過去の記憶に根ざす正統性」（ケネス・ボールディングの学会における口頭表現）だった。過去の記憶とは第二次世界大戦での勝利を指す。むろん、ファシズムや全体主義の再来を防止することへの期待もこめられていたという点では、そこに若干の未来指向性があったと言うこともできる。だがそうした再来の現実的可能性が極度に薄れた時点からは、ひたすら過去に寄りかかった正統性にならざるをえなくなった。寡頭制で、したがって本質的に非民主的とも言えるこの体制が正統性を持ちえたのは、やはり、寡頭制を構成する選民国家が枢軸国を倒し民主主義を擁護したという、《過去の記憶》のなせるわざだったというほかない。民主主義を擁護した国々が中心になって作ら

れた機構であることと、その機構の成り立ちが民主的であるかどうかとは本来別のことのはずだが、その区別が十分に認識されぬままで国連は創設されたのである。その点に関する限り、選民国家中心的な機構構想に付与された正統性は、いわば《過剰な正統性》とも呼びうるものだった。

　これに対し第二世代の正統性は、基本的に未来への期待に根ざすものと言うことができる。あるいは、現状とは異なる未来の構築を国連に託すもの、と言ってもよい。現状変革思考の担い手はたいていの場合、より貧しくより弱小な側であるから、そうした国々が多数を占める総会がこの種の期待の集積場となるのは当然のなりゆきだった。とりわけこれらの国々の大部分は、いわば国際的な戦後世代として、《過去の記憶》を共有せず、選民国家の《過剰な正統性》をそのまま受け入れることもない国々であったから、第一世代の正統性への対抗勢力として育ちやすい条件も整っていた。冷戦期、非同盟諸国会議を中心に、拒否権を典型とする「常任理事国の特権」の廃止が要求され続けたのは、こうした状況の明らかな例証である。

　ただ、思想的に未来志向であるとはいっても、現実の政治の世界では、現状を転覆しようとする、すぐれて現在的な運動としか見なされない。こういう代替的正統性の台頭を、英国のアダム・ロバーツとベネディクト・キングズベリーはいみじくも「共和主義的王位簒奪」と命名しているが（Roberts and Kingsbury 1988: 25）、まさしくそうであればこそ、これら２種の正統性の角逐は、秩序構想のちがいという以上に、国連の主導権を誰が握るかという問題に読み替えられることになった。どの国々が国連の主役であり、国連はどういう国々の要求に応えるべきか——。冷戦期に「主役」の座に躍り出たのは、非同盟諸国を中心とする中小国である。

　こうして一時期、第一世代の正統性にとって代わるかたちで第二世代の正統性が根を下ろすことになった。もっとも、一つの国際機構に関して、必ず、エリート型の機関と形式的に民主的な機関のいずれかが排他的な正統性を持たねばならないということはない。そうした２種類の機関が、機能的に例えば執行機関と立法機関というように区分されているのなら、各々がそれぞれの正統性を持つということもありえなくはないからである。だが国連の場合、そうした明瞭な機能的区分もなく、２種類の機関が全く相反する２種類の秩序構想を体

現するものであったがゆえに、両者はなかば不可避的に二者択一の関係に置かれることとなった。

　冷戦の終焉は、一時的にと言うべきかもしれないが、安保理中心的な機構構想の正統性を回復させた。安保理が冷戦的対立から解放されたことにより、それを軸とする国際安全保障体制が機能しうるという期待が高まったことがその主因である。とりわけ、1991年の湾岸戦争がその期待に現実味を与えた。イラクがクウェートを侵略(安保理決議の用語では「平和の破壊」＝国連憲章第39条)するという、強制行動におあつらえむきの事態が発生したためである。それに対して安保理自身は軍事行動を起こさなかったが、安保理決議により、米軍を軸とする「多国籍軍」に対して武力行使が授権された。多国籍軍は圧倒的な勝利をおさめ、《米ソ対立のない安保理》の治安維持能力を人々に実感させる。こうして第一世代の正統性が、冷戦終結とほぼ同時に復活した。

　この正統性の復活は「国連の再生」という大きな高揚感も伴っていた。たしかに、安保理中心的な機構構想が正統性を失ったきっかけは、まさに安保理が機能不全に陥ったということであったから、その機能回復の見込みに伴って安保理の失われた正統性も回復することは、論理的にはおかしくない。だが、論理的にはそうでも、政治的含意を考えるなら、この高揚感には明らかに不可思議なものがあった。冷戦終焉に先立つ約30年間に問われていたのは、たんに平和／安全保障機能の不全ではなく、1945年の秩序構想にほかならなかったのだから、その機能と構想が蘇生したからといって《国連の再生》に直結するわけではない。それはあくまで《安保理の再生》であり、更には、国連の「先祖返り」でしかないかもしれないのである。こうして、ちょうど国連創設時に《ファシズム打倒の正統性》と《安保理中心性の正統性》が混淆されたのと同じように、冷戦終焉の時点にも、《安保理の再生》と《国連の再生》とが奇妙に混淆されることになった。

　もっとも、冷戦終焉時の展開は、第二世代の正統性から第一世代の正統性への単純な回帰だったのではない。むしろ、その二つがあらためて拮抗し始めた、と言うべきだろう。安保理が「再生」するとほぼ同時に、非同盟諸国などが、常任理事国の特権廃止・総会の強化を主内容とする「国連の民主化」を唱え出した。それはまさに、こうした拮抗関係の再燃を裏付けるものである。とはい

えそれは、勢力伯仲の拮抗というほど強力なものではなく、どちらかといえば「膠着」に近いものだった。つまり、一方で第一世代の正統性に関しては、湾岸戦争の華々しい「成果」にもかかわらず、その後、常任理事国が平和／安全保障面の責任を、国連の枠組みを用いて積極的に遂行するようになったとは言えそうにない。それは単に常任理事国の積極性が萎えたというより、冷戦後国際紛争の主軸である民族紛争などの複雑な紛争に対し、本来的に大規模侵略対応型の集団安全保障では対処しにくかった、という事情も作用していた。湾岸戦争の「成果」にもかかわらず、それはその後の平和政策の一般的なモデルとして使えるものではなかったのである。

　他方で、第二世代の正統性のほうも、第一世代の正統性の蘇生の気配に対して真正面から対抗できるかというと、必ずしもそうではなかった。何より、民族紛争その他の内戦や非民主的な統治など、第一世代の正統性の蘇生を必要にする状況の多くが、この第二世代の正統性を支えてきた国々で発生していたからである。旧ユーゴでの内戦における「民族浄化」や、ルワンダ内戦でのジェノサイド（集団殺害）など、その例は枚挙にいとまがない。人権や基本的自由を十分に保障せぬ国も少なからず残されている。そうであるなら、第一世代の正統性の形態面、すなわち《大国支配》に対して異議を唱えることはできても、その機能面、すなわち《国際的な平和と安全の維持という大義名分》に対して異議を唱えるのはむずかしい。それどころか、実は形態面に対して異議を唱えることすらむずかしいとも言える。自国内で非民主的な統治をしておきながら国連の民主化だけを唱えても、説得力に乏しいからである。こうして冷戦終焉後、2種類の正統性が膠着的に同時存在することになった。

　だが、1990年代中盤から、正統性の問い直しに新たな次元がつけ加えられる。日本などいくつかの国が、みずからを安保理の常任理事国に加えるよう求めたことである。一部加盟国の地位向上運動であると同時に、深奥では正統性をめぐる争いでもある、この安保理改組問題については、のちに国連改革の文脈でふれよう。

## 2　平和／安全保障機能の複雑化

　冷戦終焉後、何が国連の平和／安全保障機能の核心なのかがあいまいになる中で、冷戦期に核心であり続けた平和維持活動は、一時的に平和強制（執行）活動の余波をかぶりはしたが、世紀の変わり目のころから次第に原点回帰をし、それなりに安定を取り戻した。

　前にもふれたように、この時期に平和維持活動の展開数は急速に増えている。1990年までの45年間で14活動、それ以後2016年までの26年間で新たに開始されたものが56活動だから、この間の拡大がいかに急速であったかがよくわかる。冷戦終焉後、いわゆる民族紛争などが（増えたというより）目につきやすくなったことと、国連加盟国の間にこの活動の必要性への理解が高まったことが主たる原因であろう。そして、数的に増えると同時に、そこにはこの面での活動の今後を暗示する変化もいくつか含まれている。

　一つは、平和維持活動というものが次第に停戦監視以外のさまざまな機能を営むようになったという、《多機能化》傾向（本章第III節第3項）である。兵士あるいは武装集団の社会復帰支援（UNMOT、MONUAほか）、武装解除（MINURCA、UNTAESほか）、人道支援（UNMIBIH、ONUMOZほか）、選挙支援（MINURSO、UNTACほか）、人権保障支援（UNOMIG、MIPONUHほか）、文民警察監視育成（UNPREDEP、MINURCAほか）、地雷除去（UNTAG、ONUSALほか）など、担当分野は実に多岐にわたる。

　これは当然の変化だった。停戦監視さえすれば当該地域あるいは国家に平和が定着するということはまれで、そうしたかりそめの平和を逆戻りさせないための支援の継続こそが必要だからである。こうした平和定着活動を、最近はひとくくりに平和構築活動（peace-building）などと呼んだりもする。言葉の起源は、1992年、当時のガリ国連事務総長が発表した『平和への課題』の中で用いた、"(post-conflict) peace-building"（紛争後平和構築）というものだった。ややインフレ気味に国連の平和活動の諸類型を並べたうちの一つで、その意味は「平和を定着させ、住民の間に信頼感と充足感とをはぐくみそうな社会構造は何であるかをみきわめ、それを支持する活動全体」だとされ（同報告55項＝Boutros-Ghali

1992。傍点筆者)、具体的には、武装勢力の動員および武装解除、難民ないし避難民の帰還、治安維持要員の育成、選挙監視、人権保障の推進、政府機構の整備、政治参加の拡大などである。

　平和「構築」活動というよりむしろ平和「定着」活動という訳語のほうがふさわしい内容だが、ここで銘記すべきは、そこに並べられた諸活動の大部分が、すでに(部分的には冷戦終焉以前から)国連の平和維持活動の一部として行われていたという事実である。ガリ報告がこの語を用いたことによって初めて開始されたのではない。狭義の平和維持活動に引き続いてこうした活動が行われることは必要だし、それを別の名称で呼ぶほうが分かりやすいとも言える。しかし、それまでその種の活動が何もなかったわけではないこと、したがってその種の活動を行えば急激に平和の新しい展望が開けるわけでもないことは、こうした問題を考える際に心しておくべきことであろう。なお、国連自身は、1995年から平和維持活動とは別立てで、「平和定着(あるいは構築)活動」(Political and Peace-building Missions)という名の活動を始めたが、2016年現在では、むしろ平和維持活動と「特別政治ミッション」(調停など)を包含し、それに「平和構築基金」による資金配分活動を加えた諸活動を総称している。

## 3　武力行使の「外注」

　平和維持活動に関連するもう一つの変化は、平和強制(執行)活動の失敗ののち、急激に増えた平和維持活動自体は極力武力行使に関わらない傾向を強め、それに代わって特定の国家(あるいは国家グループ)に武力行使を授権する例が増えたことである。武力行使の「外注」とも呼ばれるこの方式は、ある意味では湾岸戦争方式の踏襲でもあり、また旧ユーゴの紛争において北大西洋条約機構(NATO)に対して授権がなされた例もある。それ以外にも、例えばルワンダでの人道危機についてフランスおよびセネガルに対してなされた授権(1994年)、ハイチでの動乱について米国等に対してなされた授権(1994-95年)、コソヴォでの人道危機収束段階でNATO主体の国際治安部隊に対してなされた授権(1999年)などの例がある。

　こうした「外注」は、国連自身が強制行動を行う体制がなかなかつくられず、

かつ平和維持活動にその肩代わりをさせようとして不首尾に終わったことの結果である。それは、一部の国々が安保理の授権も得ずに単独主義の武力行使をするよりはよい。また、こうして授権された武力行使がきわめて小さな規模にとどまり、かつ平和や治安回復に役立つ場合も実際にあった。そうした利点の反面、事態が悪い方向に進んだ場合、この方法は一部の国々に対し、安易に武力行使の「お墨付き」を与えるだけの場合も起こりうる。その意味で国連の安全保障体制は、よりいっそうの客観化と公正さを求め、それと実効性とのバランスも十分に取るようにしながら、さらに改良せねばならない段階にある。

　武力行使の外注が増加する中、実は平和維持活動に対しても武力行使などの手段を授権する例も増えた。「屈強な平和維持活動」(robust peacekeeping) などと呼ばれる活動で、前出の旧ユーゴおよびソマリアにおける活動ののち、コンゴ民主共和国での活動 (MONUC、のち MONUSCO)、コートジボワールでの活動 (UNOCI)、マリでの活動 (MINUSMA)、中央アフリカでの活動 (MINUSCA) などがそれに当たる。ほとんどの場合、武力行使の目的は文民や国連要員の保護を目的とするという限定がつき、時には現地武装勢力の武装解除のためという目的も加えられる。それによって必ず平和維持軍が武力行使をするとは限らないが、冷戦終焉後に局地紛争が増加して紛争地域の治安維持の危険性も高まり、地域によってはテロリズムに走る勢力も見られる中、国連の平和／安保活動もより軍事性を強めるようになっている(第3章第III節で詳説)。その意味で、ガリ事務総長が提唱した平和強制(執行)活動は、表面的には姿を消したかに見えつつ、実質的には平和維持活動政策の中に根を下ろしたとも言えよう。

## 4　「対テロ戦争」がもたらしたもの

　2001年のいわゆる同時多発テロなどを大きな契機として、世界各地でテロリズムと呼ばれる行為が増え、またそれに対して武力で対応しようとする国家も増えた。国連(特に安保理)もその潮流とは無縁でなく、同時多発テロの直後に対テロリズム委員会(CTC)を設置して加盟各国が有効な対テロ措置をとるための支援をするほか、リビア、イラク、コンゴ民主共和国、DPRK(北朝鮮)など、テロリズムに深く関わると判断した国々およびその国民に対して制裁を科

すべく、次々と個別の制裁委員会を設立してきた(2016年現在で13委員会)。制裁は国全体に科されるものに加え、個々にテロリストあるいはテロ団体と指定された非国家アクターにも及ぶ。

　たしかに、無辜(むこ)の市民に加害するテロリズムは抑止されねばならないし、そのための実効的な国際協力も不可欠である。他方で、安保理において急速に活況を呈したこの制裁委員会方式には、テロリスト／テロ団体の指定やその解除の面で手続き的に不透明であるとか、法の適正手続きが十分に確保されていないといった批判もあり、常に改善の努力が求められている。なお、こうした権力的な措置は憲章第7章を根拠に行われるのが普通であり、その意味で別種の「集団安全保障」措置であるとも言える。国連が自らの軍事力を動員して武力行使を行うという本来の集団安全保障は実行に移されずに来たが、まず武力行使の外注というかたちで、次いで制裁体制を拡充するかたちで、安保理は《冷戦終焉後の集団安全保障》を実践してきたことになる。それが今後、国連に改善課題をもたらし続けるであろうことも、また確かである。

## V　70年の成果と限界

### 1　マルティラテラリズムの時代

　本章の冒頭で、第二次世界大戦終了前夜の世界は《究極一歩手前の》国際機構を持とうとしていた、と述べた。実際につくられた国連は、一面でその見通しを超えるものでもあり、他面ではそれにも達しないものだった。つまり、一方で国連が、それ自身は世界国家でないにもかかわらず、狭義の安全保障分野に関しては安保理という「世界政府」を内蔵していたことであり、他方で経済社会分野においては、世界政府になぞらえうるほどに広範な問題領域を活動対象におさめながら、権限においても問題解決能力においても世界政府にはほど遠いものだったことである。国連開発計画や国連貿易開発会議などの機関の開発志向にもかかわらず、世界の貧困の問題に大きな進展はない。ユニセフやUNHCRや世界食糧計画などの機関の努力にもかかわらず、人道援助の必要性

は増えるばかりで減ろうとしない。他方で、安保理という「世界政府」のほうも、国連創設後半世紀以上に及ぶ期間の大部分、あくまで観念的なそれでしかなかったから、結果的に国連は全体として《究極数歩手前の》国際機構にとどまり続けた。あるいは、あくまで主権国家の集合体としての多国間主義の営みであり続けた、と言ってもよい。

問題は、しかし、《究極数歩手前》をいかにして《究極》に近づけるかということではなく、むしろ、《究極数歩手前》でもそれをいかに働かせるかということなのではあるまいか。

70年を超える国連の歴史の中で、少なくとも二つの点が明らかになった。一つは、国連は世界国家ではないし今後もその方向に向かう可能性はきわめて小さいことであり、もう一つは、にもかかわらず世界は国連が礎石を固めたマルティラテラリズムに沿って進むほかない、ということである。

世界国家の建設という点に関しては、その実現が主権国家体制の中でいまなお難しいということもあるが、この時点で認識しておくべきはむしろ、世界政府的な集権化だけが秩序作りの唯一の方法であるわけでもない、ということである。例えば安保理は秩序維持のために集権化された機関であるが、世界秩序の平和化と安定化に決定的な貢献をしたわけではない。成果もなくはないが、安保理が「活性化」したはずの冷戦後世界は以前にも増して不安定になった。とすれば、安保理にもっと権力を集中し、常設国連軍を自由に戦闘行動に従事させる仕組みがあればよかったのだろうか。おそらくそうではないだろう。そういった、ヨーロッパ協調このかた保たれてきた秩序観の有効性こそが試練を受け、加えて時代とともに正統性を喪失してきたからである。

その一方で、マルティラテラリズムは着実に地歩を固めた。国連システムが拡散し多くの国際機構が作られたことがその推進要因の一つだったが、世界の複雑化の中で単独主義や二国間主義では対処できないという現実に、諸国が自然に反応したと言うべきであろう。実際、現在の世界はなお、十全に機能するマルティラテラリズムを必要としている。もし共通の国際法規範が無視され、共同の意思決定が軽視され、共同行動が取られなくなるなら、世界秩序は大国や無法国家の恣意に翻弄されることになろう。主権国家体制には問題も多いが、それが存続する限りは、それを有効に統御しなければならない。マルティラテ

ラリズムの第一の意味はその点にある。

　さらに、国連の時代に入って更に、非国家主体の国際関係参画は活発化し、《多国間主義》はいよいよ《マルチラテラリズム》へと変貌を遂げつつある。現実にも、中途半端な世界政府よりも良質なNGOのほうが秩序作りにとっては有意義かもしれない。分権的な国民国家システムの弊害を乗り超えることが目的であるなら、それを《上方において収斂する》のではなく、《下方において開放する》という方法もありうるのである。いずれにせよ、一切の秩序づくりを世界政府モデルに拠って考えねばならない必然性はない。

　したがって、この章のまとめは、国連という機構における多国間主義は十全に機能してきたかどうか、という点であらねばならない。さらにそれはいかにしてマルチラテラリズム活性化の触媒となりうるかも、70年の総括として付言しておくべきであろう。

## 2　「普遍性」の光と影

　国連の創設により、人類は史上初めて真に普遍的な国際機構を持つことになった。連盟と異なって最初から米ソ両大国を加盟国として抱え、戦後独立した国々もほとんどすべて加盟している。また、脱退規定を設けていたためもあってか総計で16カ国が脱退し、理事会の常任理事国さえも固定しなかった連盟と異なり、確定した脱退例は1件もない(1965年にインドネシアが「脱退」を宣言したが、翌66年、国連との「協力関係に復帰」し、公式には脱退例として扱われていない)。こうした普遍性(世界大の規模を持つこと)があってこそ、多国間主義は排他的ではなく包摂的な枠組みとして機能しうるのである。

　むろん、機構が加盟国数の点で普遍的でありさえすればよいというものではない。たしかにそれは世界大の討議場を設け、中小国にも発言の機会を与え、《国際社会の正統な関心事項》が何であるかを析出する正統化機能を営んできた。だがその一方、開発途上国が多数を占めるようになった国連総会が、単に国際世論の表明の場というより「弱者連帯」の場となり、機構内ヘゲモニー誇示の場となって、それに対して一部先進国が深い不満を抱くようになったのも事実である。

加盟状況の普遍化は普遍的な価値が何であるかについての合意を高めるわけではない。むしろ逆に、加盟状況が普遍化すればするほど、価値観や要望面での不一致は広がるだろう。だが、そもそも多国間主義とは、そういう不一致にもかかわらず国々が同席し協力することを意味している。そう見るならば、国連のような世界機構は、存在それ自体に意味があるのだと言うべきであろう。むろん単に存在するだけではなく、そこにおいて加盟国間の妥協と和合が達成されるよう努めねばならない。

　とはいえ、当面のところ国連は、和合の場というより抗争の場であり続けざるをえないようにも思われる。それは、国連という機構を生んだ1945年の世界秩序構想に代わる、1960年以後の世界に適合した構想がまだないからである。冷戦が終わったあとの短い《ポスト冷戦期》、すなわち世界秩序安定化への期待が高まった時期にも、そのあとの《ポスト・ポスト冷戦期》、すなわち冷戦の復活が懸念されテロリズムなども増加した時期にも、そのような構想は現れなかった。わずかに、安全保障を国家間のそれから人間の生活や境遇へと力点を変える《人間の安全保障》とか、開発を機械的な国家のGNP増大ではなく人間の生存権保障と人間らしさの向上へと定義し直す《人間開発》といった、主として国連開発計画(UNDP)起源の新思考が登場してきたことが、可能性を含む近時の変化である。

　だがその間にも、生活環境が更に悪化する国々は増え、それらが統治もままならず「破綻国家」と呼ばれる状態になり、そのうちのいくつかからテロリズムに走る集団も増え、それに対抗して「対テロ戦争」を大規模に展開する国も現れた。国連創設時には想定されていなかった、非国家主体が国際的な暴力行為を展開する事態は、国連の仕組みを考えるとその統御能力を超えているように思われる。実際にも、そういう非国家主体による国際暴力に対して、国連型集団安全保障の主たる担い手は、必ずしも常に意思統一ができるわけでもない。そのように武力紛争や貧困や環境破壊が世界を覆い続ける限り、現在のものに代わる世界秩序を求める声も国連に流入し続けるだろう。

## 3　流入する世界的諸問題

　歴史上も前例のない総合的国際機構として、国連は実にさまざまな問題に関わる機構になった。専門機関その他の関連機構を含めるなら、軍事力を動員した安全保障や核軍縮問題、開発や援助、資源や環境、人口や難民、子供や女性の人権、エイズ等の新種の病気との取り組みに至るまで、およそ人間生活に関わる問題で国連が携わっていないものはほぼない。

　ただ、あらゆる問題が流入するということと、国連がこれらの問題のすべてを十分に解決しているかどうかはおのずと別である。実態はむしろ、あらゆる問題が唯一の世界機構である国連に流れ込み、いわば国連が《問題吸引システム》になっているのに近い。吸引は国連の権限や解決能力とはほぼ無関係に起こる。国連にさしたる権限が与えられていなかろうと、財政的・人的な資源が限られていようと、行き場のない問題が次々と国連に吸い寄せられるのである。そのようにして、世界各地の人権侵害の問題が国連で審議されるようになり、深海底の鉱物資源採取の国際制度が国連で立案され、環境破壊防止に取り組むことを国連が求められるようになった。だが、国連の能力を超える問題群が国連へと流入するにまかせ続けることもできない。国連の権限を強化し（例えば拘束力ある環境基準の設定権限など）、財政基盤を強化する（国際課税などによる独自財源の付与など）か、あるいは、そもそも地球上のすべての問題を国連が解決するのは無理だという認識に立って国連と他の地域的機構などの間で役割分担をするか、そのいずれかを選択する必要が年々高まっている。

　他方で明らかなことは、解決能力とは無関係に国連システムに問題が流入することにより、主権的国民国家体系の限界だけはいっそう明らかになるということである。体系というよりここではむしろ、「システム」という語で呼ぶほうがよいかもしれない。その体系の機能ないし働き方が問題だからである。そこにおいては、多くの問題が個々の国民国家の手には負えず、解決のために行き場を求めている。その際、他にこれといって行き場もなければ国連に流れ込まざるをえない。流れ込んだ問題に対して国連（特に加盟国たち）が有効な手を打てなければ、世界には占領地支配にあえぐ人々（例：パレスチナ）、人権侵害

や抑圧に苦しむ人々（例：チベット）、集団殺害の中に取り残される人々（例：旧ユーゴ）が存在し続けることになる。国連は主権国家の上に君臨する世界国家としてつくられたのでもないし、また実際にそうなることもなかった。にもかかわらず国連は、まさにその存在のみをもって、主権国家システムの限界を決定的に明るみに出したのである。こうして、国連自身が主権国家システムにそのまま代わりうるものとなるかどうかはともかく、主権国家システムに代わるもの、あるいはそれを大きく修正したシステムが必要だということは、以前にもまして明瞭になっている。国連システムについて考えるということは、その背後にある主権国家システムの修正の必要性について考えることなのである。この点は次章で再び、国連改革に関連して触れる。

## 4　仕組みとしての国連──その相対化

　上述のように、国連という仕組みは万能ではない。たしかに、各国が「秩序を求めて」単独主義に走るよりは明らかに好ましいし、それに対する有効なオールタナティヴではある。しかし、安定した世界秩序を確立するほどの力量はない。むろん国連を擬人化するのではなく、あくまで「仕組み」としての国連である。

　その仕組みは万能ではないだけでなく、安保理における常任理事国の偏重のように、正統性を持ちにくい側面もある。そう考えた場合、多国間主義あるいはマルティラテラリズムは尊重し続けるべきだとしても、国連という現存の仕組みを絶対視するのではなく、相対化する視点が今後いっそう必要になると思われる。

　第一に、あらゆる国際問題を国連という普遍的機構に委ねることは必ずしも必要ではなく、また効率的でもない。安全保障の問題であれ開発等の社会問題であれ、世界全体の問題であるという普遍的問題の認識は必要だとしても、その解決は各地域の実情に合わせて仕組みを育てるほうが実効的である場合もある。後述のように人権保障についてはヨーロッパ（欧州評議会）や米大陸（米州機構）が地域に即した有効な仕組みを作ったし、経済発展については東南アジア（ASEAN）がヨーロッパ（EU）の経済統合とは異なる独自の協力体制を進めた。

東南アジアは更に、独自の人権保障体制の推進にも着手している。アフリカ諸国(アフリカ連合＝AU)は、成否の見通しは定かではないが、大陸独自の安全保障制度を確立しようとしている。

　そのように多国間主義を小分けにして地域化すればすべてがうまく行くという保証はないが、何もかも普遍的な機構に委ねてもうまく行くわけでないことは明らかになっているのだから、そうした地域化の試みは積極的になされるべきだろう。とはいえ、地域主義が世界分断主義になってはならないから、そこでは地域相互の政策調整が必要になる。いわば《地域間マルティラテラリズム》である。その調整のための政策基準は普遍的でなければならないから、そのためにこそ国連のような普遍的マルティラテラリズムの場が、必要なものとして残り続けることになる。

　第二に、国連体制下で必要性と有用性が認識されたのは、多国間主義である以上にマルティラテラリズムである。つまり、国家主体だけの協力ではなく非国家主体も参画する世界運営である。19世紀に始まった非国家主体の参画は20世紀にさらに躍進して現在に至っている。それは開発援助や人道援助のような現業活動はむろんのこと、国際立法への積極的関わり(対人地雷禁止条約など)、国際司法制度構築への関わり(国際刑事裁判所設立など)、人権基準の強化や監視の活動など、ひじょうに多岐にわたる。国連システムの中にはそれら非国家主体の参画に対して閉鎖的だと批判される機関もあるが(ICJなど。最上2009参照)、その浸透を許している機関も多い。現実問題として、それらに対して閉鎖的であっては機構の運営も円滑に行かなくなることが多くなっている。とすれば、《IGOとNGOの効果的共生》を基盤とするマルティラテラリズムこそが推進されねばならなくなるであろう。ここでもまた、現存国連システムは秩序構築主体として絶対的でも排他的でもない。

　そういう相対的な視点に立った場合、国連はどのように改革されるべきか。次章でその問題を検討していく。

# 第3章
# 国連改革

## I 国連改革とは何か

### 1 《多面体の改革》であることについて

　「国連改革」という言葉は「安保理改革」を意味する言葉として用いられることが多い。少なくとも1990年代中盤からの日本においてはそうである。そしてその場合、「改革」とは、厳密には「改組」と言うべきもの、すなわち安保理の常任・非常任理事国(特に前者)の増員問題を指している。この用語法が非常に限定的であることは、あらためて言うまでもない。「改組」すなわち「構成の変更」が、必ずしも常に「改革」すなわち「機能の強化」に通ずるとは限らないからである。更に、たとえそれが「改革」であるとしても、安保理だけが「国連」なのではない以上、安保理の「改革」がすなわち国連の「改革」であるわけではないからである。

　そうした観点から本書では、国連改革という言葉を、もう少し広い意味で用いる。言葉を精確に使いたいという理由からだけではない。国連史上も国連研究史上も、国連改革とはより多くの面を指す言葉であり続けたからである。安保理改組の問題も相応に国連改革に通ずる面を持つので、のちにそれにも触れるが、ひとまずより一般的な用語法に戻すことから始めよう。より一般的な用語法とは、「国連」という言葉が指し示す制度や現実が実に複雑多岐であること、したがってその「改革」も複雑多岐であろうことを踏まえた用語法である。それはどのようなものか。

　前章で国連とは何かを概観した。そこから明らかになるのは、何より、国連

が多面体だということである。機能面でもそうであるし、機構自身および各機関の構成原理の面でもそうである。機能面について言うと、その活動分野が安全保障・開発・環境・人権など人間生活のほとんどすべての局面にわたるだけでなく、活動の態様も、一方ではある国に対して軍事攻撃を加える（あるいは加えさせる）国連もあれば、他方では戦争の被災者を救援する国連もある。また機構ないし機関の構成原理に関して言うなら、一方には政府代表によって構成される機関が、他方には政府代表ではない人員によって構成される機関があり、また、政府代表によって構成される機関の中にも、選民原理によって立つ機関と主権平等主義によって立つ機関とがある、という具合だった。

　国連がこのように多面体であるなら、国連の「改革」なるものも、国連のどの部分についてそれを語るのかによって大きく異なることになる。まず、それはどの機関についてなのか。総会か、安保理か、あるいは非国家的機関たる事務局か、あるいは更に、現業活動に携わるあまたの関連機関についてだろうか。次に、それは国連（システム）の何についてなのか。個々の機関の構成（例えば安保理の常任理事国の変更）か、それら機関における代表制の問題（例えば総会における一国一票制の再検討）か、個々の機関に付与される権限の問題（例えば安保理における拒否権の見直し、総会の権限強化など）か、それとも例えば予算配分の問題といったことなのだろうか。

　それらすべてである、というのは答えにならない。さきに例示した改革ポイントの中には、例えば「大国」を拒否権つきで常任理事国に加えることと、拒否権を廃止するなどして安保理の権限を相対化する（そのかわりに総会の権限を強化する）ことなどのように、相互に両立しない構想も混じっているからである。機構自身が多面体であるから、改革論もおのずと多面的にならざるをえない。ただそれは、単に改革ポイントを脈絡なく複数にわたらせるのではなく、むしろ、複数の改革ポイントの関連性を十分に認識した一貫性のある改革をおこなう必要がある、という意味である。

## 2　機能面と制度面の分別について

　多面的たらざるをえない国連改革の本質をあえて単純化するなら、次の二点

に集約することができよう。第一に、国連改革とは何より、国連の機能を強化すること、ないし問題処理能力を向上させることであるはずだ、という点である。機関の構成をどうするとか、手続きをどうするといった変更は、あくまでその目的に従属するものでしかない。逆に言うなら、国連の機能強化につながる変更ならば「改革」と呼びうるものになるが、そのつながりの不明確な変更はただの変更である。第二に、創設後70年を経た国連の改革とは、もし創設時点の世界秩序構想が70年後の世界に不適合になっているのならそれをどう改めるか、という問題でもある。というより、それこそが「国連改革」の根底に横たわる問題だと言うべきであろう。人類社会のめざす秩序とはいかなるものであり、それに関して国連が果たすべき役割はいかなるものであり、それにふさわしい国連の構造はいかなるものでなければならないか、等々。

　だが、国連内外で展開された国連改革論においては、しばしば機能面と制度面(機関・手続き等)の区別が十分になされず、したがって両者を関連づける議論もまた不十分になる傾向がある。

　図3-1は《国連改革》の機能面と制度面の仕分けを示している。まず上半分の機能面が基本となる。「国連の機能」については、そもそも何が国連の機能であるべきかという点が問題になりうるが、とりあえず国連憲章に機構の活動目的として掲げられた事柄および、そののち国連に流入してきた諸問題を国連の達成課題としておく。そういった、国連が果たすべき機能は、この70年のあいだ増えこそすれ減りはしなかった。例えば安全保障分野について言うなら、当初から期待されていた侵略等への対処の仕組みがいまなお不完全であるだけでなく、紛争の平和的解決の機能も十分と言うにはほど遠い。軍縮や軍備管理面の達成課題も数多く残されている。経済社会面についても、途上国の開発の促進が深刻な課題のままであるし、先進国を含む世界全体の経済・金融秩序の確立も急務である。それに加え、資源と環境の保全や難民および国内避難民への対処のような、国連が創設された時点では十分に予見されていなかった問題との取り組みも、いっそう重く国連にのしかかっている。女性や子供といった社会的弱者の地位と権利の向上についても、なすべきことはあまりに多い。前章で述べたように、あらゆる問題を国連の任務とすることの困難性をわれわれは認識すべきだが、「機能強化」という意味での「改革」の必要性はたしかに

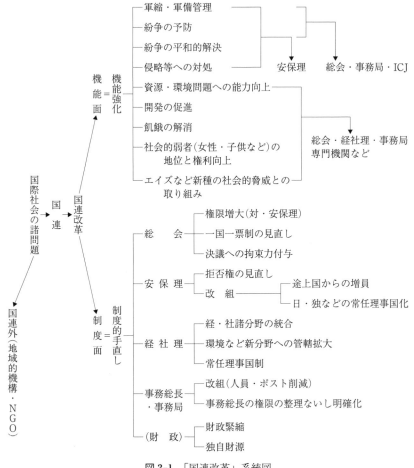

図 3-1 「国連改革」系統図

あるのである。

　これに対し図の下半分は、国連の機関や手続きのうち、どれをどう直すかという議論を示したものである。網羅的ではないが主な論点はおおむね掲げてある。ただ、くり返しになるが、ここに挙げた変更点の中には、相互に対立あるいは矛盾するものも含まれている。「総会の権限強化」と「安保理の改組」はその内容次第では相いれないものとなりうるし、同じひとつの機関についても、例えば「事務局の機能ないし権限強化」とその「縮小改組」とでは全く違った種類の「改革」(あるいは「変更」)になりうるのである。

ただ、この《制度的手直し》の部分は、上半分の《機能強化》の部分から独立しているのではない。いかなる制度的手直しであれ、その結果いかなる機能が強化されるかという展望に結びついていなければならないのである。そのことを考慮して、図の《機能強化》の部分では、そうした強化のためにどの機関の変更が必要になるかを例示しておいた。もっとも、当該機関をどのように変更すれば機能強化につながるかまでは書き入れていない。それをするとあまりに煩雑になるという理由のほか、そうした個別的な変更案まで提示することがここでの目的ではないからである。

このように、国連の「改革」を語るのはたやすいことではない。とりわけ、これほどに加盟国の多様な機構においては、一つの「改革」あるいは「変更」が、誰もが望ましいと考えるという意味で「中立的な」ものであることはまれで、ある国々にとっては「改善」であるものが他の国々にとっては「改悪」でしかない、ということがしばしばあるからである。たとえば総会に加重票制を導入するという変更は、ある国々にとっては大きな「改善」かもしれないが、他の国々にとっては大きな「改悪」であることになる。また、安保理常任理事国の拒否権を廃止するという変更も、ある国々にとっては「改善」、他の国々にとっては「改悪」でしかない。

## 3　世界秩序問題としての国連改革

国連「改革」を語ることがむずかしいと言うのは、個々の「改革」案(たとえば「特定の国々が新たに安保理常任理事国になること」)の実現がむずかしいかどうか、といったこととは異なる。後者は政治予測の問題であり、国際機構論の直接の関心事ではない。学問としての国際機構論において「むずかしい」のは、国連の「改革」を語ることが同時に、個々の研究者の国連観や世界観を問うことにもなる点である。国連という機構のどこに問題があり、それをどのように変更すればどの機能がどのようにどれだけ「改善」されると考えるのか——それは国連という制度をどう見るかと密接に結びついている。

もっともそれは、すべての改革論議が主観的なものだという意味ではない。《国家間の結合》という営みが歴史のこの時点において何を求められているか、

言い換えれば多国間主義が果たすべき役割は何であるかを見いだし、それを基準にした場合にどのような「改革」が求められているかを考えることが、「改革」を国際機構論的に語るということなのである。ひとつの論点について単に賛否を唱えるのではなく、賛否を論ずるための基準を立てること、そしてその基準に従って賛否を論ずること——それが学問的であるということの意味である。

《国家間の結合》の役割に関する中核的な問題は、さきに第二の本質としてふれた点、すなわち国連を媒体にしていかなる秩序をめざすのかという点である。第一次大戦および第二次大戦が終わり、それぞれ国際連盟と国連とがつくられたときは、秩序構想の課題も比較的単純だった。つまり、戦勝国が戦敗国をいかにして管理し戦敗国の再侵略をいかに防止するか、という点を主題にすれば用が足りたからである。しかし、冷戦終焉後の世界では事情が一変した。

なにより、半世紀近い冷戦のあいだに、第二次大戦終了時には予見されていなかったさまざまな秩序問題が大量に蓄積されていた。たとえば開発や環境や人口等の諸問題の尖鋭化である。人権保障も、それが大切になるという認識はあったが、何が国際的に保障されるべき人権かについては冷戦時代に種々の変化が見られた。たとえば《開発に対する権利》といった新たな「人権」の登場である。また武力紛争の型も、大規模な侵略以上に民族紛争や種々の国内紛争など、常に「制裁」の対象になりうるとは限らない入り組んだ紛争が主流となった。秩序に対する脅威が軍事的なそれだけではないという認識が生まれ、それゆえ強大な軍事力だけでは安全保障が確保しきれないと考えられるようになる。それに合わせて、強大な軍事力による鎮圧とは異なった安全保障方式も生みだされた。加えて、安保理中心的な国連から総会中心的な国連へと移行するにつれ、加盟国間の形式的主権平等が普遍化し、まだ観念的ではあったが規範化して、《大国主導型の秩序》という構想そのものが大きくゆらぐことになった。冷戦の期間に、いわば国連を成り立たしめていた大前提がいくつも崩れていたのである。

冷戦終焉時のこうした変化は、時間を経て《ポスト冷戦》あるいは《ポスト・ポスト冷戦》と呼ばれる時代に入って、さらに困難さと複雑さを増した。国連創設の前提が段階を追って崩壊をくり返したのである。国連改革とは、こうし

た《前提の継続的崩壊》に国連をどう再適応させるか、という問題にほかならない。そしてそれは、わけても以下の三つの主題をめぐって立ち現れる。第一に大国支配ではない秩序の構築である。大国が中小国よりも重い責任を負うべきだというのはそのとおりだとしても、少数の大国が《加重主権》あるいは免責特権を与えられるような機構構想は、いまや永続的な正統性を持ちにくくなっている。第二に、そのように形式的な主権平等を超えて、諸国民間の実質的な不平等をどう解消するかである。国連システムが不平等を放置してきたわけではないが、事態の悪化はそれ以上の速度で進んだ。この問題の改善なしに秩序もありえない以上、それに関知しない国連改革というものもありえない。第三に、軍事力では対応できない(すべきでない)新しい安全保障上の脅威への対応能力をどう強化するかである。一方でそれは単なる治安維持体制ではない安全保障メカニズムの開発の問題でもあるし、同時に環境破壊や感染症など新種の社会的脅威との対抗の問題でもあった。

　だが実際には、冷戦終焉このかた、国連を中心とする世界秩序がどうあるべきかについて、明確な青写真がないままに推移してきた。国際連盟にせよ国連にせよ、世界機構(世界的な規模を持つ国際機構)というものは、常に大戦後世界の秩序構想として生み出されている。冷戦という世界大戦の終了時点にも、やはり戦後世界のための秩序構想が必要だったはずなのだが、冷戦の終わり方がある意味で唐突だった分だけ、そうした秩序構想なしに戦後が開始してしまった面がある。冷戦後の国連改革は世界秩序のための遅ればせの構想作りという性格も帯びていたが、21世紀に入ってもなお明確な展望は得られなかった。その中で、《ポスト・ポスト冷戦》世界に特徴的な事態として、テロリズムなどが秩序問題の焦点にされていく。また、そういう新種の「脅威」が増すにつれ、それと積極的に実力行使で立ち向かう軍事大国(安保理常任理事国)の存在が、再び国連において顕著になるという原点回帰の傾向も生まれつつある。

　テロリズムへの対応も大切な課題にはちがいない。他方で、そうした暴力が行使されることの根深い構造をも見なければ、秩序構想は再び単なる「管理」と「鎮圧」の時代に戻るだけということにもなりうる。そこにおいて国連「改革」の課題はいかなるものになるか。その点に踏み込む前に、これまでの国連改革論議(とわずかな実行)がどのようになされてきたのか、まずそれを整理し

て見ておかねばならない。

## II 国連改革論の軌跡と系譜

　国連改革とは何かの予備的考察は以上のとおりだが、現実に主張あるいは実行されてきた国連改革論の系譜をたどっておこう。便宜的にこの節では冷戦終焉までの推移をまとめ、次の節で冷戦終焉後、更にその後の変化を見ていく。

　おおむね冷戦終焉までの「改革論」の潮流は、大きくふたつのタイプに分けることができる。第一に国連「育成」論、第二に国連「矯正」論である。いわば「改革」の姿勢による類型化であり、まず前者は国連の機能強化を眼目とする。機能充足の現状に対する不満こそあれ、根底において国連の機能(たとえば開発促進)を強め権限を拡張しようとする点で、国連という存在や方向性に対して肯定的な態度と言ってよい。それに対し後者は、国連のある側面(例えば途上国が総会において支配的である現実)を制御し是正することを主眼としている。「ある時点でのある側面に対する」という限定つきではあるが、一応は国連という存在や方向性に対して否定的な態度と言ってよい。

　この二大類型はそれぞれ更に、いくつかの範疇(はんちゅう)に分けられる。たとえば改革されるべき問題分野ごとの範疇化で、①安全保障分野、②経済社会分野(特に開発)、③行財政分野(事務局機能)などである。その各々について育成論と矯正論が存在しうることになる。更にまた、個々の改革論を唱えているのが誰であるかによる範疇化も可能である。つまり①総会などの国連機関、②それによって設置された(あるいはその委託を受けた)検討委員会等、③個々の加盟国あるいは加盟国群、④国連の外部の研究者などである。ただし、この改革論の担い手に応じた範疇に照らして記述すると、組み合わせが非常に複雑になるので、逐一それに言及することは避けよう。ただし、《矯正論》を検討する段階では、誰が矯正を唱えているかが本質的な重要性を持つので、そこでは具体的な担い手に即して議論を進めざるをえない。

## 1　育成論

### (1) 安全保障分野

　ある意味で当然ではあるが、国連改革論はまず《育成論》のかたちをとって現れた。安全保障分野であれ経済社会分野であれ、国連が期待どおりに機能していないという不満足感が常にあり、それが幾多の強化論につながったのである。この意味での国連改革論は、いわば国連の歴史とともに一貫してあった。そのうち安全保障分野に関しては、既に1948年から50年にかけ、総会の「中間委員会」(ある年の総会から翌年の総会まで総会の替わりを務めた補助機関。1947-62年)において紛争解決能力の強化が検討されるなどしているが、さしたる成果は生まなかった。1965年には「平和維持活動特別委員会」が設置され、平和維持活動の経費支弁その他の諸問題を検討する任務を負い、68年からは平和維持活動の基本原則を定めるための、いわゆる「ガイドライン」の作成にも着手したが未完に終わっている。(ただし、冷戦終焉からかなり経っていたが、2008年、国連事務局の平和維持活動局が、活動の基本原則や手順を記述する「ガイドライン」(通称「キャップストーン・ドクトリン」)をまとめた。)

　この間1975年には「国連憲章および機構の役割強化に関する特別委員会」が設置され、拒否権の再検討なども含めて広範な問題を検討し始めたが、これもまた顕著な成果を生むには至らなかった。ただ1980年代に入って紛争の平和的解決ならびに予防に重点を置いた役割強化案を審議し、政策構想としてはそれなりに成果を生んでいる。1980年代から90年代初頭にかけて、この委員会の主導で紛争の平和的解決に関するいくつもの国連総会決議が生み出され、また『紛争の平和的解決に関するハンドブック』もつくられた。この10年はいわば、《紛争の平和的解決の10年》だったのである。だがそれも、おおむね1991年の湾岸戦争を境目として退潮し始めた。

　なお、前後するが、この分野における国連外からの改革構想としては、全面完全軍縮を打ち出し、その実施のために国連常備軍の創設を提唱した、1958年のクラーク・ソーン提案(Clark and Sohn 1958)が古典として名高い。

## (2) 経済社会分野

　経済社会分野に関する改革論は安全保障分野以上に活発だった。特に1960年代、国連に続々と加盟した開発途上国が開発分野での機能強化を求めたことがその背景にある。この1960年代は「第一次国連開発の10年」でもあった。それに呼応して1961年には「8人委員会」、68年には「事務局再編委員会」などが設置され、この分野での機能強化と事務局の改革とを結合させるかたちで改革論が動き始める。

　この傾向は、開発分野の活動を拡充強化してUNDP（国連開発計画）に集中することを唱える、1969年の「ジャクソン報告」(『国連の開発システムの能力に関する研究』)にも受け継がれたが、注目されたにもかかわらず同報告の提言はほとんど実施されずに終わった。それを受けて1974年に設置されたのが、「国連システムの構造に関する専門家委員会」(25人委員会)である。翌75年に発表された『地球的経済協力のための国連新構造』と題する同委員会の報告書は、①経済社会理事会の強化、②総会の第2委員会（経済および財政を管掌）を「開発および国際経済協力」のための委員会へと転換すること、③新しい事務次長ポストとして開発・国際経済協力事務局長（Director-General, DG）を設置すること、④あらゆる技術援助を統括する新機構として「国連開発オーソリティ」といったものを設立すること、⑤国連事務局の情報収集・分析能力を強化して経済分野における早期警報を発しうるまでに高めること、といった諸点を含む包括的な内容の提言となった。提言のかなりの部分は1977年の総会決議32/197（通称「構造改革決議」）に取り込まれた。もっとも、実行に移された事柄はあまりない。

　このように、開発分野での改革論は、経社理であれUNDPであれ、多くの場合、何らかの機関に機能を集中する提言が含まれている。いずれも実現には至らなかったが、開発分野強化に向けられた種々の改革案が提起されたことの背景には、1970年代が「第二次国連開発の10年」でもあり、1974年には国連総会で「新国際経済秩序（NIEO）樹立宣言」（総会決議3201（S-VI））も採択されていたという情勢があった。開発への国際的なうねりが高まり、それを背景に強化改革案が噴出したのである。

　開発を機軸に国連改革を構想するというあり方はこのあとも続いた。例えばモーリス・ベルトランの起案になる、1985年の国連合同監査団（JIU）報告書

『国連改革に関するいくつかの考察』(通称ベルトラン報告)などがその典型例である。同報告書は、国際安全保障や軍縮といった「平和の直接的探求」を非現実的・非実効的だとしてしりぞけ、かわりに経済社会面での国際協力と開発の推進を重視する「平和の漸進的(ないし間接的)構築」を唱導するものだった。制度的には「政治国連」(現存の国連を彼はそう呼ぶ)に加えて、より重要な機関としての「経済国連」を新設し、その中に23カ国から37カ国程度で構成される「経済安保理」を設置することを提唱している。それとならび、あまりに分散化した現在の国連開発システムを改め、地域ごとに機能を集約した「地域開発機関」を設置することも唱えた。

　このベルトラン報告もまた、専門家の間ではそれなりに注目を集めはしたものの、現実の国連政治過程に乗ることはなかった。その理由は主に、「経済国連」「経済安保理」といった発想が壮大すぎて、現実には受け入れられにくい面があったことである。たしかに政治よりも経済を重視した点は「漸進」志向ではあった。しかし、そのための具体構想はとなると、やはり十分以上に革命的だったのである。また、この報告書の頃から冷戦が急速に収束に向かったという事実も無関係ではない。冷戦の閉塞(へいそく)状況を前提にして「平和の直接的探求」の無意味さを説き、その対偶たる「間接的探求」を唱えるという論法は、前提となっている閉塞が解かれた瞬間に説得力を失うからである。

　いずれにせよこの案も、そうして忘れられていった。だが、平和／安全保障探求が手づまりになっていると考え、それに代えて経済面での協力を組織化し強化しようという発想は、何かしら国際連盟末期のブルース報告を想起させるものがある。ブルース報告は世界大戦の勃発によって頓挫させられた。ベルトラン報告は、冷戦の終焉によって「平和の直接的探求」が可能になったという、——あとで考えれば一時的で尚早だった——期待ゆえに頓挫させられた。だが、この期待そのものは実現しなかったのだから、その限りにおいて、世界は「政治」も「経済」も失ったと言えるのかもしれない。

## 2 矯正論

### (1) ヘゲモニーと秩序選択をめぐる角逐

　以上のように、理由はさまざまだが、開発分野に関する数多くの改革論が現実に実を結ぶことなくついえ去っている。だがこれらの改革論の不発は、単に加盟国の改革意欲の乏しさだけが原因だったのでもない。根底にはより大きな問題が横たわっていた。その主題は何より、いまも述べた、不平等と不公正と格差とを是正すべき《新国際経済秩序》樹立に対する途上国の欲求である。この分野における改革論のすべてが直接に開発途上国によって唱えられたわけではないが、誰が唱えたものであれ、少なくとも彼らの欲求に呼応するものではあった。こうして「途上国の自己主張」がいわば「国連の主題」に高まっていく。それを現出させたのは、前章で述べた《機構内ヘゲモニー》、すなわち国連という機構の中で大国と小国の力関係が逆転し、途上国グループが主導権を握る現象である。そこにおいて機構改革とは、もはや単なる制度的手直しの問題ではなく、世界の秩序変革にまでわたるものとなっていく。そうであるなら、既存の秩序に既得権益を持つ国々は、この改革＝秩序変革にそれなりの抵抗を示さずにはいないだろう。さきに見た諸改革案がほとんど実現しなかったのも、実は根底にそういう大きな問題が横たわっていたことと無関係ではない。

　このような、ヘゲモニーと秩序選択をめぐる角逐を背景にして登場したのが、改革論のもう一つの系譜、すなわち《矯正論》である。前述のようにそれは、国連システムの「行き過ぎ」や「過ち」をただし、正軌道からの「逸脱」を修正することを狙いとするものだった。時期的には途上国の機構内ヘゲモニーがほぼ明らかになった1970年代中盤以降であり、論議の主たる担い手は「王位を共和主義的に簒奪」された米国である。こうして担い手が限られているということは、《矯正論》の際立った特徴でもあった。もうひとつの《育成論》のほうは、ともかくも国連内外の多方面から唱えられたものだったからである。

　折にふれて同調国はあったものの、ほとんど米国のみを担い手とする特異な改革論攻勢は、同時に「国連の危機」と呼ばれる時代を画すものでもあった。国連を「強化」するというより、むしろそこに「危機」をもたらすような「改

革」論が、どのようにして本格化するに至ったのか。それはまず、いくつかの専門機関に対する批判、あるいはそれらとの衝突として始まった。1977年のILO(国際労働機関)からの脱退、および84年のユネスコからの脱退はその顕著な例だが、それ以外にFAO(国連食糧農業機関)やWHO(世界保健機関)などとも衝突しているし、相対的に軽微ではあったがWMO(世界気象機関)やITU(国際電気通信連合)との不和もあったのである。

### (2) 国連システムの「政治化」への批判

米国と国連諸機関との衝突や不和をことごとく検討するいとまはないが、脱退にまで至ったILOおよびユネスコとの衝突を検討するだけでも、事態の本質の把握のためにはおそらく十分だと思われる。この二つの事例を共通に特徴づける記号は、《政治化》というそれだった。政治化という語は多義的だが、米国がその語にこめようとしていたのは、おおよそ、①当該機構の活動目的とは直接に関係せず、かつ加盟国間に紛議を呼ぶような微妙な問題を討議したり、②それについて少数派の反対をおして決議を行なったりすること、というほどの意味である。例えばILOの場合、それが軍縮問題を討議したり軍縮研究に資金を与えたりしたこと、米国にとっては「敵」であるPLO(パレスチナ解放機構)にオブザーバー資格を与えたことなどが、政治化の例とされた(公式の脱退通告書にその旨の記載があるとは限らない)。

ユネスコの場合には、《政治化》批判がさらに激しさを増した。具体的な項目としては、軍縮研究への支出(＝「親ソ連的偏向」)、人権に関する国家至上主義的な「集合的権利」の偏重傾向(途上国主導型の「新国際情報コミュニケーション秩序」への支持)、反イスラエル傾向、パレスチナ難民への教育援助(より一般的には民族解放運動への教育援助)など、雑多な論点を含む。もっとも、米国国務省が挙げたこれらの項目には根拠の不十分なものが少なくない。その点は同国下院の報告書などでも厳しく批判されたが、それにもかかわらず国務省はこのあいまいな《政治化》概念にこだわった(詳細は最上1987を参照のこと)。

だがそれは、単なるあいまいさだったのではない。事実的根拠がやや薄弱であり、概念的にもあいまいだということは、《政治化》が実はひとつの記号と化していたことを意味する。何を核とする、どのようなメッセージをこめた記号

だったのか。それを読み解くためのひとつのヒントは、この時期に米国政府が打ち出していた、「多国間主義の場における米国のリーダーシップの回復」という、国連外交における目標である。米国は国連システムにおけるリーダーシップの喪失に不満を覚えていた。当時の国務省高官(グレゴリー・ニューウエル国務次官補)のユネスコ批判の中に、「自由社会の諸制度、とりわけ自由市場と報道の自由に対する慢性的敵意」という一項が見られるのも、そうした不満の表れである。その意味において《政治化》とは、「反西側」ないし「反米」姿勢にほかならなかった。そして、それに対する米国の根強い不満が国連への改革攻勢となり、国連の「危機」の喧伝へと通じていく。それはまた、途上国の機構内ヘゲモニーに対する反攻であり、このヘゲモニーがもたらした一種の革命状況(超大国と途上国の権力関係の逆転)に対する反革命でもあった。

　ILOおよびユネスコからの脱退は突発的な単発のできごとだったのではない。それは国連システム全体に対する米国の反発の一角にすぎず、同時に、その後の国連矯正の方向性を示唆するものでもあった。第一に、ユネスコ脱退の翌年、米国は国連そのものに対する改革攻勢を強める。この頃になると、ユネスコ脱退論議の折には行政府と異なる見地を示していた議会も、おおむね反国連姿勢へと傾斜した。1985年に米国議会は、国連総会に加重票制を要求し(ただし財政関連決議についてのみ)、それが容れられない場合、米国は25％の分担率を割り当てられていた分担金を最高で20％までしか支払わないとする、いわゆる「カセバウム修正」を通過させる。国連憲章上は疑義のあるこの措置を、米国は翌1986年から実行に移した。以後、この分担金不払いないしその警告という手段は、国連本体に限らず他の国連諸機構に対しても用いられることになる。

　第二に、ILOの場合もユネスコの場合も、米国の批判のほこ先のひとつに、それぞれの事務局があったという点に注目しておきたい。国連および関連諸機構の事務局の中には、たしかに非能率や官僚主義の弊害が目立つものもあり、それはそれとして改革されるべきものではある。だが米国の事務局批判の特徴点は、政府代表によって構成される政府間機関(総会や理事会など)のあり方を是とした上で、非政府間機関(事務局)がその活動を十分に補佐しきれていないと批判するのではなく、政府間機関に対する不満と同質の不満を事務局に向け

た点にあった。つまり、行財政上の欠陥は実は二義的で、正軌道を逸脱した政府間機関と「結託」しているという認識が事務局批判の根底にあったのである。要するにそれは、機構全体に対する矯正論の一環にほかならなかった。そしてこうした矯正論は、次に見るように、具体的にも国連「改革」として現実化していく。

## 3 「事務局」と「予算」の焦点化

　カセバウム修正で頂点に達した米国の国連批判は、着実にある種の国連「改革」へと結びついていく。この年、国連はまた新たな改革委員会を設けた。「国連の行財政の効率を再検討するための政府間上級専門グループ」、通称「18人委員会(あるいは18人グループ＝G18)」である。翌1986年に公表されたその報告書は、71項目の改革提言を含むものだった。提言は、大きく、総会など政府間部門に関する部分と、事務局という非政府間部門に関する部分の二つからなっている。このうち政府間部門に関する部分は、総会等の会合の回数を減らし会期を短縮することや、経済社会分野に携わる機関相互の調整をはかることなど、きわめて簡潔な提言にとどめており、主力は非政府間部門に関する提言に注がれていた。具体的には事務次長・事務次長補レベルの上級ポストの削減、「はなはだしい政治的その他の圧力によってゆがめられた」人事政策の改善、国連諸機構の活動に対する監査および査定の強化、予算編成における活動優先順位の明確化、予算編成に「加盟国の」見解が十分に反映されない現状の改善、等々である。

　報告書の提言内容は、ポストの削減を中心に次第に実行され始めた。それまで提言されるだけで実行に移されることのあまりなかった「国連改革」が、まがりなりにも現実に実施されることになったのである。もっとも、その「国連改革」なるものが、ほとんど「事務局改革」に集中していた点は注目しておいてよい。いわばそれは、ILOやユネスコに対して展開された事務局批判の延長上になされた「改革」だったのである。事務局の改革も必要かもしれないが、それはあくまで「国連改革」の一部でしかない。更に言うなら、「国連改革」が「国連強化」と同義である限りにおいて、事務局の縮小や権限圧縮はそれと

逆行する措置にさえなりうる。にもかかわらず事態はその方向に動いていた。いつしか「国連の危機」は「事務局の不良」に置換され、「事務局の改良」が「国連改革」と同義になっていたのである。それが常に無益だとは言えない。しかしこうした縮小ないし圧縮によって、例えば国連による紛争解決がどれだけ向上し、世界の貧困がどれだけ解消しただろうか。この時期急速に進行した「国連改革」に欠けていたのは、こうした目的と手段の連関を真剣に吟味する視点である。

　ともかく、こうして「国連改革」は、米国が想定していた方向で進んだ。ただ、G18報告には、同国が望んでいたもののうち、最も肝心な点がひとつ欠けていた。予算編成過程の「改善」である。米国にとって予算の作成は、「南」と事務局の「結託」の象徴とも言うべき懸案だった。だがそれをただすにも、カセバウム修正の求めていた加重票制の導入は、現実にはほとんど不可能である。そうである以上、残された目標は、どのようにしてその過程に分担金大国の意向を強く反映させるかという点しかない。米国にとって肝要なこの点についてG18は合意に達することができず、積み残しとなっていたのである。

　だがそれも、同年12月の総会決議41/213によって、予想外にあっけなく決着を見ることになる。同決議の要点は、予算編成に分担金大国の意向が反映される仕組みを作ることにあった。具体的に言うと、予算案は総会（および予算を管掌する総会の第五委員会）に到達する前に「計画・調整委員会」（CPC）という機関の審議を経るが、そこでの予算案承認が委員会構成国全体の賛成を必要とするコンセンサス方式（第6章参照）によるべきものとされたことである。同委員会は、国連の他の機関同様に「地理的配分の原則」を用い、米国もほとんど常にその議席を有している。そこでコンセンサス方式が用いられるということは、たとえば米国が一国でも予算案に反対し続ければ予算が成立しないことを意味していた。国連の予算は当時で年間10億米ドル前後（2016年時点では約27億米ドル）であり、金額的にはわずかでしかない。しかし米国にとって重要なことは、「途上国寄り」の事務局によって作成された予算案が途上国の主導権で採択される、という事態が矯正されるかどうかだった。その宿願がこの決議によって実現したのである。当時のレーガン政権がそれを「国連の歴史上、画期的な決議」と評したのも、まさにそういう事情があったからにほかならない。

このように、1980年代、初めて実行に移され出した「国連改革」は、おおむね、米国による国連システムへの巻き返しが具体化したものだった。客観的に見てそれは、「国連改革」と言うにはいささか狭きに失するが、米国にとっては何より本質的な改革＝矯正だったのである。言いかえればそれは、1960年代に始まった途上国主体の「革命」に対する米国の「反革命」であり、それにおける同国の一応の勝利を画するものだった。国連システムにおける「革命」と「反革命」の拮抗が先鋭化し、それがいわゆる「国連の危機」をもたらしていた以上、両者の融和がはかられることは遅かれ早かれ必要ではあっただろう。だが問題は、勝利した側に勝利の果実をどう用いるかのイメージが特になかったことである。「矯正」を達成した後どのように「育成」へと事を運んでいくか、ということこそが国連「改革」の客観的課題のはずであった。だが米国主導の「改革」はそこに移行することなく、たんなる一機構構想の（暫定的）勝利のみで収束したかの観がある。そうした中で国連は冷戦の終焉を迎えることになった。

## III　冷戦後世界と国連改革

### 1　不完全な「再生」

冷戦の終焉は、国連にとっても国連改革にとっても、やや唐突なものだった。国連にとって唐突だったというのは、前にも述べたように、その時点で世界には冷戦後世界のための秩序構想が備わっておらず、国連もおそらくはただちにその役割を担える状況にはなかったからである。また国連改革にとって唐突だったというのは、とりあえず具現した米国主導の「国連改革」が、途上国の機構内ヘゲモニーを牽制し事務局を圧縮するという、ある意味では国連改革というものを「矮小化」するものでしかなく、国連の機能を強化するという、より建設的で前向きな改革は残されたままだったからである。

にもかかわらず、国連は冷戦の終焉とともに突然「再生」し「強化」された、という認識が広まった。その根拠の第一は、米ソ対立の消滅とともに拒否権の

相互行使に終止符が打たれる見通しが高まったことである。たしかに拒否権の行使は激減し、1990年5月に通算で279回目の行使（米国）がなされた後、3年間も行使されることがなかった（通算280回目の行使は93年5月、ロシアによるものである）。また根拠の第二は、1990年8月からの湾岸危機および、それに決着をつけた1991年1月から2月にかけての湾岸戦争である。イラクによるクウェートへの軍事侵攻に対し、安保理が拒否権に妨げられることなく決議を採択し、米軍を中核とする多国籍軍に武力行使を授権（authorize）してイラクを鎮圧したことが、国連の「再生」の証しとされることになった。しかしこの二点をもって国連の「再生」や「強化」を安易に語りうるかどうか、実は当初から疑わしいものがあったと言わねばならない。

　まず第一の根拠については、「拒否権が行使されないこと」と「国連が国際社会のニーズを充足するようになるかどうか」とは、おのずと別の事柄だという点がある。実際にも、国連の機能不足は拒否権の行使だけに起因するものではなかった。たとえば米国による拒否権行使は、これまで大部分がパレスチナ問題に関する決議（パレスチナ擁護またはイスラエル非難）に対するものであり続けたが、それがなくなれば世界の様々なニーズが充足される見通しが立つわけでもない。

　加えて、国連においては、拒否権の行使されない（常任理事国の意思が合致する）状況においてこそ「大国支配」は現実のものとなりうる、という特殊な構造があることも考慮に入れる必要がある。詳しくは第6章で述べるが、要するに、拒否権が行使されれば大国中心的な安保理の「意思」は作られずに終わるだけだが、拒否権が行使されずに大国が意思を合致させれば「大国の共同支配」が初めて可能になる、ということである。むろん、拒否権が行使されて安保理が麻痺することが望ましいと言うのではない。安保理が実効的に意思決定を行えるということが単に大国の利害を実現するだけでしかないかもしれない、という点が重要なのである。またそうである限り、それに反発したり脅威を感じたりする中小の国々も存在し続けるだろう。そうであるなら、その種の「国連強化」の有効性はきわめて限られたものでしかない。

　また第二の根拠については、湾岸危機・湾岸戦争が、冷戦後世界の安全保障の事例および態様としておそらくはかなり例外に属するものであり、そこにお

ける「成功」が国連の安全保障方式の持続的成功までも保障するものではなかった、という前述(第2章)の点を再確認しておく必要がある。湾岸危機は一国が他国にあからさまな侵略(安保理の認定では「平和の破壊」)を行うという、近年ではまれになった類型の武力紛争だった。あるいは、国連憲章がその45年前に国連安全保障体制の眼目として想定していたのと全く同じ型の紛争だった。それに対する国連(安保理)の対応も、正規の国連軍(国連自身の軍隊)ではなく「多国籍軍」(数カ国の編成する法的に国連外の軍隊)によってではあったが、強制的に侵略行為を鎮圧するものである点で、外形的には憲章上の強制行動に近いものだった。イラクのクウェート侵攻が「大規模侵略」と呼べるかどうかは議論の余地があるが、ともかく安保理は「大規模侵略対応型」である国連の安全保障方式を忠実に再現して見せたのである。

　そのことの是非はさておき、この方式が一般的な応用可能性を持つとは考えにくいものだった、とは言えるだろう。あらゆる武力紛争が数十万の軍隊の出動を要するあからさまな侵略であるとは限らない。また、あらゆる武力紛争において加害側と被害側が明瞭に識別されるわけでもない。そのような場合に大規模侵略対応型の方式を用いた場合、かえって逆効果となることもありうるだろう。そして、冷戦後世界における紛争の主力がその種の《あいまいな紛争》であるなら、それらに対して有効に対処できる見通しが立たない限り、国連の安全保障体制はなお未完のままだと言いうるのである。

## 2　平和強制(執行)部隊から平和維持活動の再生まで

　冷戦終焉時の急激な転換の中、「国連改革」も本来持つべき広がりを持ちえないままに継続され、なかば惰性的に進行することになった。その一つが、さきにも触れた平和強制(執行)部隊構想の実施である。その帰趨についてはすでに解説したが(第2章第III節3項(2))、いま一度、国連改革論議の文脈でこの構想の意味づけを考えておきたい。

　第一にそれは、ある意味で《矯正論》の延長上にあるものだった。つまりそれが、従来型平和維持活動の長短を十分に吟味せぬままに、「従来の平和維持活動では不十分」という判断を持ち込んだ点においてである。それとの関連で第

二に、この新方策はいわば「改革」のうちの権力的な次元に関わるものだった。沈黙させられていた国連の治安維持（秩序紊乱の取り締まり）機能をついに実現する、という意味を帯びていた点においてである。言うまでもなく、そこにおける「秩序」とは、基本的に「大国」が設定するそれである（場合により、中小国の支持も得ることはありうる）。そういう秩序を乱す者は取り締まりの対象となるという、長い間実現せずにきた国連憲章の原構想にようやく実現の時が訪れた——平和強制（執行）部隊構想にはそうした高揚感が反映していたようにも思われる。いわばそれは、国連史上初めての、権力の本格的な編成となるべきものだった。

　それがある種のアナクロニズムの気味を帯びることは避けがたい。権力の編成や再編が不要だとか不適切だとかいうのではなく、こうした権力編成が、第一世代の正統性への回帰の面を持っていたからである。そして、冷戦期の国連史というものが全体として「大国支配」否定の歴史であったと考えるなら、こうした「先祖返り」が抵抗なく受け入れられうるとは考えにくいからである。

　もっともそれは、単に冷戦の終焉と湾岸戦争の「勝利」に伴う高揚感だけに起因していたのではなく、国際機構（特に平和のためのそれ）という営みにつきまとう問題点が表出したと見るべきものでもあろう。第5章でも再説するするように、国際機構という営みの根本的動因のひとつとして、「国際社会の自然状態の克服」という目的意識がある。弱肉強食を基本原理とし、暴力や実力を手段とし、秩序を維持するあり方——それを変更することである。そこには常に、《集権化》あるいは《国際的な権力創造》への意思が伏在していた（詳しくは最上1994参照）。そのような権力は、すべての加盟国を等しく超越する（文字どおり超国家的な）権力であるか、あるいは一部の選民的加盟国を担い手とする権力であるかのいずれかとなろう。そのいずれであれ、「自然状態の克服」という目的意識が他の何にもまして強固である場合、そうした《権力創造の思想》の正統性は容易には覆しがたいものとなる。だが、真に超国家的な権力が創設されるのはきわめてまれであるから、現実には選民的加盟国を担い手とする権力が創設されるのが普通であろう。国連憲章が選択したのもまた、そうした方式だった。

　このような歴史的文脈は、当該国際機構（この場合国連）に難題を課すことに

なる。一方で「自然状態の克服」という目的はたしかに正統なものであるから、いかなる国際権力であれ、その正統性を否認するためには「自然状態の克服」のための確固たる代案がなければならない。他方で、国際民主主義への認識が高まるにつれ、選民的な権力創造の正統性は無条件に肯定されるものではなくなっていく。民主主義とは《権力制御の思想》にほかならないからである。あるいは、《法の前の平等》を含む《法の支配》と言ってもよい。ところが、安保理の権力行使に対するチェックの仕組みの不在からもわかるように、これまでの国際機構史においては《権力制御の思想》がほとんど育たずにきた。分権的な国際社会をいかに集権化するかだけが問題で、集権化して得られた国際的権力をいかに制御するかの問題はほとんど考慮にのぼることもなかったのである。

　だが、休眠していた《権力》がにわかに目覚めるとともに、国際機構もまたみずからの置かれた二重拘束状況に直面せざるをえなくなる。つまり、たしかに国際社会における「自然状態（経済的な収奪等を含む）」は克服されねばならないが、その克服の仕組みのほうも民主的でなければならない、という意味においてである。現実にはしかし、冷戦終焉時の国連は、この問題に関して単に二重苦に置かれていただけだった。つまり、一方には民主主義の要請を十分に顧慮しない権力編成あるいは再編の動きがあり、他方でそれを批判する途上国ないし中小国の側も、みずからの内部に圧政や民族紛争を抱えるなど、自然状態克服のための有効な代案を持ち合わせていなかったのである。

　他方で、平和強制部隊を核とする権力編成の構想は、平和強制活動の失敗とともに、ひとたび自然消滅した。その後の国連における政策動向が、一方では伝統的平和維持活動に回帰するとともにそれから平和定着（構築）活動を分離強調し、他方では武力行使を外注するという分業路線を歩んだことは、前に述べたとおりである。だが、同時にこの平和／安全保障分野での「改革」気運も続いた。アナン第7代事務総長が一連の委員会を設置し、安全保障関連諸活動の再構築や武力行使の諸原則の見直しを進めたからである。そのうち主なものは、①2000年のブラヒミ報告（『国連平和諸活動に関する検討会報告』）、②2004年の『より安全な世界——われら共有の責任』報告（『脅威と挑戦と変革に関する事務総長上級検討会報告』）、③2005年の事務総長報告（『より大きな自由のうちに——すべての人のための開発と安全と人権をめざして』）などである。また、潘基文第8代事

務総長の委嘱になる④2015年の国連平和活動(peace operations)に関する報告(『われらの強さを結集して』)も同じ系列に属する。

　①のブラヒミ報告は、平和維持活動の武力行使自制原則を保持すると強調しつつ、虐殺をおこなっている者たちから無辜の人々を守るために平和維持軍が武力行使することなどは、より広く許容されるべきだとした。1994年のルワンダでの集団殺害や1995年のスレブレニッツァ(ボスニア・ヘルツェゴヴィナ)での虐殺(最上2001参照)など、国連平和維持軍が近くにいながら阻止できなかった悲劇を踏まえてのことである。また②の『より安全な世界』報告は、安全保障問題だけでなく、安保理改組問題を含む国連主要機関の改革など、多岐にわたる改革提案を盛りこんだものだが、最大の主題は安全保障体制の見直しにあった。とりわけ、2003年からの対イラク戦争に見られるような単独主義の武力行使をどう規制するかという、事務総長が《法の支配》の根幹に関わる側面として重視した問題の検討である。それは、国連の活動をどう組み立てるかではなく、国連加盟国の武力行使をどう実効的に規制するかという、古くて新しい根本問題の再検討の始まりだった。③の事務総長報告も、おおむねその議論を踏襲して、国連の諸活動強化と加盟国の行動原理の再構築を論じている。また④は、特に「文民を保護する責任」と「対テロリズム措置」に関連して、平和維持活動を含む国連平和活動が、必要な武力行使をできるようにすべきだというはっきりした提言を含んでいる。それらにおいて、ある種の平和強制活動が多かれ少なかれ提唱されていることは注目しておいてよい。冷戦後世界の武力紛争の細かな拡散と、市民を巻き込む凶暴化の中、伝統的平和維持活動では一般市民を守り切れないという認識が、アナンおよび潘基文事務総長時代には育っていたのであり、その当否は引き続き検討されるべきである。

　こうした流れの中で、冷戦終焉までは「国連改革」のいわば核心だった、開発の問題はどうなったのか。ひとくちに言って、一時期それは、冷戦終焉後の混乱の中で失速したように見える。わずかに、ガリ事務総長が1994年に『開発への課題』報告を発表して開発問題の重要性をつなぎ止めた程度である。同報告は国連の開発分野の強化を訴え、特に、国連の機関でありながら国連全体との意思統一が不十分だとされる、ブレトン・ウッズ機構(IMFおよび世界銀行グループ)と政策統合をはかるべきことを強調する内容だった。さらに、アナ

ン事務総長時代になり、世紀の変わり目をとらえて再び開発の推進、そのための国連改革の問題に光が当てられ始めた。2000年に提出した『ミレニアム報告』を踏まえて国連総会が発した、『ミレニアム宣言』(総会決議55/2)を土台にして「ミレニアム開発目標」(MDG)というものも設定されている。それは、①極度の貧困の撲滅、②初等教育の世界的実施、③ジェンダーの平等と女性の地位強化、④幼児死亡率の引き下げ、⑤母性の保健改善、⑥エイズ等の病との戦い、⑦環境保全、⑧開発のための世界的協力体制確立という、2015年までに実現すべき8つの目標を掲げたものだった。国連システムの、まだささやかな成果しかない長年の緊急課題であり、これらを進める「国連改革」がいまもなお強く求められている。

## 3 安保理改組問題と国連改革

冷戦終焉後の国連において、「国連改革」の表題のもとに、もうひとつの案件がつけ加えられることになった。安保理の改組、すなわち常任および非常任理事国の増加の問題である。問題自体は以前から存在していた。安保理常任理事国が「大国」によって占められているのは非民主的だから中小国にも議席を与えるべきだ、という開発途上国からの要求が非公式に唱えられていたことである。ただ冷戦終焉後は一点だけ事情が異なっていた。日本やドイツなど、いまや「大国」となった国々が常任理事国化を求めたことである。それによりこの案件が急に具体性を帯び始め、他の多くの「国連改革」案件をわきに追いやるかのように中心案件となった。1994年1月からは「安保理の公平な議席配分および理事国増員に関する無期限ワーキンググループ」を始動させ、それを公式には検討のための機関としている(93年の総会決議48/26により設置。全加盟国が参加可能)。

常任理事国増加のためには、こうした補助機関での議論を踏まえて、最終的には国連憲章(第23条)の改正をすることが必要になる。同条に記載された常任理事国名リストを変更するのである。国連憲章改正案は、総会を通過した後、加盟国の批准にゆだねられる。その際、現常任理事国すべての批准が必要になるので、常任理事国が1カ国でも批准を拒めば改正は成立しない。なお1998

年の総会決議53/30により、この案件に関しては、それに至る前のあらゆる総会決議において全加盟国の3分の2以上の賛成が必要とすることが定められた。通常は重要な問題でも「出席しかつ投票する」国の3分の2以上（憲章第18条2項）であるから、相当に重い手続きをつけ加えたものと言うことができる。

だがその後、この問題は何度も論議と紛議をまきおこしながら、容易には結論が得られていない。日本やドイツ、インドやブラジルなど、常任理事国化に積極姿勢を示す国々に対し、中国やイタリア、パキスタンやアルゼンチン等が表立って反対の意思を示すなど、国連加盟国の総意がまとまらないためである。1997年には、ラザリ総会議長（当時）の「常任理事国に先進国から2ヵ国増、途上国から3ヵ国増、非常任理事国は4ヵ国増、新常任理事国には拒否権なし」という案が有力になったが、結局は立ち消えになった。2004年から日本やドイツなどが再び積極姿勢を見せたために論議が活発化したが、日本などの4ヵ国グループ（G4）、それに対抗するイタリアなどの「コンセンサス・グループ」、アフリカからの常任議席増を求めるアフリカ連合（AU）などの間で不一致は続いた。現在の常任理事国の中では、中国・米国・ロシアなどが改組案の全部あるいは一部に反対あるいは消極的である。

この章の冒頭でも述べたように、安保理の改組は国連の改革そのものではないし、また本書は外交問題の論評を旨とするものではないから、この問題の事実関係にこれ以上立ち入ったり、今後の展開を推測したりすることはしない。ただ、この問題がしばしば「国連改革」の表題のもとに語られる以上、それが「国連改革」とどう関係づけられるかについてだけ、国際機構論的に議論を整理しておく必要はあるだろう。その要点は以下の三つである。

第一に、すでに述べたように、「安保理改組」と「国連改革」とは必ずしも同義ではない。一つには、そうして常任理事国を増やすことが安保理のどういう機能強化につながるか、それが自明ではないからである。たとえばそれは安保理による強制行動能力を高めるということなのか、あるいは紛争の平和的解決や予防の能力を高めるということなのか。そういう連関をきちんと立てること、少なくとも現在の構成（常任理事国の顔ぶれ）と規模（5ヵ国）がなぜ不足であり、不適切であるかを認識することが、有意な「改革」を行うための最低限の条件のはずである。二つには、仮に「安保理改組」が安保理の機能強化に通ず

るとしても、それと国連全体の機能が強化されるかどうかとは別だということである。たとえば開発や環境など、当面は安保理の管轄内にない問題との取り組みはどのように改善されるだろうか。それらの問題をすべて安保理の管轄に組み込めば、理論的にはそれらに関する国連の問題解決能力向上につながるとも言えるが、その場合、他の機関（特に総会）との権限配分はどうなるのかも考えねばならない。それらの論点を明確にして初めて、《安保理の改組を契機とする国連改革》は有意に語りうることになるのである。

　第二に、それにもかかわらず、安保理改組は一点で「国連改革」に通ずる面を持つ。常任理事国の議席が特定の大国に独占されているという「非民主的な」制度構造を改変する、という点においてである。安保理改組自体は、育成論と矯正論のいずれにも分類しがたいものではあるのだが、「非民主性」をただすという点では矯正論に属すものであるのかもしれない。注意しておくべきは、日本などの「新大国」が常任理事国化を求めるのと、アフリカ諸国がそれを求めるのとでは、機構論的な意味が全く異なるということである。前者は大国中心主義を肯定した上で、「誰が真の大国か」を問い直し、「大国の指定のやり直し」を求める。逆に後者は大国中心主義そのものを否定し、「大国が根幹ポストを独占している」事態に異議を唱える。前者は第一世代の正統性に固執するものであり、後者は第二世代の正統性を（総会ではなく安保理という）別の場所で成就しようとする。数の配分をどうするかの不一致以前に、よって立つ論理が全く異なっているのだ。ただ、そういう違いにもかかわらず、拒否権という特権に対しては（さまざまな妥協案は示されるが）基本的にいずれの陣営も固執する。「立候補」の動機に照らせば、それは当然の願望ではあるであろうが、それにより、安保理に関して本当に「改革」されるべき制度上の問題点は、逆に温存されることになってしまう。

　第三に、安保理改組に関する深奥の問題は、国連の制度原理が容易なことでは変わらない仕組みになっている、という点である。2005年頃の展開に即して言うなら、事態が頓挫した最大の契機は、中国および米国という二つの常任理事国が明確に反対姿勢を打ち出したことだった。手続き論で言うなら、議論はそれで終結する。いかに多くの加盟国の間で賛成が集まったとしても、その2カ国のうちいずれかが反対し続ければ、国連憲章改正を要する措置は絶対に

実現する余地がないからである。どんな変更であれ、常任理事国が１カ国でも反対すれば一切できない――それは国連という機構が生まれながらにして持った深刻な欠陥である。この点こそが一度改革を考えるべき課題であるように思われる。

## IV 「改革」の本質的焦点

　国連改革はたんなる政策論にとどまる問題ではない。それがどのように表出し、どのように論議されるかは、十分に機構論的な問題たりうるのである。必要なことは、それを表層で議論せずに、根底的かつ長射程でとらえる視点を持つことである。そして根底的で長射程の国連改革論のためには、少なくとも以下の点を認識しておかなければならない。

　第一に、国連を改革するということは、何よりその機能を強化し問題解決能力を高めることである。紛争予防機能、平和的解決機能、人間優先的な開発の促進、環境破壊の防止、人権の十全な保障、人道援助の実効化など、課題は山積している。制度的な手直しはそのための手段であって、それ自体が目的なのではない。その限りにおいて、国連「改革」はいまもなお、まだ緒についたばかりである。

　第二に、そうして国連を「強化」するということは、必ずしも国連を巨大な権力主体にすることと同義ではない。巨大な権力主体とは、例えば自在に「制裁」を加えうる能力を備えるものという意味である。世界大のリヴァイアサンと言ってもよい。そうした構想は、はたして世界全体を統一的な秩序原理で画一的にまとめあげることが可能かという問題に加え、２世紀以上も前にカントが『永遠平和のために』で見抜いていたように、「他を圧倒して世界王国を築こうとする一強大国によって諸国が溶解させられる」ことでしかないという可能性がつきまとうからである。《集権化する者》と《集権化される者》との区別に基づいて秩序をつくるというやり方は、短期的には有効たりうるとしても、長期にわたって正統性を保持できるという保証はない。

　しかしながら第三に、現実に国家間に権力関係が存在する以上、その最小限

の整序は必要であろうし、また権力主体としての国家というものに対処せねばならない以上、それらの国々の単独主義を抑制する上で必要な限りにおいて、ある程度の権力保持および行使は不可避であるかもしれない。もしそうであるなら、そこで重要なことは、国連による権力行使の手続きをできるだけ公平にすること、あるいは権力の行使を客観化することである。国連において設定される権力は、行為主体のいかんを問わず、同種の行為に対して等しく行使されるものでなければならない。少数の国が《加重主権制》のもとで《大国不加罰原理》に保護されていたり、それらの国がつくるエリート型・選民型機関のとる措置の適法性をチェックする手続きが全くないようでは、法の支配に適合する権力構造であるとは言えないのである。

　もっとも、単独主義を抑制できる国際権力とひとくちに言っても、その実現は容易なことではないであろう。くり返しになるが、そもそも国連の機構構想の中にはそういう発想が十分に備わっていないのである。それが備わっておらず、かつ多国間主義の要諦が法の支配の実現でもあるなら、《単独主義の抑制＝法の支配》を可能にする制度構造を備えさせることが、最も広い意味での「国連改革」になるだろう。近年、そういう意味での国連改革論議も一部で進み出したのは、単なる思いつきでも偶然でもない。それこそが国際立憲主義の構想でもあることは、前にも述べたとおりである。

　第四に、制度的手直しが「国連改革」の本質的焦点ではないとはいえ、当面はそれなりに重要な意味を持つとも言える。つまり、大国中心的か中小国中心的か、あるいは選民型機関中心的か主権平等型機関中心的かという、機構構想の正統性をめぐる不確定状態はまだ継続しているからである。もっとも、議論を「あれかこれか」の二者択一にせねばならないというものでもない。行動の迅速性のためには少数の国で構成される機関というものも必要だが、それについては権力行使の客観性を確保するという課題がある。また主権平等主義の尊重も必要だが、単なる「数の支配」にならないようにするためにはどうすればよいか、それを構想する必要もある。現在の国連が直面している課題は、いかなる意味でも全く不要な機関が存在しているということではなく、それぞれに必要な機関が、本来それらが果たすべき機能に対して阻害的な特性を内包しているということなのである。つまり、安保理は大国の秩序紊乱（単独主義）に対

して無力であり、総会は平等で民主的な国際社会作りのための合意をしばしば実効性のないものにしてしまう。「改革」とは何より、そうした阻害要因を取り除くことにほかならない。

　第五に、選民型機関か主権平等型機関かの選択の問題とは別に、国連の民主化あるいは民衆化という課題もある。このうち民主化に関しては、開発途上諸国が、常任理事国の特権的地位の剝奪＝拒否権の廃止という要求を折にふれて唱えてきた。もっとも同じ開発途上諸国が、それと同時に途上国からの常任理事国参入を要求することもあり、そこでは明らかに機構構想の混乱が見られる。つまり、途上国からの常任理事国参入は、選民と非選民の線引きをどこで行うかの問題以上ではなく、それ自体として国連の民主化に直結するものではないからである。

　そう見た場合、長期的に国連に求められているのは、「国家間関係の民主化」である以上に、国連の活動が民衆レベルのニーズにより応答的であるような、いわば「国連の民衆化」であるように思われる。国連などの国際機構が特定の国家のために働くのではないという理念は、漠然と国連がどの国に対しても中立的であるということではなく（現実に国連がそうであるかどうかも疑わしい面があるが）、国々の利害を超えて人間の利益のために働くという意味がこめられていた。UNDP（国連開発計画）が提唱している「人間の安全保障」という概念などは、まさに国連のこうした責務が一部で明瞭に認識され、追求され始めたことを物語っている。

　またそれに関連して、国連における代表制を政府代表に限定せずに各国議会からの代表にも広げ、ひいては直接選挙による民衆の代表からなる機関を設けるべきだという提言もある（EUの欧州議会という具体例に触発された案である）。その実現は容易ではないかもしれないが、いずれにせよ、国家（政府）のレベルだけで考えていても現実に即した国連改革論にはなりきれない。実際にもたとえば、国連難民高等弁務官事務所やユニセフなどをはじめとして、国連の現業的諸機関がNGOと協力しながら任務を遂行していることに加え、伝統的な思考によれば「民衆から最も遠い」と考えられてきた安保理のような機関でさえ、NGOの代表者を招いて参考意見を聴くといった実行を開始している（「アリア方式」）。そのようにNGO、あるいは最近の用語にいう《市民社会》との連携をい

かに強め、いかにして機構の活性化につなげるか、それを考えることも求められるようになっている。それはまさに、《多国間主義》を《マルティラテラリズム》へと変換していく過程でもあるだろう。「国連改革」とは、このような奥行きを持った問題なのである。

# 第4章
# 地域的国際機構

## I 普遍的国際機構と地域的国際機構

### 1 地域的国際機構とは

　地域的国際機構とは加盟国が限定された国際機構をいう。加盟国が世界的規模の機構、すなわち普遍的国際機構に対比される言葉である。地域的に限定されているのが普通であるためにこの呼称が用いられるが、必ずしも常にそうであるとは限らない。たとえば経済協力開発機構(OECD・1961-)は加盟国数が35だが、西欧を中心としつつも米国や日本、オーストラリア、韓国、チリなどを擁し、地理的な限定が機構の本質ではなくなっている。むしろ加盟国が先進工業国中心である点が基本的な属性なのだと言ってよい。その意味では地域的国際機構という名称よりも、加盟国限定的国際機構(limited membership organization)という名称のほうが実態に合っている。もっともOECDの場合、冷戦終焉後は経済的中進国も加盟するようになり、かつてのように純然たる「先進国クラブ」ではなくなっている。

　地域的国際機構にも政府間国際機構(IGO)と非政府間国際機構(NGOまたはINGO＝序章)の区別がある。IGO同様、NGOでも地域限定型のほうが圧倒的に多いが、NGOについては地域的限定を語ることにさほど意味はない。影響力の大きいNGOは構成員の国籍または活動地域が世界大のものが多いからである。したがって、「地域」との関連においては、機構論的にはIGOを対象としておけば概ね用は足りる。

　また活動分野については、単一目的型のものと複合目的型のものの区別があ

る。かつてのワルシャワ条約機構(WTO・1955-91)のような軍事同盟型機構や、カリブ共同体(CARICOM・1973-)のような経済共同体などは単一目的型のものであり、アフリカ連合(AU・2002-。1963年から2002年まではアフリカ統一機構＝OAU)や米州機構(OAS・1948-)などは相対的に複合目的型である。経済分野に特化した機構を別とすれば複合目的型になることが多く、たとえば北大西洋条約機構(NATO・1949-)などは、同じく軍事同盟型といってもWTOなどと異なり、文化面や社会面での協力も活動範囲の中にある。

　国際機構を論ずる際、主たる関心は普遍的国際機構、特に国連と国連システム諸機構に向けられがちだった。わずかにEUやASEAN(東南アジア諸国連合・1967-)などの目立つ機構に、散発的に関心が向けられる程度だったと言ってよい。しかしいまや量的にはむしろ、地域的機構のほうが国際機構世界において多数を占めている。たとえば国際機構連盟(Union of International Associations)の『国際機構年鑑2014-15年版』によれば、一定の存続期間があり組織的にも形態のたしかな政府間国際機構266のうち、地域的機構が193で72％強を占める(刊行時点。年により基準の取り方が違うため「国際機構」とされるものの絶対値にはかなり変動があるが、比率のほうは大きく変わっていない)。また別の統計によれば、第二次大戦後に創設された地域的機構は、普遍的機構の約2倍にのぼるとされる。活動の成否は別として、加盟国が実質的な意義を見いだし精力を傾注するという点では、普遍的国際機構よりも活性化しつつあるとさえ言えるかもしれない。

　20世紀は国際機構の時代であり、とくに国連システムが成長した世紀だった。そこから醸成されてきた多国間主義という原理も、いまや無視できない重みを持つに至っている。と同時に、この世紀は地域主義(国家間の結合関係を自分たちの地域に限定する志向)が強まり続けた時代でもあった。一方では普遍的国際機構も増殖しつづけたが、他方で同時に、地域的国際機構も増加の一途をたどったのである。

　ただそれは、単に「両方とも同時に増えた」だけなのではない。そこにおいて注目すべきは、普遍的国際機構が基本的にヨーロッパを発生の起源とし、20世紀以降も地理的・理念的にヨーロッパ中心主義的な発展をとげてきたのに対し、地域的国際機構は必ずしもそうではなかったことである。それは第二次大

戦後、先進国とはわずかな時間差だけで開発途上国にも広まった。また、地域的であるから当然に、先進国の結合論理や力学に左右されず、開発途上国独自の論理で形成されてきた。その点において、普遍的機構の増殖と地域的機構の増殖は、「規模の異なる同質の現象」だったのではない。

## 2 増殖とその原因

### (1) 普遍的国際機構の代替

　地域的国際機構はなぜつくられるのだろうか。特に、その形成をうながす国際機構史的な環境はどのようなものであったのだろうか。

　先進国のそれにも途上国のそれにも共通して言えることだが、地域的国際機構は基本的に普遍的国際機構への代替という性格を持つ。普遍的機構の機能遂行に対して一定の信頼を寄せたうえで、それを更に地域の実情に即して補完するというより、普遍的機構の機能遂行に対する期待の低さゆえに、限られた数の国々でそれに代わるものを持とうとするのである。例えば世界銀行のような普遍的国際開発融資機関への期待が低ければ、アジアや米州で独自の地域開発銀行をつくることになる。むろん「補完」の契機もないではないが、一般的にはやはり、普遍的機構に対する期待度の低さが地域的機構の形成をうながすという、「代替」の契機のほうがより強い。

　そういう代替志向の典型が、安全保障分野の地域的機構、すなわち軍事同盟である。国連が採用した集団安全保障体制は原理的に「敵・味方」思考を超えるものであり、固定した仮想敵を持つ軍事同盟とは相いれないもののはずだった。だが国連憲章第51条で集団的自衛権を設定したことにより、軍事同盟の結成は国連憲章体制下でも正統性を持つことになる。たんに正統性が付与されただけではない。現実にも軍事同盟結成は促進されたのだが、その一因はまさに、国連の集団安全保障体制が十分に機能しないだろうという見通しにあった。実際にも、1948年の時点ですでに、この見通しは単なる見通しではなくなっていたのである（前述・「国連軍」の不成立＝第2章第III節）。もし侵略を受けても国連が防護してくれないのなら、みずから防衛体制を構築しようと国々が考えるのは自然の成り行きであろう。それを単独で行うことが困難であるなら、友

邦と軍事協力を制度化することになる。このようにして戦後世界は、地域的軍事的国際機構（軍事同盟）の時代へと再突入していった。むろんこの場合、軍事的中小国のみで結成しても実効性はないから、ほとんど常に軍事大国を中核にして形成されることになる。

　もっとも、この説明は一面的でしかない。何より、これまでにも何度か述べたように、仮に国連の集団安全保障体制が十全に作動する見通しが立っていたとしても、それが「攻撃を加える側が安保理常任理事国である場合」に作動しない仕組みであることは明白だった。そうであるなら、集団安全保障体制の不作動の見通しに脅威を感じて自助および共助の体制を強化すべきは、常任理事国ではなくそれ以外の国々であったであろう。だが実際に結成された軍事同盟は、米ソ両超大国を盟主とするものが大部分だった。その限りにおいて、軍事同盟が《機能不全の集団安全保障体制に対する代替》だったという説明は、必ずしも正しいとは言えない。それどころか、事態はむしろその逆でさえあったと言いうるだろう。つまり、集団安全保障体制に主たる責任を負うべき米ソ両超大国が抜き差しならぬ対立に陥り、《平時における敵意の制度化》とも言うべき軍事同盟に傾斜したからこそ、国連の集団安全保障体制も閉塞を余儀なくされたのだ、と。

　これに対し経済社会分野を扱う地域的機構は、より国連体制の代替という表現が当てはまりやすい。一つには、国連の原構想において、経済社会分野が安全保障分野ほどには重視されていなかったからである。時間の経過とともにこの分野の活動は国連の主力へと成長していくが、それでもなお地域的機構の増殖は避けがたいものだった。理由は明白で、ほとんどすべての国家を構成員に持つ普遍的国際機構は、まさにその普遍性ゆえに加盟国相互の異質性も高く、開発その他、経済社会面で協力すると言っても簡単ではないからである。経済水準や政治体制や文化的価値基準などの面で異質性が高ければ、国際機構の形成要因とされる《共通利益》を見いだすのも容易ではない。さらに、加盟国間の異質性が高ければ、機構の決議の実効性も不確定になりうる。その結果、共同して共通目的を遂行していくためにはより同質的な国家グループのほうが効率的だ、という判断が働くことになるのである。こうして、先進国途上国を問わず、さまざまな地域的機構が生み出されることになった。

## (2) イデオロギー的同質性と経済的同質性

　ひとくちに同質性といってもいくつかの種類があり、それに応じて地域的機構はさらに別の類型に分けられることになる。その第一の例は冷戦時代の、イデオロギー的な同質性に基づく「東」の国々および、「西」の国々の結合である。より精確には、両方ともいちおう「北」の国々であるから、「北西」の国々の結合と「北東」の国々の結合だった。この場合、当該の機構は、強力な覇権国のもとに中小の国々が集う《覇権糾合型》の機構(第5章参照)であることになる。あるいは、機構と機構が対抗関係に立つ《他組織対抗型》の機構と言ってもよい。その典型が、NATO 対 WTO、欧州経済協力機構(OEEC・経済協力開発機構＝OECD＝の前身、1948-61) 対経済相互援助会議(COMECON あるいは CMEA・1949-91)、さらに欧州経済共同体(EEC・1957-。現 EU) 対 COMECON など、冷戦の終焉まで続いた東西対抗の図式だった。

　第二の例は、国力や経済発展の水準が同程度の「南」の国々の結合で、それは同時に《弱者連帯型》の機構(第5章参照)でもあることになる。かつての OAU (現在の AU)、西アフリカ諸国経済共同体(ECOWAS・1975-)、カリブ共同体(CARICOM・1973-)、中米共同市場(CACM・1960-69、91年に再建)など、この型に属する機構も数多く生み出された。

　第1例および第2例いずれについても、その後いくつかの変化が見られる。まず前者については、冷戦の終焉に伴う WTO およびコメコンの解体により、東西対抗の構図そのものがほぼ消滅した。それは二つの結果をもたらす。

　第1に、NATO や EU などの西側地域的機構に、かつての東側諸国が続々と加盟した。もっとも、そういう融合傾向が見られる前から、実は東西対立を超え全欧州的な志向を持つ機構が着実に進展していたことに注意しておかなければならない。具体的には1975年のヘルシンキ会議に端を発する全欧安保協力会議(CSCE・95年1月より欧州安保協力機構＝OSCE)、そして1949年に設立された欧州評議会(Council of Europe, CoE)などだが、これらについてはのちに詳しく解説する。

　第2に、東という対抗相手を失った西側諸機構が「南北対抗」あるいは「北北対抗」のための機構へと転じる例も現れたことである。たとえば OECD は、南の援助要求の攻勢に対して北側の歩調をそろえるという、それ以前にもあっ

た機能をさらに強めた。下部機関たる開発援助委員会(Development Assistance Committee, DAC)を通じてである。加えてエネルギー面でも、傘下に擁する国際エネルギー機関(International Energy Agency, IEA)を通じて産油国の石油戦略に対抗するための協調を確保してきたが、この機能も基本的に変わっていない。また EU のほうは、日本や米国といった北の諸国との貿易面の対抗を以前にもまして強めることになった。「北北対抗」である。同時に、これらの対抗関係が OECD にあっては何ほどか吸収され、OECD がある程度は「北北協調」の枠組みになってもいることは留意しておいてよい。

　南の諸国の地域的機構にも、以上のような激動とは異なるが、それなりの変化はあった。第一に、経済的な弱者の連帯として発足した ASEAN などが、加盟国の経済力向上に伴って「南の機構」から次第に「北の機構」へと変化していった。完全に「北」に転換したと言うのは尚早だが、それに触発されるようにして、より広範な国々を含むアジア太平洋経済協力(APEC・1989-)が結成されたように、単に先進国からの支援を求めるのではなく、ある面では先進国も巻き込む経済協力関係の再編にも関わるようになっている。南が永遠に南のままにとどまるとは限らず、地域的機構の活用次第ではそこからも脱皮しうるということを、ASEAN／APEC の例はよく示している。

　第二に、1995 年から ASEAN に社会主義国のヴェトナムが加盟したように、「南」でも東西対立は乗りこえられ始めた。ラテンアメリカでも、かつては社会主義ゆえにアメリカに敵視されたニカラグアが、再建 CACM の加盟国として地域協力を再開するほか、キューバもまた、2009 年、1962 年から続いていた米州機構(OAS)活動参加停止措置を解除されるなど、同様のことが起きている。

　そして第三に、開発途上国から経済大国へと急成長した中国が、「南北」といった区分も「東西」といった区分もつけにくい地域的機構を形成し始めた。中国とロシアを核として中央アジア諸国を糾合し、おおむね「旧東」あるいは「対米」国家の集合とも言える上海協力機構(SCO・2001-)や、中国を中心に途上国を取り込むが、「西」の先進国にも参画させて「東西南北」の区分が更に不分明な、アジアインフラ投資銀行(AIIB・2015-)などである。前者の加盟国は 8 カ国で、旧来の地域協力機構のおもむきを残すが、後者は加盟国が 57 カ国に上り、体制横断的であると同時に地域横断的でさえあって、OECD と同

様に「地域的機構」という呼称が不自然な機構と言える（加盟国数はいずれも2016 年時点。SCO は間もなく増員予定）。

## 3　思想としての地域主義

　地域的国際機構という現象の背後には、地域主義（regionalism）という理論あるいは思想がある。現存する地域的機構の生成や機能を説明する点では現実説明理論であるが、国家グループが何を目ざすべきかの政策理論である点では、一つの思想でもある。その定義は多様だが、主に地理的に近接し体制や思想を同じくする国家グループが、経済的・政治的・軍事的な協力を深化させることを目的として、あるいはより強い結合の達成を目ざして機構を形成する現実を指す。または、そうすべきだと唱える思想を指す。かつては国際機構論のなかでしばしば独立のテーマとして論じられたが、近年の概説書においては、地域的機構の増殖にもかかわらず、独立のテーマとしない例も多くなっている。前述のように「地域」という概念を当てはめにくい例もあることが一因かもしれないが、その概念をいずれは実態に合わせて修正することを条件に、いちおうはこの問題の整理をしておくべきであろう。《加盟国の限られた》機構が国際機構世界で増えつつあり、独自の存在意義を強めつつあるという現実はなお残るからである。

　地域主義の理論は第二次大戦後にしばしば唱えられるようになった。特にヨーロッパでは実践面でも研究面でも関心が強く、「地域主義への熱狂」（Gautron 1977: 7）という指摘さえなされたほどである。そこで語られた地域主義とは、形態面では《地域的親和性の制度化》の主張であり、目標面では《地域的次元における分権性の克服》への志向を意味している。その意味では、説明理論（「かくある」）というよりも、目的論的で規範的な理論（「かくあるべし」）という性格のほうが強いが、もしそうであるなら、少なくとも二つの設問を立てておくことが必要になる。第一に、分権性の克服といった目標をこのように地域的に追求することと、普遍的に（世界大の規模で）追求することとがどういう関係に立つか、という点である。国際機構世界における地域主義と普遍主義の関係と言いかえてもよい。第二に、地域的機構はそれに参画する国々の結合関係を常に緊

密化するか、という点である。緊密化はいわゆる「統合」であるから、それを
・・・・・・・・・・・・・・・
地域主義と地域統合の関係と言いかえてもよい。

### (1) 地域主義と普遍主義

　第二次大戦後、地域主義が唱えられ始めたときにしばしば言われたのは、国際的諸問題の実効的な解決のために、地域的機構が世界機構に至る前段階となる、という考え方である。《地域的機構「積み石」論》とも呼びうるこの考え方は、国際社会が多くの小単位に細分化されているのは不自然であり、それらがより大きな単位へと統合されることが自然かつ有益であり、一種必然的なことでもある、という思考に立脚していた。現存する国民国家も以前は小単位の集合体だったが、それが統合されて近代国家になったのと同様に、世界も諸国家の分立状態をいずれ止揚するだろう、という推論である。そこにおいては、一つの社会を構成する単位の減ることが進化であり歴史的必然であることになる。しかし、それは本当に必然的なのだろうか。そして地域的機構は本当に「積み石」であり、またそれ以外に存在意義はないのだろうか。

　おそらく、この思考はやや単純にすぎると言うべきだろう。それは現実の記述としてはなお尚早であり、未来の予測というにはやや希望的観測が混入してもいるからである。たとえば、NATOやWTOといった軍事的な地域的機構（軍事同盟）について考えてみればよい。このような存在が平和／安全保障の確立をめざす世界機構（国連など）の一構成部分になりうるのは、この種の機構がみずからを《国連の集団安全保障のサブシステム》であると規定した場合のみである。つまり、外敵との武力紛争への備え（憲章第51条）ではなく、機構内部に
・・・・・・・・・・・・・・・
発生する紛争の解決（憲章第52条）を本旨とすること、すなわち普遍的な平和機
・・・・・・・・・・
構の根本目的を地域的に実践するということである。それこそが「積み石」となるための基礎条件にほかならない。それを欠くただの軍事同盟が将来的に国家間の対抗を止揚することになるとは、一般的には考えにくいのである。

　また、経済分野における地域機構に関しても、「地域から普遍へ」の移行図式が妥当するという確証はない。ここでもやはり、少数国でまとまるやいなや、外部世界に対するブロックとしての性格を帯び始める可能性があるからである。
・
前に見た例をくり返すならば、たとえばOEEC（のちOECD）は最初は《対東》、

のちに《対南》の機構という性格を持つ機構だった。みずからが対抗的であるだけでなく、この種の機構はいわば《対抗統合》とも言うべき現象を生み出しさえする。たとえば OEEC はコメコンを生んだ。この対抗関係はそののち《EC 対コメコン》へと受け継がれ、EC はさらに北米自由貿易協定(NAFTA・1994-)といった同一陣営内の対抗統合を引き出すことになる。こうして経済分野の結合ないし統合も、地域から普遍へと親和を拡張するという保証はない。

　むろん地域的機構の中にも例外はありうる。この章で言及する機構の中では、たとえば欧州評議会(欧州47カ国)や北欧審議会(北欧5カ国)などである。欧州評議会の場合は、協力分野が社会的・文化的・法的側面にほとんど集中しているため、その活動が他国や他地域との競争に結びつきにくい。主たる協力分野は人権の地域的保障だが(本章後出)、相互に協力して加盟国の人権保障をいくら高めても、それ自体が他国あるいは他地域との対抗を促すことにはならないであろう。いわばそれは、扱う問題の性質ゆえにブロック化しにくい機構なのである。また北欧審議会の場合は、軍事および経済分野を排除している(この点は欧州評議会も同様である)ために他地域と競争関係に立ちにくいという理由のほか、国連の目的や活動に協力的だという要因もある。途上国援助や環境保全や人権保障に積極的であることや、国連の平和維持活動に対する貢献の大きいことなどにより、国際社会への貢献度の高い地域的機構だと言えるのである。

　こうして、普遍的機構の目的や活動との関係において地域的機構が自発的にサブシステム化する場合も、やはり対抗的・閉鎖的なブロックにはなりにくい。反対に、活動の延長上に普遍的機構があることにより、本質的に開放的なグループとさえ呼びうる。ただ、こうした機構はむしろ例外に属するものであり、それを根拠にして「地域を積み重ねて普遍へ」という図式を描くことが一般論としてできるわけではない。

### (2) 移行と相互補完

　他方で、「地域から普遍へ」への移行とは必ずしも同じではないが、やや変則的にではあるものの、地域的機構と普遍的機構を連動させる国際機構現象はある。その一つは、弱小国で地域的機構を設立したが、それだけでは経済力強化などの目的が達成できず、目標追求の場を普遍的機構へと移し替える場合で

ある。第5章でも解説するが、弱者連帯のための地域的機構(たとえばAU)が同じ目的のために普遍的機構(たとえば国連)の舞台へと連帯をスライドするような事例を考えればよい。もう一つは、地域的機構の中に突出した大国が存在する場合、弱小加盟国がその大国の影響力から逃れるため、あるいはそれを緩和するために普遍的機構に依存するような場合である。超大国アメリカを擁するOASの中小加盟国が、アメリカの外交政策を牽制するために地域の問題を国連総会にも討議させる、といった例がそれに当たる。この点も後にまた触れる。

このように、「地域から普遍へ」という積み石論は一般的に成り立つものではないが、他方で地域的機構と普遍的機構が常に排他的な関係に立つわけでもない。要は両者が機能的な「棲み分け」をどう行い、いかにして相互補完的な関係をつくるかである。たしかに、事柄の性質上、地域主義をとるほうが効率もよく地域の実態にも即しているという場合はありうるだろう。たとえば、のちに見る欧州評議会の実績からも明らかなように、人権の国際的保障は、普遍的機構より地域的機構が行うほうが実効的である場合が多い。加盟国の同質性が高いため、人権に関して抱える問題が類似していて、《共通の人権保障》の仕組みをつくりやすいからである。しかし、かなり成熟した民主主義国と強権統治を行う国とが同居する普遍的機構となると、そう簡単にはいかない。あらゆる問題が普遍的機構による解決に適しているわけではないのである。

ただ、それはあくまで実効的な分業の問題であって、両者の排他的関係の問題ではない。さらに、こうした分業が有機的・整合的に行われるなら、それにより両者は相補的な関係に置かれることにもなるだろう。そのありうべき一つの場合が、前にも触れた安全保障の分野における地域主義である。つまり、憲章第51条型の《同盟的・敵対的な》地域機構は国連の目的を阻害しうるものの、憲章第52条型の《紛争解決志向的な》地域機構であるならば国連の目的を補完する、と言いうるからである。人権保障に関しても、人権基準が低度である国々が「低い共通基準」の共通保障にとどまるなら、それに対しては国連のような普遍的機構で立てられる、より高い基準を適用することも構想すべき場合があろう。

棲み分けに加えて必要なことは、普遍的機構と地域的機構の間に抑制と均衡

(check and balance)の関係を成り立たせることである。普遍的機構のほうは地域主義に伴いがちなブロック化の傾向を抑制し、地域的機構は普遍的機構が必要以上に権力を持ち不適切に地域の問題に介入するのを抑制する——そういう関係こそが両者の特性をそれぞれに生かすはずだからである。

### (3) 地域主義と地域統合

　地域主義に拠って立つ機構が参加諸国の結びつきを緊密化し、「独自の政体」を形成する方向に向かうかどうか、言いかえれば地域主義が常に地域統合に結びつくかどうかも、実は定かではない。統合の試みが地域主義を採りやすいというのはそのとおりだが、地域主義を採っていても地域統合に至らない場合が少なくないからである。たとえば1944年に設立されたアラブ連盟は、人種的にも宗教的にも同質性の高い国で構成され、高度の緊密化（＝統合）のための条件は豊富だが、政治統合への道程を歩んでいるとはおよそ言えそうにない。対イスラエル関係ではそれなりに結束を保ってきたし、したがって解体することはないが、それ以上に進むこともないままで来たのである。また、今世紀初頭にスカンディナヴィア4カ国の間で結成されたノルディック同盟も、加盟国間の関係はきわめて友好的であったにもかかわらず、国家を制度的に融合するような政治統合に至ることはなかった。

　北欧諸国間の関係についてはのちに詳しく論ずるが、要点は、国家を超えた《独自の政体》を形成するという意味での《政治統合》が、地域グループの親密な関係から自動的に生ずるものではなく、政治統合に向かおうとする格別の政治的意思を必要とする、ということである。統合を成就するためには実に多くの条件が満たされねばならない。たとえば米国のカール・ドイッチらは、「凝集的安全保障共同体」（諸国が相互の関係において暴力に訴えることをやめ、かわりに「平和的変更」の慣行を確立させた結合関係）を成り立たせるためには、価値体系の共有、経済的な見返りの十分性、国家あるいは国民間の交流の豊富さなど、実に多くの「背景条件」が充足されねばならないとしている (Deutsch et al. 1966: 26-38)。それはそのとおりだが、そうした社会的条件に加えて、政治統合を希求するという明確な政治的意思が参加主体の間になければ高度な結合関係は生まれにくい、と言うべきであろう。

とはいえ、地域主義に関連して(地域的)政治統合実現への期待が語られてきたのも事実である。少なくとも理論面ではそうであり、特に EU に関してはそうだった。ここに地域主義(regionalism)と超国家性志向(supranationalism)の観念的結合が生ずる。後に見るように、超国家性とは、ひと口に言って「国際機構が国家の権限を吸収し、国家の上に位置するようになること」を指す。実はそれだけが「統合」であるわけでもなければ、平和的な国家間関係の唯一の表現形態でもないのだが、ともかくもこの《超国家性》が地域的機構の成否をはかる支配的な尺度であり続けた。かつてルーマニアのシルヴィウ・ブルカンは、「超国家的統合の要諦は何より国家権力の解体にこそあるのであって、それなしには統合を論じえない」と述べたが(Brucan 1978: 97)、そうした視点が地域的機構(特に EU)研究における支配的パラダイムを構成してきたのである。

いまやこのパラダイムは、EU を研究する場合でもそれ以外の地域的機構を研究する場合でも、唯一のパラダイムではなくなっている。地域的国際機構現象の背後にある目的が、「平和的変更」の確立や国家の単独主義の抑制や福祉の共同実現であるなら、《諸国家を超える権力の成立》がそのための唯一無二の方法であるわけでもないからである。とはいえ、まずは EU を素材にしてそのパラダイムの有効性を検証しなければならない。それがどこまで有効であり、どういう点で有効でないかを知ることによって、こののち地域的国際機構の何をどう見ていくべきかの指標が得られるはずだからである。

## II 欧州連合(EU)——統合の機構について

### 1 統合体としての EU

EU は統合の機構である。つまり、主権国家の政策調整をするのではなく、さまざまな分野で政策の一本化を進める。発足当時から主軸となったのは経済統合であった。商品やサービスや資本が国境を超えて自由に流通する体制が構築され、工業製品や農産品を軸に無関税地域がつくられるとともに、域外諸国に対しては対外共通関税も設定している。「統合」を実質のあるものにすべく、

域内での経済競争は完全に自由にすることが追求されてきた。また、市場を統合する試みであるから、当該分野における政策の統一も図られ、域内全体で「共通農業政策」や「共通漁業政策」が樹立されて、幅広い共通政策地域となった。通貨の面でも共通化が図られ、2002年からは単一通貨ユーロが用いられている(一部構成国を除く)。政策の共通化は更に進み、環境政策や社会政策、さらには外交政策や安全保障・防衛政策も次第に共通化を進めている。

　あたかも単一の国家であるかのような共通政策地域化が進められているが、それはさらに、警察や司法の面にまで及んでいる。1997年の基本条約改正(アムステルダム条約)の頃から本格化し始めた政策体系だが、2009年からの基本条約(EU運営条約)第5編では、「自由・安全・司法の地域」という標題の下に、域内国境検問の段階的廃止、構成国間での判決の相互承認(1国の判決が他国でも有効となる)などを定めている。警察面の協力も着々と制度作りを進め、犯罪防止や捜査をヨーロッパ規模で展開するための「ユーロジャスト」および「ユーロポール」のほか、EU全域で公訴提起する権限をもつ欧州検察局設置も条約に規定された(2016年現在未発足)。

　国境検問の廃止については、本来はEU(EC)の枠外の制度として、シェンゲン協定体制が進められてきた。1985年に仏独およびベネルクス3国の5カ国で始まった検問廃止体制で、その後EU(EC)非構成国も加わって現在は構成国22＋非構成国4が参画している。アムステルダム条約によりEUの管轄事項にされ、EU運営条約第5編では第2章をこの政策にあてているが、構成国(2016年現在)のうち英国とアイルランドは体制に参画していない。欧州連合市民の域内自由移動が保障されていることに鑑みると、法的に説明のつけにくい不統一体制である。

　さて、膨大な共通(あるいは単一)政策体系であり、それだけでも国際機構論的に大きな関心の対象となるEUだが、より理論的な観点からは何が問題とされるか。《協力の機構》と呼ばれる通常の国際機構とは異なる、《統合の機構》として分別される機構の何が問題とされてきたか。

　EUという《統合の機構》に対する国際機構論からの関心は、なにより、その《超国家性》という特性に動機づけられていた。単に《平等な主権国家間の協力》にとどまらず、《国際機構が国家を超える存在になる》という特性である。1951

表 4-1　EU 略年譜

| 年 | 事項 |
|---|---|
| 1950 | シューマン・プラン発表（石炭・鉄鋼部門の統合案） |
| 1951 | 欧州石炭鉄鋼共同体(ECSC)設立（52 年運営開始） |
| 1952 | 欧州防衛共同体(EDC)条約調印 |
| 1953 | 欧州政治共同体(EPC)条約案作成 |
| 1954 | フランス、EDC および EPC に反対、両者挫折 |
| 1955 | ECSC 構成国、メッシナ会議で他分野への統合を討議 |
| 1957 | 欧州経済共同体(EEC)、欧州原子力共同体(EURATOM)設立（58 年運営開始） |
| 1962 | 共通農業政策(CAP)の法制化拡充 |
| 1965 | フランス、超国家性進展に反対して共同体活動参加拒否（「空席危機」） |
| 1966 | 空席危機、「ルクセンブルクの妥協」で終結 |
| 1967 | 機関融合条約（1965 年）で 3 共同体主要機関を統合。欧州共同体(EC)の成長 |
| 1968 | 関税同盟および共通農業政策が概成 |
| 1979 | 欧州通貨システム(EMS)開始。欧州議会、直接選挙開始 |
| 1987 | 単一欧州議定書(SEA)発効、「連合」に向けて始動 |
| 1991 | 欧州理事会、マーストリヒトで欧州連合設立に合意 |
| 1993 | マーストリヒト条約が発効、欧州連合(EU)設立 |
| 1999 | アムステルダム条約（改正 EU 条約）発効 |
| 2002 | 共通通貨「ユーロ」12 構成国で流通開始 |
| 2003 | ニース条約（再改正 EU 条約）発効。ボスニア・ヘルツェゴヴィナに治安維持部隊派遣 |
| 2003〜2007 | 旧東欧諸国が相次いで加盟 |
| 2004 | EU 憲法条約調印 |
| 2005 | フランスおよびオランダの国民投票で EU 憲法条約否決。EU、発効断念 |
| 2009 | リスボン条約（再々改正 EU 条約＝2007 年調印）発効。「EU 運営条約」発効 |
| 2016 | 英国国民投票で EU 脱退可決 |

　　年に EU の最初の機構である欧州石炭鉄鋼共同体(ECSC)がつくられたとき、国際機構という制度が思想的に期待されていた目標、すなわち《主権的国家システムの分権性を止揚する》というそれが具体化することになった。そうである以上、この現象に対してほとんど熱狂的ともいえる学問的関心が注がれたのも不思議ではない。超国家性概念は実際にはもっと複雑であるが、以下ではひとまず、この概念規定をめぐる二つの基本論点を軸に議論を展開していく。第一に、そのように「国家を超える」という特徴づけを可能にしてきた制度的要素は何であるかという点であり、第二に、実態がより複雑だとするならどのように複雑なのかという点である。

## 2 EUとEC

　本題に入る前に、EUおよびECという二つの名称の使い分けについて解説しておかなければならない。2009年11月にEUの体制を抜本的に変えるリスボン条約が発効するまで、ECとEUは組織的に別のものを指し、いわば後者が前者を包み込む関係にあった。それが次第に融合して現在の「EUのみが存在する」かたちになったのである。

　そもそもECとは、1951年に創設された欧州石炭鉄鋼共同体(ECSC)、1957年に創設された欧州経済共同体(EEC)および欧州原子力共同体(EAEC＝EURATOM)という三つの共同体の総称だった(いずれも年次は設立条約署名年で、発効は翌年)。それも当初は欧州諸共同体(European Communities)という複数形だったが、次第に欧州共同体(European Community)という単数形が用いられるようになる。3共同体はそれぞれ別個の法人格を持ち、当然に別々の機関も備わっていたが、1965年の機関融合条約(67年発効)によって単一の理事会および委員会が設けられたことにより、法的にはともかく事実的には一つの共同体にいっそう近づいたためである。もっとも、公式の法的表現としては《複数形のEC》が長いあいだ保持された。

　1992年の欧州連合条約(マーストリヒト条約＝93年発効)は、この呼称関係をさらに複雑にした。第一に、同条約により、かつての欧州経済共同体(EEC)が欧州共同体(単数形のEC)へと改称したため、《複数形のEC》と《単数形のEC》はともに公式の呼称として存在することになった。第二に、同条約によって《欧州連合(EU)》が設立された。しかしそれは、単純にこれまでのECをEUという新しい機構で置きかえる、ということではなく、3つの共同体からなる《欧州共同体(複数形のEC)》は引き続き存続した。そして欧州連合とは、①この《複数形のEC》に、②《共通外交安全保障政策(CFSP)》および③《司法と内務領域における協力(JHA)》を加えた、三つの組織化形態の総称であった。欧州連合条約は、マーストリヒト条約からアムステルダム条約(1997年署名・99年発効)へ、さらにニース条約(2001年署名・03年発効)へと改正を重ねてきたが、その第1条にも「連合は欧州共同体に基礎を置き、この条約に定める政策および協力方

式によって補完される」と書かれていた。

　もっとも、この基本構造にもさらに追加の変更があった。第一に、アムステルダム条約の規定に従い、ECSC は 2002 年 7 月に消滅したので、その時点で《複数形の EC》は 2 つの共同体だけになった。第二に、③の《司法と内務領域における協力》は任務のかなりの部分を①の EC に吸収され、《刑事分野での警察および司法協力 (PJCCM)》と呼称を変えている。これらの《3 本柱》を持つ、2009 年までの EU をあらわしたのが図 4-1 である。

　リスボン条約の発効まで、国際機構論の厳密な議論において、EC という言葉と EU という言葉は明確に使い分けられていた。その最大の理由は、EU が作られたのちもなお、かつての EEC を中核とする EC は存続していたからであり、かつ、EC と EU とでは、組織の意思の法的効力が異なっていたからである。簡単に言うなら、EC の意思は共同体法という形で法になり、それが《超国家的な意思》として構成国を強力に拘束していたのに対し、その時点までの EU でなされる意思決定にはそのような拘束力がなく、あくまで「主権国家間の協力」という形態を保っていた。したがって EC には超国家性があり、EU には超国家性がない、というのが 2009 年までの使い分けであったと言うことができる。

　図 4-1 はその時までの EU の組織概要だが、そこでは EC と CFSP および PJCCM とが別建てになっている。その分水嶺こそが超国家性にほかならない。すなわち、競争分野や貿易分野など、EC の活動領域においてのみ構成国を法的に拘束する意思決定が生み出され、それが《超国家的な》性格の活動となるのに対し、後者の二つはそのような法的拘束力をともなわない《政府間的な》性格の活動だったのである。言い換えると、前者においては構成国の主権が相当程度に吸収されているのに対し、後者においては構成国が依然として自律的な主権国家としての地位を失っていない、ということになる。

　リスボン条約はその区分をほぼ消滅させた (図 4-2)。欧州原子力共同体 (EURATOM) のみは形式的に残されたが、中核たる EC (旧 EEC) は EU に吸収され、すでに EU が何らかの関わりを持っていた活動分野に関する限り、超国家的なものと政府間的なものとの明確な区別が消滅したのである。分野により、どこまで EU の管轄権内に入ったかの濃淡はあり、たとえば共通外交安全保障

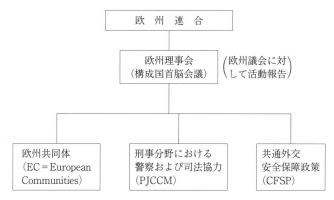

図 4-1　欧州連合(EU)機構図(-2009 年)

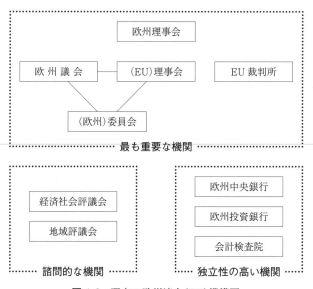

図 4-2　現在の欧州連合(EU)機構図

政策（EU条約第5編）などは構成国からEUに完全に権限が移行したわけではない。しかし、諸分野がいちおうEUの管轄事項になったという意味では、いわば機構全体が超国家性を原則的な性格とするに至ったとは言うことができる。

なおリスボン条約は、それ以前からあった一連の「欧州連合条約（EU条約）」の最新改正版と、かつてのEC設立条約の最新改正版である「EU運営条約」の2条約からなる。

## 3 EUの組織と法

第5章で国際機構の一般的構造を詳説するように、大部分の国際機構には、全構成国からなる総会・少数国からなる理事会・構成国から独立した事務局という、三つの主要機関が備わっている。だがEUという機構は、この一般的パターンからはかなりはずれた構造を持つ。その主要機関は、全構成国の首脳（元首または政府首班）からなる欧州理事会、全構成国の閣僚級代表からなる理事会（EU理事会）、構成国から独立した人員からなる欧州委員会、構成国民の直接選挙で選ばれる欧州議会、そして司法裁判所であるが、このうち通常の国際機構の「総会」にあたるのは欧州理事会および理事会であり、通常の国際機構の理事会に相当する機関はない。更に欧州委員会は、ある種の「国際公務員」から成ってはいるものの、通常の国際機構の事務局にはない執行権を持っていて、単なる事務局になぞらえることはできない。事務局と称するものは理事会と議会にそれぞれ付置されているが、これも単なる「事務方の集団」と片づけられない独特の機能や性格を持つ。特に理事会の事務局はそうである。これらの主要機関の特徴を摘記すると、おおよそ以下のようになる。

### (1) 欧州理事会 (European Council)

欧州理事会とは構成国の元首あるいは政府首班、欧州理事会常任議長（通称「EU大統領」）、および欧州委員会委員長によって構成される機関で、その任務は「連合の発展に対して必要な推進力を与え、全般的な政策指針を与える」ことだとされる（EU条約第15条）。EU理事会よりも一つ格上の、EU全体を統括する機関である。

構成国の首脳会議は、EU が発足する以前、EC だけの頃から開かれていた。構成国の見解がなかなか一致せず、最高レベルで協議しなければならないような場合などである。欧州理事会の名称は、フランスからの提案で 1975 年から使われ始めた。その後、欧州議会直接選挙制度採用や欧州通貨制度の発足、また東西ドイツ統一の際の欧州議会議員数の増加など、欧州共同体の重要な事項についての決定を行っている。にもかかわらず、それが共同体の機関なのか、それともその枠外にある政府間の協議と交渉の場なのか、という点は長い間あいまいなままだった。なぜそういう点が問題になったかというと、そもそも超国家性を旨とする機構のはずなのに、超国家的機関である委員会をさしおいて、通常の理事会だけでなくさらに欧州理事会という政府間主義的(inter-governmental)な要素を加えることになる、と一部で警戒されたからである。

　ようやく 1986 年の単一欧州議定書(SEA＝1987 年発効)において、初めて欧州理事会への言及がなされるが、それは単に欧州理事会が「EC 構成国元首または政府首班によって構成される」という事実を述べたにすぎない。それが欧州連合の機関であり、上述の任務を持つことが明確に述べられたのは、最初の欧州連合条約であるマーストリヒト条約においてである。

　EC を古典的な政府間主義の時代へ引き戻すことが懸念された欧州理事会の制度化だったが、元首あるいは政府首班による意思決定が与える推進力は否定のしようがなかった。超国家的な委員会に全権を与えることにはまだ抵抗が残っており、かつ、政府間主義の手法をとるとしても通常の理事会(最上位にあるのは外相理事会)には打開できない難問のいくつかを、欧州理事会が解決することになったからである。加えて、欧州連合へと拡大する際、共通外交安全保障政策(CFSP)という、簡単に超国家的共同体の管轄事項にするわけにはいかない領域が加わった。その、究極の主権的事項に関する協力を統括する機関として、欧州理事会が最適であるとの位置づけがなされることになったのである。アムステルダム条約以降の改正欧州連合条約には常にそれへの言及があり、リスボン条約では「欧州理事会は、防衛問題にわたる諸事項を含め(中略)共通外交安全保障政策の目的を決定し、かつその一般的指針を策定する。欧州理事会は必要な決定を採択する」と記載されている(EU 条約第 26 条 1 項)。

　なお、共通外交安全保障政策が採択された場合に実施にあたる、連合外務安

全保障上級代表というポストが設けられている。通称「EU外務大臣」などと呼ばれるのはこのポストである。共通外交安全保障政策の中には、「共通安全保障・防衛政策」(CSDP)が含まれ、これも欧州理事会の統括のもと、この上級代表が構成国の政策を調整する。

## (2) 理事会(Council)、またはEU理事会(Council of the European Union)
### (a) 大臣たちの立法機関

理事会は伝統的な政府間(国家的)機関であり、閣僚級の政府代表によって構成される(EU条約第16条2項)。出席する閣僚は大蔵大臣、通商大臣など、討議すべき問題領域に応じて変わる。

理事会の任務は、EUの政策の策定のほか、「欧州議会と共同して立法機能および予算に関する機能」をはたすことである(EU条約第16条1項)。人や財や資本の自由移動など、多数にのぼる条約の目的を実現すべく政策決定をすることであり、それゆえ通常はEUの主たる執行機関だとされるが、欧州議会との共同で、規則・指令(命令)・決定といった拘束力ある法的議決を採択することができ(EU運営条約第288条)、その意味ではむしろ立法機関とみなすほうがわかりやすい。慣行的に立法機関というより執行機関と呼ばれることが多かったのは、設立条約(ECSC条約・EC条約・EAEC条約)を執行するものという側面が強調されたためであろう。つまり、設立条約を憲法と法律が混合したものとみなし、理事会の議決を(行政的な)命令とみなせば「執行機関」となり、設立条約をあくまで憲法的なものとみなせば理事会の議決は法律に類するものとなって、理事会は「立法機関」とみなされることになるからである。

1992年(93年発効)のマーストリヒト条約以降、EUの立法過程には欧州議会が大きく参画することになったが、それまでは理事会と委員会とが並行的な立法兼執行機関だった。もっとも、そこにおいては理事会が《主》で委員会が《従》という関係が基本にあり、かつ両者の間にはそれなりの分業関係が成り立ってもいた。つまり、基本的に「委員会は提案し理事会は処置する(Commission proposes, Council disposes)」というEC法諺にそった両輪関係を築いてきたのである。マーストリヒト条約以降、欧州議会の関与が飛躍的に高まり、理事会と欧州議会の共同作業という側面が強調されるようになったが、委員会が立法提

案権限を持つという重要な事実に変わりはなく、その点を見失ってはならない。

#### (b) 特殊な特定多数決

　理事会における意思決定は条約上、全会一致の場合もあるが、一般的には単純多数決または特定多数決の定めのあることが多い。単純多数決とは理事会構成員の過半数(すなわち構成国の過半数)である。特定多数決は、2014年から、以下のルールで行なっている(EU運営条約第238条)。

　まず委員会や外交上級代表からの提案に基づいて議決する場合(これが最も多い)は、

　①国家数：投票参加国の55％以上の賛成

　②人口比：少なくとも投票参加国総人口の65％の賛成

で可決される(同上3項a)。

　また、少数国で可決を阻止するためには、

　①投票参加国総人口の35％の人口に達する投票国数、プラス

　②もう1カ国の投票国

の反対が必要である(同上3項a第2段)。それぞれ、EUの中の「中小国」が国家数だけで決議を通さぬよう人口比のしばりをかけると同時に、「大国」が少数で共同して「拒否権」を行使することにならぬよう人口面の要件を付加する、という仕組みになっている。

　以上二つの場合に、理事会は全構成国が議席を持つはずなのに「投票に参加する国」という紛らわしい表現が用いられているのは、政策分野によってはそれに加わっていない構成国もあり(例えば統一通貨、国境検問の廃止)、そういう国は理事会での決議からも外れるからである。

　更に、委員会や外交上級代表からの提案に基づかずに議決する場合は、

　①国家数：理事会構成員(全構成国)の72％以上

　②人口比：少なくとも連合の総人口の65％に当たる理事会構成員(構成国数)の賛成が必要である(同上2項・3項b)。委員会等からの提案に基づかぬ場合というのは、EUの組織としての決定からは少しく逸脱し、いわば構成国が「主権国家群」に戻って決議する性格が強まるため、可決の要件が加重されるのである。

なお、以上の条約規定にかかわらず、2017年3月31日までは、長い間EC／EU理事会で行われてきた、①加重票制に基づく②特定多数決、という表決方式を用いることも可とされている。この加重票制は①ドイツやフランスの29票からマルタの3票まで持ち票を傾斜させて総数352票とした上で、②構成国の過半数(構成国が28ならば15カ国)および総数352票のうち少なくとも260票の賛成があれば可決、というものである。EC／EU理事会におけるこうした表決方式は、「大国」と「中小国」のバランスをとるべく巧みに工夫されたものだったが、それも遠からず終わりを迎える。

それに代わる方式は、上述のように、①「大国」「中小国」の区別なく全構成国が等しく1票を持った上で、②いくつかの場合は「全構成国」ではなく「投票参加国」と「不参加国」の区別を設け、③その上で賛成国数と対応する人口比を加味する、というものである。単純化して言うならば、主権国家間の意思決定から、むしろ「欧州連合市民」へと近づけた意思決定方式に乗り出した、と見ることができる。

ただし、重大な問題には全会一致が用いられることが今なお少なくない。EUにおいて、機構強化のために新たな方策が打ち出され、条約改正が行われるたびに、くり返し「多数決制の積極利用」が唱えられるのも、そうした実態の反映である。

### (3) 欧州委員会(European Commission)、または委員会(Commission)
#### (a) 国家からの独立性

いちおう、EUを権力的に動かす機関であるという理由から欧州理事会およびEU理事会を先に解説したが、EC時代から続いているEUの超国家性、つまり主権国家の協調を超える要素に注目するならば、むしろ委員会から記述を始めるほうが国際機構論的には適切かもしれない。

欧州委員会は、国家代表としてでなく個人の資格で選ばれた委員で構成される。とはいえ国別の配分という発想は機能し、伝統的に各構成国から1名の委員で構成されているが、リスボン条約において、2014年11月1日から構成国数の3分の2の委員(委員長および外交上級代表を含む)と決められた。だがこれは容易ではなく、2012年10月の理事会決定で当面は構成国と同数と決められ、

現在に至っている。

委員の任命手続きは、現在は以下のようになっている。まず欧州理事会が委員長に任命しようとする者を指名し、欧州議会の承認を受ける。次に理事会が、この委員長に指名された者と協議して、各構成国の推薦に基づき、他の委員候補の名簿を作成する。こうして指名された委員長および委員が全体として欧州議会の承認を受ければ、欧州理事会が任命することになる（EU条約第17条7項）。委員の任期は5年である。

国家代表ではない人員によって構成されているにもかかわらず、委員会は単なる事務局ではなく執行機関である。執行機関であるということは政策の決定および遂行に関わるということだが、そういう政治的機能を国家代表でもない人員からなる機関（非国家的機関）が担っているのである。

委員会のこうした性格は、一言で「超国家性（supranationality）」と呼び慣わされてきた。文字どおり「国家を超える」というのがその含意だが、それはさらに、①地位の独立性と、②権限の超越性とに分けられる。第一に《地位の独立性》とは、いま述べたように、人員が国家代表ではないこと（機関が非国家的であること）だが、伝統的にECの基本条約（組織の骨格や基本原則を定める条約）には、この独立性をさらに徹底する規定が盛りこまれてきた。すなわち、委員会の委員は「共同体の一般利益のため、完全に独立してその任務を遂行する」こと、また任務の遂行にあたって「いかなる政府または機関の支持も求めず、受けない」こと、等々である（EU条約第17条3項）。加えて、委員の罷免は構成国が恣意的に行うことはできず、EUの司法裁判所の決定を待たなければならない（同第247条）。

(b) 立法の発議権

こうした地位の独立性は、国連事務局職員などについても「国際性」という別の表現で保障されている（国連憲章第100条）。程度の差こそあれ保障内容は本質的に似かよっているのだが、にもかかわらずEUの場合に「超国家性」という別の名辞があてられるのは、《地位の独立性》に加えて《権限の超越性》が備わっているとされるためである。《権限の超越性》とは、たんに構成国が採択した議決を執行するだけでなく、構成国とは別の独自の権限を持ち、さらに構成

国に対して拘束力のある意思決定を行なったり、構成国の行動が基本条約に適合しているかどうかを監督したりする権限を持つことを意味する。このことは、さきに国際河川委員会について述べたときにも触れた(前出第1章第III節2)。

委員会の場合、その最も顕著な徴表は「立法の発議権」である。EUの立法過程はのちにも触れるが、ほとんどの場合それは、委員会が立法すべき事柄を具体的に発議(提案)するところから始まる。それもただの慣行としてではなく、条約に明記された法的権限として委員会が行うのであり(EU運営条約第31条＝関税、43条＝共通農業政策など)、いわば委員会の発議が、EUにおける立法手続きの開始要件とも言うべき地位を占めているのである。

委員会は同時に、限られてはいるがある種の立法機関でもある。すなわち、委員会自身の法的行為(規則・指令・決定)ならびに、委員会提案に基づいて採択された議決はEUの法となり、法的拘束力が与えられていることである。「限られている」と言ったのは、同様に拘束力ある議決を採択する立法機関としては、むしろこの後に述べるように理事会と欧州議会が主であり、委員会の「立法」はそうした理事会と欧州議会の立法を実務的に補足するものという性格が強いからである。そうではあれ、一つの国際機構において、非国家的で独立的で「超国家的」な機関の意思決定が構成国を拘束するというのは、やはり特異なことにはちがいない。それにもまして、前述のとおり、この《従たる立法機関》の発議が《主たる立法機関》による立法のために不可欠であるという事実は、それだけでも特筆に値すると言うべきであろう。

### (4) 欧州議会(European Parliament)

欧州議会は、構成国国民の直接普通選挙によって任期5年で選出される、議長および750名(2016年現在)の議員からなる機関である(EU条約第14条)。国ごとに人数配分があり、最大96議席、最小6名とされている(同)。1978年までは各国議会の代表によって構成されていたが、翌79年から直接選挙制に改められた。選挙そのものは国別に選挙区を定めて実施されるが、市民に直接選出される議員であるから、それは構成国の代表ではなく、連合市民の代表(EU条約第14条2項)である。構成国の代表でないから、ストラスブールの議場でも国別にではなく欧州規模の政党ごとにまとまって着席する。キリスト教民主主

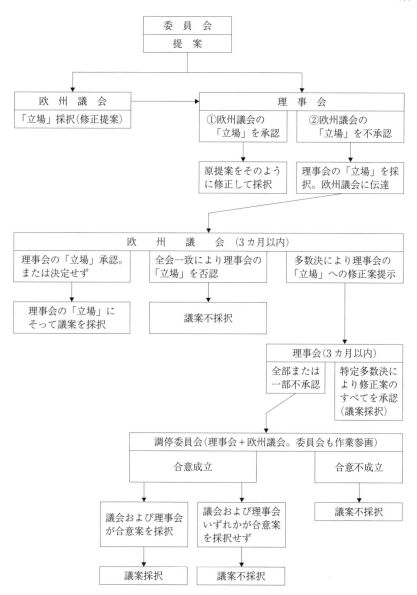

図 4-3　EU の立法過程 (通常立法手続き = EU 運営条約第 294 条)

義グループ、社会主義グループ、欧州リベラルグループ、緑の党グループなどである。

　欧州議会は名称こそ議会ではあるものの、長いあいだ立法権らしいものはなく、予算案の一部修正および否決の権限程度しか与えられていなかった。それが変化したのは、マーストリヒト条約によって欧州連合が形成され始めたときである。とりわけ、当時の EC 条約に定められた「共同決定手続き」により、委員会提案を採択して立法する際、欧州議会は理事会と共同して採択に加わることになった。それとほぼ同じ手続きが、リスボン条約からは「通常立法手続き」(EU 運営条約第 294 条) と呼ばれている (図 4-3)。

　その手続きによれば、委員会は立法の提案を理事会および欧州議会の両者に対して行う。その法案に対して、議会および理事会がそれぞれ「自己の立場」を決め、それが一致するまで協議を重ね、最終的には両機関の間で「調停」までも行い、「共通の条文」の合意に達すればそれをもとに立法の可否を決める。それが得られなければ提案された法令は採択されなかったことになる。また欧州議会は、理事会の「自己の立場」を最初に審議する際 (「第二読会」＝EU 運営条約第 294 条第 7 項)、それを否決すれば法案が採択されないことに決定できる。これは理事会にはない「特権」であり、理事会は欧州議会の「自己の立場」に同意できない場合、上述の「調停」に持ち込むしかない。このほか欧州議会には、みずから必要と考える法案の提出を委員会に請求する権限も与えられている (同第 225 条)。

　これら一連の改革は、「欧州連合」が形成される中で急速に進行したものであり、連合がなく EC のみだった頃からあった、「民意によって選出された機関が立法に関わらないのは非民主的である」という批判 (いわゆる「民主主義の赤字」論) に対する応答として行われたものだった。このほか欧州議会には、委員会の構成を一括承認する権限および、不信任決議を採択する権限も持つ (EU 条約第 17 条 7 項・8 項)。

　こうして欧州議会の権限は段階的に高められてきた。この機関は国家代表ではない人々によって構成される機関であり、しかも欧州連合市民によって直接に選出されるものであるから、委員会とは別の意味で「国家を超える」性質を帯びている。伝統的に超国家性論の本筋の対象とはされてこなかった欧州議会

だが、権限も拡張したいま、そういう観点から見直しをすることが必要かもしれない。

### (5) 欧州連合司法裁判所 (Court of Justice of the European Union, CJEU)

　欧州連合司法裁判所は、司法裁判所・一般裁判所・専門裁判所の3種の裁判所からなる。2016年現在で、司法裁判所は28名（構成国数と同数）の裁判官および、裁判官を補佐する11名の法務官、一般裁判所は38名の裁判官、専門裁判所は7名の裁判官を擁する。このうち専門裁判所は、一定の範囲の事項についていわば第一審となり、その決定について事実でなく法的な争点を争う場合に一般裁判所に「上訴」できる（EU運営条約第257条）。この場合一般裁判所はいわば第二審となるが、一般裁判所は同時に、EUの議決（立法）の適法性審査といったEUの典型的訴訟においてはむしろ第一審である（同第256条）。その決定の中から法的問題については（とくにEU法の統一性に関わる事案の場合）、司法裁判所に控訴（あるいは最初から付託）することができる。司法裁判所は言うまでもなく最上級審である。

　全体としてのEU司法裁判所の任務は、EUの運営において法の遵守を確保すること（EU条約第19条）である。だがそれは、ごくゆるやかに、構成国が協調して法を遵守するよう支援するという程度の任務ではない。国際裁判所というよりはむしろ国内裁判所に近い、実にさまざまな種類の訴訟を数多く行う真性の司法機能なのである。

### (a) 多くの訴訟類型

　EU司法裁判所が管轄する訴訟は多くの類型にわたる。

　第一に構成国による条約上の義務違反に対する訴訟で、この場合の提訴主体は、委員会（EU運営条約第258条）あるいは他の構成国（同第259条）である。ある条約の違反に対してそれを遵守するように仕向ける通常の条約違反への措置というよりむしろ、一つのまとまった政体における共通政策実行の確保に近く、国際法の履行というよりむしろ、緊密な法体系の維持に近い。また委員会による提訴は、委員会を検察官とする公訴提起に類する訴訟であり、この点でも国際裁判としては長らく異例だった。

第二に欧州議会、理事会、委員会等、EU諸機関の議決の合法性を審査する訴訟であり、無権限・権限濫用・重大な手続き上の義務違反・基本条約違反などを訴因に争われる。提訴主体は構成国、欧州議会、理事会、委員会、およびいくつかの場合については私人(自然人または法人)である。国内法制になぞらえるなら違憲立法審査に類する訴訟とも言えるが、EU運営条約(第263条)を見る限りでは、むしろ行政行為の無効確認訴訟と位置づけていると見られる。同時にそれは、欧州議会・理事会・委員会という機関相互の、いわゆる「機関訴訟」の一類型にもなりうる。

第三に欧州議会、理事会または委員会の不作為について、その違法性を確認するための訴訟がある(EU運営条約第265条)。提訴主体は第二の類型の場合と同様である。

(b) 強制管轄権／個人の出訴権／国内裁判所の「上訴審」性

この裁判所はかなり特殊な国際裁判所である。そうして訴訟の類型が豊富であるだけでなく、さらに以下のような特徴点を備えているからである。第一に、以上の訴訟のいずれにおいても、裁判所の裁判管轄権(裁判を行う権限)は強制的である。裁判当事者がいちいち付託合意をなしたり、あるいは構成国が事前に(任意で)裁判所の管轄権を受諾しておくといった手続きは必要ない。国際司法裁判所が原則として強制管轄権を持たず、裁判管轄権の設定が同裁判所規程当事国の任意に委ねられている(ICJ規程第36条)のと好対照をなしている。条約で認められた主体に一方的な出訴の権利があり、訴えられた側には応訴の義務があるという、国内司法過程と同様の制度となっているのである。

もっとも、構成国による条約違反の多くは委員会による調整などで決着がつき、司法裁判所での裁判にまでは至らない例が多い。ただ1980年代の一時期、敗訴した構成国が判決を履行しない例が増加したことがあったため、司法裁判所はそういう構成国に対して罰金を科すことができるようになった(現在はEU運営条約第260条)。

第二に、前述のとおり、国際裁判所であるにもかかわらず、条件つきながら私人(自然人および法人)にも出訴権が認められた点である。訴訟の種類としては、欧州議会・理事会・委員会の①議決の違法性に対する訴えと、②不作為の

違法確認の訴えの二つがある。①に関して EU 運営条約第 263 条が掲げる条件とは、訴訟の対象となる EU 諸機関の議決が自分を名宛人とするか、あるいは自分に直接かつ個人的に関係するものであることである。「直接訴訟」などと呼ばれ、一般裁判所に訴えるところから始まる。かつては要件の充足が認められず提訴が門前払いになることも多かったが、現在は訴訟に至る事例が相当な数に上る。私人に出訴権を与えた画期的な制度である。この裁判所以前、私人に出訴権を認めた常設的な国際裁判所といえば、1907 年から 1918 年まで存在した中米司法裁判所が唯一の例だった。なお、私人が出訴できる相手方は EU 諸機関に限られており、自国あるいは他国の条約上の義務違反を理由に出訴することはできない。このうち他国の条約違反を提訴できないのはある意味で国際裁判所の限界ではあるが、自国による条約違反は自国の国内裁判所に提訴すれば済むという趣旨だと思われる。

　第三に、この司法裁判所は構成国国内裁判所にとっての上訴審ではないが、両者の有機的なつながりを確保するための「先決裁定（中間判決）」という制度が、EC 設立の早い段階から設けられていた（現・EU 運営条約第 267 条）。いまも触れたように、ある構成国が条約上の義務を怠ったかどうかが、私人の訴えによりその国の国内裁判所で審理される事例は少なくない。その場合 EU 法の解釈適用を行うのは、EU 司法裁判所ではなく各国国内裁判所になるが、その解釈適用が国によって不統一になっては不都合である。そうした不都合を回避するために設けられたのが先決裁定の制度で、設立条約や議決の解釈あるいは効力が国内裁判の過程で問題になった場合、当該国内裁判所がそれらについて EU 司法裁判所の判断を仰ぐものである。国内裁判所のうち先決裁定の要請を義務づけられているのは最上級審のみで、なお上訴の可能性を残す下級審については義務的でなく任意である（同条。ただし実際にはそこからの要請が少なくない）。

　司法裁判所での訴訟および先決裁定の件数は非常に多い。たとえば 2015 年の場合、EU 司法裁判所全体では、新たな訴訟数は約 1700、判決ないし裁定に至った件数も約 1700、未決件数は約 2400 にのぼる。負担はかなり過重で、この負担を軽くするために 1988 年に設けられたのが「第一審裁判所」であり、現在の「一般裁判所」である。

繁忙さだけで制度の成否を判断することはできないが、この司法制度は明らかに「統合」の営みを後押ししてきた。EU諸機関の任務遂行を容易にし、構成国間の協働を確かなものにした司法判断は数知れない。そこには、国際機構の活動が一時的な意思決定の積み重ねではなく恒常的な法制定の形でなされ、それを司法が支えるという独特の仕組みがある。それを《司法的統合》と呼んでもよい。つまり、司法の働きを通じた統合推進ということだが、それもまた、国家代表でない「超国家的な」裁判官たちによって支えられている。それはまた、統合を通じて法の支配を広げることでもあるから、二重の意味で統合の営みを「法的」にしているのである。

### (6) EU法（共同体法）

EU法（EU Law）は長い間、共同体法（Community Law）と呼ばれてきた。いまもなお、そう呼ばれていた頃の法に言及する場合に用いられることがあるが、現在では「EU法」の呼称が定着するに至っている。それは大きく2種類に分けることができる。

まず第1次のEU法であり、機構の基本条約を指す。2016年現在に有効である基本条約は、EU条約・EU運営条約・EU基本権憲章である（前述のとおり、2016年時点では欧州原子力共同体条約も残存する）。いわばEUの根本法規の地位を占める。これらの基本条約は、ECの設立以来、何度も改変され付加されて、リスボン条約に至って基本条約としての集約化が大きく進んだ。もっとも、EU条約とEU運営条約（かつてのEC設立条約の数次にわたる改正版）が併存する点では、まだ集約の余地がある。いずれも「条約」であるから、手続きおよび効力面では通常の国際法と変わるところはない。違いは、前述のように、条約の実効性を確保するための司法手続きがほとんど完璧に備わっていることである。

次の第2次のEU法とは、欧州議会・理事会・委員会の議決（立法）を指し、主なものとして「規則」「指令」「決定」の3種類がある。「規則」は「その全体において」拘束力があり、すべての構成国において直接に適用することができる。「指令」は達成すべき結果について構成国を拘束するが、実施手段は構成国の選択に委ねる議決である。また「決定」はそれが向けられた者（名宛人）

のみを拘束する議決である（EU運営条約第288条）。

　さて、EU法のうち、条約はあくまで条約であり国際法そのものだが、第2次のEU法、つまり欧州議会・理事会・委員会などの機関の議決は、いくつかの点で伝統的国際法と際立った違いを見せる。具体的には以下の3点においてである。

　第一に、これらの議決が法としての効力を持つためには、特に構成各国の批准などの手続きを必要としない。前述の立法手続きを経て採択され、共同体の官報（Official Journal）に掲載されれば発効する（EU運営条約第297条1項・2項）。

　第二に、さきにも触れたように、これらの議決は構成国国内法秩序において直接に適用されうるものである。国内法に「変型」されるといった手続きは一切いらない。これを《直接効力》あるいは《直接適用性》という（議決が個人にまで効力を及ぼす場合があることを考慮に入れて、この場合のみを直接適用性と呼ぶ用語法もある）。国連総会決議など、一般に国際機構の決議が法的拘束力を持たないとされていることを考えるなら、EU諸機関の議決のこうした効力は相当に特異なものである。

　第三に、EU法と国内法とが内容的に抵触した場合、効力において前者が後者に優越する。EU法のこの性質を《優位性》という。そこにおいてEU法とは、基本条約だけでなく機関の議決も含み、また国内法とは、場合により当該国の憲法律をも含むとされる。これもまた伝統的国内法に比べてはるかに強い効力だが、直接効力が条約の中に規定されているのに対し、優位性のほうは条約中にその旨を定めた規定がなく、司法裁判所の判例法によって確立された原則である。大まかに言うなら、《国際法の国内法に対する優位》がこうして原則化されるに至ったことになる。もっともそれは、機関の議決までも含めてEU法を単純に国際法と同列に論じた場合にはそうなるということであり、EU法はいまや国際法よりも国内法に近似していると考えた場合は、そういう議論は成り立たない。

　いずれにせよ、欧州統合における法および司法の役割は非常に大きいものであり続けた。こうした法的側面は単に統合の技術的側面として片づけられる傾向があるが、これは単なる技術ではなく、国家という存在がみずからを変えていく過程において、その変容をうながし、定着させるための制度的保障だと考

えるべきであろう。さきの《司法的統合》との類比で言うなら《法的統合》、すなわち法による統合という現象がここには見られる。統合現象を見るときには、政治や経済の側面だけに着目するのではなく、この法的側面を見落としてはならない。もしこの法という平和的手段がなかったなら、欧州統合は一体どういう形をとっていたか——。「もし」の設問ではあるものの、それは折にふれて想起するに値する問いではある。

## 4　統合と超国家性

以上のような制度構造を持つ EU は、いわゆる「超国家的機構」としてきわめて特殊な国際機構だとされてきた。「超国家的」とは、構成国の国家主権が機構に対して委譲されている、という意味である。リスボン条約体制の発足にともない、EU における機構への集権化はさらに進んだと言えるから、この論点はいずれ消滅する運命にあるのかもしれない。とはいえ、リスボン条約において EC／EU の歴史上初めて、機構からの脱退規定が設けられ（EU 条約第50条）、この統合体の形態は不可逆ではないことが制度化された。構成国の主権がどれだけ「委譲された」と言えるかという論点は、見た目以上に複雑なものであり、機構の「超国家性」もまた不可逆であるという保証はない。またそれは、一貫して EU の理論的研究の中心を占める論点でもあり続けた。一見、完成したかに見える超国家性をめぐる実態と概念について、若干の総括をしておきたい。

### (1) 超国家性とは何か

超国家性の概念は多義的だが、基本的には、何らかの形で（あるいは一定程度まで）国家を超える権力ないし権威が存在することを指す。その説明のためによく用いられる定式として、「政府間主義と連邦制の中間形態」というものがある。主権国家群が国家主権に基づいて国家間協力を行う「政府間主義」でもなく、同時に、国家の上位体に対して主権を全体的に委譲する「連邦制」でもない、という状態を指す。だがこの定式では意味のある概念規定にならない。そうした消去法的概念規定は、限りなく政府間主義に近い場合も限りなく連邦

制に近い場合も、等しく「超国家性」という単一の概念でくくるだけだからである。

　こうして、もう少ししぼり込んだ概念規定が必要になる。国際機構の機関の形態や種類、機構の意思決定における諸機関の権限などに焦点を当てて、《超国家性の指標》を析出するのである。それに沿って析出される指標は、概要以下のようになるだろう。

　①構成国の代表ではなく、したがって構成国の意思から独立して職務を遂行する機関（非国家的機関）が存在し、その機関が機構の意思決定に制度的に関与すること。

　②構成国の国家代表からなる機関（国家的機関）にあっては、意思決定において全会一致が排除され、原則として多数決制をとること。

　③決定された意思は国家に対して拘束力を持ち、通常の成文国際法規のように「批准を拒めば拘束されることもない」という原則は排除されること。

　このうち①と②は機構の意思決定あるいは意思形成に関わる要件であり、③は機構の意思実現に関わるそれである。それらの指標ないし要件に関しては、次の２点に注意しておかなければならない。

　第一に、非国家的機関、すなわち国家代表でない人員が構成する機関が存在するだけでは、機構の超国家性を語るには十分でない。具体的にはEUの委員会などである。非国家的機関自体は、ほとんどの国際機構の中に事務局という形で存在している。だが、事務局を備えた国際機構がすべて超国家的機構と呼ばれることはありえない（例えば、国連が「超国家的機構」と形容されることはまずない）。したがって問題は、その非国家的機関が機構の意思決定にどれほど自律的に参与しているかである。

　第二に、非国家的機関と国家的機関が並存していても、機構が超国家的になる可能性は残されている。具体的にはEUの委員会と理事会の関係などである。この場合の問題は、非国家的機関と国家的機関の併存が、同時に超国家的機関と非超国家的機関の対立でもあるならば、そのいずれが優位に立っているか、という点である。単純化して言うなら、超国家的機関が優位に立てば機構の超国家性は高まり、非超国家的（政府間主義的）機関が優位に立てばそれが低くなる、という図式になる。

こういう図式に立脚してEUを、より一般的には統合現象を議論する方法を、筆者は《超国家性パラダイム》と呼ぶ。《統合＝超国家性》という図式に立つ議論である。EUのように複雑な機構を理解するには単純すぎる図式だが、EUについての主な議論はおおむねこのパラダイムに依拠してきた。それが事実的にどこまで精確であるか、また理論的に問題がないかどうかが問われねばならない。

### (2) 条件つきの超国家性

　主権委譲という行為の難しさを考えるならば当然のことではあるが、ECが創設された時からこの機構が瞬時に超国家性を備えたわけではなかった。超国家的機関である委員会は機構の意思決定過程において決定的に理事会に優位していたわけではなく、理事会の補佐機関である常駐代表委員会（COREPER＝現・EU運営条約第240条）からさまざまな「監視」を受けてもいたからである。また理事会はそもそも非超国家的あるいは政府間主義的な機関であるが、そこにおいて多数決による意思決定が主流を占めるようになるのは長い過程であり、いまなお完成してはいない。その意味でEC／EUの超国家性は、いわば条件つきのそれであり、漸進的に発展することを期待された、未完の超国家性だった。

　だがそれは比較の問題でもあり、例えば国連との比較でならばEUのほうが「より超国家的」と評価することもできよう。しかしそれ以上に重要なことは、仮にEUの超国家性が条件つきであったとしても、それゆえにEUから国際機構としての特異性が奪われることには必ずしもならない、という点である。

　そこではまず、EUにおける《統合》を《超国家性》とは別の概念で説明するならば、その評価も変わりうることに注目しなければならない。その一例は、EC（当時）は超国家性ではなく、国家の主権的意思の存続を前提とし、その和合を達成しようとする「コンソシエーショナリズム（consociationalism）」だという分析である（Taylor 1990: 172-184）。主権協調主義とでも訳せばよいだろうか。他方でそれは、かろうじて分裂を回避するだけの「妥協」の様式なのではなく、より積極的に構成国間の一体性を高める方向に向かってもいる。明らかに主権協調を超える要素を内包しているのである。一体性のための中心点がいくつも

ある体制という意味で、多中心主義(polycentrism)という論者もある。

　EUの《一体性》は、根本において政府間主義を残存させている。だがそれは、必ずしも構成国間結合関係の弱さを意味しない。事態はむしろ逆である。たとえば理事会や常駐代表委員会が各構成国の主権的意思を代表する面を持つとしても、構成国間の合意形成を円滑にする機能も果たしてきた。理事会における全会一致制の残存や欧州理事会の台頭も、構成国の集合的意思決定を促しこそすれ、それを決定的に阻む結果にはならなかった。何より、これら諸々の要素のかみ合わせの結果として、ともかくも共同市場や関税同盟の進展、共通農業政策の実施、通貨同盟の創設、連合の拡大など、いくつもの共通政策が決定され実行に移されてきたのである。近年はそれに加えて、共通外交安全保障政策の進展に伴い、国連平和維持活動に類する活動を行い、多くの紛争地域に軍事的および民生的ミッションを派遣している。統合理論において最も実現が困難だとされてきた政治(外交・軍事)の統合にまで進んでいるのである。

　以上に鑑みると、EUが純粋に超国家的ではないとすれば、それは《超国家的な政府ができていない》という意味においてである。あえて言うなら、その意味においてのみであるかもしれない。欧州議会やEU司法裁判所のように国家代表が構成するのではない機関や、もはや伝統的な国際法の一種とは呼べないEU法など、《超国家的な政府ができたかどうか》とは別の基準に立って、EUの別の統合を語ることも可能だからである。

　他方で、ある時点までEUの統合は、超国家性概念よりも主権協調主義概念に拠るほうが説明しやすかった。しかしリスボン条約体制への移行は、それをかなり超国家性概念へと突き動かしたと言うことができる。また今後いずれかの時点で、構成国がその主権全部を決定的に委譲したと言える事態も、あるいは生ずるかもしれない。だがそれに至るまでは、超国家性概念のみにとらわれるのではなく、形式的な主権委譲なしでも起こりうる、異形同種の進展に着目することこそが、国際機構論的には重要な作業である。反対に、超国家性が進んだかに見えた後でも発生しうる、構成国の脱退等の逆行現象の可能性も視野に残しておかなくてはならない。

### (3) 超国家性の逆説
#### (a) 超国家性のもう一つの次元

　超国家性パラダイムには、もう一つ問題点がある。国家主権が国際機構に対して委譲されたかどうかだけを関心対象とするため、国家の中の市民はどういう影響をこうむるか、という視点が抜け落ちがちだったことである。

　超国家性論は、文字どおり「国家を超える」現象を関心の対象とする。国家の上にある意思決定主体や権力といった現象である。それを《上への超国家性》と呼んでおこう。それに関心を集中する議論が見落としがちなのは、超国家性現象が同時に国家権力とは別の権力が市民レベルに到達する事態でもある、という点である。この事態を《下への超国家性》と呼んでおこう。その際、「国家権力とは別の権力」なるものが、国家を超える機構それ自身の意思であるか、それとも、国家を超えない構成国の集合的意思にとどまるものであるかは、本質的に重要な事柄ではない。そのいずれであれ、市民たちが国際機構の法や政策と直接的な関係に立たされること自体が重要なのである。

　国際機構の法が国家を突き抜けて市民に到達する効力を持ったり、あるいは逆に、市民が国家を跳びこえて国際裁判所に出訴する権利を持つことを、まとめて《直接性》と呼ぶことがある。この《直接性》の要素を、EUは通常の国際機構よりもはるかに多く備えている。前に述べたEU法の直接適用性や、私人によるEU司法裁判所への出訴権などである。機構の権力が構成国を突き抜けて市民に到達し、逆に市民のほうも、権利保全のために「国家の向こうにある」機構と直接に接触しうるのである。ここで重要なことは、仮に制度構造的にEUを超国家的と規定することが困難だとしても、直接性が高いという意味でならばEUは十分に超国家的だということである。あるいは、《上への超国家性》は未完成かもしれないが《下への超国家性》はかなり備えるに至っている、と言いかえてもよい。

　他方、《直接性》を核心とする《下への超国家性》は、EUという統合の営みにとって、新しい可能性を開くものであると同時に、むずかしい問題をもたらすものでもあった。次にそれを見よう。

(b)《上》と《下》——親和性の推定とそのゆらぎ

　統合の構想あるいは研究においては、《下への超国家性》の正統性が、あるいは《上への超国家性》と《下への超国家性》の親和性が、いわば自明のように前提されてきた。統合や超国家性は市民の利益に合致する、という強い推定が存在していたのである。それには相応の理由もあろう。つまり、少なくとも欧州統合に関しては、大目的の一つとして国家間の戦争や国益の暴力的衝突のないヨーロッパの建設ということが基底にあった。その受益者は市民であるはずである。そしてその手段は、地域的にではあれ国民国家という制度を廃棄するか、そこに至らぬまでも国家の権限を大幅に「超国家的」機構に委譲するか、そのいずれかであろう。こうして、《統合＝上への超国家性＝市民の利益》という図式が成立することになった。

　たしかに国際統合は市民たちに大きな恩恵ももたらす。国家間に不戦共同体が成立し、経済的国境の撤廃によって財や資本や労働力の移動が活発化し、それによって増大した富が国境とは無関係に均霑（きんてん）されることなどである。だがそうであるからといって、市民レベルで超国家あるいは統合の正統性が無条件で肯定されたり、《上への超国家性》と《下への超国家性》が自動的に親和することには、必ずしもならない。そのようになるためには、更に別の条件が充足されることが必要なのである。

　その条件のうち最大のものは、さきにも述べた、超国家的機構の意思決定に民意が反映される仕組みが存在することである。欧州議会が立法過程に参与するまで、EUではその条件が十分には充足されていなかった。それは代表民主制の実現であるが、それが不十分だという認識が、単一欧州議定書（1986/87年）を経て欧州連合の形成に向かい出した頃に芽生えた。1992年6月、マーストリヒト条約批准の可否をめぐる国民投票において、デンマーク国民が僅差でそれを否決したのは、自国がEC（当時）の共通防衛政策に組み込まれる可能性を危ぶんだことのほか、自分の手の届かぬ所で自分の生活に関わる政策が決定されること、あるいは民主的統制の稀薄な《ブリュッセル権力》が育ちつつあることへの懸念を一因としていた。2005年、フランスとオランダで「欧州憲法条約」案を批准するための国民投票が否決されたのも、根底には同じ問題を抱えている。

(c)《民主主義の赤字》と《漠然とした超国家性》

　意思決定に市民の意思が反映されにくいことを、《民主主義の赤字》(democratic deficit)と呼ぶ。EU論においてこの問題は、欧州議会がその名に反して立法権を持たないという事実に根ざして語られてきた。だが、欧州議会が深く関与する立法手続きの導入と成長が示すように、この点はかなり改善されている。他方でこうした改善も、域内の随所で芽生えた、超国家性に対する懐疑の進行速度には容易に追いつかない。議会権限が拡張したにもかかわらずこうした懐疑が成長するということは、そこで問われているのが単に「欧州議会という議会形式の機関がいかなる権限を持つか」ではない、ということを示唆している。より根深く、統合の営みそのものがどれほど民主的であるか、あるいは《ブリュッセル権力》が不必要に肥大していないか、等々が問題とされてきたということなのである。

　《ブリュッセル権力》という語は、機構論的にははなはだ厳密さを欠いている。それが欧州委員会を指すのであれば、同委員会が構成国の主権的コントロールの及ばない権力に育ったと言うのはむずかしいから、認識として有意ではない。また、理事会あるいは欧州理事会を指すのであれば、これはまさに構成国のコントロールの枠内にしっかりと収められた、主権国家の集合的意思決定そのものであるから、認識として矛盾している。《ブリュッセル権力》という語は、その意味で過度にあいまいである。

　しかしながら、巨大権力へのおそれは、権力の態様が超国家的と観念されるものであるか、それとも政府間主義的と観念されるものであるかによって異なるわけではない。権力の態様が超国家的であれ政府間主義的であれ、機構の政策と法の直接性に直面する市民にとって問題なのは、その権力がみずからの権力であるかどうか、そしてそれを制御できるかどうかである。少なくともマーストリヒト条約までのECにはそれが大きく欠けていた。概念的にはあいまいな《ブリュッセル権力》へのおそれもそこから生ずる。それはまた、制度的な実態に裏付けられない、《漠然とした超国家性》へのおそれでもあるだろう。

　超国家的ヨーロッパは、理論上当然に民主的になると想定されていた。だが、統合の主たる受益者が市民であるということと、統合の推進態勢が民主的であるかどうかは、必ずしも同じではない。受益者と意思決定主体との間の実体的

な結びつきが弱ければ、創出されるヨーロッパが総体として民主的であるということにはならないのである。EU の経験は、超国家的ヨーロッパと民主的ヨーロッパの間に、時間の経過とともに乖離が生じていたことを示している。そうして《上への超国家性》と《下への超国家性》とが完全には親和せずにきた点において、もしくは超国家性と民主性が乖離した点において、統合ヨーロッパの過程は少なからず逆説的だった。しかも、前述のように、制度的には真正の超国家性を獲得したわけではないのに、超国家性に付随する問題が噴出した点でも、それは逆説的であったと言わねばならない。

### (4) 統合の正統性と欧州市民権
#### (a) 統合の正統性

以上のように EU という機構は、制度構造的には完全な超国家性を有すると言えないとしても、構成国が個別に意思決定しているのではないという意味で意思決定レベルの上方移動はあり、それが個々の構成国の意思とは異なる意思として市民レベルに下降し、それとの直接性を持つに至ってはいる。その事態を前項では《漠然とした超国家性》と呼んだ。その場合に問うべき機構論的問題は、それが超国家的であるかどうかではなく、その《漠然とした超国家性》が正統性を持っているかどうかである。そこにおいて正統性とは、市民の支持が得られることを意味する。

ヨーロッパが統合に乗りだした頃は、この、市民レベルでの正統性ということをあまり問題にせずとも済んだ。課題は何より主権国家間の暴力的衝突の回避、更にそれらの集合的繁栄および強化であり、そのための国家主権の制限ないし委譲だった。制度論的には超国家性を達成すること、あるいは漸進的にでもそれに近づくことである。そこに正統性の問題が関わるとすれば、それは何より、主権を制限される構成国の納得と同意であったであろう。それはあくまで国家間統合であって市民間の社会的統合ではなく、国家間の社会契約であって市民間の社会契約ではなかった。

だが、国際統合がようやく着手された時点ならばいざしらず、それがかなりの程度に進んだ現在、市民レベルの意思と無関係に「統合」を推進することは一層困難になっている。EU はすでに、国家間統合をヨーロッパ規模の社会的

統合に転換することが必要な段階に入っているのである。とりわけ、国家(政府)と社会(市民層)が必ずしも常に一致するわけではないことを考慮に入れるなら、その必要性は更に高まるであろう。マーストリヒト条約に対するデンマークの国民投票において、政府は批准を推進したのに国民の過半数がそれに反対の意思表示をしたというのは、そうしたズレが表出した事例である。あるいは、国家間社会契約に対する市民間社会契約の次元からの異議申立てだったと言える。2005年のフランスとオランダにおける、憲法条約への国民投票も同様である。

しかし、どのように社会的統合を制度化しうるのだろうか。欧州議会をかなり立法過程に参与させても、個人にEU司法裁判所への出訴権を与えても、なおもまだ不十分であるなら、その次に打つべき手は何なのだろうか。それについてEUが出した答えは、一方で構成国の権限を保全して「国民の盾」としての国家を残しつつ、他方でそれらの国民たちに「欧州の市民」としての地位を与えることだった。

### (b) 補完性原理と欧州市民権

マーストリヒト条約の頃はまだ、正統性への配慮が国家間社会契約の次元に限局されていた。その端的なあらわれが、いわゆる補完性原理(the principle of subsidiarity)である。それを定めた同条約の第3b条は、現在、EU条約第5条となって、次のように規定している。

> 連合は……基本条約に定める目的を達成するために、構成国から与えられた権限の範囲内で行動する。
> 連合が、その排他的権限に属さない分野において行動をとりうるのは、補完性原理に従い、当該行動の目的とするところが……構成国によっては十分に達成されず、したがって、当該行動の規模及び効果に鑑みて、共同体によってよりよく達成される場合のみとする。

「補完性」の語の本来の意義は、文字どおり、共同体が構成国を補完するということであったであろう。つまり、立法や行政における権限は一次的には主権国家たる構成国に属し、共同体は条約で授権された分野についてのみ権限を持つが、それ以外の分野では構成国の利益に合致するかぎりにおいて共同体が

補完的に行動する、ということである。言いかえれば、構成国が《主》で共同体が《従》であることを定式化したものと見ることができる。そして、そうであるならばこの条項は、構成国間の社会契約を基盤にすえ、そこに共同体の正統性根拠を求めるものと言うことができよう。同時にそれは、構成国の権限を何から何まで奪うのではないと保障することによって、各国民に本来の「盾」を残す配慮でもあった。

　他方でマーストリヒト条約は、新しく創出される欧州連合における市民の位置づけに関して、「欧州連合市民権」という画期的な概念を導入した。その延長上にある現行EU運営条約第20条「連合の市民権」には、加盟国国民は欧州連合市民となること、域内の自由移動および居住の権利、自己が居住する他加盟国での地方選挙および欧州議会選挙における選挙権と被選挙権、出身国の外交使節団のない第三国においては他の構成国の外交的保護を受ける権利、欧州議会に対して請願を行い、連合諸機関に対する不服申立てを欧州議会の任命するオンブズマンに行う権利、等々が規定されている。

　これらの規定は、それ自体として見る限り画期的なものである。市民の権利義務を原則的に国籍を基準にして設定するという、いわば主権的国民国家の属性にも等しかった事柄が、ここにおいて大きく変化しようとしているからである。「国民」ではない「市民」という範疇が設定され、部分的にではあれ後者が前者を飲みこむ状況を生みだそうとしているとも言えよう。もっともそれは、これで「市民(主体)のヨーロッパ」が創出されると言えるほど単純なものではない。アイデンティティは一片の法的地位のみで決まるものではないからである。

　市民権に加え、2000年には「EU基本権憲章」も制定された(2009年施行)。欧州議会、理事会、委員会の長によって署名・宣言されたものである。実体規定に格別の新しさはないが、いまや各国民は連合市民として基本的人権を享受することになった。それまで人権保障は、EUとは別組織の欧州評議会を基盤とする欧州人権条約の体制(後述)にゆだねていたが、EU自身が権利保障主体へと変貌し始めたのである。これもまた、「市民のヨーロッパ」への接近だと言うことができる。

## 5 まとめ

　以上本節では、まず超国家性という概念を軸に EU という機構を見た。その要点は二つあり、一つは、制度構造的に見た場合、EU は(加盟国がそれに主権を委譲した真正の)超国家性を完全に達成したとは言いがたいという点である。もう一つは、そうではあるものの、制度構造的に厳密な意味で超国家的であるかどうかは、EU という機構に関する最重要の問題であるわけでもない、という点である。制度構造的に超国家性の要件を満たしていなくとも、構成国間の結合性は別のかたちで維持され育成されてきた。機構の活動分野も大きく拡大した。他方で、《厳密な超国家性》を欠いていても《漠然とした超国家性》はたしかに生成しており、それが独自の問題を生んでもいる。そうであるなら、EU の国際機構としての特性もまた、それらの点にこそ求められるべきものであろう。

　おそらく EU は、《超国家性という破格なものの成功例》というより、《政府間主義の破格な成功例》と言うべきものであるように思われる。超国家的な要素はあるものの、政府間主義的な要素がぬぐい消されたわけではない。そしてそれ以上に重要な点は、政府間主義が超国家性に優越することがあったとしても、それによって「統合」を破壊してきたわけではない、ということである。リスボン条約の前、「憲法」と名のつく基本条約(欧州憲法条約)によって国際機構から決定的に脱却しようとしたとき、一度は統合も足踏みした。だがそののち再び、条約の大改正という政府間主義的な手段によって、EU は統合の次の段階へと進むことになった。もっとも、くり返すが、そうして獲得した統合の段階は不可逆ではなく、一定国の離脱や揺り戻しはありうる。

　また、EU の「成功」にもかかわらず《漠然とした超国家性》がそれなりの問題を生んでいるという事実は、われわれに「統合とは何か」の再検討を迫るものでもあった。とりわけ、市民層(あるいは「社会」)にとってそれが持つ意味である。統合とは単に、国家主権が国際機構の中に吸収されることなのではない。それがあるとないとにかかわらず、統合体に参画する国々の行動様式が変わり、相互の関係も(統合以前の)分離あるいは敵対を基調とするそれとは違ったもの

になることなのである。さらにまた、(それまで「国家」という枠組みと同一視されてきた)いくつかの「社会」が融合の度を深め、「国家」と「社会」の間の線引きがズレるということでもあろう。それはさらに、「国家」がそれまでのように市民を保護する基本単位であるという状況にも変化をもたらすかもしれない。問題がそういうものであるなら、ここでもまた、超国家性という制度的要素だけにとらわれない視点が重要になる。次節ではそのような「非超国家的統合」の例に目を向けていく。

## III 欧州評議会——人権保障共同体と法的統合

### 1 欧州評議会という機構

　前節の欧州連合(EU)の前身たる EC 諸機構のうち、最初に設立された欧州石炭鉄鋼共同体(ECSC)は、1950 年 5 月、仏外相ロベール・シューマンによる、石炭と鉄鋼の生産を独仏合同で行うという提案(シューマン宣言)から始まった。それを超国家的な「最高機関」の管轄下に置き、それによって「フランスとドイツの間の戦争を考えられなくするだけでなく、物理的に不可能にする」(同宣言第 6 節)ことを目的としていた。実際にも設置された最高機関は相当に超国家的であり(Cini 2003: 16-17)、その限りにおいて、超国家的統合は ECSC とともに始まったと言ってよい。

　しかし、このシューマン宣言に 1 年先立つ 1949 年、ヨーロッパではもう一つ別の「統合」の流れが始まっていた。同年 5 月に発効したロンドン(ウエストミンスター)条約によって設立された欧州評議会(かつては欧州審議会と訳されるのが一般的だった。Council of Europe, CoE)である。設立のための 1948 年ハーグ会議では「われわれは統一ヨーロッパを願望する」とする声明も採択されていた。設立された CoE は、英国を一つの中心とし、超国家性の要素を持たない機構として発足した。原加盟国は 10 カ国だったが、そのうち 5 カ国(フランス、イタリア、ベネルクス 3 国)は 2 年後に ECSC が設立される時の原加盟国でもある。残る 1 カ国、ドイツ(西ドイツ)は 1950 年に CoE に加盟した。

同評議会規程(CoE 規程)の前文は「思想を同じくするすべての欧州諸国のより緊密な一体性の必要」をうたい、「欧州諸国をより緊密な連合の中に組み込む」と宣明している。しかし、主要機関の権限などはあくまで「非超国家的」な機構として発足した。非超国家的であるがゆえに「統合」論の関心とされることもなく、CoE は EU とは異なる独自の発展をとげて行く。逆に、一見したところ非超国家的であることも一因となって、加盟国は着実に増えた。当初の中核だった西欧諸国に加え、冷戦終焉後に旧ソ連・東欧諸国が大量に加盟して、加盟国は 47 カ国(2016 年現在)と、文字どおり全欧州的な機構となっている。

同時にこの CoE は、EU とは違った意味で、「地域統合」の機構として論ずべき意義がある。つまり、経済や通貨や人の自由移動を主たる素材として超国家的な制度づくりをするのではなく、加盟国間で結ばれる膨大な数の条約によって諸国の法的な均質化をはかるという、全く別のかたちの「統合」を実践していることである。とりわけそれは、高度に発達した人権保障制度によって特徴づけられてきた。すぐ後で述べるように、この保障制度は、そこだけは「超国家的」と呼ぶべき制度でもある。その意味でこの機構は、より一般的に国際機構論の対象としても注目を払うことが必要である。

## 2　EU と異なる法的統合

CoE は主要機関として、各国外務大臣からなる閣僚委員会、各国議会の議員からなる議員総会をもつ。前者は各国 1 名の閣僚が年 1 回の会合をもち(代理による会合は毎週)、全会一致で勧告を採択する。また後者は各国に最小で 2 名、最大で 18 名の範囲で割り当てられた、総計 318 名(同数の代理を入れると 636 名＝2016 年)の国会議員が、共通の関心事項を討議し、加盟国または閣僚委員会に対して勧告を行う。いずれの議決も――勧告であるからなかば当然に――法的拘束力を持たない。

勧告の対象となる協力分野は、EU よりはむしろ、次節で述べる北欧共同体のそれとよく似ている。軍事的協力はあらかじめ除外し(CoE 規程第 1 条 d)、経済分野での協力も(規程には掲げられてはいるものの)実質的にはほとんどない、

という点においてである。そのかわりに CoE は、社会的・法律的・行政的分野での協力を着実に推進してきた。特に法律分野での協力がめざましいが、具体的にそれは、加盟国が共通に守るべき条約を数多く締結するという方法によっている。議員総会の勧告や閣僚委員会の設置した専門家委員会の勧告をもとに、これまですでに 200 以上の各種条約が結ばれた。それらは「調停に関する統一法のための条約」とか「婚外子の法的地位に関する条約」といった法制の調和に関するものから、「屠畜の方法に関する条約」といった動物保護に関するものまで、実に幅広い内容を含んでいる。

こうして条約網を形成するやり方はいわば、人間の社会生活に深く関わる事柄について各国の法的な均質化をはかり、それら相互の結びつきを強めていく試みである。この方法を、「欧州コモン・ロー体系」の創設と呼ぶ論者もある。この呼称自体はやや誇張の気味もなしとしないが、どの国も同じ条約を守るようになれば確かに法的均質化は進むことになろう。それは、「統合」の素材をあえて「法律面での統合」という側面に絞るものであり、同じ《法的統合》でも、EU とは異なる型の法的統合である。

EU の場合、中心機関が立法を行い、それが機構の単一の法として各国あるいは各国市民に拘束力を及ぼす。いわば国内法の制定にきわめて近いもので、機構の加盟国を結合させる制度的な支えとしてこれほど強いものはない。EU の意思決定に関しては国家主権が機構に完全に委譲されたとは言えない面があるが、EU 法の効力自体は、まさに「超国家的」と呼びうるものである。こうして EU の場合、（立法が及ぶ事項に関する限り）国内法秩序に近い法的統合を現出させていると同時に、法的統合が EU の総体的な超国家性を下支えする要因にもなっている。

これに対し CoE の法的統合は、主権国家間の合意である条約をそれぞれに遵守し実施するという、古典的な方法によるものである。古典的であるし、かつ、すべての条約にすべての国が加わるわけではないから「条約網」も常に不完全ではあるが、200 以上の条約が存在することによる法的均質化の効果は無視できない。こうして筆者は、EU 型を《法的統合の第 1 類型》と、CoE 型を《法的統合の第 2 類型》と呼ぶ。

方法において古典的であるのと同様に、目的においても CoE は古典的であ

る。すなわち「法の支配と民主主義の諸原則」への忠誠を再確認し(CoE 規程前文)、もって「人権と基本的自由の保持および更なる実現」をはかること(同第1条b)である。一見平凡なようだが、国際機構の掲げる目的としてこれはけっして平凡なものではない。一つには、民主主義はともかく、法の支配の確立を活動の目的に掲げる機構が、CoE 以前はほとんど存在しなかったからである。もう一つには、それが単に抽象的な目的の羅列なのではなく、少なくとも人権保障の分野において、CoE はこの《法の支配のための法的統合》を実施する仕組みを備えるに至ったことである。筆者が《人権保障の共同体》と呼ぶこの機構の仕組みがどのようなものであるか、次にそれを概観する。

## 3　人権保障の共同体

　CoE 加盟国が締結した 200 以上の条約の一つに、よく知られた欧州人権条約(「人権と基本的自由の保護に関する条約」= 1950 年署名・53 年発効)がある。その後追加された 17 の議定書(2016 年現在。一部未発効)とあわせて、この条約体制は国際法上も画期的な人権保障装置を生み出してきた。条約の保障した人権は、生命に対する権利、拷問もしくは非人道的処遇からの自由、公正な裁判を受ける権利、思想および良心の自由、表現の自由など、いわゆる「市民的政治的権利」に属する権利および自由である。これに加えてのちの議定書では、財産権や教育権の保障といった、いわゆる社会権に属する権利が追加されたほか(第1議定書)、自国からの追放の禁止(第4議定書)、死刑の廃止(第6および第13議定書)などが定められた。

　これらの人権の保障を実効的にするために、条約は当初、二つの機関を中軸とする保障装置を設けた。一つは欧州人権委員会(以下「委員会」)、もう一つは欧州人権裁判所(以下「裁判所」)である。委員会は欧州人権条約当事国と同数の委員からなる独立の(超国家的な)機関だったが、1998 年に廃止された。また人権裁判所は、CoE 加盟国と同数の裁判官からなり、議員総会がその選任にあたる。言うまでもなくこれも、加盟国の国家代表ではない、独立の超国家的な人員からなる機関である。

　1998 年に廃止されるまで、委員会は他に例を見ない大きな役割を果たして

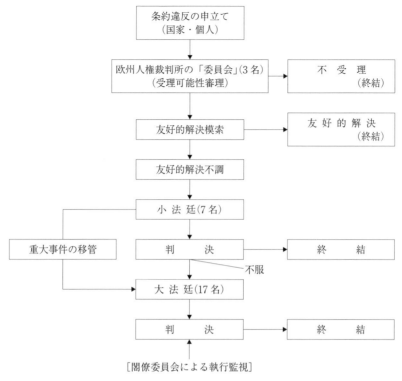

図 4-4　欧州人権条約の保障メカニズム

いた。条約違反の申立てを受けて受理可能かどうかを審査し、訴えた国家あるいは個人と訴えられた国家の間に立って「友好的解決」をはかること、ならびに違反の事実を CoE の機関である閣僚委員会に報告したりすることである。委員会への申立ては、個人(非政府団体および個人の集団を含む)にも認められていたが、条約当事国は自由に申立てができるのに対し、個人申立てはそれを認める当事国を相手どって行う場合のみが許されていた(いわゆる「選択制」)。委員会段階で解決のつかない事件は、裁判所に付託されて裁判されるか、あるいは閣僚委員会に送付されて決定される。ただし個人に出訴権はなく、国家の場合も裁判所の管轄権を認めるかどうかはいちおう選択制になっていた。

　1998 年 11 月に発効した第 11 議定書により、以上の保障手続きは抜本的に変えられ、現在は図 4-4 に示したような仕組みになっている。以前と比べてと

りわけ大きな変化は、以上のように大きな役割を果たしてきた超国家的な委員会が廃止された点である。だがそれは、個人までもが委員会という国際機関に直接に人権侵害の申立てを行うことができる、画期的な制度をやめたということではない。委員会の機能を裁判所が吸収し、裁判所に一本化したということなのである。

しかもそれによって、条約当事国はむろんのこと、個人も直接に裁判所に人権侵害の申立て(出訴)をすることができるようになった。加えて、個人の申立てに対して裁判所が管轄権を有するかどうかも、以前のように条約当事国の選択にゆだねられることがなくなった。条約当事国は個人の出訴を「けっして妨げてはならない」(条約第34条)のである。こうして、個人の出訴に対して強制管轄権を持つ国際人権裁判所が誕生することになった。なお、これは以前も同様だったが、この場合個人は、他国だけでなく自国を相手どって訴えることもできる。同様に個人が出訴権を持つEU司法裁判所の場合との、大きな違いである。むろん、その場合個人は、あらかじめすべての「国内的救済措置」の利用を尽くしてからでなければ裁判所に出訴することができない。

裁判所への申立ては以下のように処理される。

①ある申立てが受理可能であるかどうかの判定は、個人からの申立ての場合は3名の裁判官からなる「委員会」(以前の人権委員会とは別物である)が、その「委員会」が決定しない場合および国家からの申立ての場合は、7名の裁判官からなる「小法廷」が行う(条約第28条・29条)。

②受理されれば裁判所は、以前には人権委員会が行なっていた「友好的解決」を試みる。それが得られれば事件は終結し、得られない場合には小法廷が判決を下す(条約第38条・39条、および第29条)。

③その判決に不服な当事者は更に、17名の裁判からなる「大法廷」に事件を付託するよう請求することができる。大法廷の審査部会が付託を認めれば、大法廷は判決を下す(条約第43条)。小法廷の判決前でも、欧州人権条約との関連で重要性の高い問題があれば、小法廷は大法廷に移管することができる(条約第30条)。

④大法廷の判決はむろんのこと、大法廷に付託されない場合の小法廷の判決も最終的であり、係争の当事者である国家は判決に従わなければならない(条

約第44条・46条)。

　なお、以前は準司法的な権限を与えられていた閣僚委員会も、改正後は「決定」を行わず、裁判所の最終判決の「執行を監視する」ことがその任務となった(条約第46条2項)。裁判所の司法的判断と政治的機関(閣僚委員会)の準司法的判断との二本立て方式が、これでいちおう解消されたことになる。

## 4　成果と新展開

　旧人権委員会への侵害申立ては、旧制度最終年の1997年には年間1万2000件にものぼっていた。そのうち旧委員会に受理されたのは、1981年には404件だったのが1997年には4750件にまで増えている。裁判所に付託される事件も、81年の7件から97年には119件へと増加した。新制度に移行してからも申立ては増え続け、1959年の裁判所設立から2015年までの間に裁判所に受理された件数は67万4000件にのぼり(不受理も64万5000件)、うち1万8500件に対して裁判所自身が判決を下している(「欧州人権裁判所概観1959-2015」)。

　件数の多さがただちに成功を証明するわけではないが、少なくともそれだけの繁忙をもたらすような制度的進展はあった。進展というのは、人権侵害の被害者たる個々人の保護をしやすくする方向での変化という意味である。旧制度のもとですでに、国家による人権侵害を超国家的機関たる旧委員会に申立てることが可能になり、しかも、選択条項の制限つきとはいえ、個々人にもそれが認められていた(現実に多数を占めるのはこちらである)。同様に選択条項の制限つきだが、人権侵害を申立てられた国が国際裁判所で裁判される道も開いていた。個人に出訴権はなかったが、実は旧委員会が個人に代わって出訴するという方法は実践されていたので、結果において大差はない。そして新制度のもとでは遂に、個人の申立て権も出訴権も、国家に対する裁判管轄権も、一切の制限がなくなり、ヨーロッパの人権保障は超国家的に一元化されたのである。

　すでに膨大な数にのぼる、旧委員会の「結論」(違反の有無の認定)および裁判所の判決をこの概説書で紹介することはできないが、この保障制度のもとでなされた処理が国際人権法の発展という観点からも重要なものが多いことだけは指摘しておかなければならない。たとえば武力紛争の続く北アイルランドの

「テロリスト」の処遇に対して、拷問や非人道的待遇などの認定をした事例などである（言うまでもなく、すべての事例で訴えた個人の側がその主張を認められるわけではなく、それが退けられることも多い）。より最近の例では、2005年2月、チェチェン共和国におけるロシア軍の行為が、生命に対する権利の保障（条約第2条）や拷問の禁止（同第3条）などの規定に違反する旨、裁判所が複数の原告の訴えを認めた例もある。国際社会が全く手出しできないかのように思われている武力紛争についてさえ、この制度の中では一定の保障がなされているのである。

　それに関連する新展開として、21世紀に入ってから米国等の主導で展開され始めた「対テロ戦争」および、それへの国連による措置である「テロリズム対抗措置」(counter-terrorism measures)との関連において、この人権保障機構が一定の役割を果たし始めた事実にも言及すべきであろう。国連の制裁措置、とくに安保理の管轄下で個々の人間や団体に対して「標的制裁」(targeted sanctions)が活発に行われるなか、人権の侵害も発生しやすい。安保理による権力行使という、権力制御が及びにくいこの問題について、標的となった個人や団体が制裁を実施したCoE加盟国を相手取って訴え、人権侵害の主張が認められた事例がすでにある（2012年9月のナーダ事件判決＝スイスの人権条約違反を認定）。更に、米国によって行われた「テロ容疑者」の不適法な国際移送（「特別移送」）に関連し、それを受け持ったマケドニアの人権条約違反が認定された（2012年12月のエル・マスリ事件判決）。また、2003年の米英両国等による対イラク戦争との関連では、その武力行使において文民の殺害あるいは違法な抑留を行なった英国が訴えられ、その条約違反が認定された（2011年7月のアル・スケイニ事件判決およびアル・ジェッダ事件判決）。

　こうした傾向は、地域的機構の人権保障制度が、国連安保理による権力行使を（間接的にではあるが）法的に監視および制御し、軍事大国の武力行使による人権侵害に法的救済を与えようとするものである。それは国際的な危機事態のなかで肥大した安保理（および超大国）という国際権力に対し、法的に可能な範囲で不服従する行為であるとも見られるし、その限りで《地域的機構による普遍的機構（およびそこで支配的な軍事大国）へのコントロール》だとも言える。権力志向的な伝統的国際法に対する異議申立てであり、一種の国際立憲主義の潮流として注目に値する（この点に関し詳しくは、最上2012①②; 2013; 2014を参照された

い)。

　もう一つ、この制度の重要性の例証として、旧人権委員会や裁判所の判断を受けて CoE 加盟国が国内法を改正した例も多いことを付け加えておくべきであろう。具体的にはベルギー(刑法および浮浪者関連法規＝浮浪者等の予防拘禁に関連して)、ドイツ(刑事訴訟法＝勾留手続きに関連して。また性転換承認に関連する諸法規)、オランダ(軍法会議規則＝その罰則に関連して)、アイルランド(法的扶助法の制定)、スウェーデン(公用収容に関する規則の制定)、スイス(軍刑法＝軍法会議手続きなどに関連して)、フランス(電話通信の保護に関する規則の制定)などである (Shelton 1999: 159-160)。こうして CoE では、条約を通じて法的統合を進めるだけでなく、司法的判断を通じて国内法が均質化されるということも進みつつある。

　また、この問題とも深く関連するが、21世紀に入って「パイロット判決」と称する手続きも用いられるようになった。これは主として人権保障制度の未整備な旧ソ連・東欧圏諸国の加盟を契機として、国家の法制度や行政機構に起因する「構造的人権侵害」と呼ばれる人権侵害(たとえば特定の民族集団の土地所有権が全体的に否定されているなど)の事例が増えたため、類似の事例を最も典型的なものから順に処理して他の事例のための先例(「パイロット」)とし、また、条約違反を認定された国が取るべき措置を判決中に指示する方法を指す。2004年にその趣旨の最初の判決が出され(ブロニオフスキ対ポーランド事件)、2011年にはこの判決手続きを明文化する規定が裁判所規則第61条に盛り込まれた。「構造的または体制的問題、その他類似の機能不全に起因する」違反申立てに効果的に対処することを目的とするものであり(同条第1項)、この機構の人権保障体制がたんに加盟国の人権侵害を監視するだけでなく、加盟国間に均質な人権保障体制を広げ、共通の法文化を築き上げようとしていることを象徴している(European Court of Human Rights 2014)。

　なお、以上の保障装置は欧州人権条約ならびにその議定書の実施のためのもので、社会権全般については、人権条約とは別建てで1961年に「欧州社会憲章」という条約をつくっている(96年改正・99年発効)。保障されるのは、住居に対する権利、健康に対する権利、教育に対する権利、女性や子供や高齢者の保護などである。基本的に加盟国が CoE に毎年実施報告を行うだけの方式だ

が、1998年から「集団不服申立て手続き」という新しい手続きが導入された。これはCoEに承認された一定のNGOなどが、社会憲章を適正に実施していない国についての不服を申立てる制度である。それを審査するのは欧州人権裁判所ではなく、社会憲章によって設置された「欧州社会権委員会」という独立の機関で、この機関は審理の結果をCoEの閣僚委員会に送付する。閣僚委員会は必要に応じて、申立ての対象となった国に是正措置などを勧告する。欧州人権条約との重複や、権利の種類によって保障手続きが異なることなど、問題点もなくはないが、人権裁判所が負担過重になっている現実に照らすなら、権利保障の仕組みが拡充される改革としては評価すべきものであろう。

なお1999年からは、「CoE人権弁務官」という職も創設された。違反を審理し裁くための機関ではなく、全般的に加盟国の人権保障状況を日常的に監察する独立の機関である。個別の事例に即してではない、一般論としての意見表明をすることはある。

## 5　他の国際機構との関係

### (1) 国連の保障装置との関係

国際人権規約のうち、市民的および政治的権利に関する国際規約（「自由権規約」）は、内容的に欧州人権条約と重なる部分が多い。その違反に関する申立て（「通報」）は規約の実施装置たる「規約人権委員会」に対して行うが、同委員会がその通報を受理する権限があるかどうかは、各当事国の選択に任されている（申立てを一当事国が他の当事国について行う場合は自由権規約第41条、個人が規約当事国に対して行う場合は同規約付属の選択議定書）。ところで、もしこの選択条項および選択議定書をいずれも選択している国が欧州人権条約の当事国でもある場合、それらの国々相互の関係において、一国が他国の人権侵害を申立てたり、そのうちの一国による人権侵害を個人が申立てようとするとき、それらの国または個人は、規約人権委員会と欧州人権裁判所（かつては欧州人権委員会）のいずれに対しても申立てができることになる。こうした管轄権の競合はどう処理すべきだろうか。

まず国家間の申立てに関しては比較的簡単であり、この場合、原則的に欧州

人権条約の手続き(以下、「欧州手続き」)が優先するとみてよい。すなわち、同条約第55条において、特別の合意がないかぎり加盟国は、欧州人権条約以外の条約等による手続きを「利用しないと約束する」としているからである。自由権規約のほうも「規約の実施に関して規約に定める以外の手続きを利用することを妨げない」旨の規定(第44条)を設けているから、欧州手続きが優先すると考えてよいだろう。それがCoEの公式見解でもある。さらに、そうして欧州手続きに訴えて満足のいく結果が得られなかった当事国が、次にいわば「控訴」のようなかたちで国連の手続き(以下、「国連手続き」)に訴えることも許されない。欧州手続きにおいて裁判所の判決は終結とされているからである(前述)。

次に個人からの申立てについては、欧州人権条約も特に他の保障手続きの利用を控えるべきことをうたっていないため、欧州手続きと国連手続きのいずれを用いるかは、原則として個人の選択に委ねられているとも言える。ただ、そうだとしても、それは無制限な選択権ではない。一つには、「すでに他の国際的調査もしくは解決の手続きに付託された事案」を欧州手続きに付託することはできない(欧州人権条約第35条2項b)からである。もう一つには、先に欧州手続きに付託された場合は、それが審理されている間は国連手続きに付託することができない(自由権規約選択議定書第5条2項a)。ただしこの限定は、いま現に審理されていないということだけだから、欧州手続きの終了後ならば、規約人権委員会は申立ての受理が可能になる、と解釈することも可能である。ただこれは欧州手続きの法的安定性にとって不都合だから、CoE法律委員会はかねてより加盟国が自由権規約選択議定書を受け入れる場合、欧州手続きですでに審理された事案に対して規約人権委員会の管轄権が及ばないものとする旨の留保を付する、という方針を立てていた。旧制度時代の方針だが、今後もこの原則に従って制度の安定性が確保されるものと考えられる。

### (2) EUと欧州人権条約

EU構成国はすべてCoEにも加盟しているが、その場合、EUという機構自身も欧州人権条約に拘束されることになるのだろうか。全構成国が同じ一つの条約に拘束されているのだからEUという機構自体も立法や執行面でその条約に拘束されるとみなすべきだ、という説はかねてからあった。もっとも、EU

加盟国すべてが当事国となっている条約は、国連憲章など他にもかなりあるから、この論理を適用すればEUが「当事者」となる条約がいくつも現れることになる。その点でこの議論には現実的な無理が多かったが、やはり欧州人権条約がEU(およびCoE)加盟国にとって共通の法理念を体現するものだとして、格別の地位を与えようとする志向が働くためか、EUの側もこの論点を無視することはなかった。EU自身がこの条約の当事者であると言明することは避けたものの、1977年4月、欧州人権条約に関する欧州議会・理事会・委員会の共同宣言というかたちで、同条約に規定された人権が至高の重要性を持つものであること、および、3機関がみずからに与えられた権限を行使するにあたりこれらの人権を尊重し続けることをうたったのである。その後も欧州人権条約への関与は進展し、マーストリヒト条約で人権条約の規定を「共同体法の一般原則として尊重する」とした後、リスボン条約での改正によって、連合はついに人権条約に「加入する」ことになった(欧州連合条約第6条2項)。それは国際機構が人権保障条約に加入したという以上に、EUがいっそう国家に類似する存在に近づいたことを意味する。こうして欧州人権条約および各国憲法の保障する人権は、「連合の法の一般原則を構成する」ことになった(同3項)。

＊

以上のようにCoEは、広範な条約網を形成することによる《法的統合》を実行すると同時に、世界でもまれな実効的人権保障装置を設けることにより、加盟国間の関係を《人権保障共同体》とでも呼びうるものに育て上げている。人権という分野に特化してはいるが、それに関する限りではかなり超国家的でもある。その点でこの機構は、統合論の観点からも注目されてよい。とりわけ、この機構における「超国家性」が、たんに個々の国家の権限を国際機構のうちに集権化し、当該国際機構が国家あるいはその国民に命令を下す権力を保持するようになるというより、むしろ、(民主主義政体においては真の主権者であるはずの)個人の人権を擁護し保障する、という意味での「超国家性」である点である。超国家的機関を作って主権国家を制度的・構造的に融合するかどうか、単一の法を制定するような法的統合をするかどうか、といった点だけにとらわれるのではない、幅の広い統合論が必要であることを、CoEの例は明らかにしている。

## IV 北欧共同体──非超国家的統合のかたち

### 1 北欧共同体とは何か

　本章第II節で超国家性パラダイムを批判し、超国家性だけが《統合》の指標ではないと述べた。そうであるなら、それ以外の統合とはいかなるものであるのか。前節で見たCoEは、機構全体としてはその問いへの一つの答を示したが、人権保障に関しては高度な超国家性を達成したため、変則的な超国家的統合だとも言える。では、EUとは根本的に異質な統合体はないのか。それを考察するための素材として、この節で北欧共同体を検討する。

　北欧共同体とはスウェーデン・デンマーク・ノルウェー・フィンランド・アイスランド5カ国の協力関係である。もっとも「北欧共同体」とは実在の法的組織ではなく、これら5カ国の協力関係の総体を指す便宜的名称にすぎない（広報文書などでは用いられている）。すぐあとで見るように、これらの国々の間には「北欧審議会(Nordic Council)」という国際機構があるから、制度論的にはそちらの名称を用いるべきかもしれないが、そういう形式的制度を超えた広がりがこの国々の協力関係にはあるので、あえてこの便宜的名称を用いておこう。なお北欧審議会は、その協力関係に参画する「代表者」（「加盟国」と呼ばない点に注意してほしい）の地位を、以上5カ国のほか、デンマークの自治地域であるフェロー諸島、同・グリーンランド、フィンランドの自治地域であるオーランドからの代表に対しても、「本国」に準ずるかたちで認めている。

#### (1) 協力形態

　北欧共同体における協力関係の最も大きな特徴点は、EUのような国家の構造的融合への志向がほとんどないことである。つまり、国々を結びつなぐ機構に対して国家の権限を委譲するとか、国家よりも上位の「超国家」をつくるとかいった試みが、ほとんどと言ってよいぐらいなされていない。

　そのかわりにとられる協力形態は、一般に《並行的国家行為(parallel national

action)》と呼ばれる方式である。並行的国家行為とは、これらの国々がほぼ同時期に同一内容の行為を行うこと、特に同一の(あるいは近似した)国内立法をそれぞれに行うことを指す。後者を特に並行的国内立法と呼ぶこともある(Nielsson 1978: 270-316)。並行的国内立法の場合、立法分野は家族法や財産権法、労働法、更には刑事法関係のこともある。そこにおいては、超国家的な機関が加盟国に共通な(あるいは単一の)立法をするのでもなく、同じ一つの条約を皆が守るのでもない。ほぼ同一内容の国内法を持つことにより、国家としては別々に存在する現実を保ちつつ、北欧社会としては高度な均質性を達成しようとするものと言える。EUの《法的統合第1類型》、CoEの《法的統合第2類型》に対して、《法的統合第3類型》と呼ぶことができる。

### (2) 協力分野

では、主としてこの並行的国家行為という方法によりながら、北欧共同体はどういう分野で協力を進めているのか。1962年に結ばれた「協力条約」(ヘルシンキ条約、71・74・83・85・91・93・95年に改正)によれば、おおよそ以下のとおりである。

①法的協力(条約第2-7条)：市民権法、民事法、一部公法の統一などを目的とする。他国での市民権取得の容易化(現在は7年居住で取得するのが標準)なども含まれる。刑事訴訟法との関連では例えば、一定の犯罪に対しては行為地国以外の国も裁判管轄権を行使できるといった手続きさえ部分的に実現している。

②文化協力(条約第8-13条)：主として教育制度の共通化をはかる。他の加盟国の言語や文化の教育を充実させたり、初等中等教育についてはカリキュラムを近接化し、高等教育については単位の国家間相互認定をきわめて容易にしている。

③社会的協力(条約第14-17条)：共通労働市場の形成と社会保障の共通化を柱とする。締約国国民は他国で労働許可あるいは労働ビザなしでも就労できる。他国に居住しても自分の本国で受給資格のある年金等を受領できることになる。「ある国の国民であること」と「市民としての給付を受けること」とが分離しているわけで、国民国家体制の基本的な前提になにほどか変容をもたらすものである。

④経済協力（条約第 18-25 条）：主として投資の自由化と貿易障壁除去とをめざす。投資の自由化に関しては 1976 年にノルディック投資銀行が設立されているが、のちに述べるように、この分野における協力関係は他の分野に比して地味なものにとどまっている。

⑤交通・通信面の協力（条約第 26-29 条）：締約国間にはかなり古くからノルディック郵便連合およびノルディック電気通信連合が成立しており、郵便・電話ともに国内通信とほとんど変わりない。また 1957 年以来、「ノルディック・パスポート同盟」を実施し、締約国国民の域内移動は通関手続きが不要になっている。その限りにおいて国境は消滅している。EU でもパスポート同盟が成立したが、これは EU 構成国民が共通のパスポートを持つもので、その点がノルディックの方式とは異なる。ただし EU も、北欧の後を追うように通関手続きをかなり広範囲に不要にした（シェンゲン協定体制）。

⑥環境保全協力（条約第 30-32 条）：加盟各国は他加盟国の環境に損害を与えぬように配慮するほか、環境保全法制の調和も推進している。

⑦その他の協力（条約第 33-37 条）：「その他」とまとめてはいるが、見落とせない重要性を持つものとして、外交分野における協力がある。その一つは国連等の国際機構や種々の国際会議において緊密な協議を行い、政策面の共同歩調をはかることである。実際にも加盟国の政策一致度はかなり高く、いわば共通外交政策を目立たぬかたちで実行しているものと言うことができる。

もっとも、いくら「あたかも一つの国であるかのように」緊密な関係をつくるといっても、形式的には主権国家のままであるから、協力関係を有形のものにするためにはやはり条約という方法に頼らざるをえない。それを反映し、これら諸国の間では同時に条約作りも進められてきた。主なものを時系列で並べると、共通労働市場協定（1954、1983）、パスポート不携帯同盟議定書（1955）、パスポート（国境検問廃止）同盟条約（1957、2001）、文化協力協定（1972、1990）、母語使用権条約（1987）、労働環境条約（1990）、社会保障条約（1994、2014）、二重課税防止条約（1992）、高等教育協定（1996、2012）、経済自由競争協定（2001、2003）、国籍取得容易化協定（2003）、中等教育協定（2008）などとなる（年度は発効年。年度が 2 つあるものは大改正を経た条約）。

これらの条約や協定の大部分がヘルシンキ条約締結後のものであり、しかも

——協力関係が19世紀に開始されたことに鑑みるなら——かなり最近になってから結実したことに注意しておきたい。つまり北欧共同体における協力は、まず事実的に国家間で始まり、次いでそれを法的に総括する枠組み条約(ヘルシンキ条約)がつくられ、そのあと累積した協力成果を条約化し固定した、という流れなのである。条約が締結されて協力が始まった、というのとは趣きを大きく異にする。

また、こうして条約網を形成する点では、ややCoEの協力方式に近づくことになる。そう見る限りでは、北欧共同体は《法的統合第3類型》に《法的統合第2類型》を加味したものと捉えることもできる。

## 2 北欧「統合」の歴史的経緯

いま見たように、北欧「統合」は実に広範な分野にわたるもので、随所で「国境を無化する」ような進展さえ見せている。にもかかわらずこの「統合」は、西欧統合におけるEUのように超国家性を帯びた中心的機関を持つこともなく、相当に不定型であることをその著しい特徴としている。後述のように、加盟国国会議員を主たる構成員とする《北欧審議会》という地域機構(1951年創設)も存在はするが、それが「統合」の排他的牽引車として機能しているわけでもない。だがこのように不定型な「統合」は、定型化したいのにできないというより、むしろ歴史的な経緯から巧まずしてそうなったという面が強い。あるいは、集権的な定型化をあえて回避してきたと言うべきかもしれないが、いずれにせよその特異な展開はおおよそ以下のように跡づけられる(参照：Nielsson 1978; Sundelius and Wiklund 1979など)。

### (1) NGOの先行

北欧における国家横断的な協力は、まず非政府的な市民レベルから始まった。1860年代から国家横断的な職能団体や利益団体ができ始め、その最初の例は学校教員の連合体であったとされる。70年代には経済学者の連合体、法律家の連合体、鉄道員の連合体などができ、80年代には労働組合の連合体や農業関係者の連合体もつくられた。20世紀に入ってもこの傾向は変わらず、1910

年代には消費者生活協同組合連合や公務員の連合体など、市民生活に関わりが深く、いまなお大きな影響力を持つ組織も登場している。こうして第二次世界大戦の頃までには主要な組織があらかた出そろっていた。

　これらの連合体は共通の関心事を協議し合い、共通の目標を定めて、それぞれの本国に持ち帰って自国法制の整備を求めた。その内容は労働条件の向上や統一化、工業安全基準の制定、商業活動のための他国居住権、学校制度および教科書の共通化、鉄道時刻表の調整など多岐にわたるが、それらの要求が最初に述べた並行的国家行為（特に国内立法）の慣行へとつながることになる。

　こうして北欧「統合」は開始されることになった。興味深いのは、こうして各国社会の融合が進んだにもかかわらず、その過程でこれらの諸国家をも政治的に融合しようとする動きがほとんど現れなかったことである。このように政治統合を求める志向を《理想主義的スカンディナヴィア主義》と呼ぶが、さきに見たNGOのいずれもそれを唱導していない。むしろその姿勢は《実際的スカンディナヴィア主義》と呼ぶべきものだと言われる。つまり、5つの国が分かれて存在するという現実を承認した上で、なお社会生活の分断は克服しようとすることを指す。いわばそれは、民衆の交流と連帯によって国家システムの主権的分断を緩衝することである。並行的国家行為とは、そういう民衆的な基盤に支えられて国家のとる行為にほかならない。

## (2) 政府間協力および議員間協力

　こうしてNGOに端を発した北欧「統合」は、今世紀に入って行政府および立法府という「公的な」次元の協力を巻きこみ始めた。まず1901年に政府間の機関としてノルディック合同法律家委員会が設置され、法的分野の協力を開始する。次いで1906年にはノルディック議員同盟が設立され、「国内法の共通化」への趨勢がいよいよ強まることになった。閣僚級の定期会合も1926年に社会政策担当相によって開始されたが、本格的に制度化されるのは第二次大戦後になってからで、まず1946年に司法大臣の定期会合が開始され、それが更に文部大臣、外務大臣、通産大臣などにも拡張されて行く。

　もっともこうした政府間協力は、NGOという歴史的土台を別にしても、第二次大戦のあと突然に始まったものではなかった。とりわけ外交分野における

協力がそうで、第一次大戦時にはスウェーデン・デンマーク・ノルウェーの3カ国がいわゆる「中立協商」を成立させ、1914年に共同中立宣言を発したりしている。そののちこの3カ国は首相の定期会合も開始し、第一次大戦後に一時中断したが1933年に再開、34年にはフィンランドもそれに参加するようになった。この4カ国もまた、1938年、第二次大戦に臨んで共同中立宣言を発している(ただフィンランドはその後、枢軸側について参戦することになった)。

### (3) 北欧審議会 (Nordic Council)

このような経緯を経て1951年、北欧審議会が成立する(基本条約たる「北欧審議会規程」の発効は52年)。ただそれは政府間国際機構ではなく、各国の国会議員を主たる構成員とする議員間国際機構だった(当初69名、現在87名)。政府代表も会合には参加するが、投票権は議員にのみ与えられるという、あくまで議会人中心の機構なのである。前項でこの機構の「加盟国」という言い方を避けたのはこういう理由による。

審議会の役割は、条約締約国および自治地域の間で協力が望まれる事項につき、各国政府に勧告を行うことである。そこには並行的国家行為も含まれるから、これにより並行的国家行為は一応「公式の」発議母体を持つことになった。もっともそれは、審議会が唯一の排他的な母体になったということではない。伝統的に存在する各種NGOや国家横断的な利益団体など、並行的国家行為の実質的な発議母体が数多く散在する状況が変わったわけではないのである。

こうして北欧審議会という国際機構が成立したが、これが《NGOからIGOへ》という単純な変成ではないことに留意しておく必要がある。なにより、同審議会は各国の議員を主たる構成要素とする機構であって、国際機構といっても純然たる政府間国際機構なのではない。むしろそれは、列国議会同盟(IPU)がそうであるように、概念的には非政府間国際機構(NGO)に分類されうるものである。実際に、国際法人格も与えられていない。その意味で北欧審議会の成立は、《私のNGOから公のNGOへ》という変化と見るほうがより精確であろう。

1951年につくられたこの機構の目的や活動対象を明確化するために結ばれたのが、62年のヘルシンキ条約(前出)である。71年、それに初めての改正が

施されたが、その際に北欧「統合」の制度枠組みにも大きな変化がもたらされることになった。その時につくられ、現在もなお用いられている制度構造とは、おおよそ次のようなものである。第一に、北欧審議会という機構の本体は、それまでと同じく各国議員を主体とする機関であり、全体総会(Plenary Assembly)、1名の議長および1名の副議長と12名の幹部で構成される幹部会(Presidium)、そして6つの常設委員会からなる。政府代表も審議に参加し、議決を提案する権利を持つが、全体総会がおこなう審議会の意思決定(勧告)においては、従来どおり投票権を有しない。第二に、審議会とは別に北欧閣僚理事会(Nordic Council of Ministers)という機関が設置されることになった。これは文字どおり各国閣僚(あるいはその代理)によって構成される機関であり、前述の協力分野に関し、一国一票・全会一致の原則に従って拘束力ある議決を採択することができる。こうして北欧「統合」は、NGOによる民間の次元および議員間の次元に加えて、政府間の次元をも公式に備えることになった。北欧審議会、北欧閣僚理事会ともに、本部(事務局)はコペンハーゲンに置かれている。

　1971年のこの変化は、ある意味できわめて非北欧的な面を持っていた。一つには政府間の常設的機関を設置した点において、もう一つにはその機関の議決に(条件つきながら)法的拘束力を与えた点においてである。いずれの点も、それまでの北欧協力が極力避けてきた種類の「制度化」にほかならない。もっともこうした「制度化」も、広範な権限を持つ政府間機関や、政府間主義を超える「超国家的な」機関をつくりだしたEUのそれに比べるなら、まだ相当にゆるやかではある。

### (4) 超国家化の抑制とその理由

　このように北欧「統合」において、政府間レベルの集権化あるいは超国家化が、(少なくともEUと比較するならば)低度であることの理由としては、主に以下の三点が挙げられよう。

　第一に、EUとの歴史的条件の違いである。創設以前から何らかの「ヨーロッパ合衆国」を建設しようとする政治的意思があったEUに対し、北欧の場合はそういった構想がほとんどなかった。国家融合の思想なしに国家間協力が超国家化するということは、およそ考えにくい。

第二に、北欧においては閣僚間の公式・非公式な接触が日常的になされているという事情もある。もしそういうチャネルが十分であるなら、あえて制度構造の堅固な地域的政府間国際機構をつけ加える必要には乏しい。加えて、そもそも北欧諸国民の間には、政府間機構の設置や強化はものごとを複雑化するだけであり、しいてそれを求める必要はないとする考えが強いとも言われる。それは「反超国家化」以前の文化的消極性である。

　第三に、超国家的な制度構造を持たないことにむしろ利点を見いだしている、という指摘もなされる。つまり、機構が超国家的になるということはその意思決定が強い拘束力を持つということだが、それは機構における協力関係を不可逆にするものでもある。そうした不可逆性は、一方で協力関係に最高度の安定性をもたらすものであると同時に、他方で、のちに自国に不都合をもたらすかもしれない意思決定への消極性をも生み出しうる。そうであるなら超国家的な機構づくりはむしろ最初から避けておくほうがよい、という判断が北欧には潜在的にあるとも言われる。機構による束縛がなければいつでも解体しかねない国々の場合ならばともかく、強い信頼関係に根ざした安定的な協力を保っている国々の場合、そうして束縛を最小限に抑えようという考え方には一定の合理性があると言えよう。

## 3　北欧「統合」の特徴点——不定型な「統合」は統合か

### (1) 軍事と経済の除外

　北欧地域における協力関係には、以上の点に加えて二つの特徴がある。その一つは、協力分野から軍事的安全保障が除外されていることである。前に見た協力条約においても、それは全く言及されていない。もっとも歴史的にこの分野における協力への志向が何もなかったわけではなく、実は北欧審議会の設立に先立つ1948年から49年にかけて、スウェーデンの提唱で「スカンディナヴィア防衛同盟」(スウェーデン・デンマーク・ノルウェー)の設立が協議されたことはある。だが、より大きな西側同盟、すなわちNATO(北大西洋条約機構)との関係をどのようにするかで意見が一致せず、この構想は実現せずに終わり、それ以降この分野での協力には消極的なままできた。

ただ、軍事面の協力が除かれているといっても、それは地域同盟的なものの形成に関してだけであって、より普遍的な安全保障についての協力はまた別である。アイスランドは別として、他の4カ国が国連の平和維持活動に対して積極的であり、共通の訓練機関を持ち、平和維持活動のための国連待機軍の設置についても足並みを揃えていることはよく知られている。更に、2009年には防衛省間合意により、ゆるやかな防衛協力のための「ノルディック防衛協力」の仕組みを発足させた。

　もう一つの特徴点は、EUの場合にはまさに核心的な分野であり続けた経済統合が、北欧の場合には少なくとも核心ではなかったという点である。これにも失敗の歴史があり、1950年と57年には「ノルディック関税同盟」の設立が、また69年には「ノルディック経済同盟」の設立が、それぞれ交渉されている。前者はフィンランドとアイスランドが交渉への全面参加を拒み、より多数国間の欧州自由貿易地域（EFTA）の成立とともに立ち消えになった。後者も最終的にフィンランドが条約案への署名を拒否して不成立に終わった。いずれの場合も、関税同盟あるいは経済同盟が排外的であること、あるいは自国の中立性が損なわれることを、特にフィンランドがおそれたことが原因だとされる。いずれにせよこうして、経済はこの地域における協力の中核的な部分ではなくなった。

　わずかに、1967年に工業製品の関税が全廃されているが、それとても無関税地域が成立したにすぎず、対外共通関税を持つ関税同盟になったわけではない。EUに限らず、他の地域「統合」のほとんどすべてがとりあえずは経済分野から出発していることを考えるなら、こうした経済の閑却は北欧「統合」の顕著な特性だと言えよう。

### (2) 非超国家性あるいは不定型性

　上の特徴点も注目に値するが、それ以上に本質的なことは、前にも見たように北欧地域における協力関係がまずNGOに始まり、それが議会（議員）間の協力へと制度化され、更に政府間の協力の次元へと拡大してきたという点である。それをひとことで《下から上へ》の発展過程と呼んでもよい。EUにおいては逆に《上から下へ》の過程であり、まず政府間の機構がつくられ、その機構がある

意味での超国家性を与えられ、そうして国家融合的な試みが本格化したあとで「ヨーロッパ市民社会」の形成へと転位した。北欧の過程はそれと好対照をなしている。しかも北欧の場合、《上へ》とはいっても、EU の過程を逆方向にたどって超国家的・国家融合的な機構へと到達したわけでもない。《下》は相変わらず原基として残っているのである。

その限りにおいて北欧「統合」はまた、きわめて不定型なそれでもある。統合の定型性は、国家の立法および行政機能が国際機構の中に吸収されることによって決定づけられるだろう。だが北欧の場合、仮に「統合」と呼ぶとしても5つの国の自律と独立と主権の存続を前提とした「統合」であり、国家の融合ではなく社会の融合をもたらすようなそれである。北欧審議会を設置し、北欧閣僚理事会も設置したが、それらを超国家的にすることには一貫して否定的であり続けた。古典的な統合概念（＝国家性の国際機構への埋没あるいは国家主権の国際機構への委譲）に照らすなら、それはほとんど概念矛盾に近いとさえ言ってよい。

このような状況を考慮して《蜘蛛の巣状統合（cobweb integration）》といった呼称を与える論者もある（Andrén 1984）。EU の理事会や委員会のような「中心機関」を欠く現実をとらえる点で、また単に中心のない多角形（この場合五角形）ではなくその内部にも協力の網の目がはりめぐらされている、という認識である。おおむね適切な表現と言えよう。

だが重要なのは、加盟国（政府）間の結びつきの態様がどのようなものであるかということ以上に、複数の国家社会の結びつきがどのように変容したかということではないだろうか。統合と言うとき、ともすれば「諸政府の統合」のみに向けられがちだが、むしろ「諸社会の統合」に目を向けることも必要である。そして、社会生活の多くの面で国境が稀薄化し、人々が他国でも市民としての権利を享有しやすくなっている点で、北欧地域は高度な「諸社会の統合」を遂げた例と見ることができる。それが具現しているのなら、「諸政府の統合」を伴っているかどうかは、必ずしも本質的なことではない。とりわけ、その地域の国家間・社会間に安定的な「不戦共同体」が成立したと見られる場合にはそうである。EU についても述べたように、それこそが地域統合という営みの根底にある目的の一つだったからである。

むろん、そのように不定型であり、かつ国民経済の統合を志向しないことの結果、そこでの国々の結びつきにはそれなりに脆弱な面も残ることにはなる。とりわけ、より定型性の高く経済的一体性の強い統合体と接触した場合に、その脆弱さが表れるかもしれない。デンマークに次いでスウェーデンおよびフィンランドがEUに加盟したことの意味も、まさにそういう点にある。そうではあるものの、北欧地域に独特の「統合」が現出したという事実に変わりはない。そしてその「統合」は、EUとは違った態様で政府間の統合を実現したものというより、EUとは違った次元で統合を達成し、EUと同等あるいはそれ以上に統合の目的を実現したものと見ることも可能である。

## V 地域主義の普遍化と多様化

### 1 地域主義の普遍性——軍事から経済へ、北から南へ

　この章の冒頭で述べたように、20世紀は国際機構の時代であるとともに、その後半は地域的機構の時代でもあった。地域主義の隆盛はいまも続いている。それが何をテーマとする地域主義かについては時代によって違いがあるが、誰による地域主義かについては時代による違いがない。すなわち、軍事的・経済的な強大国も弱小国も、という特徴である。強者であれ弱者であれ、普遍的にそれぞれの地域主義を追求してきた。

　それを巨史的(マクロヒストリカル)に眺めるならば、こういう捉え方ができるかもしれない。つまり20世紀前半、国際連盟を皮切りに国連および国連システムの世界的機構がつくられ、普遍主義への潮流はピークに達したが、世紀の後半にその潮流の修正が始まった、ということである。こうして、世界の分断を克服すべく国際機構という営みがなされてきたが、今度は地域的国際機構によって世界が再び分断され始めた。

　もっともそれは、《分断され、それゆえに抗争する》という図式では必ずしもない。たしかに、他陣営の組織化に対抗して自陣営でも組織化するという例が、冷戦時代にはしばしばあった(本章第Ⅰ節参照)。しかし地域的機構のすべてが

対抗を目的につくられるわけではなく、ましてや各機構が必ず対立を生むわけでもない。その意味でこの新たな「分断」は、単純な《国際機構以前》の世界への回帰なのではなく、普遍主義では達成できない目的を達成するための、普遍主義の「修正」と見るべきだと思われる。そしてそこにおける二大潮流は、軍事分野から経済分野への移行と、「北」の国々から「南」の国々への遷移である。

第二次大戦後の地域主義は、まず軍事・防衛分野から始まった。ヨーロッパでは、西側陣営の北大西洋条約機構（NATO・1949）および西欧同盟（WEU・1955）、東側陣営のワルシャワ条約機構（WTO・1955-91）が結成され、相互に対抗した。アメリカ大陸においては米州機構（OAS・1948）がつくられ、それ自体が集団安全保障および集団的自衛権の実施を任務に持つ（OAS憲章第28条・29条）とともに、前年の1947年に締結された全米相互援助条約（リオ条約・1947）の運用のための機構にもなった。中近東やアジアもこの潮流の例外ではなく、中央条約機構（CENTO・1955-79）や東南アジア条約機構（SEATO・1954-77）などがつくられている。それは国連の集団安全保障体制があまり期待できず、かつ国連憲章が集団的自衛権をはっきりと認めたことの結果であり、冷戦的対峙に対する諸国の自然な反応だった。

軍事・防衛分野に続いて（あるものは重なりながら）登場してきた地域的機構は、経済分野におけるそれである。前述のようにヨーロッパでは、西側に欧州経済協力機構（OEEC・1948-61）に次いで欧州石炭鉄鋼共同体（ECSC・1951）、欧州経済共同体（EEC・1957）がつくられ、東側では経済相互援助機構（CMEA・1949-91）がつくられた。さらに、植民地独立ラッシュが起きた1960年代以降、南側にも経済協力を目的とする機構が、徐々につくられ始める。グアテマラなど7カ国からなる中米共同市場（CACM・1960-69、1991年からは中米統合システムCAISまたはSICA）、カリブ自由貿易地域（CARIFTA・1965）、東南アジア諸国連合（ASEAN・1967）などである。

更に、冷戦も中盤すぎ、1970年代以降になると、南側の地域的機構が噴出し始めた。とくに冷戦終焉後の1990年代以降にそれがいちじるしい。まずラテンアメリカでは1973年、CARIFTAで協力関係を築いてきたカリブ地域14カ国がカリブ共同体（CARICOM）を設立して、加盟各国の経済力と生活条件の

向上を目標に掲げた。次いで 1991 年、ブラジルやアルゼンチンなど 4 カ国が南米南部共同市場(MERCOSUR、ブラジルでは MERCOSUL)を設立する。また 1996 年には、ペルーなどアンデス地域 5 カ国が、1969 年に締結したカルタヘナ協定を発展させてアンデス共同体(CAN)を設立した。同じ 5 カ国はそれに先立つ 1992 年、共同体の目標としてのアンデス共同市場(ANCOM)構想に合意していて、アンデス統合システムの名のもとに経済統合を目指している(Braveboy-Wagner 2009: 130)。

アフリカでは 1975 年、ガーナやナイジェリアなど西アフリカの 15 カ国が西アフリカ諸国経済共同体(ECOWAS＝仏語に基づく略称は CEDEAO)を設立した。関税同盟の結成を目ざす統合志向の機構である。加えて 1992 年にはタンザニアやナミビアなど南部アフリカ 14 カ国が南部アフリカ開発共同体(SADC)を、また 1994 年にはザンビアやケニアなど東部および南部アフリカ 20 カ国が東部南部アフリカ共同市場(COMESA)を設立した。SADC と COMESA の加盟国はいくつか重複している。

こうして EU の成功に触発され、かつ国連を中心とする普遍的な開発システムの不十分さに後押しされて、次々と経済協力ないし経済統合の機構が世界各地域につくられた。21 世紀に入り、その流れは更に強まっている。むろん、そのどれもが EU のように順調な発展をとげるわけではない。まして単一国家に近づくような種類の「統合」をなし遂げるわけではない。しかし、これまでたどってきた道が平坦ではなくとも、南の国々はこうした地域的機構の建設を続けるであろうと南側機構の専門家は言う(例: Braveboy-Wagner 2009: 216)。こうした地域的多国間主義が最も実際的かつ低コストだと知ったから、というのがその理由である。加えて、こうした機構作りが地域ごとのアイデンティティの形成に寄与したが、それは大国を頂点とする世界的ヒエラルキーが残存するなかで、いや、むしろそうであるからこそ、意味を持ち続けると言う(同)。

他面で、南側の機構は、必ずしも経済力が十分ではなく、それぞれに安定的でない政治軍事状況の中にあるから、機構運営にもしばしば試行錯誤が見られる。たとえば ECOWAS は、ようやく 2014 年に対外共通関税を設定したが関税同盟完成への歩みは遅々としている。仏語圏に属する一部加盟国は 1994 年に西アフリカ経済通貨同盟(UEMOA)を、英語圏に属する一部加盟国は 2000 年

に西アフリカ通貨圏(WAMZ)を設立するなど、単線的ではない錯綜した展開をしているが、他方で地域的安全保障面の活動では、ECOWASはアフリカでも目立つ存在になり始めた。この機構で1978年に不侵略議定書を、1980年に相互防衛援助議定書を締結した頃からである(Braveboy-Wagner 2009: 156)。とりわけ1990年代にECOMOG(ECOWAS停戦監視グループあるいはECOWAS平和維持軍)を設置し、内戦の続くリベリアやシエラレオネに派遣してこの分野への積極性が顕著になった。兵力面でも資金的にもナイジェリアに大きく依存しているため、それについては批判もあるが、他方、1997年のシエラレオネでの活動の際は国連安保理決議により臨検の実施を授権されるなど、国連の平和活動の一翼を担うまでになってもいる。

OASもまた、一点においてもともとの構図からは離脱する面を持つ。元来、米国という超大国が軸となり、ラテンアメリカの国々を糾合してつくられた《覇権糾合型》の機構(次章参照)だが、必ずしも常にそのままでいるわけではないのである。たしかに1962年にはキューバに対して制裁を加え、同国を機構活動への参加から閉め出す措置をとり、イデオロギー的な行動は見られた。しかし、キューバに同情的な国も少なくなく、1975年には制裁が緩和され、2009年には外相会議においてキューバ締め出しの停止を決定した。1979年にも米国は、ニカラグアでのサンディニスタ左翼政権樹立阻止への支持を得られなかったし、1983年にグレナダに軍事侵攻した際もOASの支持は得られなかった。そのかぎりでこの機構は、単純に「アメリカの裏庭」なのではない(Herz 2011: 18)。

他方でそれは、米国と他の加盟国が対立しているだけの機構なのではなく、地域の平和維持あるいは秩序維持に関してはいくつもの共同行動を起こしている。1991年のハイチにおけるクーデタ後の事後処理、1992年のペルーにおける民主的統治の回復(フジモリ政権の強権発動に対して)、1993年のグアテマラにおける憲法停止措置への対抗措置などがとくに名高い。同じ時期には国連の平和維持活動との合同活動も米国抜きで開始している。次項でも見るように、この《米国抜きのOAS》は、人権保障面でも個性的な地域的マルティラテラリズムを示している。

## 2 地域主義の多様性

### (1) ASEAN のゆるやかな統合

1967年のバンコク宣言によって東南アジア5カ国(インドネシア、マレーシア、フィリピン、シンガポール、タイ)によって設立されたASEAN(東南アジア諸国連合)は、長い間、統合研究における関心の対象として真剣には扱われてこなかった。その最大の理由は、この協力体が(「経済成長の加速」「地域の平和と安全の促進」「社会的・文化的・科学的諸問題の協力」「農業や工業の振興」など総花的な目標を掲げながら)実態としては経済協力に集中し、したがって経済統合のモデルだったEC(現EU)と比較されがちなのに、EC／EUとは制度的・手段的にほとんど共通性がなかったからである。とりわけ、機構が加盟国から権限を委譲されて集権化したり、統一的な法を制定したり、通商や関税分野で機構自身が国際条約を締結したりといった、何らかの意味で「超国家的な」特性は全くといってよいほど備えずにきた。

その後、加盟各国の経済成長促進のための協力はそれなりに行い、実際にもシンガポールやマレーシアをはじめとして一定の成長をとげたが、共通の政策地域としての最小限である自由貿易地域設立合意がなされたのは、ようやく1992年になってからである。その間、無制度的に(de factoに)域内貿易は増加し、貿易全体に占める割合は、輸入と輸出がそれぞれ1960年には9.4%および12.7%であったのに対し、1990年には15.2%および19.0%、2005年には24.8%および26.2%へと上昇している(UNCTAD 2006＝Braveboy-Wagner 2009: 188)。にもかかわらず制度化は緩慢なペースで後追いするのが常で、機構の骨格を定める基本条約、「ASEAN憲章」が締結されたのは、機構発足から40年後の2007年(発効2008年)である。それとても、「組織」についてはASEAN首脳会議を頂点に外交的な調整を恒常的にはかる仕組みにとどまっているし(憲章第4章)、「意思決定」についても「協力の国際機構」における「ゆるやかな意思のゆるやかな決定」を超える要素はうかがわれない(同第7章)。《超国家性パラダイム》に立って評価した場合、ほとんど低評価しか与えられないであろう実態である。

こうしたゆるやかな結合の方式は、一般に「ASEAN 流」(ASEAN Way) と呼ばれてきた。明確な概念規定があるわけではないが、一つの説明によれば、それは協力関係の構築あるいは運用において「コンセンサス発見および協議を重視すること」であり、「相互に受諾可能な合意に達するために政治エリートの個人的つながりに大きく依存すること」だという (Beeson 2009: 21)。その論評が、「《西側の》対決的マルティラテラリズムとは異なって」という注釈を添えていることからも明らかなように、これは EU などを範型とする否定的評価である。結論的にこの論者は、こうした ASEAN 流のやり方では「東南アジアの大部分で一人あたり所得は低いまま、民主主義の確立は不確かなまま、経済発展の難題は重くのしかかったままであろう」と批判している (同: 36)。

　たしかに、各加盟国それぞれの発展にもかかわらず、全体的にはまだ経済的にも政治的にも問題を抱える国が多いが、結合や協力の方式として EU 型の超国家性志向を基準に判断することも実際的ではないであろう。超国家的な機関をつくり、権限を委譲し、超国家的な法をつくれば経済統合や民主化がどの地域でもすべて成功するという保証はないし、そもそもこの東南アジア地域を含む非ヨーロッパ地域で EU 型の制度構築が可能かどうかさえ、政治的には不透明である。加盟国も 1980 年代・90 年代にはブルネイ・ヴェトナム・ラオス・ミャンマー (ビルマ)・カンボジアを加え、「同質的な国々の統合体」というよりも「異質な国々の協力体」という性格を強めた。その難しい条件の中でともかくも協力の仕組みを拡大していることは、ヨーロッパとは異なるアプローチではあるものの、マルティラテラリズムの有用な実践形態の一つではあるであろう。

　なお ASEAN は、まだ制度設計および建設途上ではあるが、2015 年から「政治安全保障共同体」「経済共同体」「社会文化共同体」の 3 共同体を備え始めた。それぞれの分野で長期的に「統合」を進める構想である。また、西欧型人権の保障がまだ不十分とされる加盟国が多いなか、2009 年には ASEAN 政府間人権委員会 (AICHR) が設置され、各加盟国の代表が地域の人権保障について協議を始めた。2012 年には「ASEAN 人権宣言」も採択され、緩慢ではあるがこの分野の努力も開始している。なお、EU 型の統合方式とは異なるものの、「エリートの個人的なつながり」だけで機構運営をしているというのはか

なり不精確であるし、加盟国間の条約および域外諸国との条約は相当な数に上っており、一定の「法的統合」も進んでいると見なくてはならない（参照：http://agreement.asean.org; Cremona et al., 2015: esp. Appendices）。

### (2) OAS と AU における人権と司法の地域主義

地域主義は地域ごとの実情に合わせた機構作りをする。他方で、普遍的国際機構と似たような目的や構造をもち、その意味で普遍的国際機構の地域版ともいうべき機構も現れる。OAS（米州機構）や AU（アフリカ連合）がその典型例である。同時にこれらの機構は、地域機構であると同時に理念の面の普遍主義、とりわけ人権観念を核とするそれを体現する機構でもある。いずれもそのための裁判所まで備えていて、いわば CoE（欧州評議会）の他地域版であり、裁判所重視という点では EU とも共通性を持つ。人権を重視し、そのために司法機関を育てるという、地域主義における普遍性の潮流と言ってよい。以下で代表的な事例を概観する。

#### (a) OAS

OAS は集団的自衛権の行使、紛争の平和的解決、民主主義の伸長、経済協力、開発促進など、広範な協力分野を設定する「総合的国際機構」である。そもそもは米国の主導で設立されたが、いまや完全に米国の指揮下にあるわけではないことは前にも触れた。そのように「米国抜き」の活動として格別の発展を遂げたのが人権保障システムである。

OAS における人権保障システムは、1969 年採択 78 年発効の米州人権条約に基礎をもつ。ただし OAS の 35 加盟国のうち人権条約当事国は 25 にとどまる。加えて、機構の「盟主」たる米国（およびカナダ）は条約当事国ではないから、その意味ではこの人権保障システムはおおむね「南」の機構である。その点を考えると、このシステムは《OAS 人権保障システム》というよりむしろ、《米州人権保障システム》と呼ぶほうが精確かもしれない。

人権条約の実施機関としては、かつての CoE のように、国家から独立の 7 名の委員によって構成される米州人権委員会と、同じく 7 名の裁判官からなる米州人権裁判所がある。ただし前者は OAS 憲章にも OAS の機関と記載され

ているが、裁判所はそうなっておらず、米州人権条約にのみ記載されている。そのことも関係し、委員会はOASと同じ米国のワシントンD.C.に、裁判所はコスタリカのサンホセに置かれている。ただし、その活動には密接なつながりがある。

　条約違反（人権侵害）の申立ては委員会に対して行われるが、個人からの通報（「請願」）は条約の締約国に対し、「いかなる人または人の集団」でもできる（条約第44条）。それに対し、締約国相互間の違反の申立て（「通報」）は、委員会がそれを受理する権限を持つと認めた締約国に対してのみ行うことができる。委員会による処理は、かつての欧州人権委員会と同様、友好的解決をはかることと、それができない場合は違反があるかどうかについての報告を行うことである。そののち事件は裁判所に付託されることが可能になる。出訴権を持つのは条約締約国および委員会のみだが、裁判所の管轄権を認めた締約国に対してしか裁判を起こすことができない（条約第61条・62条）。

　CoEの旧制度によく似た、国家主権の尊重を温存した仕組みだが、地域的人権保障制度としてはそれなりに発達したものと言える。ただ取り扱い件数はCoEに比べればはるかに少なく、たとえば2006-15年度の10年間を見ると、委員会になされた通報（請願）は各年1300～2100件ほど、うち受理された件数は各年40～70件、委員会が結論を出した（あるいは友好的解決に達した）事件は各年10～20件、裁判所に送付した事件は各年10～20件ほどである。裁判所が出した判決ないし決定は、活動が本格化した1980年代後半から2015年までで約300件のみである（裁判所資料より：http://www.oas.org/en/iachr/multimedia/statistics/statistics.html）。

　OAS全体としては、たとえば1991年に総会が『民主主義へのコミットメントと米州システムの刷新』宣言を出して、「われわれは代議制民主主義と人権の擁護と推進に対するコミットメントから逃れられない」とするなど、人権に対する熱意は低くないように見えるのだが、CoEのように機構自体が人権保障共同体と化している場合とは前提条件からして異なっている。しばしば「人権外交」を掲げる米国は当事国ではないが、一方でOASのリーダーを任じながら、米州人権保障システムに対しては部外者であるというズレが、この制度の完全な開花を妨げている面もある。

他方で、処理件数は多くないものの、委員会でも裁判所でも、欧州人権裁判所と同様に「構造的人権侵害」の論点化およびその種の侵害を矯正する意見開示あるいは判示が多くなっている(See, ex. Dulitzky 2011)。この地域には長期にわたって権力的支配が続いた国も多く、法的・行政的な構造的問題が多く残るからである。委員会にしばしば訴えられる国のなかには米国も含まれている。米国は人権条約の当事国ではないが、OAS憲章の当事国ではあるため、委員会に訴えられることが可能なのである。この段階で米国の法的・行政的な構造的人権侵害が認定される例も少なくない。

(b) AU

　OASと同じく、AUも統一と連帯・平和の確保・人権の伸長・経済協力など、広範な問題領域における協力を標榜する「総合的機構」である。近年は一方で防衛・安全保障面の制度整備を進めて、ジェノサイドや人道に対する罪が行われている加盟国に連合が介入する権利を定める(連合条約第4条)ほか、スーダン・ダルフールやソマリアで平和維持活動を行う(「AU派遣団」)など、国連とは独自にあるいは協調しながら、その面の活動も活発化させている。加えて1980年代以降は人権保障にも意欲を見せ始め、あわせて司法制度全般の整備にも乗り出した。

　AUの人権保障システムは1981年署名・1986年発効のバンジュール憲章(人および人民の権利に関するアフリカ憲章)に基礎を持つ。他の条約に見られる人権のほか、人民の自決権(憲章第20条)、人民の発展への権利(同第22条)、人民の平和と安全に対する権利(同第23条)など、いわゆる「第3世代の人権」を加えていることが特徴である。AUの加盟国53がすべて当事国となっていて、この点ではOASよりCoEに近い。ただ、システムの整備の面ではCoEよりOASに近く、かつ最近まではOASにも劣るもので、条約自体の定めた保障装置は委員会(人および人民の権利に関するアフリカ委員会)のみだった。その任務も限定的で、ある締約国の憲章違反に対する他の締約国の「注意喚起」に関して調査を行い、報告を作成する程度である(同第47-54条)。

　個人からの申立てについてはやや漠然とした規定が置かれているだけで、重大な侵害の場合には委員会がAUの首脳会議に注意喚起を発することになっ

ていた(憲章第55-59条)。憲章創設当時は、AUの前身であったOAUの中に、人権侵害の批判にさらされていた国が少なくなかったという事情から、このように微温的な制度になったと考えられている。

これを受けて1998年、アフリカ人権裁判所(人および人民の権利に関するアフリカ裁判所)を設置するための追加議定書が調印され、それが2004年1月に発効した。この人権裁判所は、人権委員会や締約国からの提訴を受理し、拘束力のある判決を下すことができる。個人およびNGOも委員会でオブザーバー資格を持っており、かつ個人による提訴をあらかじめ認めていた締約国に対して裁判を起こすことができる(議定書第5条3項・第34条6項)。この点ではAUの制度が、OASの制度より一歩先に進んだ。この裁判所はまた、バンジュール憲章だけでなく、憲章当事国が批准した他の条約など、様々な国際人権法規を準拠法として裁判を行うことになっている(同第3条および第7条)。地域の法体系が普遍的法体系をみずからの内に取り込む、珍しい例である。

ところがこの間の2001年に、より管轄権の広いAU司法裁判所(AU憲章第18条)を設置することが決まった(議定書2003年＝発効2009年)。他方で、このAU司法裁判所は結局機能せずに終わったため、2014年、AU総会はこの議定書を改正する別の議定書を採択し、両裁判所を統合してアフリカ司法人権裁判所(司法および人と人民の権利に関するアフリカ裁判所)を設立することに決めた(2016年現在、未発効)。人権裁判所であれ、より一般的な司法裁判所であれ、アフリカ諸国は制度整備のための産みの苦しみの中にある。

(c) その他

以上の機構以外にも司法裁判所ないし人権裁判所を備える例は増えつつある。例えば米大陸地域では、ボリビア・コロンビア・エクアドル・ペルーで構成する(以前はチリおよびベネズエラも加盟)アンデス共同体が1979年(活動開始は1983年)から司法裁判所を持ち、自由貿易地域たる共同体の紛争解決に相応の寄与をしている(Max Planck Institut <online>)。他方、2002年には「人権の推進および保障のための憲章」を採択したが、まだ裁判所を条約の実施に組み込むところまでは行かず、代わりにオンブズマン制度を設けるにとどめている。

またアフリカ地域では、前述のECOWASが1993年の設立条約改正で共同

体司法裁判所を設置し、条約の解釈適用や共同体機関の権限行使に関する紛争を管轄している。相応に活発な司法活動をしていると言えるが(判決一覧：http://www.courtecowas.org)、興味深いのは、人権侵害事件に関する判決が多いことである。本来、経済共同体運営のための裁判所であり、設置当初は人権問題が管轄事項に入っていなかったが、その種の申立てが増えたため、2005年の追加議定書(A/SP. 1/01/05)第3条で人権侵害を管轄事項に加えたものである。目立たぬ存在ではあるが、注目に値する展開を遂げている。

　以上のように、少なからぬ数の地域的機構で司法化(裁判所設置)の傾向が見られ、その中のいくつもが直接的・間接的に人権裁判所としての機能を帯びている。地域により機構により整備の程度に差はあるが、地域司法制度を確立しようとする志向および、司法的制度によって人権保障を実施しようとする志向においては共通点も多い。たしかに、CoEは別格として、それ以外の地域裁判所については今後の進展が待たれる段階ではある。他方で、基本的な制度は(まさに裁判所である一事を以てしても)国連の人権保障装置よりも先に進んでいる面もある。そのような地域人権裁判所が百花繚乱状態になり、地域ごとに別々の人権法および人権保障体制が増殖した場合、一面で人権法および人権の国際的保障体制の「断片化」(fragmentation)を将来するおそれもあるかもしれない。しかし、もしこの人権地域主義が、法の支配を地域的にでも実現するものであるなら、またそれが世界全体に整合的に拡充されていくなら、これは《地域から普遍へ》の移行を築く、好ましい兆候でもある。国連を中心とする普遍的な制度のみが実効的な方式であるわけではない。有意で建設的な地域主義を育成することも、国際機構の実践と研究における大事な点である。

### (3) SCOとAIIBの新展開

　さきに第二次大戦後の地域主義の展開の概略を述べた際、そこに《軍事から経済へ》および《北から南へ》という変化の指標があることに触れた。しかし、国際機構世界は国際社会の変化の関数であるから、どの国々が経済力や軍事力をつけるかや、どういう主体(例えばNGOなどの非国家主体)が国際社会の運営に深く関わるか、等々の要因でいつでも新しい潮流が生まれる。

　一例としてアジア地域では、中国の経済的・軍事的・政治的な興隆に伴い、

いくつかの新しい国際機構現象が生まれている。その一つは、2001年に中国を中心に設立された上海協力機構（SCO）である。中国・ロシア・カザフスタン・ウズベキスタン・タジキスタン・キルギスタン、およびインド・パキスタン（いずれも2017年加盟予定）からなり、基本的に中国およびロシアの勢力圏の性格が強い。機構の目的は、2002年に採択されたSCO憲章（第3条）によれば、地域の平和を推進すること、外交協力をすること、経済協力をすることなど総花的だが、「テロリズム・分離主義・過激主義……に共同して対応するための方策を開発し実施すること」という目的は格別に具体的であり、その面に力点が置かれていることがうかがわれる。集団的自衛権行使のための同盟的な性格は表面化していないが、中国およびロシアという二大軍事大国が結束していることの戦略的な意味が大きい点や、中国によるエネルギー確保のための枠組みであるといった点を指摘する論者もある（Beeson 2009: 89-90）。それは地政学的な観点であるが、国際機構史的に興味深いのは、かつては「南」の一員であった中国が大国化し、それが安全保障問題に関わる機構作りに乗り出したこと、そこに米国のような先発超大国と似たような行動様式が認められることである。人権保障の地域主義などと異なり、軍事や安全保障の地域主義は世界分断的な側面が強く、それらをどう制御していくかの構想が必要とされる。

　もう一つはやはり中国が牽引してつくられたアジアインフラ投資銀行（AIIB）である。2015年末に発足し、2016年に業務開始したばかりなので、その存在意義は今後の実態を見なければ判断できないが、国際機構論的には創設の時点ですでにいくつかの点で重要である。何より、ここでもまたかつては「南」であった中国が国力を伸張させ、世界銀行やアジア開発銀行などに対抗するかたちで、類似の機能を営む開発銀行を設立したことである。米国中心性（世銀）と日本中心性（アジア開銀）には従わない、自国中心の開発銀行をつくろうとする意思が明瞭にうかがわれる。また、それは「南」の国々の相互扶助のような性格を持つものではなく、すでに英仏独などヨーロッパ先進国も多数が加盟しているので、世界の開発投資の再編を行う可能性すらある。世界銀行やIMFなどと同様に、最重要機関である理事会における投票は加重票制を採用し（「合意条項」第28条）、大国中心主義的で古典的な構造となっている。地域主義には今後、こうした復古主義的な潮流がいくつか現れるのかもしれない。

# 第5章
# 国際機構創設の動因

　以上では国際機構の歴史を簡単に跡づけたあと、国連システムの諸機構やEUその他の地域的機構など、主な国際機構の実態を概説してきた。そのように具体的な観察をおこない、問題の所在が把握できたところで、国際機構現象をもう少し理論的・抽象的に述べていこう。「はじめに」でも述べたように、本書は個々の国際機構の現実を記述することではなく、最小限でも国際機構に関する一般理論に近づくことを目標にしている。そのために、本章では国際機構の創設と維持の力学を、そして次章では構造・機能・意思決定を一般理論的に述べていく。

　本章の主題は国際機構創設の動因、言いかえれば、なぜ国際機構はつくられるのかについての説明である。第1章および第2章での作業もある意味では動因についてであったが、それは国際機構が歴史に登場してくる過程を跡づけ、いわば国際機構創設の動因を巨史的（マクロヒストリカル）に眺めるものだった。それに対し、本章ではいま少し微視的（ミクロ）に動因を分析していく。歴史の流れの中でなかば必然的に登場してきた観もある国際機構だが、現実に諸国家が国際機構をつくる営みは見かけほど単純なことではない。どのような動機から国々は国際機構をつくり、維持しようとするのか。特に第二次大戦後、国際機構創設の動因も実に多様化し、それに伴って国際機構の存在の意味や機能も複雑になった。それがどのような展開を遂げているのか、それを理解する糸口を見いだすのが本章の目的である。

　なお、本章でもまた、最小限、主権的国民国家体系の推移だけでも的確に把握すべきだとの意図から、基本的に政府間国際機構（IGO）を議論の出発点にする。議論の混乱を避けるため、単に国際機構という場合は原則としてIGOを指すものとし、NGOに言及する場合はその旨を明示する。NGOについての議

論は、単純に IGO についての議論の延長上ではできない、質的に大きな違いがあるからである。

# I　国民国家体系とマルティラテラリズム

## 1　国益の克服——ウエストファリア・システムの部分的修正

　国際機構創設の動因としてほとんど常にあげられるのが、《共通利益》の推進という指標である。ヨーロッパにおいて、フランス革命このかた、主権的国民国家の増殖とともに国際体系が分断性と分権性を増したこと、そういう「ウエストファリア・システム」(主権的国民国家体系)の不都合を緩和しようとする機運が育ち始めたことはすでに述べた。そこでは、どういう国際システムを作るかということ自体が問題にされていたわけでは必ずしもない。むしろ、新しく作られつつある国際システムのもとでは国家運営が阻害されかねないのでどう対処するか、という必要認識に端を発していた。その論理は明らかであろう。つまり、国民国家というものは単に領域的な区分であって、必ずしもそこに暮らす人間の機能充足にとって最適な単位であるわけではない。大多数の国家は自己充足的ではなく、それゆえ、その補完のために国際機構が作られるのである。そうして補完される機能の中には、通商の円滑化もあれば安全保障の強化もあり、人的交流の促進や国際交通の充実もあるであろう。それらが一括して《共通利益》と呼ばれることになる。古典的な国際機構論においてそれは、主権国家間に共通するという意味での《共通》だった。しかし 21 世紀のこんにちにあっては、《世界の市民にとって共通》という視座を次第に盛り込まねばならなくなっている。

　ともあれ、国家というものの《非自己充足性》を補うために国家間協力が制度化され始めた。その意味でそれは、分断性の克服という面でウエストファリア・システムを部分的に修正するものとなる。国際協力の制度化としての国際機構がプラス・イメージでとらえられるのも、基本的にこの点に淵源があると言ってよい。それは「どの国にとっても利益になること」を行うものであり、

それによって問題多きウエストファリア・システムを「改善」の方向に向かわせるという、願望をこめた観測である。

　たしかにそれは一面の真実ではあろう。だが同時に、何が「どの国にとっても利益になる」事柄であるかは、必ずしも常に明らかであるわけではない。《共通利益》という言葉は、一見自明なようでありながら、実は超歴史的でも非政治的でもなく、不断に定義され再定義されねばならない事柄なのである。たとえば貧しい国々の開発を推進したり、難民を受け入れたりすることは、倫理的に見れば共通利益だと言えるであろうが、政治の場では誰もがそのように認識するとは限らない。豊かな国々の中には、それによって単に、自分より貧しい国々のために財政負担を負わされることになるだけだ、と認識するものもあるのである。そうなると、共通利益とは何かということ自体が問題となり、国際機構もまた、共通利益を推進するというよりは設定する場となるだろう。そしてその場合、共通利益があるから国際機構が存在するのではなく、国際機構が存在するから共通利益も存在し始める（あるいは選択される）と言うほうが正しいことになる。むろんそれも、《利己的な国益の集合体》という意味でのウエストファリア・システムを修正するものにはちがいない。だが、そのこととは別に、《共通利益》が自明であるという前提は、やはりいったん解除しておくべきだと思われる。そうしておかなければ理解できない問題点が、現代の国際機構現象にはあまりに多いからである。

## 2　国益の伸長──ウエストファリア・システムの維持

　国際機構が単に《共通利益の実現》という言葉で説明しつくせるものでないことは、更に次のような現実からも推論できる。第一に、もし国際機構の創設が単純に共通利益のためになされたのであれば、いくつもの国際機構の活動がもっと円滑であっても不思議ではない。たとえばジュネーヴ軍縮会議は軍縮の推進を目的に設立されたものだが、そこで合意された軍縮措置はけっして多いとは言えない。１カ国でも反対する国があれば合意はできないという、いわゆるコンセンサス方式（次章参照）が貫かれていることがその一因である。核実験の全面禁止といった《共通利益》でさえ同様で、1995年から96年にかけて包括的

核実験禁止条約(CTBT)が交渉されたものの全体の合意には至らず、けっきょく国連総会に回され、多数決によって条約採択のかたちを整えるだけになった。核実験禁止を利益とはみなさない国があるため、軍縮会議のような展開になるのである。

　第二に、誰にとっても利益であるのなら、その利益の実現を担うのが誰であっても構わないことになり、したがって理論的には国際機構の権限も強まってよいはずである。しかし実際にはなかなかそうはならない。たとえば国連環境計画(UNEP)は地球環境の保全を任務とする機構だが、環境保全基準を策定したりその遵守を強制したりする権限はない。そのほか、活動資金についても、それを強制的に徴収する権限が機構にあるわけではなく、加盟国の自発的拠出金に依存する仕組みとなっている。

　こうした現実を重視する立場からは、次のような説が唱えられることになる。つまり、国際機構という営みは基本的に国益追求を旨とするものであり、国家が国際機構をつくり・加入し・維持するか否かは、費用（コスト）と便益（ベネフィット）の比較衡量による、とするものである。たとえば地域的な軍事的国際機構(いわゆる同盟)に加盟した場合、その便益は自国の軍事的安全保障を他国も担ってくれることであり、費用は他国防衛の義務を負うことである。やや単純化してはいるが、いちおうそのような比較がこの考え方の基本となる。このほか、一つの国際機構に加盟することによってその国の国際的な正統性が高められるといった便益もあれば、機構に対して分担金を払わねばならないといった費用もあるだろう。費用も便益も国によって異なるが、いずれにせよそれらを総合的に衡量して国際機構への加盟や不加盟、残留や脱退が決められることになる。どれだけ国際機構の一員でありたいと考えるか、その度合いを《国際機構への傾性》などと呼ぶ(Ruggie 1972: 877-882)。

　《国際機構への傾性》がさきのような費用便益分析で決まり、機構への参加と維持が国益に資するという動因が強く働いているのなら、国際機構は、一面ではたしかにウエストファリア・システムの部分的修正でもあると同時に、他面ではウエストファリア・システムを維持するものでもあることになる。そのいずれかだけが現実であるということはない。矛盾するようでも、その両面をあわせ持つのが国際機構という存在の特性なのである。

コストのうちでやや特殊な位置を占めるのが、《相互依存コスト》などと呼ばれることのあるそれである(Ruggie 1972: 881-882; Feld et al. 1988: 61-62)。これは、国際機構に所属することによって、国家がなにほどか自律性や独立性を喪失する事態を指す。それを限定的主権委譲とまで言うのは過言だが、国際機構に所属することによって国家は、少なくともその単独主義の契機(身勝手な行動)を制御されることにはなる。その限りで《相互依存コスト》という概念は誤ってはいない。どういう面で制御されるかは国によって異なるが、国益実現のためと称して安易に武力行使に訴えたり、国際的な人権基準をあからさまに無視したり、むやみに保護主義的な通商政策をとったり、国際的な安全基準から大きくはずれた航空行政を行なったりしにくくなる、という例を考えればよいだろう。

この場合《国際機構への傾性》は、目的実現のために他国と協調し依存しあう必要性と、そうした依存を最小限に抑えて独立性をできるだけ保持しようという欲求の、ふたつの要素の比較衡量によって決まることになる。そうであるなら、論理的には次の2点が導き出されることになるだろう。第一に、軍事力や経済力や技術力にまさり、他国との相互依存をほとんど必要としない国は、実は国際機構をあまり必要としないとも言える。1984年にユネスコを脱退した米国は、教育援助や文化財の保護に関して他国あるいは国際機構に依存する必要がほとんどない。このこと自体は米国の脱退の理由ではなかったが、2003年まで長期にわたって復帰しなかったことの理由の一端ではあるだろう。むろん、米国同様にそうした依存を必要としなくとも、ユネスコにとどまる国も少なくない。それらの国々は、ユネスコの活動に国益を超えた《人類益》的な意義を見いだしている場合もあれば、教育や報道の分野での国際協力に対して発言力を保持することに国益を見いだしている場合もあるであろう。

第二に、国際機構の活動が成功裡に進み、各々の加盟国の国力や問題処理能力が高まれば、《国際機構への傾性》もそれに比例して低下する可能性がある。たとえば前章で見たEUは、その原型のひとつである欧州経済共同体(EEC)の創設以来、加盟国の経済的国力を顕著に高めたが、それがかえって経済統合の推進に対する加盟国の熱意を弱めてしまうということが、これまでに何度か起きた。それが機構の停滞をもたらさぬようにするためには、更なる経済統合によって加盟国がより大きな便益を引き出すことができると説得するか、あるい

は、機構の権限を強めること(主権をよりいっそう委譲して更に相互依存コストを払うこと)が実はコストではなく、それ自体に意味があるベネフィットなのだという強固な論理を立てるか、そのいずれかが試みられねばならない。

## 3　共通利益の創造──マルティラテラリズムの力学

　以上のように、《国益》があり、《国益が合致した共通利益》があり、《相互依存コスト》という心理的なコストもからんで、それらの総合として国際機構への傾性が決まることになる。ただここで、単なる国益の合致ではない共通利益、あるいは個々の国益を超えたような共通利益というものが存在する余地はないのか、その点も検討しておかねばならない。具体例をあげるなら、当面は自国に被害が及んでいない環境破壊の防止や、自国には直接関わりのない他国の人権侵害の救済や、他国および他国民の貧困の解消といった事柄である。それらが国益と全く無関係だとは言いきれないが、自国国益の伸長という目的意識だけで説明しきれるものでもない。それが単なる抽象的な利益観であるにとどまらず、実際にもそういう目的を実現するための国際機構が存在している(上の例に即して言うなら国連環境計画・国連人権理事会・国連人権高等弁務官事務所・国連開発計画・国連貿易開発会議・ユニセフなど)以上、そうした《客観的共通利益》も国際機構の動因として働いていると見る余地はある。《相互依存コスト》との対照で、これを《相互依存ベネフィット》と呼ぶこともできよう。

　客観的共通利益(あるいは相互依存ベネフィット)とは、自国の便益ではなく、世界大の便益である。またそこにおける共通利益とは「各国の国益の総和ないし最大公約数」ではなく、むしろ、「すべての国に共通ではない」利益である。それに「人類の共通利益」といった名辞をあてることもあるが、「すべての国に共通ではない」ことから、それが争点となることもまた避けがたい。つまり、何が客観的共通利益であるかを決定する権限の所在がはっきりしていない以上、倫理的あるいは観念的にはそうだと言える場合でも、とりあえずは特定の国々の利益ないし便益とみなされることもあろうからである。その場合に国際機構とは、そのような客観的共通利益を発見し、創出し、正統化する場となるだろう。そうした新次元の共通利益の出所は、次のようにいくつかありうる。

### (1) 政府間国際機構、あるいはその中の政府間的機関

第一に、各国の政府代表が構成する機関(国連総会など)からも客観的共通利益は生み出されうる。例えば国連総会から国連海洋法会議を経て、深海底資源が「人類の共同遺産」とされていった過程などがそうだった。それを開発する能力を持った少数の国の私有財産になるのではない、という意味である。きっかけは、1967年の総会でマルタのパルド大使が先進国による深海底資源の独占と海底での軍拡競争を懸念し、これを「人類の共同遺産」として新しい国際制度を樹立すべきだと提唱したことだった。それを受けて総会が設置した海底平和利用委員会の作業を基礎に、1970年、「深海底を律する原則宣言」が採択され、その第1項で「人類の共同遺産」観念がうたわれる。そして82年、国連海洋法条約第136条の「深海底およびその資源は人類共同の遺産である」という規定へと結実することになった。

また別の例として、地球環境の保全といった問題を挙げることもできる。本質的に国益に分解しにくい性質を持つような問題である。そのさきがけとなった1972年国連人間環境会議の「人間環境宣言」は、「人間環境の保護と改善は世界中の人々の福祉と経済発展に影響を及ぼす主要問題である」(前文第2項)とし、「増大する環境問題はその広がりにおいて地域的または全地球的なものであり、また共通の国際領域に影響を及ぼすものなので、共通利益のため、国家間の広範な協力と国際機構による行動が必要になる」(同第7項)と述べている。それ以来、国際的な意識の高まりと法制の整備が徐々に進み、92年6月の国連環境開発会議(UNCED＝リオ・サミット)で採択された「生物の多様性に関する条約」および、その直前に国連で採択された「気候変動に関する国連枠組み条約」では、各条約の扱う問題が「人類共通の関心事」であるとされた。それは単なる美しいレトリックだったのではない。後者の条約からは京都議定書が生み出されたが、それへの参加を拒否する米国などがしばしば厳しい国際的批判にさらされる。それは、この「人類共通の関心事」が、相当程度に国際社会の規範的基準にまで高められていることの証しであろう。

### (2) 政府間機構の中の非政府間部分(IGOの中のNGO的な部分)

新次元の共通利益の第二の出所は、政府間国際機構(IGO)の中の非政府間的

な(NG＝non-governmentalな)部分、すなわち事務局や専門家の構成する委員会などである。この存在の重要性については、すでに国連との関連で述べた。事務局という存在が加盟国の国益から全く自由であるとか、常に政治的に「中立」であるとかいうことはない。だが、政府代表ではない人員によって構成される機関であればこそ、そこから独自の利益観が生まれてくる可能性は常にある。

　そのひとつの契機は機構の予算編成である。ほとんどすべての国際機構において、予算原案は事務局が作成する。もちろん最終的な決定は政府間的な機関(通常は総会)に委ねられてはいるが、原案作成にはそれなりに事務局の意向が反映されることも少なくない。予算の編成はある意味で機構の活動計画の策定でもあるから、事務局は機構の活動として重要あるいは有意義と認識する事柄に一定の予算配分をすることになろう。それが必ずしも常に《加盟国の国益の総和》ではないということは、たとえば1970年代、ユネスコにおいて平和・軍縮教育に(わずかだが)予算配分をしたことに対し、米国など一部加盟国がイデオロギー的な反発をした事実によく表れている。

　また別の契機は、事務局や専門家委員会が作成する、活動報告や調査報告における問題提起である。国連事務総長の年次報告がその典型で、南北問題の深刻化や環境破壊の悪化に対して警告を発したり、紛争予防のための早期警報システムの導入を訴えたり、あるいは単独主義的武力行使を批判し世界全体の法の支配を脅かすものだと警告を発するなど、そうした例には事欠かない。このような問題提起は、それ自体が国益を超えた客観的共通利益の指標を提供することになりうる。ほかにもたとえば、WHO総会(「世界保健総会」)が1983年3月に採択した、「健康と保健事業に対する核戦争の影響」と題する報告書のような例もある。この報告書はその2年前の総会決議によって設置された「医学・公衆衛生専門家国際委員会」が作成したもので、「核兵器は人類の健康と福祉に対する目前の脅威のうち最大のものである」と結論づけ、核戦争の防止が世界の急務であり人類全体の利益であるという視点を打ちだした。ちなみに総会がこの報告書を採択した事実は、そこで扱われた問題がWHOの任務外にあるとする米国の怒りを招き、80年代末まで続く同国と国連システムとの確執を象徴するできごとの一つとなったものである。客観的共通利益と言いは

しても、それはこうした個別的国益との息の長い相克過程からしか生まれないであろうことを、この事例はよく示している。

　IGO の中の NG な部分という脈絡で見落とすことのできないもう一つの契機は、国際機構による種々の「現業活動」、すなわち、国際機構自身が現場で援助や難民救済等の活動を行うことである（次章参照）。国際機構の行う現業活動の中にも、たとえば IMF や世界銀行の融資や貸付のように、見方によっては大国による国際金融支配とみなしうる例もないではないが、困難のうちにある人間たちを救済するための活動も多い。飢餓や貧困の救済、難民への支援、教育の普及、基礎衛生の供与などである。

　こうした活動が重要だというのは、単にそれらが人道的に価値があるということではなく、機構論的にも精確にとらえるべき論点を内包しているからにほかならない。とりわけ、《IGO と NGO の交錯》という点である。IGO の現業活動はその NG な部分、つまり事務局の人員が行う。それらの活動が世界各地で多くの NGO によって担われているのは周知のとおりだが、IGO もまた、同じ領野で NGO 的に行動しているのである。事務局が予算の執行にあたる限り、いかなる IGO も 100% 政府間的ではありえない。そうであるなら、IGO と NGO をあまりに截然と区別することは適当でなく、むしろそれらが交錯する点にこそ着目すべきであろう。そういう交錯の中に秩序作りの新しい形態が芽生えつつあるとも言えるからである。

　ひとくちに言ってそれは、《上からの命令》を秩序の核心と捉えるのではなく、《下におけるニーズへの応答》を核心と捉えるような秩序作りのあり方である。NGO がその種の活動を行うことについては、それが国際秩序作りの一環であると考えられることはあまりない。あくまで一般論として言うなら、NGO という存在が国家間関係における伝統的な意味での権力（領土とそれを支える武力）を持たず、その追求自体を目的としない存在だからである。他方、IGO が NGO 的な活動を行う場合にも、秩序作りの核心だと捉えられることはあまりない。この種の活動が「権力」の本質に関わるものではなく、したがって「国際秩序」作りの周辺部分でしかないと捉えられがちだからである。特に、国連安保理のように、国際的な治安維持の権限を持ち、治安維持の対象となる国および治安維持のために動員される国々に「命令」を発する権限を持ち、国際秩

序のための権力を持つ機関が存在する場合、そうした認識傾向はいっそう強まるだろう。

だが無権力的あるいは非権力的であることによって、ある活動が秩序構築的ではないと決まるわけでもない。「命令を発する権力主体があり、それに服従する客体があること」だけが秩序なのではなく、現に発生している諸問題（特に生命など基本的な人間的価値の剥奪、あるいはそれへの脅威）を解決・緩和できるならば、それもまた秩序維持・秩序構築のひとつのあり方なのである。アムネスティ・インターナショナルが良心の囚人の解放に力をつくし、地雷禁止国際キャンペーン(ICBL)が国々を動かして対人地雷禁止条約を締結させ、国際セーブ・ザ・チルドレンが打ち捨てられた子供たちを救うことは、まぎれもなく秩序構築である。

それらをまとめて、《権力と強制による秩序》ではなく、《連帯と救済による秩序》と言ってもよい。NGOがそれに従事するのはある意味で当然だとしても、IGOのほうもその領野に接近せざるをえないということは、普遍的な価値というものを下からの積み上げによって明らかにし、それを非権力的にでも実際的に擁護することが《秩序》だという認識の転換が起こり始めたことを意味している。IGOの中のNGO的な部分に着目し、それと現実のNGOとの交錯に関心を向けるのは、秩序構築に関するこうした含意が理論的にも興味深いからである。

### (3) 非政府間機構 (NGO)

《客観的共通利益》の第三の出所は、いまも触れたNGOそれ自体である。もっとも、存在や活動のはっきりしているものだけで6万近いとされる(Union of International Associations 2014)NGOについて、すべてを網羅的に語ることはできない。とりあえず以上で述べた説明に即して一つだけ要点を挙げるなら、NGOの中にはそもそも《国益観念そのものに対する反措定》という性格を持つものが少なくない、という点である。あるいは、本来「国益」に分解できないはずの問題が人為的にそうされている場合に、連帯と救済という行為そのものによって、その人為的・非機能的な分解を止揚しようとする、という点である。もし秩序＝共通利益の実現＝共通の問題の解決であるなら、すべてのNGOの

活動がその目的のために最も効率的ではないとしても、活動自体は明らかにその図式の中で展開されている。

　もっとも、順序はその図式の通り（秩序→実現→解決）ではない。むしろ、共通の問題の解決（緩和）→共通利益の実現→秩序構築というように、反対方向からさかのぼるかたちで一つの「秩序」をもたらそうとする、と言うべきであろう。まず秩序（現在の国際社会では「主権国家間の関係整序」または「国際的治安維持」と考えられがちである）があって、それゆえに共通の問題が解決されるという順序ではなく、共通の問題（国籍を問わず人間たちの問題）を解決すること自体が秩序作りになるという、通常の認識とは逆方向の論理がそこにはある。

　こうしてNGOは、以上三つの出所のうち最も直截かつ明瞭なそれだと言ってよいが、他方で同時に、《IGOの中のNGO的な部分》がそのNGO的地平に向かって「降下」すること、あるいはIGO自身がそこから秩序作りを始めることを、ますます余儀なくされてもいる。IGOとNGOが交錯する場所には、《国益を超えた客観的共通利益》とはいかなるものであるかが示唆されているのである。


## II　創設動因の具体的類型
### 国家性と非国家性の交錯するところ

　さて、国際機構の創設と維持がどのような構造を持っているかは、利益の観念を軸にして以上のように整理できるが、具体的に個々の国際機構がどのような契機あるいは目的意識をもって作られるかはまた別の問題である。国際機構の数の多さを考えるならばそれを網羅的に語ることは容易ではないが、他方で同時に、そのような個別的記述は本質的に重要なわけでもない。むしろ、特徴的な創設動因を抽出し、それをもとに可能な限り類型化を行うことが重要だと思われる。筆者の場合、おおむね以下の5つのタイプに分けている。なおそれは、創設動因を元にした類型化であって、安全保障・経済・人権といった「機能ごと」の区分ではない。そのような区分はほぼ機械的にできるはずであるから、ここでは捨象する。

## 1　国際行政連合の系譜に属する技術的・機能的な機構

　この系譜に属する国際機構はいまでも多い。国際民間航空の安全性確保(国際民間航空機関＝ICAO)、世界の保健・衛生水準の向上(世界保健機関＝WHO)、国際電気通信の規制と整備(国際電気通信連合＝ITU)など、国連のさまざまな専門機関がその典型である。一応は《共通利益》を想定しやすい分野であり、その意味では「国際機構」という言葉から最も連想しやすい類型だとも言える。技術的であるがゆえに非政治的だというイメージも伴いやすく、「対立の少ない」それらの分野での協力を進めれば国際平和の礎石も固まるという、「機能主義」(後述第8章)の思想にもつながった。

　イメージだけでなく、実際にもこの種の機構の活動は、さまざまに普遍的な恩恵をもたらしてもきた。万国に共通の郵便制度が制定されたり、伝染病が撲滅されたり、教育制度が普及したりすることは、それを必要としない国々は別として、たしかに普遍的な恩恵と言うべきものであろう。他方でそれらも、価値の配分をめぐる不一致あるいは衝突という意味での「政治」から全く自由なのではない。意思の収斂という意味での《普遍性》は、この場合も自動的に保障されるわけではないのである。例えばITUで周波数の割当をめぐって国家間の対立が起きたり、越境電波の規制をめぐって不一致が生じたりすることはよく知られている。また、難民に対する援助などは比較的一致しやすい問題に見えるかもしれないが、ユネスコがパレスチナ難民に教育援助を行なったことは、パレスチナの敵方であるイスラエルの同盟国、すなわち米国の強く反発するところとなり、同国のユネスコ脱退の一因にもなった。こうして政府間国際機構は、ときに、本来ならば普遍的でありうるはずの対象(人間の受苦)にむしろ国籍をつけ、非普遍化してしまうことさえある。

## 2　世界管理あるいは治安維持体制としての国際機構

　世界管理体制としての国際機構という側面については、国連をはじめとして、すでにいくつかの例を挙げて論じた。わけても、戦勝国による戦後世界管理と

いう契機に即してである。同時にそれは、戦争終結時の"現　状"(スタートゥス・クオ)の維持が眼目であり、その現状の転覆や変更を企てる者を統制し処罰する仕組みであるから、ある種の国際的治安維持体制でもあることになる。ヨーロッパ協調は強力だが十分に制度化されていないそれであり、国際連盟はより制度化されたものの力の裏付けを欠くそれだった。より制度化され、かつ力の担保を備えた国際的治安維持体制と呼びうるものができるのは、ようやく国連の時代になってからである。この点はのちにまた論ずるが、ここで留意しておくべきは、こうした文脈において《国際社会の組織化》は《治安維持体制》と同義となりやすく、それゆえに(強制力の集中という意味での)集権化にも向かいやすい、という点である。そうしたこともあり、この管理／治安維持体制志向的な国際機構においては、その正統性の問題が先鋭化し、恒常的な争点になる傾向がある。

　国連システムにおける管理体制という点では、国際原子力機関(IAEA)を監視機関に持つ核拡散防止条約(NPT)体制も同様と言えよう。1968年時点での核保有国5カ国にのみ核保有を認め、それ以外の非核保有国には原子力の平和利用だけを許し、その軍事転用を防ぐためにIAEAの監視(保障措置)(セーフガード)を行う制度である。一方でそれは核不拡散という《共通利益》を実現するものではあるものの、他方で差別的ではあるし、その支配性もいちじるしい。核不拡散のための有用性を評価する国も多い反面、その監視を逃れようとする国が折にふれて現れるのも、そうした差別性への反発が一因となっている。

　言うまでもなく、かつての連盟や現在の国連システムがもっぱら世界管理と治安維持だけのための機構だということではない。世界的な民生の向上や、資源および環境の保全や、知的・文化的遺産の保存など、幅広い任務にも携わるからである。特に国連はそうであり、それゆえにこそこうした国際機構は、総合的国際機構と呼ばれ、「多面体」と性格付けされることにもなるのである。ただそれは、漫然と多面体なのでもない。いずれの面も均等に扱われる正多面体なのではなく、時と場合に応じていずれかの面が「機構の顔」(機構の強調点)になるのである。どの面がそれになるかは、機構内の勢力関係や、国際社会の問題意識の変化あるいは進化によって決まる。あまり知られていないが、すぐあとで述べる北大西洋条約機構(NATO)なども、軍事同盟でありながら「現代社会からの挑戦に関する委員会」という機関を擁して、主に環境の問題を扱っ

たりしている。軍事活動による環境破壊緩和が主な内容だが、旧社会主義圏の諸国が加入してからは、より一般的な環境問題にも関わる機会も出てきた。欧州評議会(CoE)と連携して青少年の保護育成のための企画に関わることもある。

「対テロ戦争」の時代に入り、国連(安保理)は中小国ではなく「テロリスト」を相手とする治安維持機構としての性格を強めた。この点は安保理の解説の中で述べたとおりである。無辜の一般市民を殺傷するテロリズムは取り締まられねばならないし、加盟国間協力も的確になされねばならないが、国連のように不偏不党性(impartiality)を求められる機構が、その確保の保証もないままに特定の国や集団を敵に設定して対抗することに傾斜することには、十分な警戒が払われねばならない。

## 3　覇権糾合型の国際機構

世界管理型あるいは治安維持型の国際機構が、①普通は複数国によって、②世界大の機構として定立されるのに対し、類似の試みが①時に単独の国の主導で、②地域的国際機構のかたちをとってなされる場合、その機構はいわば、覇権国が追従国を糾合する場とも言うべき《覇権糾合型の国際機構》になる。《世界管理型の国際機構》が覇権国にとっての追従国ばかりでなくそれに批判的な国も含み、更には覇権を競い合う対抗覇権国さえも含むことがあるのに対し、《覇権糾合型の国際機構》の場合、覇権国に追従する(させられる)国々だけを加盟国とする機構であることが特徴点である。第二次大戦後に成立した社会主義陣営の経済相互援助会議(CMEA または COMECON)やワルシャワ条約機構(WTO)、資本主義陣営のヨーロッパ経済協力機構(OEEC＝OECD の前身)や北大西洋条約機構(NATO)など、いずれも多かれ少なかれこの類型の特質を備えている。前２者は社会主義陣営の崩壊に伴って消滅した。

しかしながら、国家の主権平等が至高の原則とされる現代世界にあって、この種の機構が無抵抗に受け入れられるということは考えにくい。一般的に言って、《追従国》の地位に進んで甘んじる国が多いはずはなく、《覇権国》になかば強制されてそうするか、あるいは国際情勢ゆえに追従こそが利益だと判断してそうするかのいずれかであろう。実際に、第二次大戦後世界でこの種の国際機

構がいくつもつくられたのは、冷戦下の東西対立という特殊な事情があった。つまり、緊張が高まり対立が制度化されて、国々が陣営リーダーのもとに結束する、というパターンである。抗争を克服するという国際機構の史的起源に照らすなら、それはある意味で国際機構の歴史的逆行だった。

　こういう覇権糾合型の機構が、冷戦という特殊状況下でのみ現実化したものなのか、それとも際だった「敵」(たとえば「国際テロリスト集団」)がいさえすればいつでも現実化しうるものなのか、いずれとも断定できない。言えることは、少なくともそれが、国際機構史的には進歩ではないだろうということである。とはいえ、前章で触れた上海協力機構(SCO)などは、冷戦後に蘇生した半社会主義陣営の共同覇権糾合型機構であると同時に、「対テロ」共同行動を正面に掲げる点で、その種の「新たな敵」のための覇権糾合型と見ることもできる。(アジアインフラ投資銀行(AIIB)の場合はむしろ、開発融資における世界管理型である。)

## 4　弱者連帯型の国際機構

### (1)政治分野

　国際機構は、単独では十分に影響力を持ちにくい弱小の国々が団結し、その政治的・経済的発言力を高めるための装置にもなる。その典型的な例が、1963年に設立されたアフリカ統一機構(OAU)である。2002年からは強化をめざしてアフリカ連合(AU)へと改組され、基本条約もOAU憲章からAU設立規約へと名前を変えたが、歴史的意義を確認するために、OAU時代の動向を総括することから始めよう。OAU憲章第2条1項(a)には、この機構の目的が「アフリカ諸国の統一と連帯を推進すること」であると書かれている。団結による集団的自己防衛および、国際社会での発言力向上がその狙いだと言ってよい(現行規約で本条に相当するのは第3条(a)項だが、そこでは「諸国の」が「諸国および諸人民の」と書き加えられている)。

　たしかに、OAU時代、発言力の向上はそれなりに見られた。つまり、これはOAUだけの功績ではなくアジア・アフリカ諸国を横断する非同盟運動の成果と言うべきかもしれないが、植民地の独立を促進し、新植民地主義に対する

防波堤となり、南北問題の重要性を国際社会に認識させたことなどである。

他方でこの機構は、本当に「統一と連帯」それ自体を目的としていたと言えるだろうか。あるいはアフリカ諸国の「統一と連帯」は真に達成されたのだろうか。

同じ OAU 憲章第 2 条 1 項(c)(現行規約第 3 条(b)項)には、アフリカ諸国の「主権、領土保全および独立を防衛すること」も機構の目的として掲げられている。「統一と連帯」を大前提として「主権と独立」を追求するというのは論理的に不自然だから、むしろ、「主権と独立」という目的のために「統一と連帯」が追求されるということであろう。原則条項である同第 3 条が 1 項で「すべての加盟国の主権平等」を、2 項で「国家の国内問題に対する不介入」とをうたっていた(現行規約では第 4 条(a)項および(b)項)のも、この理解を裏づける。つまり、統一と連帯は国家主権を強化するためのものであって、それを乗りこえるためのものではない。これらの規定をそのように解釈せねばならないということではないが、現実にはそうした解釈が機構の運営にも反映されていた。

それを矛盾とまでは言えないとしても、機構の運営に一定の制約を及ぼすことにはなるだろう。例えば、主要な機関のひとつとして 1964 年から「仲介・調停・仲裁委員会」というものがあり、加盟国間の紛争の平和的解決をはかろうとしていたが、西サハラ紛争やエチオピア・ソマリア紛争など、この機構が平和的解決に失敗した加盟国間紛争は少なくない。その主な原因が憲章第 3 条 2 項の内事不介入原則にあったことは、しばしば指摘されていた。こうして国家主権の尊重と内事不介入が他の何ものにもまさる原則とされ、その結果として加盟国間紛争の平和的解決が妨げられるなら、「統一と連帯」もおのずと限られたものとなる。

そうした経験をふまえてであろうか、新しく発足した AU の設立規約第 4 条(h)項は、「戦争犯罪やジェノサイド、人道に対する罪などの深刻な状況について、連合は総会の決定に従い加盟国に対して介入する権利を有する」と定めた。「仲介・調停・仲裁委員会」も、何度か強化が試みられた結果、「平和安全保障理事会」として再構築されたが、その権限の一つは上に述べた種類の「介入」を連合総会に対して勧告することである(「平和安全保障理事会設立議定書」第 7 条 1 項(h))。

こうした改変がどのような成果を生むかは、今後の運営を待たなければならない。だが、以上のような OAU の経験のうちにこそ《弱者連帯型の機構》の抱える困難があったとは言える。つまり、弱小の国々が主権と独立を守ろうとするなら、ひとまずその目的と矛盾するコストを払うところから始めねばならなかった、ということである。目的と矛盾するコストとは、相互の関係における主権制限、言い換えれば超国家的機構の設立を意味する。超国家的機構の設立だけが「統一と連帯」を高める唯一の方法ではないが、最も効率的な方法ではあるだろう。また、そこで守られる「主権と独立」も集合的主権・集合的独立ということになるかもしれないが、個々の主権や独立が脆弱なままであるよりはまだ目的合理性がある。事実、OAU 創設者のひとりであるガーナのエンクルマ大統領は、そのような機構建設の構想を持っていたと伝えられる。しかし実際には、OAU は長い間そうした方向には進みきれずに来た。それが AU の時代になってようやく、その方向性が少し見えてきた、とも言えるのである。

　むろん、主権制限ではない方法によって、時間をかけて加盟国の国力と地位向上を図るという方法はある。東南アジア諸国連合 (ASEAN) が貫いてきた「ASEAN 流」である。他方で AU は、ジェノサイドなど一定の国際犯罪に関連してのみ《部分的超国家性》を採用する道を選んだ。しかも軍事的介入という最も強硬な手段も辞さない《超国家性》である。時代により機構構想が大きく変わりうることを、この 2 例は如実に示している。

　主権制限の問題は今なお (ある意味では時代錯誤的なまでに) デリケートな事柄とされている。ただ、主権制限的な機構の創設に消極的なのはアジア・アフリカ諸国に限ったことではなく、ほとんどすべての弱者連帯型の機構について言えることである。主権制限的な機構をつくったのは、それらの弱者ではなく、相対的に強い主権と高い独立とを持つ EU 諸国だった。

### (2) 経済分野

　弱者の連帯は、当然ながら、経済分野でも数多く見られる。前章でも触れた、中米共同市場 (CACM・1960)、東南アジア諸国連合 (ASEAN・1967)、カリブ共同体 (CARICOM・1973)、西アフリカ諸国経済共同体 (ECOWAS・1975) などがその例である。いずれも経済共同体をつくること、すなわち関税や数量制限撤廃

による貿易の自由化・開発計画の共同推進・対外経済関係の調整などを目的としており、EUの成功に触発された面が大きい。つまり、弱者の連帯により《規模の経済》を実現し、程度の差はあれ、ひとつのまとまった経済単位として対外的な対抗力を増すことが、それらに共通する目的だったのである。

ただ、EUに触発されて共同市場の形成あるいは経済統合の推進を目ざしたとはいっても、自由貿易地域(無関税地域)→(対外共通関税を持つ)関税同盟→経済通貨同盟という、広義の経済統合過程をすべてが順調にたどっているわけではない。モデルとなったEUは単一通貨ユーロを導入し、未完ながら通貨同盟にまで踏み込んでいるが、それを範にとった諸機構のほうは、どうにか自由貿易地域を形成しつつあるか、よくても関税同盟に足を踏み入れた段階である。地域の政情不安で統合の試みが一時的に挫折することも多い。その中では、ASEANがとりわけ順調な発展をたどった例と言えよう。ただ前述のようにそれは、必ずしもEU模写型だったわけではなく、EUとはちがった過程をたどる独自の弱者連帯型経済統合と見なすべきものである。

よりEU模写型とも言える中南米の諸機構の中では、前述の南米南部共同市場(MERCOSUR)が95年に関税同盟を形成し、かつ周辺諸国とも自由貿易圏を形作るなど、順調な展開をとげている。またアンデス共同体が「アンデス共同市場」設立に合意し、「アンデス統合システム」へと育て上げていることもすでに述べた(前章第V節第1項)。

弱者連帯型の機構はいまや多数にのぼるが、一般的にそれによる経済統合は思うように進んでいないことが多い。その原因は機構によってさまざまだが、一般的には以下のような点を挙げうるだろう。第一に、機構の意思決定権限はおおむね弱いことが多い。つまり、加盟国を拘束するような意思決定を行うことができないとか、意思決定が加盟国の全会一致でのみなされるといったことである。そのこと自体は地域的機構にあっては格別に珍しいことではないが、経済統合を格別に成功させたEUにおいて、加盟国から機構に多くの権限が委譲され、機関の議決が自動的に加盟国を拘束するのと好対照ではある。もっとも、同じ「弱点」を抱えるはずのASEANがEUとは別種の「成功」を得ていることを考えるなら、この点が統合の成否の決定的要因だとまでは言えないかもしれない。

第二に、意思決定に拘束力があるか否かにかかわらず、機構の政策を履行する経済的能力を欠く加盟国が存在するのも問題となる。種々の補助金や国境調整金など、共同市場の運営にはそれなりに経費がかかることが少なくないが、それを負担する資力のない加盟国がある場合、共同市場そのものが不完全にならざるをえない。この点はとりわけECOWASのような機構について言われてきたことだが(cf. Braveboy-Wagner 2009: 154)、「持たざる者の組織」が負わされた構造的な成長阻害要因の大きさを如実に物語っている。

　第三に、こうした弱者の組織の場合、周辺の政治環境の影響をまともに受けることも多い。特に、大国のからむ紛争の影響である。例えば1960年から69年まで、第一次中米共同市場の活動が遅々として進まなかった要因のひとつは、アメリカに後押しされたエル・サルバドルおよびホンデュラス、ソ連に後押しされたニカラグアというように、加盟国相互間に反目があり、かつその各々に内戦があるという、「連帯」を強めるのとは正反対の状況が長期にわたってこの地域を支配していたことだった(cf. Herz 2011: 82)。弱者が分断され、したがってそもそも《弱者としての共通アイデンティティ》が確立していない場合、機構の指導原理としての弱者連帯も容易には根づきにくい。

### (3) 弱者連帯の位相転換

　いま見たように、弱者連帯型機構の成長はしばしば阻害される。しかしながら、弱者の連帯が単純にそうした限界の中にとどまる一方だったわけではない。弱者の側なりの克服努力も、国際機構世界においては積み重ねられてもきたのである。

　第一に、個々の弱者連帯が不完全であり続けたにもかかわらず、あるいはそうだったからこそ、総体としての弱者連帯を強者に対して突きつけるための国際機構行動は、それなりに育った。その一つは、地域的な弱者連帯型機構ではなく、普遍的な弱者連帯型機構をつくることであり、例えば1964年に国連総会決議によって設置された国連貿易開発会議(UNCTAD)などがそれにあたる。総会の設置した機関であるから、そこには当然に先進国も含まれるが、全般的にはやはり、途上国の経済的要求を突きつける場という性格が濃厚である。もう一つは、新しく国際機構を創設するのではなく、既存の普遍的国際機構を弱

者連帯型に変換するというやり方である。60年代以降の国連総会がその典型例で、国際的な経済秩序および政治秩序を大国主導的なそれからから途上国主導的なそれへと原理的に組み替えようとする運動の主舞台となった。最大限の経済的平等を求め、途上国債務の抜本的解消なども目指す、1970年代の「新国際経済秩序」(NIEO)要求がその顕著な例である。国連総会のこうした「第三世界機構化」は、それに先立つUNCTADの「黄金時代」(Taylor and Smith 2007: 55-66)の遺産でもあった。

　第二に、弱者連帯型の機構は、更に周辺の弱者を吸収したり、機構同士で相互に連携したりする傾向もある。MERCOSURがその典型で、発足後ただちにチリ、ボリビア、ペルーという非加盟国と自由貿易協定を結んで7カ国の自由貿易圏をつくり、ついでアンデス共同体(ペルーとボリビアはその加盟国)とも自由貿易協定を締結して、自由貿易圏参加国を10カ国とした。それにも長短はあるが、乱立傾向もある途上国の経済統合機構をまとめ上げる効果はあると言えよう。

　第三に、これらの弱者連帯型機構は、かりに経済分野に力点を置くものであっても、協力関係をそれだけに限局するとは限らない。例えばCARICOMはカリブ海を非核化する宣言を1992年に採択している。それに先立ってトラテロルコ条約(1967年調印・68年発効)によって成立したラテンアメリカ非核兵器地帯を補完するものだった。CARICOMはまた、2010年代に入り、かつてのヨーロッパ諸国(英仏蘭)によるアフリカ人奴隷化への賠償を求めて外交的な運動を展開している(参照 Beckles 2013; Gonslaves 2014)。更に、オーストラリアおよびニュージーランドという先進国を含む点で純粋に「弱者連帯」とは言いがたいが、やはり地域の途上国の経済開発を主眼とする南太平洋フォーラム(SPF＝1971年創設＝現・南太平洋諸島フォーラム)は、1985年のラロトンガ条約により南太平洋非核地帯を設置した。米国の核の傘のもとにあるオーストラリアの立場は微妙だったが、基本的には核本位制の世界における弱者が連帯し、政治的な異議申立てをしたものと見ることができる。このほか、ASEANも1995年、東南アジア非核兵器地帯条約(バンコク条約)を調印し、97年に発効させた。AU諸国もOAU時代の1996年、アフリカ非核兵器地帯条約(ペリンダバ条約)に調印し、2009年に発効させた。

経済から政治へのこうした転移は、経済協力の成功を踏まえて政治協力の分野にも拡張するものであるか、あるいは、経済面での弱者連帯を実効的にするためには同時に政治面の連帯も強めねばならないという認識に基づくものであるか、そのいずれかであるのが普通である。いずれにせよ弱者の地域機構は、超大国あるいは大国の価値観や行動論理とは異なった秩序構築に向かう傾向を常に持つ。一方で経済的グローバリゼーションの波には抗しきれず、その限りで資本主義先進国の行動基準に従いはするが、他方で連帯することにより大国支配の開口部を求めるという、複雑な振る舞いをしなければならない。弱者連帯の地域機構は、その現実をよく映す鏡である。

## 5　NGO および NGO 的なるもの

本章の終わりに、再び NGO について少々の言及をしなければならない。以上の 1 から 4 までは、すべて IGO についての動因だった。これに対して NGO は、それ自体が一つの範疇である。

伝統的な議論の枠組みに従うなら、まさしく《国家によって・条約によって》作られるのではないという理由をもって、NGO は国際機構論の対象から外されるのがふつうである。しかし、国際社会を構成する主体（「国家間関係法に限局された国際法の主体」ではない）が何であるかの認識が変わり、国際秩序（「国家間秩序」ではない）を構築する要素が何であるかの認識も変わった以上、それを除外するのではなく議論に取りこむことが、これまで以上に必要になっている。そして、国々はなぜ IGO を作るのかという設問に正統性があるのなら、人々はなぜ NGO を作るのかという設問にも同じだけの正統性が与えられねばならない。

とはいえ、議論をいわゆる国際 NGO（複数国の出身者から成り複数国で活動を展開する NGO）に限ったとしても、抽象的な定義から出発することはほとんど不可能である。数的に膨大であるだけでなく、内容や性格も多様をきわめるからである。しいて言うなら、①国籍とは無関係に協働する人間たちが、②個々人の母国の国益とは別個の価値のために組織を作って動かし、③その活動が国際社会の動向に有意な影響を与える集団、といった定義がいちおうは可能かもし

れない。ただし、それには一つの限定を付しておくべきである。つまり、「有意な影響」と書いたように、活動が破壊的ではなく、理由のない苦痛の中におかれた人々を救おうとするものであること、人間たちを対立と抗争に駆りたてるのではなく、協働と和解を促すものであること、という条件である。またそれこそが、普通われわれが「NGO」と言うときに含意していることでもあるだろう。暴力や破壊活動のための国家横断的な組織や、倫理綱領に反してでも利益を追求する多国籍企業を、われわれは普通、「NGO」とは呼ばない。

　この限定は、人々はなぜ NGO を作るのか、という問いへの答を含んでいる。というより、そのように動因の要素をあらかじめ含ませておかなければ、秩序構築との関連で有意に語りうる NGO というものを絞り込めないのである。したがって、くり返しを怖れずに言うなら、人々は救援と協働と和解を実現するため、国々や IGO が担いきれない（あるいは担おうとしない）任務を遂行すべく NGO を作る、ということになる。それは同時に、個々の NGO の存在の正統性を測る基準ともなるであろう。もちろん、同じ任務を担おうとする国々や IGO とは動因を同じくし、容易に協働関係に立つことができる。またその限りにおいて、IGO と NGO をしいて分けるべき理由はない。

　NGO 論において強調される点の一つは、NGO 現象が「私的なアクターが公的な目的を追求していると主張すること」だという認識である（DeMars and Dijkzeul 2015: 23）。いやしくも国際的正統性を獲得するような NGO は、みずからの活動が自分たちの私的な利益のために行われている、などと言明することはない。例えば赤十字国際委員会（ICRC）の基本原則宣言は、赤十字活動が「戦時において差別なく負傷者に救護を与えたいという願いから生まれ」、「（人間の）生命と健康を守り、すべての人間の尊重を確保することを目的とする」とうたっている。アムネスティ・インターナショナルの規約は、「私たちの展望するのは、世界人権宣言その他の人権文書に高く掲げられたすべての人権を一人ひとりの人間が享受できる世界である。この展望を追求して、アムネスティはこれらの人権の深刻な侵害を防止し停止させるための調査と行動を行うことを目的とする」と宣言する。いずれも「公的な目的」に基礎づけられた、私的な機構の創設動因である。

# 第6章
# 国際機構の構造・機能・意思決定

## I 構　造

　国際機構を定義すること、すなわち「国際機構とは何か」という問題に答えることは、政府間国際機構(IGO)だけに限ったとしても容易ではない。それはあくまで加盟国たる主権国家の集合体にすぎないのか、それとも加盟国から独立した別個の存在と捉えるべきなのか、それとも主権国家の集合体であると同時にそれと識別さるべき面も備えた存在なのか。

　こうした設問は基本的に法学的な問題関心に即したものである。「主権国家の集合体」という認識は、国際機構を国家連合のようなものと捉える考え方に近い。単一国家である連邦とは異なり、一定の分野では緊密に協力するが、外交権などは別々に保有し、単一国家には至っていない存在と捉えるのである。あるいは、あくまで主権国家の寄せ集めにすぎないという考え方にこだわるなら、つきつめると「法的には非在」という認識にさえなりうる考え方でもある。また「加盟国とは別個の存在」という考え方は、一部では「法人説」などとも呼ばれ、(主権国家を「自然人」と見なして)国際機構を国内法上の法人になぞらえる議論である。もっともそれは、単に「加盟国とは別個の法人格を備える」という意味だけには限られない。機構によっては、「別個でありかつ国家の上位にある存在」と捉えるべき場合もありうるだろう。いわゆる「超国家」という性格づけであるが、実例はまだ多くない。

　ただ、こうした法学的な性格づけには、その意義がいささか不分明なものもある。まず国家連合と類比する考え方は、国家連合が「国家」というものの存在形態の一つである以上、「国際機構も国家の一種である」という擬制的な議論

に帰結することになる。だがそれは、以下の三つの点で問題がある。第一に、「国家の一種」という概念規定は多分にあいまいである。つまり、国際機構の権限や機能は加盟国の意思（それを表象する当該機構設立条約）によって枠づけられている以上、もしそれが「国家の一種」だとするなら、「不完全国家」あるいは「半国家」といった意味になるだろう。その場合国際機構は、国家に対して従属的な地位に立つ「ある種の従属国家」ということにならざるをえない。だが、つき詰めていくと国際機構を植民地に似た存在になぞらえる議論に、どれほど現実的な意味があるだろうか。第二に、国際機構は領域も人民も持たない。その種の特殊な国家もありうると議論するのは自由だが、そういう存在をあえて国家になぞらえる必要もないであろう。第三に、当該国際機構が加盟国限定的な機構（地域的国際機構）である場合はいざ知らず、世界の大多数の国家を包含する機構（普遍的国際機構）である場合、それを国家連合になぞらえても現実との適合性に乏しい。地域的国際機構の場合は非加盟国群という「外部世界」が存在するので、国家連合説もそれなりに現実と適合する面があるが、大多数の国家を包摂する機構の場合、そうした図式は当てはまらないからである。加えて、「従属的」で自律性を十全に与えられない「半国家」に世界の大多数の「国家」が包含されるというのも、論理的には奇妙に思われる。

　要するにこの考え方は、根底では国際機構を常設的国際会議程度でしかないと考えているのに、なおそれ以上の性格を付与しようとするものであり、それゆえに議論上さまざまな無理が生じるのだと言ってよい。

　他方でもうひとつの考え方、すなわち国際機構が法人であるというそれはどうだろうか。この考え方は、それ自体としては間違っていない。特に、多くの国際機構が法人格を与えられ、それに基づく権利義務（条約締結権、損害賠償請求権、損害賠償の義務など）を担っているという現実に合致する点と、国際機構が法的に非在であるといった極論を排する点においてである。もっとも、現実に適合していさえすればよいというものでもない。多くの国際機構が法人格を与えられる時代に「国際機構は法人である」と言ってみても、それは事実を事実であると言っているにすぎない。たしかに、国際機構は法的に存在する。法学的にはそう言うだけでも十分であるが、それによって国際機構という存在の本質的特性が把握できるわけではない。「加盟国とは別個の実体として存在す

る」と言うことがたんなる法的な擬制以上なのかどうか、もしそうであるなら それは国際機構のどの機関や制度や権限を指すのか、またもしそうでないなら それは国際機構のどのような現実に即して言えることなのか——こうした問題 がなお残されているのである。国家連合説はこれらの問いに対する、部分的で、 おそらくは不精確な答えだった。そして、法人説はその問いに答えない。

　これに対し、政治学的な国際機構の性格づけの中には、単純だがこれらの問 いに向き合おうとしたと見られるものもある。たとえば、国際機構は「われわ れ(we)」であるか「かれら(they)」であるか「それ(it)」であるか、そのいず れかだという、イニス・クロードの比喩的分類(Claude Jr. 1971: 11-13)などであ る。「われわれ」とは、自国が単独にあるいは他国と共同して国際機構におけ る主導権を握り、国際機構をみずからの志向や利害にそって運営している場合 を指す。国家が自己と国際機構を同一化する場合である。これに対し「かれ ら」とは、国際機構が利害を異にする他国によって牛耳られている場合である。 国家が国際機構から自己疎外し、国際機構を——客観化するというよりは—— それに外在し敵対する場合である。最後の「それ」とは、国際機構が加盟国に 対し中立的ないし超越的になった場合を指す。それは単純に国際機構が別個の 法人格を備えた事態も指しうるし、機関の意思決定や活動の不偏不党性をも指 しうる。あるいは更に、国際機構が超国家化し、加盟国の主権を吸収するよう になる事態もこの中に含めてよい。

　クロードのこの性格づけの有用性は、第一に、「国際機構」の意味が加盟国 に応じて一様ではないことを指摘する点である。国際機構は、ある国にとって は「われわれ」であり、別の国にとっては「かれら」なのである。同時に、ク ロードの立論は、この二者の区分が固定的でなく、時点に応じて変化しうるも のであることも含意している。現実にも、同じひとつの国際機構が、昨日は 「かれら」であったのが今日は「われわれ」に変わるということは、格別に特 異なことではない。第二に、「それ」という指標をつけ加えることによって、 単なる国家間の関係を超えた、「国際機構そのもの」の存在認識も許容してい る。もっともそれは、「あれか、これか」の二者択一なのではない。現実の国 際機構はおそらく、同時に「われわれ」でもあり、「かれら」でもあり、「そ れ」でもあるのである。もっとも、この性格づけは国際機構についての主観的

認識にとどまるものであり、その点に限界があると言わねばならない。より客観的な認識を得るために必要なのは、何が同一の機構を「われわれ」にしたり「かれら」にしたりするのか、また「それ」に実質を与えるのは何であるのか、といった点を明らかにすることである。

こうして、国際機構を要素還元することが必要になる。漠然と総体としての国際機構(具体的には例えば「総体としての国連」)について語ることをやめ、ある国際機構のどの部分を語り、どの機能に言及しているのかを明示しなければ、意味のある議論にはなりにくいからである。要素還元するということは、国際機構をその構造や機能や意思決定に分節化して論ずることを意味する。その作業の意味は、国際機構が単層の存在ではないことを明らかにすることである。

## 1 構造の一般的パターン

政府間国際機構の構造には、多くの機構に共通する一般的なパターンがある。すなわち、これまでにも触れた点だが、すべての加盟国によって構成される総会、一部の加盟国によって構成される理事会、国家の代表ではない独立の人員によって構成される事務局という、いわば国際機構の3本柱ともいうべき機関を備えていることである。加盟国が構成する前二者を「国家的機関」、そうではない後者を「非国家的機関」と呼んだりもする。

### (1) 総会と理事会 (国家的機関)
(a) 総会と理事会の構成

総会は、通常は機構の最高意思決定機関であり、機構の活動全般にわたる議題を討議して活動方針を決める。毎年1回開催されるのが普通だが、機構によっては数年間隔で開催するものもある。たとえば国連の専門機関のうち、IMO(国際海事機関)、UNIDO(国連工業開発機関)、UNESCO(ユネスコ=国連教育科学文化機関)などは2年ごと、WMO(世界気象機関)やITU(国際電気通信連合)は4年ごと、UPU(万国郵便連合)に至っては5年ごとの開催である。

また理事会は、通常は総会で決定された政策を執行する任務を負う。構成員を選抜する方法は大きく分けて2種類あり、一つは機構の設立条約に国名を明

記してあらかじめ指定する方法である。国連憲章第23条が、安全保障理事会の常任理事国として中国・フランス・英国・ソ連（ロシアが継承）・米国の5カ国を挙げているのが典型例だが、かつての国際連盟規約第4条1項も、当初の連盟理事会非常任理事国にベルギー・ブラジル・スペイン・ギリシャの4カ国を指定していた（常任理事国は国名が明記されていない）。もう一つは、このほうが一般的だが、総会が選挙によって選出する方法である。国連を例にとると、安保理でも非常任理事国(10カ国)はこの方式で選出されるし、また経済社会理事会の理事国(54カ国)もやはり総会の選挙で決められる。

このほか、いちおう総会が選出することになってはいるが、白紙の状態で選挙するのではなく一定の資格を満たす国の中から選出する、「機能的配分」と呼ばれる方法もある。たとえばIMF理事会は、最近まで20カ国で構成し、そのうち5カ国はIMFへの出資割当額が上位を占める国々が任命され、残りの15カ国を選挙で選ぶことになっていた。2016年改正の設立条約(IMF協定)では単に「20名の理事で構成される」(協定第12条3項(b))とされ、IMFの解説では「任命または選挙により選ばれる」となっているが、出資割当額に応じて決まる点は変わりない。2016年時点では実際には24名(24カ国)で構成され、うち8名が一国単独の理事国（出資金上位8カ国）、他の16名は出資金を合計したグループ単位で選出されている。機構活動の原資をより多く提供する国により多く・より安定的な発言権を与え、機構の活動を実効的にすることが狙いである。

また海運の安全や海洋汚染の防止を目的とする国際海事機関(IMO)理事会の場合、2016年時点では40カ国で構成され、①10カ国が海運業務最大提供国、②10カ国が国際海上貿易に最大の利害を有する①以外の国、③残り20カ国は国際海運業務に大きな利害を持つ①②以外の国、と配分されている。海運という活動分野の特殊性に鑑み、それに特別の利害を有する国に機構の運営の実質を担わせることが合理的だとの判断に基づく方法である。いずれの場合も、機能的配分であると同時に、ある種「指名入札」的な選出方法をとる点で、事実上に安保理の常任理事国制度に準ずる効果を生む。単に「機能的な」配分にすぎないのではなく、「選民」の指定にもなっているのである。特にIMFの場合がそうで、安保理常任理事国が軍事力の大きさを基準に指名されているとすれ

ば、IMF理事国は経済力の大きさを基準に指名されていることになる。いずれにせよそこでは、主権平等原理に修正が施されている点に注意しておかねばならない。

### (b) 主権平等主義と選民主義（あるいはエリート主義）

前にも触れたように、総会形式の機関は、すべての加盟国が議席を持つ点で、《主権平等主義型の機関》である。それに対し理事会形式の機関は、構成国数が限定されている点で一種寡頭制的・少数支配的な機関と言える。理事会の権限が総会のそれにまさるなら、《選民型（あるいはエリート型）の機関》と呼びうることにもなろう。その場合当該理事会は、まさに理念的にヨーロッパ協調の系譜に属するものとなる。

もっとも、近代的国際機構が生まれ始めた当初から、理事会形式の機関が《選民型》の性格を帯びていたわけではない。19世紀の国際機構にあっては、基本的に理事会形式の機関は、一つの総会から次の総会までの間、その意思決定を受けて活動の継続性を確保することが主目的だった。それが選民型機関性を強めるのは国際連盟以降のことである。とりわけ、国連安保理は連盟理事会に比べて権限も大きく、ヨーロッパ協調的な選民的特性を更に強めたと言ってよい。

それに関連して、国連総会と安保理の関係が、「最高意思決定機関とそれに付随する執行機関」という一般的なパターンを外れるものであることに留意しておく必要がある。つまり、第1章でも触れたように、国際の平和と安全の維持に関しては安保理が「主要な責任を負う」こととされ（国連憲章第24条）、その分野の問題について安保理が任務を遂行している間、総会はそれに関していかなる勧告もなしえないことになっている（同第12条1項）。言いかえれば、この分野に関する最高意思決定機関は安保理であり、総会と理事会の優劣はここで逆転しているのである。むろん、総会がこの分野に関していかなる権限も持たないという意味ではない。勧告ができない場合でも討議はできるし、また安保理が当該事項の取扱いをやめれば勧告もできる。更にそれ以前の問題として、安保理の決定に基づいてなされる機構の活動（たとえば平和維持活動）に予算を割り当てるか否か、その額をどれだけにするか、といった決定も総会の権限事項

である。だがそれは、平和と安全の維持に関わる活動の周辺部にすぎない。中核はあくまで安保理の手中にあるのであって、その点でやはり、安保理の優越を語らざるをえないのである。

### (2) 事務局（非国家的機関）

　3本柱の残るひとつ、すなわち事務局については、いま1度その構成原理が前2者と異質であることを強調しておかねばならない。つまり、前章第Ⅰ節3(2)で述べたように、それが政府間国際機構（IGO）の中の非政府間的（NG）な部分を構成するという点である。その際、それが個々の国益の総和ではない客観的共通利益の出所にもなると述べたが、その1点だけをとっても、IGOの中の《IGな部分》と《NGな部分》とを分かつ分水嶺には、注目すべき十分な理由がある。むろん、全くIG的な要素の混じらない純粋にNG的なものであるとまでは言えない。たとえば国連事務総長を例にとると、その任命は安保理の勧告に基づいて総会が行うことになっているし（憲章第97条）、またそれ以外の事務局職員も上級ポストに関しては加盟諸国の要望に応じてなされる、いわゆる政治的任命（political appointment）であるのが通例で、そこに加盟国の意向なり影響力なりが及ぶことはあるからである。とはいえ、総体的にはやはり脱国籍的な職能集団と言うべきだし、また憲章上も、事務総長ならびに職員にはいわゆる「国際性」の要請が及び、機構外のいかなる当局からも指示を受けず求めないこととされ（憲章第100条1項）、加盟国の側もこの要請を損なう行為を慎まねばならない（同2項）。国連をイニス・クロードのいう「それ（it）」にしうる最大の制度的基盤はここにある。

　事務局の任務は、基本的に総会や理事会といった意思決定機関あるいは執行機関を補佐し、それらが定めた政策を遂行し、機構の行政事務をとり行うことである。もっとも、国際機構の事務局の中には、単なる「事務方」を超えて機構の意思決定に深く関わる機能を果たすものや、行政にとどまらず政治的な領域にわたる機能を営むものもある。前者の例としてしばしば挙げられるのはたとえば、近年はやや影が薄くなっているが、UNCTADの事務局などである。「途上国の経済成長を促進するために国際貿易を助長すること」を目的とするこの機構は、おおむね3年ごとに総会を開いて政策方針を決定するが、その原

案を事務局が準備するのである。それは単なる「下ごしらえ」以上の意味を持つ。つまり、UNCTADはそれ自体が開発援助等の現業活動を大規模に行うのではなく、開発政策についての国際的な合意を形成することが主目的であるような機構である。それゆえ政策方針の策定は、機構の活動の根幹部分を成すに等しい。それを支えてきたのが、事務局の調査研究部門で、そこから刊行される『貿易開発報告』や『世界投資報告』といった多くの報告書は上質だとの評価が高い(Taylor and Smith 2007: 52-54)。それらがUNCTADの政策方針の土台になるが、その中には、開発援助の強化、一次産品の価格安定化、技術移転の増大など、南北問題を是正するための重要な指針が多く含まれていた。これら重要な問題提起が事務局の主導で起案されてきたのである。もちろんそれは、最終的には総会の承認を受けねばならない。そうではあれ、起案のいくつもが現実に採択されてきたという事実だけでも、事務局の果たしてきた役割の大きさを十分に物語っている。

　他方で事務局案は、ときに「あまりに途上国寄り」だとして一部先進国の反発を招くこともあり、さまざまな改革圧力を受けても来た。事務局のそうした傾向が国際事務局という存在の中立性を損なうものと見るべきか、それとも、開発の促進という機構の目的に忠実であるがゆえの論争喚起と見るべきかは意見の分かれるところではあろう。だが少なくとも、事務局がいつも国家的機関の下僕にとどまっているわけではないことを証しするものではある。

　事務局に関するもうひとつの点、すなわち単なる行政事務を超えた政治的な役割に関しては、国連事務局、とりわけその長である事務総長という機関の機能や権限に注目せねばならないが、この点は第3章で触れたのでここでは割愛する。


## 2　《無形の国際機構》に関する付論

　国際機構の構造について解説する章ではあるが、ここで少し、構造のはっきりしない国際機構に触れておきたい。常設的な機関や事務局を持たないが、国家グループとして恒常的に会合や協議を持ち、それが世界経済や安全保障に大きな影響を及ぼしているとされる存在である。常設的機関を持たないのだから、

それを国連等のような《有形の国際機構》と同列に論じてよいかどうかという、概念規定上の問題はある。しかしそうした活動もまたマルティラテラリズムに拠るものであるから、マルティラテラリズム論の一環としては論じうる。それらを《無形の国際機構》として多少の言及をしておこう。具体的には、当面重要と考えられる G7／G8（主要国首脳会議）および、「拡散に対する安全保障イニシャティヴ」(PSI) について略説する。

### (1) G7／G8

国連安保理が世界管理型国際機構としての国連の要石であり、世界全体に対して寡頭制を敷いているという理解は第 2 章で述べた。その認識は誤りではないし、安保理が（未だに実現していないが）国連の名において武力行使できることや、一部国家群に武力行使を授権できることを考えるならば、その権力性はきわめて大きいと言わねばならない。権力行使が国連憲章によって法的に担保されている点でも、これは超国家的かつ破格の権力である。

しかし、そのように武力に訴える権力行使までもできる点をわきに置いて考えた場合、国連安保理（特にその常任理事国）は、最も世界政府に近い権力体なのだろうか。世界に最も関わりと影響の深い決定を行う、他の何にも増して重要な機関なのだろうか。

この問いは漠然としすぎているが、それでもなお、マルティラテラリズムの探求においては避けて通ることのできない問いである。世界の（日常的な）重要問題のより多くを決定しているのは国連安保理なのか、それとも G7／G8 なのか、という問いは明らかに正統な問いだからである。日本やドイツといった安保理常任理事国ではない「大国」が中心的なメンバーとして参加し、改組がほぼ不可能な安保理に比べて大国クラブとしての代表性が明瞭に高いだけでなく、そこでなされる「大国の合意」が当初の経済通貨問題だけでなく、安全保障その他の政治的な問題にまでわたり、安保理の所管事項を含みかつ超える、きわめて広いものだからである。（なお、「主要国」という名称は日本語で一般的に使われているものであり、正式名称ではない。これらの国だけが「主要」であるという価値的な肯定を伴っているのならば、不適切な説明語である。）

NGO と同じく、この G7／G8 も長いあいだ、一般的に国際機構論のテーマ

として取り上げられてこなかった。それが無形だからである。トーマス・ワイスらの言を借りるなら、「G7／G8は世界諸制度の中の変わり種である。世界で最も強力な国々が最も喫緊の諸問題を語り合うもので、そのフォーラムとしての重要性は他の追随を許さない。しかしながら、G7／G8は有形の機構ではない。政府間国際機構にありがちな装飾品もなく、形式的な規則や手続きに従って活動するのでもない。公式の本部もなく、付属の事務局もないのである。そのかわり、ある特定の行動パターンを守るように他国や他国際機構に指嗾することにより、非公式に国際問題のあり方に影響を及ぼそうとするのだ」ということになる (Weiss in Dobson 2007: Foreword, x)。

　恒常的な機関や手続きを持たないだけでなく、このグループはメンバーも変えながら運営されてきた。そもそもは1975年に西側先進国6カ国で始まり (G6)、翌年カナダを加えて7カ国となり (G7)、そのあと1997年にロシアも「入会」させて8カ国 (G8) になったが、2014年からロシアの参加を停止させて2016年現在ではG7になっている。それに国連事務総長、欧州委員会委員長ならびに欧州理事会常任議長、IMF専務理事なども加わることが多い。各国外務省の担当官が大規模な準備を行う会議であって形式的な顔合わせではなく、そこで了解あるいは合意された事柄も (国連安保理の決定のような法的拘束力はないが) メンバー国は履行しようとする (Dobson 2007: 31-34)。そこでなされた合意が国連の諸機関に受け継がれ、国連改革、テロリズム対抗措置、平和維持活動強化など、国連の政策路線に影響を及ぼす事例も多い (同: 34)。その場合、G7／G8は事実上、国連の上位機関になるのである。

　活動の詳細は個別文献に委ねるが、このような無形機構型のマルティラテラリズムが相当程度の重要性をもって存在し続けることの意味はどこにあると見るべきだろうか。第一にそれは、有形の機構に対する反措定の面を持つ。国連安保理は大国支配だが常に同質の国のみで構成されず、しかも法的手続きが定まっているため、融通無碍な運営をするにも限度がある。完全に非公開を貫くことも難しい。それゆえに拘束の少ない無形機構型を採ることになると言える。第二に、より肯定的に見るならば、それは安保理の事項管轄内にない事柄 (例えば経済・開発・金融) までも、安保理に匹敵する世界「最高」のレベルで決定しようとする。その決定に法的な拘束力はなくとも、先進大国であるから事実

的な拘束力は示しうる。

　しかしこの方式は、たしかに効率的ではあるものの、やはり仲間ウチの集合であるし（「仲間」でなくなるとロシアのように排除される）、透明性にも乏しく、民主的なマルティラテラリズムの時代にはそぐわない面を持つ。非国家主体を通じた「民意」との整合性も欠如する。その意味でこうした無形機構型の活動は、きわめて柔軟ではあるものの、公正で客観的な「世界政府」の代用にはなりえないと言うべきであろう。

### (2) PSI

　PSI は 2003 年、米国の主導で開始された大量破壊兵器拡散阻止のための、多国間共同行動プログラムである。百数カ国が賛同して（2016 年現在）頻繁に会合を開き、しばしば海上あるいは空中での演習を行うなどしている。防止ではなく阻止とあるように、大量破壊兵器および運搬手段の輸送を、臨検など強力な（武力行使を伴った）手段で阻止することが最大の眼目の一つである（USA, "Interdiction Principles for the Proliferation Security Initiative"）。すでに実行例はあり、2003 年 10 月、リビア向けウラン濃縮装置の部品を積んだ輸送船を、地中海において米英独伊 4 カ国の共同作戦で停止させた（http://www.globalsecurity.org/wmd/world/libya/nuclear.htm　行動の根拠や成果については疑問も批判もある）。

　加盟国でも参加国でもなく、賛同国（endorsing states）という言葉が当事国によって使われているように、機構的にはほぼ無形で柔軟をきわめ、しかし軍事的な提携は緊密な多国間プログラムである。大量破壊兵器の拡散、特にテロリストによる入手への懸念が高まる中、手続きや規範に拘束される《有形の国際機構》あるいは条約実施体制にするよりも、かような無形のマルティラテラリズムに拠るほうが効率的との判断に基づく活動と言ってよい。

　効率への観点はそうでありうるとしても、そこには問題もなくはない。つまり、この「イニシャティヴ」の「賛同国」が、ロシアを除けばほとんどすべて米国の同盟国ほか傘下の国々であり、実質的に「米国主導の柔軟な同盟」（Newman 2007: 151）であり、しかも「国連からのさまざまな制限から逃れるために」こういう無形型を選んだ（同）という判定である。単独主義でなく多国間主義で行えば、とられる各種の措置に国際法のさまざまな規制が及ぶことにも

なるから、船舶の停船や乗船や臨検といった武力行使に相当する行為の法的正当化もきちんとしなければならない。もしそのすべてを回避するための無形機構方式の利用であるなら、これは《放恣なマルティラテラリズム》の実践にもなりうるだろう。

最後に、G7／G8といいPSIといい、主権的国家間の国際法が機能を発揮しにくくなっている世界への反応だとも言える点で共通している。つまり、伝統的国際法が主権国家体系を前提とし、その枠組みの中でこそ機能できるものであるのに対し、テロリズムとかテロリストによる大量破壊兵器取得といった新時代の脅威は、いわば主権国家体系にとって無形のものである。そのように形のない脅威に対し、主権国家体系を前提とした有形の機構で対応しようとしても実効的ではないと考えるならば、完全には国際法を前提としない無形の機構ないし無形のマルティラテラリズムで対抗するという対応が、そうして友邦を糾合できる大国にとって最も現実的な選択肢となるのかもしれない。それは全く理解不能な選択ではないが、そこにおけるマルティラテラリズムは世界統合的なものではなく、ある種の同盟であり、世界分断的なマルティラテラリズムであるとだけは言える。

## II　機　　能

国際機構の機能は多岐にわたる。多岐である分だけ、それを論ずる仕方もまた一様ではない。たとえば、国際機構が国民国家システムを変質させる機能を営むか否か、といった大テーマの設定も可能である。また、国際機構は大国が小国を支配する装置であるのか、それとも小国が大国支配を覆すための触媒となるのか、といった機能論問題もありうる。あるいは更に、国際機構論の枠組みからはかなり逸脱することになるが、国際機構は「文明の衝突」を吸収・緩衝し、地球社会の市民たちのアイデンティティのよすがとなりうるか、といった設問もありうるかもしれない。ここではしかし、中程度に範疇化したいくつかの機能項目を通観するところから始めたい。それは大テーマを論ずるための予備作業でもあるし、同時に大テーマを要素還元し操作化する作業でもある。

そうした中程度の範疇としては、ハロルド・ジェイコブスン（Jacobson 1984）などが定式化したものを参考にして修正した、次の7項目からなる機能リストが有用である。

## 1　フォーラムとしての機能

　国際機構は、まず第一に加盟国の代表が共通の関心事を討議する場である。《共通の関心事》は基本的に当該国際機構が管轄権を持つ諸事項であり、事項ごとに加盟国によって関心の程度に差はあるものの、いずれにしても討議なしに機構の管轄が現実に作動する（機構が何らかの行動を起こす）ことはない。討議は総会的な機関でも、また理事会的な機関でも、常に機構活動の不可欠の要素としてすべてに先行する。

　ただそれは、漫然と討議するだけではない。討議の結果、国際社会のさまざまな利益や要求が析出されることが重要なのである。国内の政治経済関係同様、国際的な政治経済関係も価値の配分をめぐる過程である。誰がどれだけの軍事力を持ち、誰がどれだけの富や利益を受け取るか、あるいは誰から誰にどれだけの政治的・経済的な「力」を移転するか、等々。それをめぐるさまざまな利益主張が明確化され、場合によっては正統化する場となることが、フォーラムとしての国際機構の重要な機能である。

　たとえば核拡散防止体制は、核兵器という「価値」を少数国に与え、多数の国には与えないという「価値」配分であり、IAEA（国際原子力機関）という国際機構がそれを担保している。それに対し、たとえば国連総会において核兵器使用の違法性が討議され決議されれば、現在は正統化されている「価値」が正統性を剥奪されることも起きうるし、あるいは、核拡散防止体制の「不平等性」に対する批判が高まれば、現行の「核価値」配分体制に対する異議申立てとなり、それとは異なる新たな価値配分（平等な核保有または平等な核不保有）を生みだそうとする動きになるかもしれない。また別の例として、たとえばアパルトヘイトという政策が国際機構の場で非難され続けた結果、時間はかかったものの、この種の政策が国際社会によって正統化されないことが確立した。こうして《フォーラムとしての国際機構》とは、国際機構が国際的な価値を析出し、明

確化し、種々の政策を正統化(および非正統化)することを意味する。国際機構はいわば、諸国の《制度化された接触点》とも言うべきものなのである。

## 2　情報機能

　国際機構はまた、加盟国にとっての《共通の関心事》に関連する情報を収集し、分析し、頒布する機能も営む。それは国際機構が《制度化された接触点》であることの、ひとつの帰結でもある。ことの性質上、経済金融関係の国際機構で特に発達していることが多く、たとえばスイス・バーゼル市に本拠を置き、各国中央銀行の協力機構となっている国際決済銀行(BIS)が行う、国際金融情勢の情報収集および分析は精度が高いと評される。国連関係の例としては、UNCTAD の調査分析能力について前に述べたとおりだが、ほかにもたとえば、WMO(世界気象機関)が行なっている、気候変動に関する情報収集および頒布事業、すなわち「世界気象観測」(World Weather Watch)などがよく知られた例である。また、かつての国連人権委員会には世界各地から人権侵害の苦情申立てが寄せられ、それにより世界の人権侵害の実態が明らかになっていた。現在はその後身である国連人権理事会が同じ機能を引き継いでいる。これも、半分は準司法的な機能であると同時に、広い意味では情報機能のひとつに数えてよい。別の例として、植民地独立付与宣言(総会決議1514(XV)=1960年)の履行監視を目的に設置された同宣言履行監視特別委員会(24カ国委員会)は、かつての植民地でありながら国連の信託統治地域にも組み込まれず、いまだ独立に至っていない「非自治地域」に関する情報を収集する機能を営んでいる。

　さらに、ここでもまた、NGO を加えるなら、国際機構による情報機能の豊かさはいっそう際立つことになろう。アムネスティ・インターナショナルやヒューマン・ライツ・ウォッチなどの年次報告が世界の人権侵害状況を詳細に伝え、国境なき医師団が紛争地域から人々の苦境や人道法違反行為を伝え、世界自然保護基金(WWF)の報告書が生物界や自然環境の危機を伝える。詳細であるだけでなく、それらの情報の中には、通常の外交ルートでは表面化しないものも含まれていて、ある意味では世界の改善すべき点に関するより鋭敏な警告であることもまれではない。

情報機能に関して特筆すべき年来の傾向は、いわゆる早期警報(early warning)への関心の高まりである。飢餓や難民などに関して、事態が深刻化する前に対処すべく十分な情報を収集して早期に警報を発することを指し、飢餓に関してはFAO(国連食糧農業機関)が、難民に関してはUNHCR(国連難民高等弁務官事務所)が、それぞれこの機能の充実を志向してきた。近年も環境破壊に関して国連環境計画(UNEP)が、自然災害に関連してユネスコが早期警報のための国際協力を組み立てている。自然／都市災害全般については国連防災戦略事務局(UNISDR)が早期警報も含む被害削減体制構築を目指している。

　また、いわゆる予防外交の一環として、国際紛争についてもこの機能の拡充が求められているが、デクエヤル事務総長(1982-91年)時代の国連でそれを担当する部局(情報調査収集室＝ORCI)が設置されたことがある。ORCI自身はほどなく別の部局に吸収されたが、この機能の拡充が必要である点に変わりはない。もっとも、1994年のルワンダや2004年からのスーダン(ダルフール)など、事務総長および事務局が人道的危機の悪化に警告を発しても、加盟国が真剣に向き合うのが遅すぎるといった事例もしばしばある。早期警報に関して最も重要なのは、どれだけ早期であるかではなく、それに対して国際社会が迅速に実効的な行動をとれるかどうかである。

　地域的な機構でも、欧州安保協力機構(OSCE)が、民族紛争等に関する早期警報の発令を機構の活動に加え、その任にあたる機関として少数民族高等弁務官(OSCE／HCNM)を設置して少数民族の権利確保や紛争の調停等にあたり、「OSCEの中で最も画期的な制度だった」(Galbreath 2007: 50)と評価されている。近年ではEUが早期警報／紛争予防に力を入れ、欧州対外行動庁(EEAS)がEU紛争早期警報システム(EWS)を展開し、コンゴ民主共和国における選挙支援・紛争予防(2006年)に成果を上げたと自己評価している。いずれの分野であれ、今後いっそうの拡充が求められる重要な機能であることは間違いない。むろん、先進国の途上国に対する不用意な介入主義にならぬよう、そのこと自体をも国際社会が監視することが求められる。

## 3　基準設定機能

　基準設定とは、特に国家の行動に関連して、国際機構が勧告などの形で法的拘束力のない政策目標ないし行動基準を立てることを指す。たとえば国連総会決議である世界人権宣言は、国家が尊重すべき人権の最小限のリストを呈示し、国際人権基準を設定した基本文書となっている。法的拘束力のない文書に依拠するこの方式は、立法権を持たない機関(たとえば国連総会)によって特にしばしば用いられる。見方を変えればそれは、当該国際機構を「単なる討議場」以上のものにする契機でもあるだろう。とりわけ国連総会の場合はそうであり、いま述べた世界人権宣言(1948年)のほか、植民地独立付与宣言(1960年)や友好関係原則宣言(1970年)や新国際経済秩序樹立宣言(1974年)など、その後の国際関係に少なからず影響を及ぼした決議も多い。またそのうちのいくつかは、本来は法的拘束力がないとされていたにもかかわらず、時間の経過とともに慣習法化し、何らかの法的拘束力を帯びるに至るものもある。

　大切なことは、しかし、法的拘束力があるか否かより、こうして設定された諸基準が国際関係を律する基本原則になっていくこともある点である。少なくとも基本原則の定立に寄与しているのであれば、それは根底において規範の形成に連なる機能でもある。またそうであるなら、国際機構は広い意味での国際《統治》(ガヴァナンス)に携わっていることにもなる。ここで《統治》とは、《政府》(ガヴァメント)とは異なる概念である。ガヴァメントは拘束力ある命令の発布能力を本質とするが、ガヴァナンスのほうは必ずしも命令や支配服従ではなく、合意あるいは自発性に基づいて共同体の機能が充足されること、または少なくとも充足さるべき機能についての合意(規範的枠組み)が存在することを意味する。前者の機能充足についても国際機構は限定的ながらその役割を果たしているが(たとえば天然痘の撲滅や飢餓の救済)、後者の規範的枠組みの形成に関する機能はさらに広範に営んでいると言ってよい。もしそれを《規範的統治》と呼ぶなら、国際機構の基準設定機能は、この意味での国際統治の本質的な構成要素と言うべきものである。

　《基準設定機能》は次に見る《規範創設機能》(明確な立法)ほど強い権限を国際機構が与えられないことへの代替でもあり、実際に権限を行使して問題を現場

で処理する《現業的機能》にも限界があることの結果ではある。にもかかわらず、国連総会決議のように、のちに慣習法化しうる諸基準が要所要所で拡散することにより、少なくとも力の支配ではなく法の支配に世界は近づいていく。そういう効用は肯定的に捉えられねばならない。

## 4　規範創設機能

　国際機構は、基準を設定するだけでなく、拘束力ある法をつくる《規範創設》の過程にも関わる。「法をつくる」と言いきらずに「過程に関わる」という回りくどい言い方をしたのは、真正な国際的立法権、すなわち国家をただちに拘束する法をつくる権限を与えられた国際機構というものが、いまなお極めてまれだからである。では、どのように「過程に関わる」のだろうか。

　第一に、国際機構における規範創設がある。つまり、国際機構という場で国々が条約を起草し採択することを意味し、「国際機構みずからが法をつくる」ということから最も遠い態様の立法関与である。ただ、条約締結のために各国の全権委員が特別に参集するのと違い、既存の国際機構がそのまま条約締結交渉の場になる点で、伝統的な条約締結過程とはやはり一線を画する。条約内容の確定行為が通常の「調印」ではなく、当該機構の総会による「採択」である点でも異なる。こうして採択され各国の批准も受けてつくられた条約には、国連総会を例にとると、ジェノサイド条約・国際人権規約・宇宙条約・人種差別撤廃条約・拷問等禁止条約・子供の権利条約など多数にのぼる。それに加え、難民条約や国連海洋法条約など、国連全権会議という形をとったため形式的には総会の外に出ているが、実質的には国連総会で採択されたのと変わらないものもある。

　ILO（国際労働機関）も多数の国際労働条約をつくることで知られるが、国連総会とは違う面ももつ。条約内容の確定は、むろん調印ではなく総会による採択をもって行われ、それも3分の2の特定多数が得られればよい。こうして採択された条約案は次に、批准のため各加盟国に送付されるが、特徴的なのは、採択の際にそれに反対票を投じた国にも送付されることである。そしていずれの国も、総会会期の終了後18カ月以内に、その条約案を自国の権限ある機関

(条約締結権を有する機関)に提出することを義務づけられている。当然ながら、いずれの国も批准をする義務はないが、批准が遅れた場合にはその遅延の理由をILOの事務局長(国際労働事務局長)に呈示せねばならない。同様の手続きは、国際労働基準(条約に至らず、それよりも緩やかな「勧告」にとどまる)が設定された場合にも用いられる。こうしてILOの事例は、国際機構における立法から国際機構による立法に一歩近づいたものになっていると言ってよい。

　第二に、主として機構の内部的な事項に関しては、国際機構も「限定的立法権」を持つことがある。「国際機構の内部法」などとも呼び、たとえば議事手続き規則や職員規則を制定することだが、より広くは、新加盟国を承認したり予算や分担金率の決定を行うこともそれに含められる。いずれの場合も、機構の機関はむろんのこと、加盟国もまた遵守すべき義務を負う。加盟国を拘束するのと(より一般的に)国家を拘束するのとでは法的な意味がやや異なるとはいえ、また内部的な事項に限られるという限定つきとはいえ、これはやはりある種の立法権とみなしうるものである。

　ただ、同じく加盟国に効力が及ぶ場合でも、国家としての行動準則にわたるような「立法」は、前述のEUのような例外を除き、まだ国際機構の標準的な権限となるに至ってはいない。わずかに、ICAO(国際民間航空機関)やWHO(世界保健機関)などにおいて、それぞれの活動分野に属する技術的な規則を制定し、その効力の発生を容易にする手続きが編み出されている。技術的な規則とはたとえば、ICAOの場合なら国際航空の安全基準などであり、WHOの場合なら伝染病患者の隔離の方法などである。WHOの場合、そのような規則(保健規則)は総会によって採択され加盟国に通告されるが、指定された期間内に不承認または留保をした国を除き、通告をもって効力を発生する(WHO憲章第22条)。またICAOの場合、理事会が採択した規則が加盟国に送付され、加盟国の過半数がその不承認を届け出た場合を除き、送付の日から一定期間(原則的に3ヵ月)が経過すれば効力を生ずる(国際民間航空条約第90条)。

　第三に、厳密に「立法」と言えるかどうか微妙な面はあるが、国連安保理が「決定」として採択した決議が加盟国を拘束する(国連憲章第25条)という制度にもここで触れておくべきだろう。確かに安保理決議は、基本的に特定の状況への対応という性格のものであり、ただちに「法規範」とは同一視できない面

がある。法規範とは本来、特定の状況で特定の客体に対して適用されるのではなく、状況・客体いずれの点でもより一般性のある規範を指す。にもかかわらず安保理「決定」をここで取り上げるのは、加盟国の同意をまたずに拘束力を持つという、国際機構の意思決定としては異例に強い効力を付与されているからである。その同意が必須とされるのは常任理事国だけで、安保理に議席を持たない非理事国の不同意はむろんのこと、議席を持つ非常任理事国の不同意も一定数(7票)がまとまらない限り効果はない。「決定」自体が「法」であるかどうかはともかく、それは、国連憲章という「法」によって格別に強い「法的な」効力を与えられているのである。この効力こそが安保理、特に常任理事国が「現代の神聖同盟」であるという、ハンス・モーゲンソーが与えた性格規定(前出第2章第Ⅱ節4項)の法的な裏づけにほかならない。

　なお、「対テロ戦争」の時代状況は、規範創設の局面でも安保理の大きな変化をもたらした。「状況・客体いずれの点でもより一般性のある規範」を安保理が定立したと見られる安保理決定の例が登場したことである。テロリストを防止し抑圧することを幅広く規定した決議1373(2001)、大量破壊兵器拡散の防止に関する義務を定めた決議1540(2004)がその代表例である。いずれも「すべての国」を名宛て人とし、特定国の行為ではなく一般的な行為を対象とし、国連憲章第7章に基づく強制行動として法的拘束力がある、明瞭な立法行為である。憲章により立法権限が与えられていない安保理が立法行為を行うことが許されるのかどうか、研究上はすでに多少の議論が交わされている。だが国連内部では顕著な異論はなく、機構慣行として正統性を確立する可能性もある。

## 5　規則実施(適用)監視機能

　国際機構の設立条約に機構の活動目的が定められ、機構の機関によって規則などが制定されても、そうして設定ないし制定されるだけでは不十分である。少なくとも、それらが実施され履行されているかどうかを監視することが必要だが、それを行うことを国際機構の監視機能という。この機能の最も整備された例は、機構の機関が加盟国による条約違反(および派生的制定法の違反)を摘発し司法裁判所に公訴提起するという、前述のEUの制度であるが、司法手続き

まで備えるこの方式はなお例外に属する。最も一般的なのは、国家の行動が条約の目的や諸準則に合致しているかどうかを文字どおり「監視」するだけにとどめ、違反があれば報告書などで指摘するといった、よりゆるやかな方法である。たとえば、1994年のパラオの独立に伴って一応の使命を終えた国連信託統治理事会は、信託統治地域が国連憲章(第76条)に規定されたとおり「自治または独立」に向かってしかるべく発達を遂げているかどうか、それを監視することを任務としていた。そしてその方法は、信託統治を任された国(施政権者)から報告を受理することを主内容とし、あわせて現地住民から請願を受理したり現地を定期視察することなどだった。

それに関連して興味深いのは、法的拘束力を欠く(履行義務がない)はずの国連総会決議が「履行」されているかどうかを監視する制度がつくられることもある、という事実である。たとえば、前にも触れた植民地独立付与宣言(1960年の国連総会決議1514(XV))のための履行監視特別委員会(24カ国委員会)がそれで、事実上の植民地たる「非自治地域」(国連憲章第11章)の独立をも促進することを目指したこの総会決議が「履行」されているかどうかを監視する。むろん履行義務のない事柄についての履行を監視するのだから、特に強い権限を持つわけではない。しかし同委員会が作成する非自治地域のリストは、宗主国に対して非自治地域に独立を付与すべきことを促す道義的圧力にはなっており、その存在意義は軽視できないと言えよう。

より強い監視体制としては、たとえばILOのそれがある。ILOで締結される国際労働条約違反に対して他の締約国が苦情を申立て、ILO理事会が申立てられた国から弁明を聴き、それで不満足な結果しか得られなければ次に審査委員会を設置してそれに勧告を行わせることもある、という制度である。違反を申立てられた国がこの勧告に不満な場合、その国の同意があれば国際司法裁判所に付託することもあり、EUに較べればまだ弱いものの、「ただの監視」よりは一歩進んだものになってはいる。

EU以外でとりわけ強い監視体制として知られるのは、先にもふれたIAEA(国際原子力機関)の核拡散防止体制である。原子力の平和利用の促進を目的として1957年につくられたこの機構は、1970年に発効した核拡散防止条約(NPT)に基づいて、非核国が原子力を軍事目的に転用するのを防ぐ任務も負う

ことになった。それが前述の保障措置(セーフガード)だが、非核国が個々に実施する核物質管理の状況結果をチェックすることのほか、現地への立ち入り査察も行う。これらの保障措置を受けるかどうかはその国と IAEA との協定によるから、すべての加盟国に自動的に義務を負わせるわけではないが、多くの加盟国はそれに応じている。当該国が立ち入り査察まで許容するような場合、IAEA はその国の政治的独立にかなり食い込む監視を行なっていることになる。一方で核兵器を保有している国もあるのに保有の放棄を法的に誓約し、しかもその誓約の監視を国際機構に委ねるということは、まさに主権制限と呼ぶべきものだからである。このように IAEA の監視は、非核国にとって相互依存コストが非常に高い。にもかかわらずこの制度が実施されているのは、それによって核兵器の世界的拡散が防止されることは相互依存ベネフィットであるという了解が、いちおう国際的に成り立っているためである。もっとも、核保有国のほうは非核保有国のそれに見合うような相互依存コストを負ってはいない。つまり、核拡散防止条約第 6 条に規定された「核軍縮に向けた誠実な交渉」の義務を果たさぬ限り、核保有国の軍備主権は無傷のまま残されるからである。ベネフィットの大きさを見るなら IAEA のこの監視機能は十分に意義深いと言わねばならないが、このようにコストの不均衡がある点では、この体制は大きな問題をはらんでもいる。

## 6　司法機能

　規則実施の監視機能より更に一歩進むと、国際機構がみずから法を適用し執行すること、つまり司法機能へと展開する。国際裁判所は 20 世紀に入ってから次第に進展したが、EU 司法裁判所や欧州人権裁判所といった地域的国際機構の裁判所を除けば、司法機関が国際秩序の形成や維持に決定的な貢献をしたと評価されることはほとんどない。国際連盟の常設国際司法裁判所も、国連の国際司法裁判所も、その点では同様である。専門的にはより積極的に評価すべき面もあるのだが、一般的に主権国家というものが国際裁判に服したがらず、裁判所に強制管轄権を与えたがらないこととも相まって、司法機関は付随的なものとの扱いを受けがちである。

しかし、20世紀終盤から21世紀にかけて、国際司法にも新たな展開が見られるようになった。国家ではなく個人を対象とし、国際人道法違反を裁く裁判所が次々とつくられ、相応に機能を発揮しはじめたことである。その代表例が1993年設立の旧ユーゴ国際刑事法廷(ICTY)および1994年設立のルワンダ国際刑事法廷(ICTR)で、いずれも国連安保理決議によって設置され、それぞれの紛争における戦争犯罪・人道に対する罪・集団殺害(ジェノサイド)の罪を裁く目的でつくられたものである(いずれも日本語訳では「戦犯法廷」などと訳されることがあるが、原語に忠実ではないし、かつ「戦争犯罪」だけでなく人道に対する罪なども裁くので、その意味でも正確ではない)。

ICTYはハーグに置かれ、国連総会が選出した16名の常任裁判官(ほか最大12名の臨時裁判官)と、国連安保理が選出する検察官からなる。ICTRはタンザニアのアルーシャに置かれ、同様に16名の常任裁判官(ほか最大9名の臨時裁判官)および検察官からなる(両法廷とも2016年現在)。それぞれ第一審裁判部と上訴裁判部からなるが、二つの裁判部の関係は緊密で、ICTYの上訴裁判部の裁判官はICTRの上訴裁判部の裁判官も務める。それぞれに問題も抱え、とりわけICTYは有力な地位にあった容疑者がなかなか逮捕拘束されないといった深刻な事情もあったが、2016年現在、160人余の被告のほぼすべてについて裁判が終結間近となっている。ICTRも起訴された90人余のうち数名が逃亡中だが、多くは裁判を終えている。いずれも、すべての被疑者の裁判が終われば裁判所そのものを終了する予定である。

両法廷とも、国連安保理が国連憲章第7章に基づいて、平和のための措置として設置された。旧ユーゴ、ルワンダともに、民族浄化や集団殺害といったはなはだしい人権侵害が行われた場所であり、安保理も紛争処理の一環として人道法適用のための裁判所を設けることにしたものである。被疑者およびその関係者からはこのような国際裁判のあり方への不満も表明されるが、20世紀が人権と人道の世紀であり、そのはなはだしい侵害を国際社会が許さないという《不処罰文化の克服》の第一歩として、やはりその意味は大きい。

以上ふたつの国際刑事法廷の問題点は、いずれも特定の紛争(にまつわる残虐行為)についてのみの、いわば特別裁判所であることである。国際人道法違反が人類全体に対する罪であり、いつ・どこで・誰によってなされた行為でも普

遍的に裁くべきなのではないか——そういう思考から、世紀の転換点にまたひとつ新たな機構がつくられた。1998年の国連外交会議で設立条約(「ローマ規程」)が採択された国際刑事裁判所(ICC)である。規程は2002年に発効して裁判所が始動した。設立構想そのものは1989年から国連国際法委員会によって検討されていたが、多数の人権NGOなど国際世論の高まりもあって国連会議が別に開かれることになり、急速に実現へと進んだものである。これにより①集団殺害罪(ジェノサイドの罪)、②人道に対する罪、③戦争犯罪の三つについて、普遍的に管轄権を行使する裁判所が存在することになった。ローマ規程には「侵略の罪」も対象に掲げられており、「侵略」の意味が定義されるまでは適用されないことになっていたが、2010年に定義がなされ、裁判所の事項管轄の中に加えられた。裁判への付託は、①規程の締約国、②ICCの検察官、あるいは③国連安保理によって行われる。

とはいえ、このICCにも障害はある。何より、「普遍的に管轄権を行使する」とはいっても、ローマ規程も国際条約であるから、規程の締約国(規程を批准した国)の国民にしか裁判権は及ばない。締約国でないX国の国民が、締約国であるY国の領域で集団殺害を犯した場合などは、Y国が裁判所に付託すれば裁判が開かれることはありうるが、そうでない限りX国国民は裁判からまぬかれ続けるのである。この非締約国の中には2016年現在、米国、ロシア、中国という三つの常任理事国が含まれている。人道法犯罪から《不処罰文化》を駆逐しようとする国際体制に、これらの「大国」が加わっていないのは好ましいことではない。特に米国ははっきりした反ICC政策をとり、ICCの設立と批准促進に精力を注ぐ多くのNGOからは厳しい批判を受けた(最上 2005: 217-220)。

ICCはまだ本格的に作動し始めたところであり、評価は今後に待たねばならないが、2002年から2016年までに裁判所に付託された(あるいは付託されかけた)30件余の事案(検察官による捜査着手以前の予備的審査段階を含む)に関して一般的な傾向を言うならば、関与している国はほとんどすべてアフリカまたは中東の国々であり、当事国政府が自国反政府軍関係者を訴えた事例も多い。

また、国連安保理による付託および、検察官自身の発意による捜査着手の事例も出ている。興味深いのは検察官の発意による捜査・訴追の場合で、この場

合はローマ規程(第15条)により検察官が情報収集の権限を与えられているが、むしろ世界各地の非国家主体を含む情報源から情報が寄せられて予備審査が始まる、という事例も現れている(アフガニスタン反政府勢力の事案)。検察官の公平性や不偏不党性が確保されることが求められるが、それが保証されるならば、主権国家体系の権化のようなこの裁判所が脱国家化する可能性もなくはない。IGOとNGOの交錯はここにもたしかに現出している。

さて、以上に例示したどの裁判所も、国家ではなく個人を裁く国際裁判所である。国際法の主たる規制対象が国家であるなら、国家を裁く国際裁判所、あるいは国家間の紛争を強制的に裁く裁判所こそがなければならない、という考え方もありえよう。だが、国際法には国際法なりの発展の仕方もある。少なくとも、規制対象が誰であれ、このような司法機関がつくられることにより、国際社会に《法の支配》の文化は広まりうると言ってよい。

同様に重要な司法機能として、地域的機構による司法の拡散が見られることは第4章ですでに述べた。

## 7　現業的機能

以上見たように、国際機構は討議し・勧告し・監視するが、それだけでなく、みずからが行動主体となって政治的・人道的・経済的活動に従事することも多い。これを国際機構の現業的機能という。具体的には開発プロジェクトを実施したり(国連開発計画(UNDP)や多数の専門機関など)、難民や避難民の救援にあたったり(国連難民高等弁務官事務所(UNHCR)など)、人道的活動に従事したり(ユニセフなど)、紛争の調停にあたったり(国連事務総長など)、あるいはその拡大防止に努めたり(種々の平和維持活動)することである。現業の範囲は非常に広い。こうして国際機構は、単なるフォーラムであることを超え、更には単に法的な主体であることをも超えて、国際社会の政治的・経済的・社会的な現実の中で行為する「アクター」となる。

それはいわば、《手に触れうる国際機構》が出現することを意味している。政府代表が民衆から遠く隔たった場所に参集し、民衆の生活とは迂遠な問題を論じたり決定したりするのとは異なり、国際機構自身が民衆との接触面を持ち、

みずからの人員を用いて民衆生活のニーズを充足しようとするものだからである。むろん、常にそういう場合ばかりであるとは限らない。だがここで想起すべきことは、そうした活動の大部分が国際機構の中の NG な部分、つまり事務局的な機関によってなされている事実である。国連本体の事務局だけでなく、専門機関や自治機関など、国連システムのさまざまな機関のいずれについても、この事実に変わりはない。そしてその場合、当該国際機構がたとえ本来は政府間国際機構(IGO)であっても、同時に非政府間機構(NGO)に近似したものになることは前にも述べた。国際機構を考える際には、国家間権力関係の整序装置としてのみそれを見るのではなく、非政府間的かつ無国籍的にもなりうる存在であることを見落としてはならない。

　そうして、機能的に見るならば、UNDP は NGO である「反貧困世界行動」(Global Call to Action against Poverty, GCAP)に重なる。UNHCR は「赤十字国際委員会(ICRC)」に重なり、ユニセフは「国際セーブ・ザ・チルドレン」に重なり、国連事務総長や平和維持活動は小火器取り締まり支援をする「小火器規制国際行動ネットワーク(IANSA)」に重なる。(NGO が直接的暴力の緩和や除去に関わる活動については、Hall 2014 を参照されたい。)

　IGO の中の NGO 的な部分が NGO 的な活動を行い、国際機構と民衆の接触面が広がるということは、国際機構が直截に国家主権を制限する(国家が国際機構に対して主権を委譲する)のとは異なった、別の形の国際統治が生成しつつあることも示唆している。ガヴァメントとは異なるガヴァナンスが存在しうるということは、国際機構の基準設定機能を述べた際にも触れたが、現業的活動に関しても同じことが言えるのである。この場合の「統治」とは、《権力的な命令》ではなく《機能的なニーズ充足》を指す。上から下への権力行使ではなく、下からの渇望に対して応答がなされることである。それは活動対象たる民衆の属する国家の主権をある程度まで「代位」することではありうるが、その国の同意がある限り、ただちに主権を侵害したりそれを委譲させたりすることにはならない。ただし、迫害される市民を救助する目的で他国に武力行使する行為——いわゆる「人道的介入」——を安保理などの授権なしに独断で執行するような場合には、類似の活動であっても、他国の主権の侵害ないし制限にわたる権力行使とみなすべきものとなりうる。

近代的国際機構の営みの中に伏在していた国際的集権化への希求(そしてそれに対する主権国家の側からの抵抗)はいまも残存しているし、おそらく今後もそうであろう。その事実は否定すべくもないが、ここで銘記しておいてよいのは、そうした直截的な主権超克の試みとは別に、機能的に主権を無化する(あるいは主権の意味を稀薄化する)要素も国際機構には備わっている、という点である。本来のNGOにはそうした契機が強力に内在しているが、IGOになると当然にその契機が失われる、ということにはならないのである。この点は再三、NGOとIGOの有意義な交錯として言及した。今後の国際秩序を考える際に軽視してはならない面である。

## III 意思決定

国際機構の意思決定に関する最もやっかいな論点は、誰が「国際機構の」「意思を」決定するかという点、つまり意思決定に参与する主体の問題である。IGOの場合、基本的には総会や理事会といった、政府代表によって構成される主要機関がその役割を負う。同時に、政府代表ではない人員によって構成される機関、すなわち事務局も機構の意思決定にあずかる主体のひとつに挙げてよい。たしかに、形式的には大部分の意思決定が政府間的機関によってなされる(総会決議や安保理決議など)ものの、それに至る過程で事務局の意向や判断が取り入れられたり、決定的な重みを持ったりすることも稀ではないからである。加えて、IGOの決定事項に関心を持つNGOなどがIGOの意思決定に何らかの形で参与する例も、増加の一途をたどっている。

そうして参与主体が比較的少数に限定されるにもかかわらずやっかいだと言うのは、機構によって、また決定される事項によって、それらの参与主体のうちどれが決定的な役割を営むかが一様ではないからである。第一に、形式的には意思決定権限が総会や理事会といった政府間的機関に属する以上、主たる役割は政府代表によって担われているとは言えるが、事務局や部外のNGOが及ぼすさまざまな影響は時代とともに大きくなっている。事務局については前にも述べたとおりだが、NGOに関して言うなら、たとえば国際人道法の起草に

は赤十字国際委員会(ICRC)が深く関わっているし、国連総会で採択された拷問等禁止条約にはアムネスティ・インターナショナルの意向が色濃く反映されている。また1993年にWHO総会、ついで94年に国連総会が、国際司法裁判所に対して核兵器使用の合法・違法をめぐる勧告的意見を求めることを決めたのも、核戦争防止国際医師の会(IPPNW)など、いくつものNGOのロビー活動に負うところが大きかった。国際機構における意思決定だけでなく、国際機構をつくる意思決定においても事情は同じで、たとえば前述の国際刑事裁判所(ICC)の設立も、多くのNGOの推進運動があって可能になったものである。

　第二に、EUのように、非政府代表で構成される機関(欧州委員会)が意思決定において主要な役割を果たすことになっている場合でも、実際には加盟各国の意向を十分に聴取し、国益の調整をはかる慣行が確立しているなど、第一の傾向とは裏腹な現象もある。さらに、政府間的機関が意思決定権限を十全に行使することになっている場合でも、実際には特定の加盟国がとりわけ強い影響力を行使するなどして、その機関を構成する国々が等しく意思決定に参画したとは言えないようなケースも少なくない。たとえば、安保理の意思決定が一つの超大国の強力な主導権のもとでなされるような場合である。

　このように、国際機構の意思決定を「その主要なアクターは誰か」という観点から語ろうとすると、きわめて微細かつ入り組んだ議論にならざるをえない。だがそれは、すでに概説書の扱うべき範囲を超えている。したがって以下ではあえて論点をしぼり、「政府間国際機構における」、「国家代表による」表決の方式やその効果についてのみ述べていく。むろん、たんに形式的側面だけに限定することがその意図ではない。国家代表による意思決定の態様を考察するだけでも、国民国家システム下の国際関係の特性や、国際機構が国際関係の歴史に及ぼした影響はさまざまに見て取れるからである。意思決定に関するミクロな議論を始めるのは、そうしたマクロの議論を終えてからでよい。


## 1　意思決定方式に関する基本的論点

### (1) 非拘束性ないし勧告性

　すでに述べたように、国際機構の意思決定権限は、原則として国家を拘束し

ない勧告的なものであるのが通例である。たとえ「規範創設」と呼び慣わされている場合でも、それは国際機構みずからが立法するのではなく、国際機構において国々が法を定立するにすぎないことが多い。つくられた法（条約）を批准しなければ国家はそれに拘束されず、そうである限り「国際機構による立法」という行為も厳密には存在しないのである。立法だけでなく、一面では強い意思決定権限を持つ国連安保理などの場合でも、決議が決定ではなく勧告である限り、国家の側はそれに従う法的な義務を負わない。たとえば武力紛争に対して安保理が停戦決議を出すことはしばしばあるが、決議が勧告である限り、それに従わない国に「安保理決議違反」の法的な責任が発生するわけではなく、せいぜい道義的な責任が生ずる程度である。その中で法的な拘束力を持ちうるのが、原則として、機構の運営に関する内部的な措置であるような議決（「内部法」）に限られることはすでに述べた。

　もっとも、原則として法的な拘束力を持たないからといって、それを軽視してよいことにはならない。第一に、前述のように、当初は法的拘束力を与えられていなくとも時間の経過とともに「法化」していくこと、つまり慣習法として結晶することはあるからである。第二に、例外的に法的拘束力を持つ機構内部的な「法」の場合、その中には加盟や除名に関する決定、予算に関する決定など、それなりに重要な内容を持つものが少なくない。第三に、決議が採択されることにより、いかなる問題が国際社会によって取り扱われるべきかが指示され、何が正しく何が誤っているかについて、大枠の判断が呈示される。つまり、前にも述べたように、国際機構が国際問題やその処理方法を正統化したり非正統化したりすることである。それは拘束力の問題とは無関係に成り立ちうる、国際機構の重要な機能のひとつである。


(2) 票決制度

　票決制度に関しては、分節して論ずべき二つの側面がある。加盟国に配分される票数の問題と、決議等の可決に必要な票数の問題である。


(a) 票の配分

　加盟国に配分される票数に関しては、大別して一国一票制と加重票制（加重

表決制)＊の２種類がある。前者は国々の経済力や人口や面積などとは無関係に、どの加盟国にも等しく１票ずつ配分するもので、国連をはじめ大多数の国際機構はこの方式をとる。他方後者は、主として機構への財政的貢献度を基準に配分票数を増減するもので、前にも触れたように IMF（国際通貨基金）や IBRD（世界銀行）、AIIB（アジアインフラ投資銀行）など金融関係の機構で用いられる方式である。たとえば IMF の場合、基本票としてすべての加盟国に「総投票権数の合計票数の 5.502% を加盟国に均等に配分」して与えられる（第 12 条第 5 項 (a)(i)。かつては単純に「250 票」となっていた）。それに加え、出資額 10 万 SDR（特別引出し権＝IMF の帳簿上の通貨単位で 2016 年現在約 1.4 米ドル相当）ごとに１票、加重票が割り当てられる。

　もっとも、こうした加重票が常にそのまま用いられ、経済大国の意思どおりに機構の意思決定がなされるとは限らない。IMF に関しては、投票に持ち込まずに加盟国の合意をはかる「コンセンサス方式」（後述）で採決することが多いからである（Vreeland 2007: 17）。加盟国間の不要な対決を避ける国際機構運営の知恵である。

　一国一票制は「国家の意思は同じ重みを持つ」という主権平等原理に立脚するもので、いわば形式的ウエストファリア・モデルの貫徹である。これに対し加重票制は、主権平等原理を現実の力関係という係数で補正するもので、いわば形式的ウエストファリア・モデル（形式的平等）を実態的ウエストファリア・モデル（実質的不平等）によって修正するものということができる。原理的に異質なこうした二つの方式が並存している事実のうちに、ウエストファリア・シ

---

＊一般に確立した用語としては「加重表決制」が普通だが、本書ではあえて「加重票制」の語を用いる。「一国一票制」があくまで票の配分を指示するだけのものである以上、その対語もまた票の配分を指示するものであるべきだとの考えからである。ちなみに「表決」とは単に賛否を問うことである。その態様として「全会一致」や「多数決」があり、そのいずれの場合にも、「一国一票」という配分もあれば「加重票」という配分もあるのだから、まずは「加重票制」という語を用いることが論理的であろう。なお、「票決」とは文字どおり「投票で意思決定をすること」であり、その反対は「投票なしで意思決定をすること」（本文後述の「コンセンサス方式」など）である。この意味では「加重票を用いて投票をすること」を指すのであれば、「加重表決制」よりも「加重票決制」という表記のほうが正しい。ただこれは紛らわしいので、あえて「加重票制」の語を用いることにした。

ステムというものが国際機構世界において持ち続ける、独特の意味がよく反映されている。つまり、国際機構世界のある部分では実態的ウエストファリア・システムが生き残り、他の部分では形式的ウエストファリア・システムが実態的ウエストファリア・システムを凌駕する、という意味においてである。そうであるならまた、国際機構はウエストファリア・システムの複製であるとか、あるいはそれを乗り超えたものであるとかいった、単純で一義的な命題を立てることもできない。どの機構についての、どの意味での「ウエストファリア・システム」であるかによって、立てうる命題も異なってくるのである。

　加重票制はIMFや世界銀行やAIIBのような金融機関に限らず、かつてはEUの理事会でも用いられていた。現行の方式は大きく変わったが（第4章第II節参照）、かつての加重票制は精緻をきわめ、一方で「4大国」がまとまっても意思の押しつけはできず、逆に「4大国」が完全にまとまらない限り否決もできない票配分になっていた。大国が単独であれ集合的にであれ、「拒否権」を行使することの不可能な票決制度だったのである。意思決定を実効あらしめるために加重票制をとり入れつつも、それを過度に非民主的なものにしないための工夫が施されていたと言うことができる。

　このほかに興味深い票配分方式の例としては、国連の専門機関の一つで、発展途上地域の農業生産性向上と貧困の解消、女性の地位の向上などを目的とするIFAD（国際農業開発基金）総務会（＝総会）における、かつての方式があった。現在の方式は、①票を「当初票」と「追加票」に分け、その各々を「加盟国票」と「拠出金票」に分ける、②当初票は1800とし、その一定数を加盟国に均等に分け、残る票は一定時期までの拠出金に応じて配分する、③拠出金の増額が行われた場合は「追加票」を設定し、それも同様の方式で「加盟国票」と「拠出金票」とに分ける、とされている（IFAD協定第6条3項＝2006年改正版）。

　これだけならば加重票制に多少変更を加えただけだが、かつての方式はそれとは別の理念に立っていた。その方式は、まず加盟国を第I区分（主としてOECD＝経済協力開発機構＝加盟国）、第II区分（OPEC＝石油輸出国機構＝加盟国）、第III区分（ほぼ開発途上国であるその他の全加盟国）の3グループに分け、それぞれに600票ずつ平等に与える。次に、各グループ内での配分は以下のように行う。I＝600票の17.5％を平等に按分し残りは分担金比率に従って配分、II＝

600票の25%を平等に按分し残りは分担金比率に従って配分、III＝600票すべてを平等に按分する。

　それが興味深かったのは、この方式が、開発交渉に関して平等に扱われるべきは個々の国家でなく経済水準の同等な国家グループである、という発想に立っていたことである。南北問題が二国間の関係に還元できず、多国間の解決を要する構造的な問題であることを考えるなら、たしかにこの方法は理にかなっていた。それはまた、単純な一国一票制をとると数にまさる途上国の意思ばかりが通る、という先進諸国の不満をもやわらげるだろう。むろん、IとIIIそれぞれの成員数の圧倒的な差を考えるなら、実はさりげなく加重票制がとり入れられてはいるのだが、それでも国家単位の加重票制をしいた場合よりは偏差がはるかに小さい。こうして国家グループ間の平等を図ろうとした点で、これは興味深い方式だったと言うことができる。

### (b) 可決必要票数

　決議の採択に必要な票数に関しては、大きく、全会一致と多数決の二種がある。いずれも語義は明瞭と思われるが、おおまかに言って国際連盟までは前者が、それ以後は後者が主流となっている。前者は主権の至高性を保全し、後者はそれを修正する。全会一致は主権国家が「自己の意思に反する決定には従わない」ことの制度的表現であり、多数決とは「みずからが反対した決議でも尊重する義務を負う」ということだから、前者が後者にとって代わられれば、それだけ国家主権の至高性は弱まることになるからである。もっとも、現実はそれほど単純ではない。つまり、国際機構の決議が勧告的で拘束力を持たないからこそ今日の国際機構の多くが多数決を採用している、との見方も成り立ちうるからである。たしかに、決議に拘束力がないのならば、それが多数決で採択されること自体に大きな意味はない。実際、拘束力ある決議を採択することの多い地域的国際機構においては、いまなお全会一致方式をとる例が稀ではない。IFADの中に登場するOECDもそうであり、OPECもそうである。

　これら二つの方式のいずれの特徴も備えた特異な制度として、国連安保理の表決方式がある。いわゆる拒否権の制度である。拒否権はすでに述べたように、重要度において比較的軽微な「手続き事項」に関しては理事国15カ国のうち

9カ国の賛成があればよいが、より重要な「実質事項」に関しては、単に9カ国以上が賛成するだけでなく、反対票の中に常任理事国のそれが含まれていてはならない、とするものである（国連憲章第27条）。

　これが特異であるというのは、第一に、それが一方ではたしかに多数決でありながら、こと常任理事国間の関係に関する限り、実は全会一致にほかならないことである。そうして常任理事国間では主権の至高性と平等とが保全され、ここにおける「多数決」も、内蔵された全会一致によって制御されるそれとなる。「局部的な全会一致を条件とする多数決」というのは、やはり特異な制度と言うべきであろう。第二に、これも再述になるが、安保理決議のうち「決定」が法的拘束力を与えられ、しかもそれが多数決で採択されることにより、常任理事国について、いわば一国一票制のもとの《加重主権制》とも呼びうる現象が起きることである。「決定」はそれに反対票を投じた非常任理事国も、そもそも安保理に議席を持たない国も拘束する。それらの国にとっては一種の主権委譲に等しい仕組みだが、決定の成立を妨げる権能を与えられた国（常任理事国）だけはそうした主権委譲を行わないことになる。あるいは、常任理事国でない国々が委譲した主権は、国連という機構や安保理という機関にではなく、常任理事国に対して委譲したかのような構造になっている。そうであるなら、相対的に常任理事国の主権が加重されているのと変わりはない。常任理事国制度は、《加重票制》をとり入れる代わりにこのような《加重主権制》をとり入れたものである。そうすると第三に、安保理が「決定」を採択するとき、それは安保理内部では多数決ではあっても、国連全体の中ではむしろ《少数決》なのだと言うこともできよう。少数の国による意思決定が、それに加わらない国さえも拘束する「機構全体の意思決定」になるという意味においてである。

### (3) コンセンサス方式

　票決制ではなく表決制の問題として、いわゆるコンセンサス方式にも触れておかねばならない。投票をせずに、特に反対が表明されなければ決議が採択されたとみなす方式で、国連本体でも関連諸機構でも頻繁に用いられる。たとえば第70回国連総会の場合、2015年9月から2016年7月までに採択された299本の決議のうちの229本、およそ77％がコンセンサスによる（近年はほぼこの

比率で推移している)。起源をたどると、すでに1945年のサンフランシスコ会議の際にもかなり使われたと言われるが、国連で意識的に使われるようになったのは1964年の総会の頃からである。この年の総会は、国連平和維持活動の経費支払いを拒否するソ連やフランスなど、いくつかの加盟国の分担金滞納が増え、それらの国に憲章第19条の制裁措置(総会での投票権の停止)を適用するかどうかで紛糾していた。事態収拾のために事務総長を軸にして緊密な協議が続けられ、結果的に総会は、票決にかけることなく同条の不適用を決議した。これがそののちコンセンサス方式として定着することになる。

　コンセンサス方式が用いられるのは、大きく分けて次の二つの場合がある。一つは、平和維持活動経費の例のように、問題がきわめて論争的で、票決にかけることがすなわち「勝敗を決めること」となり、加盟国間の亀裂を深めるおそれがあるときである。票決にかけなければそうした亀裂も一応は回避されるだろう。もっともそれは、単に「票決にかけない」だけなのではない。対立する勢力の双方に受け入れられるような妥協点を模索し、そのための緊密な協議と交渉が行われるのである。票決回避という最終局面自体にも意味はあるが、その前段階でこうした協議と交渉がなされる点にこそ、この方式の重要な特質がある。またこの意味において、コンセンサス方式は全会一致とは必ずしも同じではない。全会一致は一国でも反対があれば議案を不成立にするものであるのに対し、コンセンサス方式は一国でも反対がある限り議案を成立でも不成立でもない状態に留め置くものだからである。コンセンサス方式が用いられるもう一つの場合は、第一の場合とは逆に、ある問題について最初から加盟国間に深刻な食い違いがなく、票決にかけるまでもなく決議が採択できる場合である。この場合、コンセンサス方式は手続き的にも実質的にも限りなく全会一致に近い。

　コンセンサス方式には、加盟国間の抜きさしならない対決や深い亀裂を回避するという大きな利点がある。他方で、決議に至るまでに時間がかかりすぎたり、決議内容が――妥協の産物の常として――曖昧になりがちになる欠点もある。とりわけ問題になるのは、一国でも強硬に反対する国があって、結局その国が全体の動向を左右するような場合である。場合によりそれは、多数決で決定しうる事柄でも全会一致を求める、というのと変わりなくなる。だがその場

合、概念的には、全会一致というよりむしろ、安保理における《少数決》とはま
た別の《少数決》になっていると見るべきであろう。「全会一致」の語が含意す
る、「全員の意思が合致した」という結果以上に、「一国(あるいは少数国)が多
数意見を押しきる」という過程こそが、この場合のコンセンサス依拠の特徴だ
からである。

　その場合のコンセンサス方式とは、端的に言って多数決制の否定にほかならない。一例として、1986年以来、国連の予算編成は、少なくとも総会に至る前の段階では原則としてコンセンサス方式による採択となったが(前出第3章第II節)、この慣行についてもそうした危惧が表明されることがある。この慣行は「第三世界による国連支配」に反発し、分担金大国の発言力増大を求めた米国の要求を背景に生まれたものだが、コンセンサス方式をとる限り、米国ほか少数の工業先進国が強硬に反対する予算案は、総会以前の段階(委員会など)を通過できないことになる。それにも政治的利点がなくはないが、規定上は多数決で決定しうる事項が事実的に少数決にとって代わられるのであれば、法的にはやはり疑義が持たれるところである。そうした不都合を避けるためであろうか、世界貿易機関(WTO)設立協定は、コンセンサスで意思決定を行うことを原則としつつ、「それで決定できない場合は票決を行う」旨を明記している(第9条1項)。

## 2　意思決定と国際システム

　以上のように国際機構の表決制度にはさまざまな形があり、その各々にさまざまな含意もある。だが、表決制度という形式的な側面を見るだけでは、国際機構における意思決定の問題を十分に論じたことにはならない。より深層の問題は、国際システムという文脈の中で国際機構がどういう存在意義を持っているか、という点である。あるいは、より具体的に、国際機構が国家間の力関係を反映しているのか、それともそれを変えようとしているのか、といった問題である。むろん、前にも述べたように、NGOや、IGOの中のNGO的な部分が国際機構の意思決定の中で果たす役割が増え、そこにおける国家中心主義も着実に変容しつつあることを考えるなら、この設問でもまだ十分ではない。そ

れを承知の上で国家間関係になおも焦点を当てるのは、この局面だけでも十分に革命的な変化が起きたことがあるからである。それが永久に固定的な変化かどうかは分からないが、少なくとも着目しておくに足る変化ではある。

その変化を理解するための鍵概念は、ひとことで言うなら《ヘゲモニー》である。ここでヘゲモニーとは、その訳語としてよく用いられる「覇権」ほど狭い意味の言葉ではなく、むしろ特定国(あるいは国家群)による「主導権」に近い概念だが、なお「力」の形成および保持という要素がこめられてはいる。国際機構における「力」を誰が保持しているのか、そしてそこにおいて「力」の意味内容に変化があるのかないのか、それらが以下で検討される主題である。

### (1) 大国のヘゲモニー

国際機構というものの理解の仕方のひとつに、それは「ヘゲモニーを制度化するプロセスである」というものがある。とりわけ、大国ないし超大国が現実世界で保持しているヘゲモニーを指しており、要するに「国際機構は大国が小国を支配し操作する装置である」という考え方になる。かつてのヨーロッパ協調や国連安保理常任理事国制度などを念頭に置くなら、たしかにそのような理解になるだろう。だがこの理解は常に正しいのだろうか。時代により、あるいは同じひとつの機構でもその機関ごとに、異なった認識を求められることはないだろうか。設問を単純化すると、「国際機構において大国のヘゲモニーは貫徹されているか」ということだが、以下ではそれを、国連をモデルにして考えていく。そこではまず、「国連」という集合名詞で語るのではなく、国連のどの機関かということを分節化して議論を進めねばならない。

第一に安保理については、いちおう大国のヘゲモニーが貫徹される制度的な仕組みを備えていると言ってよい。前にも述べた、《決定》の拘束力という手段を通じた国際寡頭制によってである。安保理に関してしばしば言われるのは、「拒否権という特権が国連の大国支配性を象徴している」ということだが、これはあまり精確ではない。たしかに、ある大国が恣意的な行動をし、国連が制裁や介入をしようとしてもそれを拒否権で阻んだりするのは、《個別的かつ裏返しの》大国支配だと言うこともできよう。だがそれは、国連を思いのままに動かすのとは異なる。より能動的な機構支配を制度的に担保するのは、むしろ

「決定」の拘束力ないし強制力なのだと言うほうが正しい。むろんその場合の「大国支配」は、個別的ではなく集合的なそれとなる。

　もっとも、こうした集合的なヘゲモニーは無条件に現出するのではなく、いわば《条件つきヘゲモニー》という面が多分にある。何よりまず、五つの大国の意思の合致がなければならない。それなしにはこの《集合的ヘゲモニー》も成り立つ余地がないのである。またその際、拒否権という特権は、むしろこのヘゲモニーの成立を阻げる要因となる。ひとたびそれが行使されたなら、安保理はいかなる決議も採択しえないからである。それは拒否権という「特権」の相互行使による、エリート型機関の自家撞着にほかならない。加えて、別の手続き的な制約もある。つまり、拘束力ある「決定」といえども、少なくとも９カ国の賛成が得られなければ成立しない。つまり、少なくとも４つの「非大国」が同調しなければ決議は成り立たないのであり、これもまた大国のヘゲモニーの貫徹を条件づける要因となる。

　このように、拒否権それ自体が「ヘゲモニー」なのではない。むしろそれは大国の集合的ヘゲモニーの成立を阻む。仮にそれがある種の特権なのだとしても、それはポジティヴに命令を下す権力ではなく、ネガティヴに意思決定を妨げる権力であるにすぎない。拒否権が行使され続ける限り、集合的な大国支配（それが安保理において唯一可能な大国のヘゲモニーである）は起こりにくいのである。ただ、ひとたびそのネガティヴな（あるいは破壊的な）特権の行使がやみ、大国の意思の合致が得られ、４つ以上の非大国の同調が得られるなら、そこに現出する「大国支配」はきわめて強力なものになるだろう。拒否権という制度にひそむ、それは、大いなる逆説である。

　またそうであるなら、是が非でも単独あるいは少数でヘゲモニーを貫きたい国は、国連という枠の外に出てそうするほかない。2003年の対イラク戦争で米英両国がとった、安保理決議なしに武力行使するという行動の意味は、まさにそういうものだった。この米英共同ヘゲモニーは、しかし、国連という機構そのものとは何ら関係がなく、単に国連の存在を無視しただけである。

　第二に、国連総会に関してはどうだろうか。結論から言うと、ここでは大国のヘゲモニーの貫徹どころか、むしろそれが逆転される構図が現出する。

　大国が機構内でヘゲモニーを握っているかどうかを測る目安としてよく用い

られるのは、いわば総会決議における「勝ち組率」とでも呼びうる数値である。総会決議が採択された場合は賛成に、否決された場合は反対にまわった頻度のことで、要するに決議の採否において「勝った」率を意味する。図6-1は米ソ両超大国についてこの勝ち組率を表したものだが、米国の場合、国連創設直後は圧倒的に高く、1964年には100％ということすらあった。1960年頃までは相対的に高率を維持するが、それを境に急降下し始め、あとは凋落の一途をたどっている。つまり、この勝ち組率を見る限り、ある時期から米国は国連総会におけるヘゲモニーを決定的に失ったのである。図6-2として、ソ連解体後の時期も含め、米国の勝ち組率を示す別のグラフも参考に掲げた。「記名投票」に相当する、点呼投票の場合の勝ち組率が極度に低いことが目につく。

　これに対してもう一つの超大国だったソ連は、一応は米国と反比例するかたちで上昇線を描いている。ただそれが、国連創設直後の米国のように、ソ連が国連総会を意のままに動かしてきたことを意味するかどうかは多分に微妙である。つまり、この時期に高い勝ち組率をおさめていたのは、社会主義国というよりはむしろ非同盟諸国を中軸とする第三世界だが、ソ連がそれを「指導」したというより、勝ち組に「相乗り」したと見ることも十分に可能だからである。現実にもソ連は、自陣営の国々への締めつけはともかく、第三世界の多数から敬意や支持を集めていたわけではなかった。米国と異なり、多額のひも付き援助を与える能力があったわけでもない。たしかに、「南」と「東」の利害が一致することが少なからずあり、その両者による機構の共同支配が見られた、とまでは言いうるだろう。だがその場合でも主役が「南」であり「東」は脇役であるなら、「共同支配」がソ連のヘゲモニーを意味するとまでは言いにくい。ソ連に関する限り、勝ち組率はヘゲモニーの精確な目安でもなかったと言うべきなのである。

　総会で超大国がヘゲモニーを握れないというのはひとり国連総会に限ったことではなく、世界大の国際機構（その多くは国連システムに属する）の総会的機関に共通して見られた現象である。そうであるなら、地域的機構はともかく、少なくとも世界大の国際機構に関しては、それが現実世界における力関係の直截な反映であると言うこともできない。とりわけ、安保理というエリート型機関が自家撞着によって麻痺しているような場合、事実はその全く逆となる。その

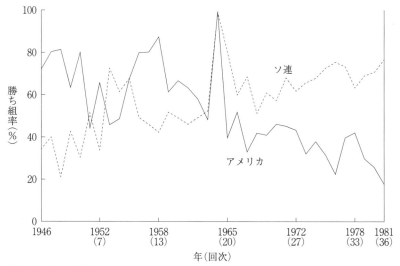

出典：Jacobson 1984.

**図 6-1** 国連総会におけるアメリカとソ連の「勝ち組率」

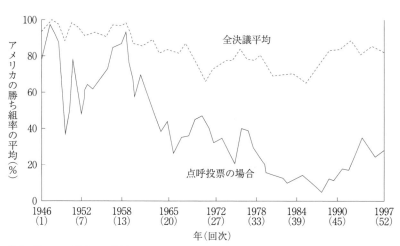

出典：Karns and Mingst 2004.

**図 6-2** 国連総会におけるアメリカの「勝ち組率」

逆転の構図の中で機構におけるヘゲモニーを握ったのは、いまも触れたように、非同盟諸国を中軸とする第三世界だった。それを次に見る。

### (2) 小国の《機構内ヘゲモニー》

　国連総会において米国のヘゲモニーが凋落し、ソ連のそれが不活性であったからといって、国連総会における意思決定（総会決議の採択）から、権力あるいは支配力追求の契機がなくなったわけではない。逆に、「国連創設時の現状」を覆そうとする「力」の追求があったからこそ、そうした《超大国の周辺化》が加速されたのである。ある意味でそれは、《対抗ヘゲモニー》の形成だった。

　米国のヘゲモニーの凋落、そののちの「77 カ国グループ(G77)」の台頭、その団結による主導権の確保があり、そこに新種の「力」が誕生する。この現象を、第2章第III節4項で《機構内ヘゲモニー》として解説した。その「ヘゲモニー」が軍事力や経済力といった古典的なそれと全く異質な「力」であること、現実世界での「大国」が機構内でヘゲモニーを握れないことへのフラストレーションを高める原因になったこと、国際機構という舞台でのみ成立した文脈的(contextual)あるいは状況的(situational)な「ヘゲモニー」であったこと、等々がそこでの要点である。

　しかしながら、冷戦の終焉に伴い、国連総会をはじめとする普遍的国際機構も冷戦期のような「舞台」では必ずしもなくなった。その意味で、機構内ヘゲモニーを必要としていた国々が今後どのように自己主張していくのか、また次のパターンの成立を待たねばならない。

## 3　《マルティラテラルな意思決定》の含意するもの

　以上のように問題点も限界もあるが、にもかかわらず国々が国際機構に集い、共同の意思決定をすること、つまりマルティラテラルな意思決定を行うことには、やはりいくつかの意義がある。

　第一に、問題(issue)の国際化および、そこから帰結する正統化という点である。これは国際機構の意思決定が拘束力を持つかどうかとは関係がない。正統性を持つフォーラムとしての役割を果たしていれば十分である。そういう場で

取り上げられた問題は、いわば国際的な次元を付与されるからである。そうして、見すごされたかもしれない問題が国際社会の注目を集めたり、一国の国内問題と片づけられたかもしれない問題が国際社会の正統な関心事項になったりする。アパルトヘイトやパレスチナ問題や南北問題が国際社会の大きな注目をひくようになったのも、国連諸機関がそれらの重要性を際立たせたことと無関係ではない。

　第二に、国際機構の決議に法的拘束力がない場合でも、そこで問題とされている事柄への対処が純粋な国家レベルから国際レベルに移行することの意味も無視できない。それは、問題となっている事柄を国々の個別的な処理から共同処理へと移行させる。実はこのことの中にこそ、多国間主義(マルチラテラリズム)の本質がある。それは二国間主義(バイラテラリズム)のではなく、単独主義(ユニラテラリズム)の対概念としての多国間主義であり、各々の国家が単独で勝手なふるまいをするのとは反対の行動枠組みを設定することである。むろん、それであらゆる単独主義が消滅するわけではない。だが、正当な理由なくして他国の権利利益を侵害するような単独主義を封じ込めるためには、こうした多国間主義が成育することが最小限の条件である。

　第三に、国際機構が「国際社会の意思決定」の一角を占めることにより、非国家主体(NSA)が参与する機会も増す。ここで非国家主体とは、主としてNGOおよび、事務総長(局長)をはじめとする事務局スタッフを指す。いずれについても本書の別箇所で説明しているので、ここではくり返さない。要点は、国家代表ではない彼(女)らによる国際機構意思決定への参与が増せば、狭い国益観念の枠を超えた利益観念が国際的政策決定過程に入り込む可能性もそれだけ高まるだろう、という点である。また前述のように、第2代国連事務総長ハマーショルドを典型として、事務総長が加盟国から独立した判断を下すことになれば、そこにある種の超国家性(supranationality)も胚胎する。そうして国家を超える要素が国際機構意思決定の中に入り込む場合、そこで公平性ないし不偏不党性が守られることは不可欠の要件になるが、その条件が満たされるなら、やはり非国家的アクターの担う《超国家性》には、国民国家システムにかわる新しい要素がこめられていると言える。

　第四に、国際機構において意思決定がなされることにより、弱小国にも影響力を行使する余地が与えられることになる。この点はすでに機構内ヘゲモニー

の問題として述べた。要するに、現実の力関係のみで(支配－被支配の図式で)国際関係の運営をしない、ということである。主権国家間の対等性が確保されるという点に関する限り、国家間関係をなにほどか民主化するものと言いかえることもできる。むろん他方では、そのこと自体が問題を生む原因にもなりうる。つまり、ヘゲモニーと対抗ヘゲモニーの角逐によって国家間関係がきわめて対立的になり、国際機構も討議場(フォーラム)から闘技場(アリーナ)へと転化する、という可能性である。そうした過度の(自己目的化した)対決を回避するための工夫は実施されねばならない。例えば前述のコンセンサスの適切な利用である。それがなされるならば、国際機構は弱小国が単に支配・命令されるだけの「客体」ではなくなる契機を提供することになり、その意義は小さくない。意思決定の場としての国際機構は、限界や問題点や弱点もあると同時に、有用性と可能性とをはらむ制度でもあるのである。

## 4 決定された意思の優劣と国際立憲主義

　国際機構が固有の意思決定を行い、それを実行に移す機会が増すにつれ、複数の国際機構の意思が衝突した場合、それをどのような基準に基づいて調整すべきかという問題も発生するようになった。広くは国際機構間関係(inter-organizational relations)の問題の一環としてあるが、このより広い問題群においては、たとえば加盟国をほぼ同じくするEUとNATOが相互補完的に協力するといった積極面も含む。だがここで触れるのは、一見より消極的な、複数の機構の意思が不一致を起こした場合の解消の問題である。より精確には、その背後にある理論的な位相を解明することである。

　とはいえ、明確に意思の衝突を語りうるほどに自律性をもつ機構はまだ多くはないから、対象もおのずと国連安保理、EU、CoEなどに限られる。それらの間にある種の法的な衝突が発生していることは、第4章第III節において欧州人権裁判所の判例との関連で述べた。対テロ戦争遂行を授権したりテロリスト容疑者に制裁を加えたりする安保理決議が、対象となった(あるいは単純に戦争の被害を受けた)人間たちの人権を侵害しているとする訴えが起こされ、いくつもの条約違反判決が出された件に関してである。

この種の事件は人権裁判所にこそ提訴しやすいため、必然的に欧州人権裁判所の判例数も増えることになったが、こうした問題の所在を浮き彫りにしたのはむしろ EU 司法裁判所で起きた事件だった。カーディ(Kadi)事件として知られる 2005 年および 2008 年の判決である。タリバンへの制裁を目的に採択された安保理決議 1267(1999)の設置した制裁委員会(1267 委員会)および、安保理決議 1333(2000)が定めた、同委員会によるテロリスト(オサマ・ビン・ラディンおよびアルカイダ関連が疑われる個人および団体)のリストに関連する事件だった。EU では制裁実施が EU 理事会規則として採択される。これに対し 2001 年、関連する一連の規則の取り消しを求めて EU 司法裁判所の第一審裁判所(CFI＝現・一般裁判所)に訴訟を提起した。リスト掲載の取り消しを求める手続きが不備だったため、公正な裁判や聴聞を受ける権利(欧州人権条約第 6 条、欧州基本権憲章第 47 条)の侵害であると申立てたのである。(判決情報につき、最上 2012 ②参照。)

　CFI は原告の訴えを退け、関連規則を無効とせず、同時に安保理決議について国連憲章上の遵守義務を全面的に肯定した。その理由は、「国連憲章に基づいて加盟国に課される義務は、争いの余地なく、国内法および欧州人権条約を含む国際条約に基づく義務に優越する」ということである。また、安保理決議の適法性を審査することは EU 司法裁判所には許されないとした。他方で、「ただしユース・コーゲンス(絶対に逸脱の許されない「強行規範」)に関連する場合は、決議の適法性の審査の可能性はありうる」と判じている。

　事件は、上訴審たる EC 司法裁判所(ECJ＝現・EU の「司法裁判所」)に移された。しかし同裁判所の 2008 年判決は、係争の理事会規則が共同体法秩序の保障する基本的人権を侵害し無効であるとして、CFI 判決を破棄し自判するものだった。主たる理由は、国際条約といえども共同体(EU)法秩序の自立性を侵害することは許されず、欧州人権条約も確実に尊重されねばならない、共同体機関の議決も人権保障基準に適合していなければならない、等々である。もっとも裁判所は、係争となっている規則が「共同体法秩序において最上位にある規範に反すると判断されたとしても、それにより安保理決議が国際法秩序において有している至高性が損なわれるわけではない」、ともつけ加えている。安保理決議が無効になるのではなく、共同体法秩序における人権規範が尊重され

ねばならず、国連憲章に基づく国際的義務(を執行する理事会規則)もその規範的階層性の支配を免れない、ということである。(こののち、安保理制裁委員会による新たな理由提示を受けてカーディがテロリスト・リストに掲載され、カーディが再び訴訟を提起、2010 年に彼が一般裁判所で勝訴ののち、司法裁判所での控訴審でも勝訴している。人権規範優位への EU 司法裁判所の姿勢に揺るぎはない。こののちも類似の裁判事例が続いている。)

　これは国際社会における立憲性とは何かについて重要な視点を示すものだった。2008 年判決で ECJ は、立憲的という概念を用いて、EC(EU)外から課される国際法的義務であっても共同体法(EU 法)の基準に従って適法性を判断される、と述べている。国連憲章に基づく義務は、しばしば安易に憲章 103 条(「憲章に基づく義務が優先する」)を論拠として、絶対的な優位性を保障されるかに語られてきたが、それは必ずしも絶対的優位を保証されるものではなくなった。

　少し長めに紹介したのは、これが国際立憲主義に関連して本質的な視座を提供しているからである。国際立憲主義の輪郭は「はじめに」でも述べた。それは国際社会に憲法が存在している(すべきだ)という議論である以上に、国際社会にとって普遍的な規範とは何であり、それがどこで生みだされるか、という考究である。そこにおいて、国連という普遍的機構から生みだされる法こそが普遍的規範である、という言説の正しさは無条件には保証されない。「テロを取り締まるために必要な法」であっても、「人権保障が不十分ゆえに執行できない法」とされうることを、一連の判決は示した。

　その含意は何か。それは普遍的な国際法規範は、必ずしも常に普遍的機構からではなく地域的機構から(ときには個別国家から、あるいは非国家主体から)生成しうる、ということである。これこそが、国際機構間の意思の衝突および優劣の決定に注目を払うべき理由にほかならない。かつその際、普遍的機構の優位を安易に前提してはならないことの理由でもある。

　これまでの国連中心思考においては、国連起源の法(条約および決議)がヒエラルキーの頂点に立つことを自明の前提とする傾向があり、それ自体が国際立憲主義の一形態でもあった。だがその前提の自明性を否定する議論もまた、国際立憲主義の中から起きている。このようにヒエラルキーを逆転する発想、あ

るいは旧来のヒエラルキーを放棄して普遍的規範の源泉が複数あるとする考え方を、ヘテラルキー理論などという(最上 2013: 8; 同 2014: 17-18)。国連を中心とするマルティラテラリズムは尊重しなければならない。だがそれは、絶対化するのではなく、国際社会全体の必要に応じて相対化すべきものである。

# 第7章
# 国際機構論の方法

## I アプローチと技法

### 1 二つの主要アプローチ

　国際機構はどのように研究されているか、そしてどのように研究されるべきか。国際機構論が独自の学問分野であるために必須であるはずのこの問いは、現実にはあまり問われずにきた。おそらくそれは、国際機構研究というものが、ある面では国際法学の一部として、別の面では国際政治学の一部として行われてきたことと深く関係している。いずれにせよ何かの一部でしかないならば、それ自身の方法が成り立つ可能性は小さいだろうからである。しかし、本格的な国際機構研究が始まって半世紀以上になり、それなりに研究成果も蓄積されてきた。であるなら、その学問的方法について一応の整理だけはなされてもよい。国際機構論とは、単に「国際機構について調べること」ではないはずだからである。

　ここで表題に掲げた「方法」とは、広い意味のそれ、つまりどのように研究し勉強するかの問題を指す。それは二つの部分からなり、一つはアプローチ、すなわち《どういう分野の問題として国際機構現象を扱うか》である。もう一つは狭い意味での方法、すなわち《記述的・分析的等々の技法のうちどれを用いるか》である。

　このうちアプローチについては、いま述べたことの中にすでに答えが含まれている。つまり、基本的に国際法的なアプローチと国際政治学的なアプローチとに二分されるということである。近年ではそれに、組織社会学や行政学とい

った分野の研究者が、組織論あるいは行政機構論として国際機構を研究対象とすることもあるが、基本的には初めの二者が大勢を占めている。もっとも、それだけならば、国際機構論は単に国際法学か国際政治学か、そのいずれかにとどまって終わりになる。国際機構論が独自の学問領域であるためには、最小限、そういう主要なアプローチをどのような目的のためにどのように組み合わせるかの指標がなければならない。

「どのような目的のために」と述べたが、それはかなり重要な点である。何を目的に研究するかが漠然としているなら、どのようなアプローチであるかはさほど重要性を持たないだろう。たとえば、「人権問題に関して近年の国連で国々の対立関係がどういう構図になっているかを描くこと」が目的だという場合、それを研究と呼ぶべきかどうかは微妙だが、いずれにせよ特定のアプローチをとらなければできないことではない。「目的」がそれほど漠然としているならば、作業はひたすら「記述する」ことだけだからである。

逆に言うと、目的が明瞭である場合は、その目的に沿う複数のアプローチを組み合わせることも可能になる。たとえば「抗争と分断を乗りこえるために国々はどのような結合関係を築いているか、あるいはそれに失敗しているか」を明らかにすることが目的である場合、アプローチは法学的でも政治学的でもありうる。より精確には、ある部分で法学的でなければならないし、別の部分では政治学的でなければならない。抗争を乗りこえるための制度、たとえば国際司法制度を記述し評価するためには、法的な知識および方法論を元手として、むき出しの政治的権力関係を超えた規範のシステムの働きとして捉えることが必要である。同時に、抗争を乗りこえるためにつくられ、政治的な要素に左右される機関、たとえば国連安保理の意義や限界を論ずるためには、政治学的な判断基準を用いなければならない。重要なことは、その併用や配分に一貫性があるかどうか、一方だけに依拠して他方を無視することが不合理であると説得的に示せるかどうかである。本書が展開してきた国際機構論がそういう志向性を持つものであることは言うまでもない。

## 2 五つの技法

次に、どのアプローチをとる場合でも、具体的にどういう技法を用いて研究するかはさらに幾通りかに分かれる。

第一に記述的な技法、つまり事実をあるがままに描写する技法がある。たとえば安保理における拒否権行使の国別回数がどうなっているかや、国際農業開発基金における投票方式や、国際労働機関における投票方式はどうなっているか等々を記述することを考えればよい。後者の場合には比較の要素を加えることもできる。この技法は、どの研究においても他の技法に先立つ。それによる実証的な基礎なしには、少なくとも社会科学は成り立たないからである。他方でそれは、研究の不可欠な基礎ではあるが、必ずしも常に《研究そのもの》になるとは限らない（ただし、未知の事実を発掘することが課題であるような研究分野では、記述自体が研究そのものになりうる）。たとえば拒否権の行使に関して、1970年ころまではソ連による行使が圧倒的に多く、それ以降はほとんど米国によるものだと言っただけでは、その数字がどれほど正確であっても、それだけでは学問的な作業にならない。70年代以降の米国による拒否権行使がかなりの多数にのぼり、しかもその大部分がパレスチナ問題に関連するイスラエル擁護のための行使だと付け加えて初めて、その記述が意味を持ち始めるのである。

そうして意味を突きとめるための作業が第二の技法、つまり分析的なそれである。分析的であるということは、たんに対象を分解するのとは異なる。たんに分解するとは、たとえばユネスコという機構が総会と執行委員会と事務局という諸機関からなり、その他に多くの委員会を持つ、といった叙述をすることである。それは分解であり要素還元ではあるが、分析ではない。分析するということは、要素と要素の関係を示すことである。たとえばユネスコ総会と執行委員会はどういう権限関係に立ち、どちらがどういう面で優位に立つか、それはこの機構をつくった国々のどういう思想を反映したものか、といった論述をすることである。あるいは、両者の関係は国連総会と安保理の関係とどういう面で共通し、どういう面で異なっているか、その違いはそれぞれの機構の成り立ちのいかなる違いに起因しているか、等々の論述をすることである。それを

して初めて、現象の意味が突きとめられていく。言いかえれば分析とは、一度分解された、現象のさまざまな要素を総合するための基礎をつくることなのである。

　第三に、理論的ないし概念的な技法がある。具体的な現実を整理し、それを抽象的な用語に置きかえ、概念化することである。たとえば国連総会その他、多くの国際機構の決議が加盟国を拘束しないという事実からは、国際機構の意思決定の《勧告性》という性格規定が導かれるだろう。またそれとは逆のケースになるが、EUのように、機構の意思決定が加盟国に対して強い拘束力を持つだけでなく、一定の分野に関しては加盟国から意思決定権限を奪ってしまったような場合、それは単なる《拘束性》を超えた《超国家性》と呼ばれることになる。そのように、個々の機構に即して事実を語るだけではなく、より一般性のある抽象的な名辞を与えることによって、国際機構現象の特性はより明瞭になり、比較検討もしやすくなるであろう。ものごとを学問的に処理するということの一つの（かつ本質的な）意味は、具体的な現実を抽象化し概念化することであるから、この手法は学問と切っても切り離せぬ関係にある。他方でそれは、常に具体的現実との照合を伴っていなければならない。現実を概念化するのはよいとして、理論化志向が強すぎると、一つの概念や用語にそれが持つ説明能力を超えた現実を添付してしまい、結局なにを言わんとしているのか分からなくなる場合もある。たとえば《ガヴァナンス》という概念はまだ相当にあいまいさを残しているが、あらゆる国際機構現象をこの一語でくくり、人権に関する国際機構は「人権のガヴァナンス」、環境に関する国際機構は「環境のガヴァナンス」と呼びかえて済ますような手法がそれである（例：Karns and Mingst 2004）。そこにおいては、国際機構に関するすべてをガヴァナンスと呼ぶことによって何が明らかになるか、一向に明らかになっていない。まして、単一の名辞をあてがうのだから高い共通性のある現象だと含意しているはずなのだが、何が単一の名辞で呼ばねばならないほどの共通性なのかも示されていない。概念化というものは具体的な現実の核心をつかみ取るということであって、一つの言葉を当てて複雑な現象の説明に代えるのとは異なるのである。

　第四に、ある意味では「理論的」な面を持つが、戦略的ないし政策論的と形容すべき技法もある。国家間協力を経済分野で進めることによって平和的関係

を築きやすくなるという議論(機能主義＝次章参照)や、国連総会に加えて世界の市民の代表たる「第二院」を設置すれば世界的問題がよりよく討議されるようになるといった提言などがある。もっともこれは、具体的現実から出発してそれを分析し、意味づけ、概念化するという、通常の研究とは異なり、抽象的な思考や理念から出発し、それを現実に当てはめようとするものであるから、政策論的研究というより、政策論そのものと言うべきだろう。またその点において、この種の議論は、それ自体が国際機構研究であるというより、国際機構研究の対象なのだと言うべきかもしれない。この種の「理論」が同時に研究でもありうるのは、それが実証的な研究を伴っている場合、つまり「現実の分析からは、いかに国際機構による安全保障体制を築いても、安定した国際安全保障が得られるという結論は出せない」といった分析結果を基礎に持っているような場合である。その場合、そういう分析結果が妥当かどうか、客観的な国際機構論として検証することが可能になるから、そこで初めて研究と呼べることになる。

　最後に、そして第五の技法として挙げうるのは、規範的な技法である。ここで規範的とは、法規範を対象に研究を行うということではなく(それは国際法学あるいは国際機構法学である)、一定の社会目標を引照基準として国際機構の存在や活動を評価判定することを指す。一定の社会目標とはたとえば、戦争を減らすこと、人権保障を高めること、貧困を減らすこと、地球環境を保全することなどである。国際機構の存在や活動を観察し、記述し、分析する際に、漫然とそれを行うのではなく、いま例示したような諸価値を推進するかどうかを基準に行うのである。ひとことで言うなら、国際秩序あるいは世界秩序を高めるものかどうかを基準にして事実の重みや意味をさぐること、と言ってもよい。第四の技法と似ているように見えるかもしれないが、政策論的技法が「べき」論(「～はこうであるべきだ」という議論)そのものであるのに対し、規範的技法は「べき」論をすること自体が目的ではなく、一定の社会目標を引照基準として受け入れることにより、視点の定まった観察と評価をしようとするものである。言いかえれば、「戦争が減ろうと増えようと、研究とは無関係だ」といった疑似価値中立的な姿勢は受け入れないことを意味する。同時にそれは、たんに「戦争を減らそう」とスローガンを唱えるだけなのでもない。

言うまでもなく、基準として前提する社会目標が何であるかは、不断に問われ続けねばならない。それが確定不可能だというのは明らかに誤りだが、他方で不変に自明なのでもないからである。ただ、そういう探求を放棄することによって研究がより「客観的」になるわけではない、ということは銘記しておくべきであろう。そもそも規範的であるということは、研究者個人の世界観や理想を述べるのとは異なる。普遍的に表明され、希求されている状態（「規範的状態」）が何であるかを突きとめ、そこに向かう力、そこから遠ざかる力を読み解くことなのである。そして客観的であるということは、そのように《規範的状態》だと判定したものが本当に普遍的規範性を持っているかどうか、それを絶えず問い直すことを意味している。

## II 法学的アプローチと政治学的アプローチ

前にも述べたように、これまでに展開されてきた国際機構論は、大別して(国際)法学的アプローチをとるものと、(国際)政治学的アプローチをとるものの2種類がある。後者の中には、厳密に言えば行政学を基盤とするものや社会学を基盤とするもの、あるいは政治経済学と分類すべきものなども含まれるが、いちおうここでは大分類にとどめておく。前者の中にも行政法を基盤とするものや、最近の国際刑事司法の進展を受けて刑事法を基盤とするものなど、細分化すればいくつにも分かれうるが、とりあえずは細分化することにあまり実益がないと思われるからである。

法学的アプローチは主にヨーロッパ地域で、また政治学的アプローチは主にアメリカ地域で展開されてきた。むろんヨーロッパ地域にも政治学的研究はあり、アメリカ地域にも法学的研究はあるから、あくまで相対的な見取り図である。他の地域からも研究が現れつつはあるが、まだ量的にそう多くはない。

法学的アプローチに立つヨーロッパ地域の先駆的業績としては、英国のバウエット (Bowett 1964)、フランスのルテール (Reuter 1955) のそれがあり、さらに極めて記述的な大著をあらわしたオランダのスヘルマース (Schermers 1972) などが続く。また政治学的アプローチに立つアメリカ地域の先駆的業績としては、

米国のクロード(Claude Jr. 1956)、同じく米国のジェイコブスン(Jacobson 1979)、カナダ／米国のコックスら(Cox 1973)などがある。日本では横田喜三郎(横田 1947)や、高野雄一(高野 1961)が代表的な先駆であろう。

概説書的なものだけでも更に数多くあり、特に21世紀に入る頃からは主に英語圏で数々の概説書が現れた(Pease 2000; Karns and Mingst 2004; Barkin 2006; Rittberger et al. 2006; Hurd 2011 など)。それに個別の機構についての研究書を加えると、更に膨大な数を挙げねばならなくなる。しかし本書は文献紹介を目的とするものではないので、それらの羅列をするかわりに、各々のアプローチの基本的な特性を明らかにすることに重点を置く。それにより初学者に対しても、今後の学習や研究につなげる土台を提供することがこの章の目的だからである。

## 1 法学的アプローチ——法規範的に構造を問う

### (1) 記述的／経験的アプローチ

法学的アプローチは《国際組織法(あるいは国際機構法)》という分野名でも知られるもので、文字どおり国際機構の法的側面を扱うものである。固有の分野名まで持つのだから独立したものと扱うことも可能だが、ここでは方法論の整理の意味で、国際機構論の一部と扱っておく。実際それは、国際法学の一部でもあるのだから、部分集合として扱っても不当ではない。

基本的にこのアプローチは、おおむね記述的で経験的である。つまり、どういう機構が存在するか、その各々にどういう機関が備わっているか、機構は何を行う権限を与えられているか、機構への加盟要件はどうであるか、意思決定はどういう手続きでなされるか、またどういう法的効力を持つか等々を、ルールに即して語るのである。いくつかの機構の同じ項目についての記述を並べれば、一定の比較論もすぐに成立する。

こういうアプローチは、①国際法のうち国際機構に関わる部分のみを切り取るもの、と見ることもできるし、②国際機構現象のうち法に関わる部分のみを切り取るもの、と見ることもできる。いずれにせよそれは、事実を精確に記述しうるものである反面、国際機構現象(国々や人々が結びつき共同で意思決定し共同行動をとること)を特殊法学的な枠組みの中に閉じ込めてしまうおそれも常に

ある。たとえば国際労働機関における意思決定が政府代表・使用者代表・労働者代表という三者構成によってなされるという事実は、他に類例がない点で機構法学的にはそれだけでも意味があるかもしれないが、国際機構現象全体の中でどういう意味を持ちどれほど重要であるかは、必ずしも自明ではない。「法的な論点だけを切り取る」ことによって、そういう「自明ではない点」の追求がおろそかになるおそれもあるのである。

　このアプローチの根本にあるのは、国際機構(政府間国際機構)が国家に次ぐ第二の国際法主体だという認識である。国内社会になぞらえて主権国家を「自然人」に見立て、国際機構を「法人」に見立てる思考と言ってもよい。それ自体は単純な類比だが、そこにはまた、法学的アプローチがたんに記述的であることを超えて、ある程度までは分析的になる契機も秘められている。「法人」はどこまで「自然人」に近づいたか(「国際機構はどこまで国家のようになったか」)、という設問をすることによってである。

　国際機構現象に内在する目標が国家間の抗争と分断の克服である、という視点は前にも何度か述べた。その視点を単純化すると、国際機構の「進化」とは国際機構が国家の権限を吸収しみずからの権限を強めること、言いかえれば法人が自然人に近づくことだという理解になるであろう。そして国際機構の権限と自律性が強められ、国際機構が国家と並ぶ存在になれば、国家の重要性も相対化され、結果的に国際機構の存在が国家間の分断に歯止めをかけることになる、と考えるのである。それこそが、法的アプローチにおいて、《国際機構の法主体性》が当然のように重要な主題とされることの理由にほかならない。

　たしかにそれは、極度に単純化された構図ではある。そういう《集権化》が抗争と分断を克服する唯一の方策だとは言い切れないからである。だが、国際機構の法主体性を中心テーマにするのは、たんにそれがすぐれて法的なテーマだからなのではない。《国際社会の組織化＝集権化》パラダイムに即して「法的な」設問をするとそうならざるを得ない、ということなのである。そうなるといよいよ、国際機構(現象)の根本問題は、国際機構がどれほどの法的権限を持つかという問題となるであろう。次にそれを検討する。

## (2) 記述論から政策論へ

　国際機構の権限問題は微妙である。ある面では記述的でありつつも、あるところからは政策的になる傾向があるからである。前者は「国際機構がこれこれの権限を実際に持つ」と語るのに対し、後者は「国際機構はこれこれの権限を持つ(とみなす)べきである」とする。ただし後者の場合、それを語る論者自身は「べき論」を語っているという自覚がない場合も多い。

　記述論から政策論へは、次のように移行する。第一に、明瞭に記述的なのは、《明示の権限》を語る議論である。国際機構の設立条約が機構に対して一定の行為をとる権限を与えている場合、それが可能になる。たとえば専門機関の一つである国連食糧農業機関の設立条約(FAO憲章)は、第14条において、総会および理事会が食糧と農業問題に関する条約を作成し、加盟国に提案できるとするほか、第15条においては機構が加盟国と一定の条約を結ぶことができるとしている。「機構はこれこれの権限を持つ」と断定的に記述できる場合である。ただし、国際機構の権限は明示的に付与されたものに限られると主張することは、議論のしかた次第では、記述論ではなく政策論にもなりうるだろう。

　第二に、ある時点までは理論的推定で、ある時点からは事実の記述へと転化するような「権限」もある。設立条約で明示的に語られてはいないが、機構の目的などを考慮すると「これこれの権限を持つ」と判断するのが合理的だ、と考えられる場合である。たとえば、有名な例だが、国連の平和維持活動は国連憲章に根拠規定を持たず、国連という機構が行なってよい活動かどうか一目瞭然ではない。国連の目的に照らして平和維持活動を行う権限があると判断したのは、国際司法裁判所の1962年の勧告的意見(「ある種の経費事件」)である。同意見の、「国連が機構の目的とされたものの実現のための行動を起こすのであれば、それは権限踰越(ゆえつ)にはならない」という判示は、合理性と説得性のあるものとして広く受け入れられた。設立条約に明示されていないこの種の権限を、《黙示の権限》と呼ぶ。ある時点までは権限かどうか分からなかったものが、何らかの権威ある判断(たとえば国際司法裁判所の判決や勧告的意見)を引き金にして「権限」に組み込まれる、という展開である。なお、黙示の権限を国連が持つと最初に(かつより明示的に)判示したのは、1949年の勧告的意見(「国連公務中に被った損害への賠償事件」)である。

第三に、当面のところ記述的というよりほぼ全面的に政策的な権限論がある。《内在的権限》論と呼ばれ、国際機構の権限には本来的な制約などなく、基本的に主権国家と同じ権限を享有しているが、設置条約によって制限された事柄については権限を行使できないと唱えるものである。言いかえれば、設立条約が禁じていないことはすべてできる、と主張するものと言える。ある種の国際機構至上主義であり、ノルウェーのセイヤーステッドなどによって唱えられた(Seyersted 1966)。黙示の権限論と混淆されることがあるが、両者は本質的に異なる。黙示の権限論が「権限が機能的に限定された状態」から出発して必要な権限をつけ加えていく思考であるのに対し、内在的権限論は「無限定の状態」から出発して許されない権限を差し引いていくものだからである。前者は足し算であり、後者は引き算である。

いずれにせよこうして、国際機構の権限に関する議論には、「国際機構が国家を超える」ことへの抵抗と憧憬とがこめられている。その点にのみこだわることが正しい研究姿勢だというわけではなく、とりわけ、内在的権限論のような国際機構至上主義が生産的であるわけでもない。抵抗型の理論が記述的で、憧憬型の議論が分析的だということでもない。ただ、権限の問題を通して主権国家間結合関係の現状と問題点とが浮き彫りにされるのであれば、それによって議論の分析性が強められるとは言えるであろう。大切なことは、法主体性の議論であれ、権限の議論であれ、それを測定することによって国際機構現象の何が明らかになるのか、そういう《意味を見いだすための枠組み》を提供することである。

### (3) 根幹的アプローチ——構築主義との接点

以上のように、法学的アプローチには《現象の法的側面だけを切り取る》ことの限界や危険もあるものの、やはりほとんどすべての国際機構論の基本ではある。あくまで機構そのものを研究素材とし、その制度や手続きや形態や機能を重視する点においてである。たとえば国連の基本ルールや機関の権限や機能を知らずに、漠然と「国際政治における国連」を語ってもあまり意味はない。《機構そのもの》を掌握する研究姿勢が根底において不可欠なのである。

もっとも、そういう記述的作業自体は、必ずしも法学的アプローチが独占し

なければならないものではなかった。それは政治学的アプローチにも社会学的アプローチにも可能なのである。たまたま国際機構現象に初期のころから着目していたのが国際法学であったから、国際法学者が(基本的に法学的な関心にそって)その作業を行なったにすぎない。

　しかし、法学的アプローチをとることについては、それ以上の意味もありうる。つまり、それによって国際機構論に規範論的な基礎が与えられる点である。このアプローチにおいては、諸々の機構について記述的な作業をし、それに分析的な要素を加えていき、それを規範的に総合するときに、あらかじめ法規範という客観性のある引照基準が存在している。たとえば、「NATOはこれだけの装備を持つ」と記述し、したがって「これだけの戦争をおこなう軍事能力がある」と分析するにとどめるのではなく、「そういう軍事行動が国際法上許されるかどうか」という視点を加えることが、法学的アプローチをとることによって常に可能になろう。法学的アプローチは、合意された社会目標とならび、法規範という引照基準も持っているのである。

　それとの関連で、構築主義(または構成主義、Constructivism)という理論にもふれておきたい。詳しくは次章で国際機構の理論を論ずる際に述べるが、簡潔に言うと、国際機構の働きの中から新しい法規範が生成すること、そして法規範が国際関係の枠づけに有効な機能を果たしていることを唱える議論である。それはある程度まで記述的であると同時に、分析的で理論的でもある議論と言える。たとえばこの理論の主たる提唱者の一人であるマーサ・フィネモアは、ユネスコが開発途上国に対して科学行政を確立することが近代国家の必須要件であると教えたことや、赤十字国際委員会が紛争当事者に対して傷病兵を十分に保護しなければならないと教えたことなどを、その例として挙げている(Finnemore 1996: Chaps. 2 & 3。リストの他文献も参照)。挙げられる例が一貫性を欠く面は残るものの、リアリストのように、国々および人々の「利益」とか「アイデンティティ」などを先験的で不変のものと考えるのではなく、国際機構が「教える」規範によって変わるものだという視点は、いわば国際関係を《規範づける》理論として、それなりに有用だと思われる。加えてそれは、規範を「つくり・教える」国際機構をIGOに限定せず、NGOへと柔軟に拡張できる理論である点も注目してよい。

この理論はしばしば、他の政治学的な「理論」と並べて論じられるが、規範論に根ざす理論として、その基礎の半分は法学的アプローチにあると言える。ただ、ややもすると過度に抽象的な議論に陥りがちで、もう少し経験的な議論によって補うべき理論だとは言えよう。

## 2　政治学的アプローチ——経験的に動態を問う

### (1) 国家／国際機構の行動学

　政治学的アプローチは、法的な基準を軸に国際機構がいかなる制度であるかを問う法学的アプローチとは異なり、国際機構が何をするか、あるいは国際機構において国々が何をするかに焦点を当てる。国際機構そのものを「世界から切り取って」論ずるよりも、《世界の中のアクター》としての国際機構、あるいは《国々のアリーナ》としての国際機構を論ずることに関心を寄せるのである。たとえば世界銀行について、それが総務会や理事会といった機関を持つことや、他の国際機構の総会や理事会とどう異なるかといった点にではなく、銀行がいかなる貸し付けをいかなる条件で行い、それに対して途上国がどう反発し、開発支援型 NGO などからどう批判されているか、といった点に関心を注ぐことになる。

　政治学的アプローチには多くの種類があるが、法学的アプローチとの比較において対極に立つタイプを挙げるなら、国際機構を《たんなるアクター》と捉えるものと、《たんなるアリーナ》と捉えるものとがある。前者において国際機構は、「たんなる」とは言うものの、すでに「国家並み」に昇格しており、それなりに国際機構の存在が重視されている。アクター性を重視するから、NGO なども視野に取り込みやすい。ただ、機構そのものへの関心は法学的アプローチに比べて弱く、形態や手続きや制度など、《国々の結びつき》を解明するための側面が軽視される傾向はある。反対に後者においては、主役はあくまで主権国家であり、国際機構はただの舞台でしかない。さらに、主権国家の舞台でしかないなら、NGO などが視野に入る余地も小さくなろう。このような国際機構軽視はいわゆる「リアリズム」においていちじるしく、近年でもそれは変わらない。たとえば《国々のアリーナ》にすぎないという立場をとる代表的なリア

リズム論者、ジョン・ミアシャイマーなどは、「国際機構が国家行動におよぼす影響力などきわめて微弱であり、したがって国際秩序の安定に対してもほとんど貢献するところがない」と言う (Mearsheimer 1994/95: 7)。

だが実態としては、いくつかの例外的な国は国際機構を無視できる、と言うほうが精確であろう。しかし、少数の国が無視できるということと、学問的に無視できるということは異なる。《少数の国が》ではなく《学問の側が》無視すること、つまり《無視の政治学》はいまやどこまで可能だろうか。国際機構現象を無視して国際政治学は本当に成立しうるのだろうか。この点は、慎重に考慮すべき事柄である。

ミアシャイマーのような見地は極端だとしても、そうした見方は、国際政治学が国家間関係のみを対象とする限りにおいて一般論としても成り立ちうるものである。最初から非国家的アクターの参入の可能性を排除しているからこそ成り立つ見方なのである。だが学問的に許されるのは、さまざまな要素を最初から排除するのではなく、まず個々の要素の「影響力」を量り、その全体像としての世界の構図を描くことである。その際、「影響力」を量る基準は、国際機構が国家に比肩しうる存在であるかどうか、国際機構が世界国家あるいは地域国家になったか、という点だけではない。そのような基準で考えるなら、わずかにEUのみが有意な国際機構だということになってしまう。だが国際機構論は、非国家もまた「世界」の一部になりうるという世界認識を基盤にして成り立っている。国際機構は、IGOであれNGOであれ、主権国家でも世界国家でもない、いわば国際的な中間団体なのである。それが世界の成り立ちであるなら、まずはそのことを正確に読み解くことが肝要である。

もう一点つけ加えると、国際機構がアリーナなのだとしてもそれは、みずからは動かずその上でアクターが動き回るだけの舞台なのではない。ILOが労働基準を定め、WTOが通商のルールを定めて適用するように、規範を伴うアリーナなのである。それは一定の権限を備え、主権国家アクターの行動を規定するアリーナである。政治学的アプローチをとる場合には、完全に規範遵守的な政治もないかわりに、完全に規範から切り離された政治も成り立ちにくい、という今日の現実に注意を払い続けねばならない。

**(2) 理論化への自由度の高さ**

　国際機構無視という極端なパラダイムを排するなら、政治学的アプローチには法学的アプローチにない強みもある。それは、後者のような、法規範を軸に制度や手続きを語るという「枠付け」が弱い分だけ、国際機構現象のさまざまな面を論ずる際の自由度が高い点である。現象の「意味づけ」作業も同様に自由度が高い。たとえば加盟国間の権力関係、価値配分の力学、国際社会におけるアクターとしての役割など、法学的アプローチでは禁欲されがちな分析にも容易に乗り出すことができる。さらに、《国家的なるものへの対抗》としてのNGOなども、自由に分析枠組みの中に取り込むことができる。この最後の点は、国家中心的パラダイムが支配的な法学的アプローチでは、とりわけ弱い側面である。

　また、法学的アプローチにおいては理論への志向が弱い(あるいは抑制している)のに対し、政治学的アプローチにあっては理論志向がより強く現れうる。統合理論はその最たるものであったし、さきに触れた構築主義理論なども、一面では慣習法理論に似た面も持つものの、根本的には《規範の政治学》であるとみなすほうが理解しやすい。法学的アプローチでも理論志向は皆無ではないが(たとえば黙示の権限論のような、権限に関する議論)、おおむね事実の後追いとしての理論であり、予測を含んだ未来志向的な理論化には踏み込みにくい。法学である以上、それはある程度までやむをえないことではある。しかし、未来予測はともかく、概念をえぐり出し、精緻化するという意味での理論化であるなら、それはもう少しなされる余地もあろう。政治学的アプローチの「理論志向」の中にはしばしばそれが含まれている。たとえば国際機構における《正統性》とは何か、《不偏不党性》とは何か、国際機構独特の《ヘゲモニー》とは何か、といった点である。それらが法学ではなく政治学の概念だから法学的アプローチでは対象にしにくい、という面はたしかにあろう。だが、もしそれらが国際機構論の本質的な面白さを形作っているのなら、方法を駆使してその局面に食い込む努力はなされてよい。

　とりわけ、問題となっている概念が法学的に再構成しうるものである場合はそうである。たとえば《超国家性》などは、最も法学的に再構成しやすいだけでなく、法学的に再構成しなければ十分に説明できない要素を数多く持つ。機構

の権限、加盟国から機構への主権的権限の委譲、加盟国国民が《機構の市民》として共有することになる法的地位や権利、等々である。また《正統性》なども、単に政治学的概念なのではなく、機構における権力配分に関して有力化した規範は何であるか、また機構から生み出される規範がどういうものであるか、等々によく現れてくる。何より、本書の基底関心である《多国間主義》あるいは《マルティラテラリズム》自体、法学的・規範的基礎を持つとともに、政治的文脈を離れてはその意味を完全には理解できない現実であり概念である。そうした連関をくみ取ってこそ、法学的アプローチは国際機構論の有意な一部になりうるのだと思われる。

　むろん、国際機構への法学的アプローチが国際機構論（広い意味での国際機構研究）の一部でなくともよいとか、それは国際組織法（機構法）でありさえすればよい、といった枠組み論はありうるだろう。だが筆者自身はやはり、法学的アプローチが国際機構論の有意で有力な一部であることが望ましいと考える。それは、現在の国際機構論の課題がまさに、一方で法的あるいは法学的な基盤に立ちつつ、他方で必ずしも法理論に限定されない理論化を達成することだからである。つまり、一方では法学的な意味での実証性を持ち、機構そのものに即した分析をおろそかにせず、機構の形態と権限に即した分析を続けなければならない。同時に他方で、国際機構現象をたんに記述するのではなく理論的に把握するような、あるいはさまざまな国際機構現象の中から一般性のある部分を抽出し体系化するような学問体系を志向しなければならない。そのためにこそ、アプローチと技法の最適な組み合わせがまだ模索されているのである。

## III　歴史的アプローチの提唱

　前述のように、国際機構へのアプローチの中にはこのほか、行政学や社会学からの参画もあるが、ここでは最後に歴史的アプローチの重要性について付言したい。国際機構の歴史を精確に記述し、ものごとの起源に即して現象を分析するアプローチである。

　国際機構現象が比較的新しいせいか、それは一般的には歴史学の対象になっ

ていない。逆に国際機構論のほうは 20 世紀以降特に、国際連盟ができ、国連ができ、数多くの地域的機構ができるといった新しい現象をリアルタイムで追ってきたためか、学問そのものに歴史性が乏しい。

歴史的な著作としては、国際行政連合に関するラインシュの著作(Reinsch 1911)、国際連盟に関するウォルターズの著作(Walters 1952)、国際連合に関するラッセルの著作(Russell 1958)、通史としてのマンゴウンの著作(Mangone 1954)などがある。長いあいだ、この分野の概説書が絶えていたが、近年ようやく、レイナルダの通史が刊行された(Reinalda 2009)。約 3 分の 2 が国連創設以降の現代史の記述である点に物足りなさが残るが、19 世紀の記述には一定の新しさもうかがわれる。また、やはり最近の業績としてはチャーノヴィッツによる NGO 通史がある(Charnovitz 1997 and 2006)。このほか、特定の一時的事象についての歴史記述(たとえばダンバートン・オークス会議や、国際連盟創設のためのパリ会議)などはあるが、通史的な著作はまだ限られている。通史ではないとしても、そもそも国際機構論の概説書において、略史さえない例が近年の書物の大部分を占める(Pease 2000; Barkin 2006; Hurd 2011; Karns and Mingst 2004 など)。わずかに、アームストロングらの概説書(Armstrong et al. 1982)およびリットベルガーらのそれ(Rittberger et al. 2006)に若干の記述がある程度である。

国際機構の歴史、それも複数の機構の歴史を叙述するとなると、なかば埋もれているものも含めてさまざまな史料に当たらねばならず、きわめて困難な作業になる。しかし、問題はたんに過去の事実を克明に記述する細目分野が国際機構論にもあるべきだ、ということにとどまらない。国際機構の歴史をたどることによって初めて鮮明に見えてくる「現在」というものが少なくないので、それを認識するために歴史に目を向けておかねばならない、ということなのである。たとえば、現在の米国の、国連に対する(世界における)単独主義を語ることはたやすいが、その歴史的起源が意外と古いことや、単独主義的でない米国もあったのだという事実は、国際連盟や国連の創設過程をさぐることによって初めて見えてくるものである(最上 2005 などを参照されたい)。

例えば NGO の歴史的登場なども、いま掲げたチャーノヴィッツの論文が書かれるまでは、きわめて断片的にしか語られていなかった。20 世紀になってようやく誕生したと考えているらしい論考はしばしば見られるし、存在に気づ

いた後でも議論の正統な対象としない国際機構論も多い。しかし、わずかな研究が明らかにしつつあるのは、NGOが存在していなかったのではなく気づかれていなかった、という事実である（最上 2009）。それを感知していれば歴史が変わったであろうとは言えないが、歴史認識は間違いなく変わっていただろう。国際社会の運営に関わっていたのはひとり主権国家のみではなく、数多くの行動する市民たちでもあった。

　「国際機構を歴史する」ことには、もう一つの側面がある。国際機構論が個々の機構の個別的な研究ではなく、国際機構現象を解明しようとするものである以上、戦争の歴史や植民地の歴史や人権主張の歴史を知り、それと国際機構という営みとをつなげる作業をすることである。機構そのものの歴史だけでなく、機構を生み出した事どもの歴史もしっかりと捉えなければならない。たとえば植民地主義の歴史を知らずに国連総会における途上国の《機構内ヘゲモニー》の意味を理解することはむずかしいし、パレスチナ問題の歴史を知らなければ安保理における米国の拒否権の多さの根源を理解することはできない。

　第5章第Ⅱ節で触れたCARICOMの奴隷化補償問題も、こうした国際機構と歴史の関わりを見渡す作業に関連している。歴史的な不正義を個々の国家がただすことができないのなら、国々が集合して（マルティラテラルに）ただすほかない。国際機構がその手段とされるのであれば、それは国際機構論の歴史的アプローチの一翼を担うことになる。その意味するところは何か。それは、いま分野横断的に高まっているグローバル・ヒストリーの潮流、すなわち過去の不正義をただすことを自覚化した歴史再構成の流れの中に、国際機構論も加わるということである。言い換えればそれは、国際立憲主義に即した国際機構論を構築するということでもある。

　このようにして史的な基盤を再確認し、その基礎の上に機構を論ずることによって、国際機構論は本当に動態的になることができる。動態的であるということは、「いま・ここに」の問題を次々と追うことではない。変転してやまない現象から、ものごとの長期的な趨勢や、変わらない本質や、普遍的な意味をくみ取ることなのである。

# 第8章
# 国際機構の理論

## I 《国際機構の理論(theory)》と《国際機構現象の理論化(theorization)》

### 1 一般理論の不在

　前章では国際機構論の方法について述べた。国際機構という対象をいかに研究し、いかに学ぶかという問題である。それは理論的ではあるが、理論そのものではない。現象についての理論とは、まずそれらの方法に依拠して実証的な研究を行なった上で、そこから導き出された結果を抽象化し、さらにそこから可能な限り一般化された命題を引き出して、最終的にはそれらの命題群を体系化したものである。

　たとえば、「ある場所である時点において国連の平和維持活動が行われた」というのは単なる事実だが、類似の事実を積み重ねて検討すれば、「国連という機構は、これこれの条件の下で、平和維持活動という名の紛争処理あるいは安全保障方式を行う、政治的能力あるいは法的権限を持つ」という命題を立てることができる。同様に、紛争処理・安全保障分野に属する他の形態の活動(たとえば強制行動)についてはどういう命題が立てられるかを考え、他の国際機構の類似活動(たとえばECOWASの平和維持活動)についてはどういう命題が立てられるかを考えて、さらにそれらを比較し連結すれば、紛争処理や安全保障分野における多国間主義の可能性や限界についての理論が生まれることになる。紛争処理から別の問題領域(たとえば人権保障)へと視点を広げて同じ作業をくり返せば、国際機構あるいはマルティラテラリズムについての一般理論に

近いものが得られるかもしれない。

とはいえ、他の分野でもよくあることだが、国際機構論においては一般理論らしきものがまだ確立せずにいる。法学的なアプローチをとる研究でも、政治学的なアプローチをとる研究でも、その状況に変わりはない。その最大の理由は明瞭で、国際機構現象というものがきわめて多面的だからである。

たとえば、一方では対等な主権国家間の協力という面をもち(例：国際郵便制度の運営)、他方では国際的な権力の創造という面ももつ(例：国連安保理のような選民型機関の設置)。また、一方ではたんなる主権国家の集合体の面を保持する(例：拘束的立法権限の欠如)と同時に、他方では加盟国と別個独自の存在になっている面もある(例：独自の法主体性の享有・独立の機関の存在)。さらに、同じ一つの国際機構であっても、どの時点でそれを見るかによって、大国支配的な側面が抽出される場合もあれば中小国主導的な側面が抽出される場合もある(例：1960年以前と以後の国連)。

このような複雑さを反映して、これまで国際機構についてさまざまな法的・政治的解説こそあれ、一般性のある理論を立てようとする試みはほとんどなされずにきた。個々の国際機構の個々の側面についてなら、たんなる現実記述だけでなく、それなりに抽象化の試みもなされることはある。たとえば、ある国際機構の条約締結権についてとか、ある国際機構の決議の効力についてとか、ある国際機構における意思決定の態様について等々である。その各々から《ある》を取った立論をするなら、より一般的な命題になるであろう。他方で、それらの命題を単純につなぎ合わせれば国際機構現象の本質が浮かび上がる、というものでもない。たとえば、「国際機構がその設立目的から推論される条約締結権を持ち」・「国際機構の決議が一般的に勧告以上の効力を持たず」・「普遍的国際機構の意思決定において中小国が主導権を握っている」、というように連結したとして、そこから国際機構についての一般的な認識がどれだけ可能になるだろうか。

とはいえ、国際機構の一般理論がすぐにでも構築できるというつもりはない。そもそもあらゆる国際機構に当てはまる一般理論を立てること自体が、きわめて困難なのである。何より、同じ国際機構とはいっても、普遍的国際機構と地域的国際機構とでは、活動の目的や態様も異なれば、国際社会の組み立てに対

する存在意義も大きく異なりうる。たとえば普遍的国際機構が無差別の自由貿易体制を推進しているのに、経済統合を進める地域的国際機構が排他的経済ブロックを形成するなら、その両者を「国際機構」という単一の名辞でくくって論ずることにあまり意味はなくなる。その場合、二つの国際機構現象は互いに拮抗し合うものとして、むしろ別々に一般理論化するほうが適切ですらあるだろう。また、政府間国際機構(IGO)と非政府間国際機構(NGO)の両方を議論の中に取り込もうとした場合に、どうすればそれが可能かも大きな難問となる。

対象が多様すぎるため、一般理論はまだない。だがそうではあっても、国際機構論(国際機構現象の研究)があくまで現実記述にとどまっているべきでもない。確固とした一般理論がないとしても、学問である以上、理論化の試みは常になされねばならないからである。そして、そのような理論化のための基本的な座標軸ならば、この分野にはすでに備わっている。すなわち、これまでにもしばしば言及してきた、国際社会(特に主権的国民国家体系)の分断性と分権性という問題である。それが国際機構の存在によってどのような影響をこうむっているか、あるいは変容されうるかという点こそが、国際機構を「理論する」際の根本的関心事であり続けた。それこそが国際機構論の原点だったのである。

理論化するということは、単に抽象的な言い換えをするということではなく、個々の現象をその根源的な課題に照らして評価できるようにする、ということである。たとえば、国連の平和維持活動は国連の起源に照らしてどういう意味をもつと評価できるか、また安保理常任理事国の拒否権はどういう意味をもつと評価できるか——理論化とはそうした測定と検証を可能にするということである。むろんその場合、「根源的な課題」というものも、個々の観察者(研究者)が恣意的に設定するのではなく、歴史の文脈から浮かび上がらせたものでなければならない。同時に、国際機構に任務を与え続ける国々や人々の意思を読み取り、それに照らして不断に再構成されたものでもなければならない。国際機構研究が常に歴史的・実証的であることを求められると言うのも、なによりそういう意味においてである。

ただ、何を測定の原点とするかは、純粋に歴史的・実証的に決まるのではなく、観察者(研究者)のとる方法によっても変わる。たとえば《抗争と分断の克服》が課題であるとして、政治学的な方法をとる場合には、世界全体の治安維

持をまかなう帝国的国家を中軸にした国際機構体制が成立することも、根源的課題の実現と見なされるかもしれない。これに対し法学的な方法を基本にする場合(筆者もそこに含まれる)、国際機構にまつわる規範および制度の分析をまず重視するのが普通である。それが単なる記述に終わる場合もあるが、より深化した法学的方法においては、国際社会において規範的秩序がどのように実現しているか(いないか)、法の支配がどれほど貫徹しているか(いないか)が重要な問題となる。これは基本的には学問的な視座の違い(bias)であり、それはそれとして了解しあうべきものではあるだろう。だが、いったんそう了解した上で、そのどちらが社会的に正統なのか、いずれは両者をつき合わせて比較検討しなければならない。真に学際的(interdisciplinary)であるということは、そういうことを指す。

## 2　理論(theory)または準理論(quasi-theory)

さて、以下でいくつかの主要な「理論」を概観するが、その前に二つの注意点を述べておかなくてはならない。一つは、理論づくりへの傾向が政治学的方法をとる研究の側に強く、法学的方法をとる研究の側ではあまり強くないということである(法学的国際機構論に「理論」が多くないことの理由は前に述べた)。もう一つは、政治学的理論のほうも、国際機構自体に即した理論ではなく、国際政治学あるいは国際関係論の理論の一部を国際機構にも当てはめたものであることが多い、ということである。たとえば権力政治を重視するリアリズム理論を国際機構現象に当てはめればどういうことが言えるか、といった立論である。それは理論の応用、あるいは借用と言うべきものだが、欧米系の概説書の中ではごく普通に(国際機構の)「理論」と呼ばれることが多い。だがそれは、筆者の理解ではむしろ、国際機構自体に即した・国際機構なしには成り立たない「理論」とは区別される、「準理論」と呼ぶべきものである。そしてそう分けた場合、厳密に国際機構そのものの理論と呼べるのは、以下の中ではおそらく機能主義と新機能主義だけである。

表8-1では、国際機構がどれだけ国際関係の「アクター」であるかについての判断を指標に、主な理論を三つに区分してある。Ⅰは「アクターではなく役

表8-1　国際機構の主要理論

| I | II | III |
|---|---|---|
| アクターではない 役割もない | アクターである 役割もありうる | アクターである 役割も大きい |
| リアリズム ネオ・リアリズム | 相互依存論 ｜ レジーム論 ｜ グローバル・ガヴァナンス論 | 機能主義 新機能主義 構築主義 |
| | 法主体性論 | |

法的権限論：　無権限　——→　黙示の権限論　——→　内在的権限論

割もない」とし、IIは「少なくともアクターである」とする。そしてIIIは「アクターであるのは無論のこと役割も大きい」とする理論である。Iにはリアリズムとネオ・リアリズム、IIには相互依存論とレジーム論とグローバル・ガヴァナンス論を、IIIには機能主義と新機能主義と構築主義を入れた。IIの中にはIIIに近い議論、つまり国際機構が何かのために大きな役割を営むという主張を含むものもあるが、「何か」とは何であるかが必ずしも明確ではないので、いちおうこのカテゴリーに分類しておく。

　構築主義を除けば、いずれも政治学の理論である。ただ構築主義は、国際立法論でもある点で法学的ではあるものの、伝統的な国際法主体でないNGOなどを本格的に議論に取り込む点で純然たる法学理論ではない。それはいわば、規範的法秩序の力学についての理論である。純然たる法学理論としては、法主体性論や国際機構の権限論などがあるが、いずれも国際機構現象のある部分だけに関する「部分理論」なので、以上の諸理論とは切り離して下部につけ加えるにとどめた。法主体性論はIIに連なるものなのでそこにつけ加えてある。他方で権限論は、理論的には全く権限がないとする議論から、ほとんど無限定な権限をもつとする議論まで、きわめて幅が広いので、どのカテゴリーにも特定していない。

## II　リアリズムとネオ・リアリズム

　国際機構の理論としてほとんど常にあげられるのがリアリズムである。国際政治は諸国家による権力の追求だというのがこの理論の趣旨であるが、それを国際機構世界に当てはめた場合、国際機構の多くは国々が国益を追求し、大国がヘゲモニーを貫徹するための場であることになる。本書の理解では準理論だが、もとの理論の影響力が強い分、国際機構との関連でも重要な理論とされることが多い。

　リアリズム国際政治学の代表的な論者は米国のハンス・モーゲンソーだが（Morgenthau 1971）、国連について彼は、「大国が現状（status quo）を維持するために設定した国際政府」であるとしていた。もっともモーゲンソーは、そういう単純な定義だけで議論をすませてはいない。そういうものであるにもかかわらず、米ソ両超大国の間に何が「現状」であるかについての了解がないためにこの国際政府が麻痺する、というのが彼の議論の骨子だった。そうして国際政府が麻痺すれば、国連において伝統的な国家間外交がそのまま復活し、この機構に独自の存在意義はなくなる、とするのである。さらにモーゲンソーは、（軍事的な安全保障や秩序維持ではなく）専門機関による経済社会分野の活動についても、大国間の抗争の前にあってそのような活動にさしたる意味はないとみなした。

　国連（安保理）が大国の設定した国際政府であり、それがほかならぬ大国の不一致によって麻痺したという分析は、冷戦期の国連に関する限り全く正しい。少なくとも、国連のような世界機構が常に客観的な共通利益のために存在するといった――おそらくは一面的な――見方よりは正確だし、国連の分析にとっても改革構想にとってもより有用である。他方でそれは、「国際機構（この場合は国連）の不在についての理論」であって、国際機構の理論そのものではない。経済社会分野の活動にもほとんど意義を認めないとなると、なおさらそうである。だが国際機構（特に国連）は、冷戦期においても、本当に不在だったのだろうか。

モーゲンソーの指摘の正確さにもかかわらず、国際政府が麻痺したことによって国連そのものが消失したわけではなかった。機能不全に陥った安保理に代わって総会が国際秩序の枠づけ機能を果たしたり、開発援助や技術援助や人道援助などの分野で国連の役割が高まるなど、大国によるヘゲモニーの行使という描図では説明できない事態が、その後いくつも進行することになったからである。不在になったのは《権力的な国際政府(ガヴァメント)》であって、《非権力的な権威》や《機能的な統治(ガヴァナンス)》ではなかった。モーゲンソー型の国際機構理解は、その点で修正される必要がある。

冷戦を与件として立てられた彼の国連不在論は、冷戦当初にはこの機構の本質を的確にとらえていた。しかし、逆説的だが、冷戦の最盛期にはむしろ、彼の構想外の事態が国連で進展して「国連が存在」することになったため、その理論的有効性は減少した。だが、モーゲンソーの分析があらゆる点で無意味になったわけではない。冷戦が彼の国際機構理解の与件であったのなら、それが終わり、超大国の間に《維持すべき現状》についての了解がよみがえるとき、「国際政府」もまた現実のものとなるだろうからである。冷戦を前提にしたモーゲンソーの国連不在論を裏返しにすれば、冷戦が終わった世界には国際機構がよみがえるはずであり、それは《権力的な国際政府》になるはずではないか——。

実際それは、冷戦終焉直後、湾岸戦争のころに現出しかけた事態でもあった。だが、より深刻な問題は、その後の状況に照らして、「大国が現状を維持するために設定した国際政府」という概念規定は、どれほど安定的でありうるか、という点である。複数の超大国が一つになった場合、超大国の間の了解というものは意味をなさなくなる。そして唯一の超大国は、国際機構を《みずからのヘゲモニーの貫徹の場》にできるかもしれないが、それが単独主義に走る場合、国際機構はそういう場ですらなくなるかもしれない。唯一の超大国に無視されるという意味での「不在」になるか、唯一の超大国に対峙する「実在」になるか、そのいずれかであろう。モーゲンソー後のリアリズムは、そういう事態をどうとらえるかの指標を示すものでなければならないが、ネオ・リアリズムなどと呼ばれる最近の議論はむしろ、現実肯定に走るあまり、そうした認識への意欲を失っていると言ってよい。

モーゲンソー型のリアリズムは、国際機構ができてもそれで自動的に権力政治がなくなるわけではない、ということを指摘する点に変わらぬ有用性がある。他方、モーゲンソーの国連認識がそうであったように、またかつては E. H. カーの国際連盟認識がそうであったように (Carr 1939)、国際機構に関するリアリズム準理論というものは、おおむね特定の機構への失望に促されて生成したものであることが多い。たまたま両者の議論は学問的魅力に満ちたものでもあった。だが、生成の動機がそういうものであるなら、国連であれEUのような地域的機構であれ、国際機構が一定の成果をあげた場合には、理論を転換する用意がいつもなければならないことになろう。前章で見たネオ・リアリストのミアシャイマーの議論などは、そういう用意をあらかじめ否定しつくす、閉ざされたリアリズムであるように思われる。

## III 相互依存論、レジーム論、グローバル・ガヴァナンス論

### 1 相互依存論

相互依存論に立脚する国際機構観とは、市民レベルも含めた国際社会の交流や経済的取引が増大することにより諸国家間・諸社会間の相互依存が深まり、そういう相互依存関係を整序する仕組みとして国際機構の重要性も高まる、と考えるものである。国際機構にあまり重要性を認めないリアリズムとは対照的な評価だが、その背景には、軍事力および国家についての認識の変化がある。第一にこの理論は、相互依存が深まるにつれ、他国に対して軍事力を行使する誘惑ないし必要性が減少すると言う。そうすると軍事力以外の影響力行使手段が必要になるが、そうした手段の重要な一つが国際機構である、と認識するのである。第二にこの理論は、主権国家のみが国際社会の実質的アクターであるといった、リアリズムに固有な国家中心主義 (state-centrism) 的立場をとらない。それ以外にも政府間国際機構 (IGO) や非政府間国際機構 (NGO) や多国籍企業など、国際社会の運営に無視できない役割を果たすものが現れつつあることを、むしろ積極的に認識の中に取り込もうとするのである。

おそらくこの認識のほうが、リアリズム（とくにネオ・リアリズム）の認識よりも現実の世界像に近い。むろん主権国家も権力政治も残存してはいる。だが、少なくともアクターの多様化は進んだし、国家間の軍事力行使もかつてほど容易ではなくなった。主権国家だけでものごとが決められるのでもなければ、あらゆる事柄が軍事力の行使によって決定されるのでもない。むしろ逆に、主権国家という存在が疑いの余地なく最重要のアクターとして登場する唯一の局面が軍事力の行使なのだ、とさえ言いうるだろう。そのように例外的な局面（exception）を原則的な状態（rule）であるかのように言うのは、社会科学の記述として精確ではない。相互依存論に立脚する国際機構観がリアリズムのそれにまさるとすれば、それはまさに、この原則と例外の入れ違いをただした点にある。

　むろん、相互依存論の国際機構認識にも課題がなくはない。第一に、国際機構が相互依存を整序する仕組み（チャネル）でもあり、相互依存的世界における行為体（アクター）でもあるというのはそのとおりなのだが、それら二つの性質の関係がどうなっているかをより明らかにする必要がある。当初はチャネルだが次第にアクターへと成長していくということなのか、重要なチャネルを提供すること自体が「アクターである」ということの本質的な内容なのか、等々。言いかえると、主権的国民国家体系を根本的に変えていく要素であるのか、それともそれを調整し維持する装置であるのかということだが、それら二つの異なった認識が区別されずに混在しているのである。むろん、どちらか一つに決めなければならないということではない。その両方であると規定する場合でも、せめて両者の関係を明らかにしておかなければ国際機構認識として十分ではない、ということである。

　第二に、「相互依存」と「国際機構」の関係もより明らかにされる必要がある。世界の相互依存が進んだから国際機構が台頭してきたということなのか、それとも国際機構が世界の相互依存関係をさらに推し進めるということなのか。相互依存論の力点は前者に置かれているように思われるが、そうした認識自体は格別に新しいものではない。逆に、第1章で見たように、相互依存が低度な時代にも国際機構は生まれていたし、相互依存関係の有無とは直接に関係せずに国際機構がつくられる場合（戦後管理体制としての国際機構など）もある。重要なことは、どの程度の相互依存がどういう種類の国際機構を推進するかであろ

う。また、国際機構が相互依存関係を推進するという、もう一つの認識に主眼を置くなら、いかなる種類の国際機構が・いかにして・どういう内容の相互依存を推し進めるのか、それを明らかにしなければならない。

　そして第三に、相互依存の概念自体、十分に明らかではないままできた。相互依存関係といってもその主体は多様だが、とりあえず国家間関係にしぼるなら、それは《国家間に均等な依存関係がある》という意味なのだろうか。おそらくそうではないだろう。諸国が相互に影響を及ぼし合い、他国の境遇に考慮を払わずにいられなくなっているのは確かだが、影響の及ぼし方・考慮の払い方のいずれにおいても、国によって相当な不均等があるからである。もし「不均等な依存関係をより均等にすることが国際機構の役割である」という意味であるなら、ここでもまた、第二点で指摘した「いかに」が十分に論証されなければならない。反対に、不均等な依存関係をそのまま制度化するということであるなら、議論は振り出しに戻り、国際機構もリアリズムのいう「ヘゲモニーの制度化」以上ではなくなってしまう。こういう背理を避けるためにも、相互依存概念それ自体がさらに明確化される必要があるのである。

　もっとも、世紀が転換するころには、この相互依存論もやや影が薄くなった。それは、均等な依存関係であれ不均等な依存関係であれ、ともかくも何らかの相互依存が進展したことの結果であるかもしれない。あるいは、相互依存論的な国際機構認識の要点を包み込む、レジーム論やグローバル・ガヴァナンス論が表面に出てきたからかもしれない。また逆に、冷戦終焉後の世界で相互依存（ならびに国際法規範）を顧慮せずに武力行使をする国が登場したこと、国内的弾圧の暴力行使をする国も増えたこと、武力行使主体が非国家にまで拡大したことなど、国家間の相互依存だけに目を向けても有効ではない局面が生成したことも、この理論の現実説明力を減殺する要因となっていると言えよう（隆盛期の相互依存論の全般的な解説としては鴨・山本（編）1979 を参照されたい）。

## 2　レジーム論

　レジーム論は 1980 年頃から米国で唱えられ始めた理論で、国際機構に当てはめて語られることが多い。レジームとは、この理論の主唱者の一人であるス

ティーヴン・クラズナーによれば、「黙示または明示の原則、規範、準則（ルール）、意思決定過程の集合であり、その周囲に国際関係の特定領域に関する諸アクターのさまざまな期待が収斂するようなそれ」だとされる（Krasner 1982: 186）。要するに、さまざまな期待や欲求を持ったアクターたちが、その期待や欲求を実現するため、あるいは欲求や期待を相互に調整するために、一定の了解や約束に従いながら共同で意思決定し行動することであり、アクターたちをそういう行動様式に仕向けるものの総体を《レジーム》と呼ぶのである。

　クラズナーの定義は国際機構自体の定義ではないが、「アクター」の語を「国家」という語で置きかえれば政府間国際機構認識の一つにはなる。実際にもその後、この概念に準拠していくつもの国際機構（を軸とする仕組み）が分析されてきた。安全保障の国際レジーム、国際人権保障のレジーム、国際貿易のレジーム、国際河川のレジーム、環境問題の国際レジーム、などなどである。また、そうして国際関係運営のさまざまな局面をレジームと呼ぶ用語法は、実際にもかなり広く定着したと言ってよい。

　レジーム理論の基本的な4構成要素、すなわち原則・規範・準則・意思決定過程は、いずれも不変ではなく、時代によりまたアクターにより変わりうるものとされている。アクターたちを「収斂させる」原則や規範も、時により人により、尊重されたり軽視されたりするとされる。それは、収斂を志向しても常に不安定性を残す、国際関係のある一面を的確にとらえている。

　しかし、当初から指摘されてきたことだが、それは一般に「国際法」と呼ばれるものとどのように異なるのだろうか。国際法もまたいくつかの根本的な原則および規範、さらにいくつかの二次的な規範や準則からなり、それらは国際法主体によって尊重されたり軽視されたりする。また国際法を基盤とする「意思決定過程」の一つが政府間国際機構だが、これも国家間関係に強い規制力や影響力を及ぼすこともあれば、そうではない場合もある。だとすれば、それに別の名辞を与える必要は必ずしもない。国家間関係を律する枠組みは不在ではないが可変的である、と言うだけでは認識としての新しさを認めがたいのである。

　こうしてレジーム概念は、それ自体では「国際機構をどういうものと認識するか」の明確な指標にはなりにくい。ただそれは、相互依存論に立脚する国際

機構認識の難点を、二点において巧みに回避(修正ではない)するものではあった。一つには、国際機構が国際関係において一定の役割を持つとしながらも、「国家と対等に渡り合うアクター」だという点は強調しないから、アクターとして国際関係をどのように規律し変容させるかという、相互依存論につきまとう問題にはとらわれずに済む。同時にそれは、「非国家主体が大国に匹敵するようにならない限り、国家中心的な国際関係理論を変更すべき理由はない」という趣旨の、ネオ・リアリズム理論家ケネス・ウォルツの極端な見解(Waltz 1986: 87-92)を巧みにかわすものでもある。もう一つには、国家間の「相互」依存関係をキー・コンセプトにはしていないから、それが均等な依存関係である(を生む)か否か、という前述の点にこだわる必要もない。「規範が守られる場合がある・守られない場合もある」、「規範を守る国もある・守らない国もある」と、現実をそのままなぞった議論である分だけ、一面では精確無比にもなりうるが、他面で理論的に解決すべき問題を抱え込むこともないのである。

　結論的にこのレジーム論は、その写像としての精確さは認めうるものの、どの程度まで理論と呼びうるかは定かでない。理論というためには、何らかの点で国際機構の本質をすくい取るようなものでなければならないからである。本質とは例えば、国際機構という存在が他の存在(例えば主権国家)といかなる関係に立つか、他の制度(例えば国際法)とどのように異なるか、といった論点である。それらの本質的論点を解明することが容易でないのは明らかだが、それをことごとく回避した場合、国際機構論の理論としての進歩も起こりにくい。

　ただ、相互依存論・レジーム論ともに、国家だけが国際関係のアクターであるという狭い枠組みから脱却し、IGOだけでなくNGOのような非国家的主体までも議論に取り込めるようにした。一方でそれは、いまも基本的に国家中心的な法学的国際機構論にはかえってやっかいな課題を与えるものではある。しかし、そうしてパラダイム変更(思考の枠組みの根本的変更)を一定程度でも達成したことの功績は、やはり評価されてよい。

## 3　グローバル・ガヴァナンス論

　近年どこでも用いられるようになった言葉である。そのきっかけをつくった、

1995年の「グローバル・ガヴァナンス委員会」報告書によれば、ガヴァナンスとは「公的・私的な諸個人あるいは諸機関が、共通の問題を処理するために用いる多くの方途の総体」であり、「対立する利害、あるいは多様な利害が調整され、協力的行動がとられる継続的なプロセス」であり、「人々や諸個人が合意した、あるいは自分たちの利益になるとみなす、公式あるいは非公式の取り決めなど」を指す(Commission on Global Governance 1995: 2, 3)。

これだけでは抽象的で分かりにくいが、要するに、国家だけではなく、非国家主体も加えて共通利益を析出しながら協調的に国際問題を処理することであり、その慣行や仕組みである、と理解すればよいだろう。国際政治が国益の衝突だけにとどまるのではなく、問題の共同処理が多様な態様で広がりつつあることを指す点で、20世紀以降の世界的変化をよくとらえるものと言える。

とはいえ、これでもまだ抽象的にすぎる。そこで、グローバル・ガヴァナンス概念をそのまま国際機構論に移植したカーンズおよびミングストの定義を借りるなら、グローバル・ガヴァナンスとは、「今日の世界のさまざまなレベルで公式および非公式に存在する、ガヴァナンスに関連した諸活動・諸規則・諸メカニズム」だという。「ガヴァナンスに関連した」という表現があることにより、この定義は明らかに同義語反復(トートロジー)になっているが、要するに世界運営に関するすべてということであろう。そこにはありとあらゆる要素が取り込まれ、カーンズとミングストはそれを「グローバル・ガヴァナンスの断片」と呼び、次のものを挙げる(Karns and Mingst 2004: 4-15)。

- 国際的な諸規則またはさまざまな国際法(条約と慣習法と司法判断)
- 規範あるいは「ソフト・ロー」(いくつかの人権と環境関連の枠組み条約)
- 公式非公式の諸制度(IGO、国際裁判所、G8、NGO、世界大の会議)
- 国際レジーム(問題領域ごとの規範や規則や意思決定制度)

いたる所で使われるようになった言葉だが、以上のような定義で用いるかぎり、その概念内容はけっして明らかではないし、それゆえに国際機構や国際法に代わる新しい概念としての必然性にも乏しい。何より、「断片」の中に国際的諸規則もあれば国際法規範もあるという具合に、概念が未整理である。加えて「レジーム」も「ガヴァナンス」の一部とされるが、レジーム自体、規範や規則の総体と定義されているのだから、概念の階層性は全く混乱することにな

る。

　その点をわきに置くなら、このガヴァナンス論は、構造の点できわめてレジーム論に似ている。第一に、さまざまな規範や規則や仕組みを網羅的に取り込むものと自己規定する点において、そして第二に、「Xのレジーム」「Yのレジーム」と断片化されたのと同様に、「Xのガヴァナンス」「Yのガヴァナンス」と断片化される点においてである。現代世界において、たとえば人権保障と核拡散防止のように、問題領域ごとに「世界運営」の方式に違いがあるのはそのとおりであるから、こうして認識枠組みを断片化することには理由がないわけではない。とはいえ、それだけであるなら、レジーム概念との違いを明瞭にすべき必要はなお残る。さらにそれ以前の問題として、そもそも国際法とか国際機構（IGOおよびNGO）といった概念ともどう異なるのか、それも明らかにしなければならない。そうした作業をすべて省略して、国際法や国際機構の諸分野をことごとく「〜のガヴァナンス」と呼び換えるだけであるならば、それは現象の明確化に寄与するところがほとんどないと言える。このことは前章でも触れた。

　もしガヴァナンス概念を国際関係の分析において用いることに概念上の積極的な意味があるとすれば、それは何より、ガヴァメント概念と対比して、それとは異なる国際運営の方式が出現したことを捉える場合であろう。すなわち、《権力的ないし政府的な統治（ガヴァメント）》ではなく《非権力的あるいは無権力的な統治（ガヴァナンス）》という対比をすることを指す。本書でもこれまでにそういう含意でガヴァナンス概念を何度か使ってきたが、積極的にガヴァナンス理論を押し進める論者の中では、たとえばジェームズ・ロズノーなどがその点を明瞭に認識している。すなわち、ガヴァメントが警察力を背景とするものであるのに対し、ガヴァナンスは「共有された目標に関する行動であり、法的・公式的に規定された権限に由来するものもあればそうでないものもあるが、いずれにせよ、不協力を克服したり遵守を獲得したりするために必ずしも警察力に依拠しない方式である」(Rosenau 1992: 4)。

　レジームであれ、ガヴァナンスであれ、もしそうした新概念を使うのであれば、その潜在的な力は一点に凝縮される。それは、現代世界の運営をする規則や仕組みのうち、《公式の国際法とは呼べないもの》、そして《公式の国際機構

とは呼べないもの》を議論の中に存分に取り込むことである。前者には、法的拘束力がないとされる国連総会決議などのうち、すでに国際運営に影響を及ぼしつつあるもの(今後の法規範化を待つ、もろもろの「ソフト・ロー」)などが含まれ、後者にはNGOや第6章で述べた《無形の国際機構》が含まれる。公式のチャネルからははみ出すが、なお国際社会の動向に無視できない影響力を及ぼしつつある準規範や民間機構などを議論に取り込めるなら、これらの議論にも相応の成果が期待できるはずだが、いまのところ、自覚的にそういう方向性で理論化する例は現れていない。

## IV 連邦主義・機能主義・新機能主義・構築主義

　国際機構の一般理論らしきものが育たず、準理論だけが活況を呈するという状態が一般化しているが、ひところは、特殊だが「準」以上の理論が発達したこともあった。国際統合理論である。それは認識よりも処方に重点を置き、国際機構はいかなる存在であるべきか、いかなる役割を果たすべきかを論ずる。また国家間協力全般を論ずるかわりに、より緊密な関係である「統合」現象に特化して議論する。それも特定地域に限定された「地域統合」であることが多い。それらの点でこの理論は、一般理論をおきざりにして特異に発達した国際機構の部分理論といった性格を帯びていた。

　いまや忘れられつつある理論ではあるのだが、数少ない「国際機構そのものの理論」でもあり、立論の面白さも際立っている(特に機能主義と新機能主義がそうである)。また、今後ふたたび理論として使われる可能性も皆無ではない。それゆえ、この節でいちおうはそれらの理論を回顧し概観しておこうと思う。本節ではさらに、前章でも触れた構築主義もあわせて論ずる。

### 1 連邦主義

　連邦主義は文字どおり諸国家を一つの連邦にまとめあげることを志向する。対象が世界全体であれば世界連邦の構想となり、限定されたいくつかの国であ

るなら地域連邦の構想となる。連邦形成の構想において政府部門を重視するか（世界政府あるいは地域連邦政府）、それとも議会部門を重視するか（世界議会あるいは地域連邦議会）という違いはありうるが、要するに国家主権の全部または一部を吸収した「超国家的な」組織体をつくることがその主眼である。そうして国家にとってかわる新たな組織体をつくる過程については、現存国際機構を「核」にするという構想もあれば（例えば「国連を強化して世界連邦に」）、無から出発していきなり世界連邦ないし地域連邦をつくることをめざす構想もある。後者の場合、国際機構を媒介としない「国家形成」である点で、厳密には国際機構の理論とみなしにくい面もあるが、広い意味での「国際社会の組織化」現象の一環だという理由から、一括して国際機構論の論題に包摂されることが多い。

　世界連邦の構想は古くからあるが、特に第二次大戦の戦中戦後に本格的な高揚を見た。とりわけ米国から幾多の議論や運動が起こり、国家よりも上位の組織体に主権を委譲すべきだとしたエメリー・リーヴズ（Reves 1945）や、戦争の防止と安全保障に関する権限だけを委譲して最小限の世界連邦をつくるべきだと唱えたコード・メイヤー（Meyer 1947）や、地域連邦を積み上げて世界連邦を築くべきだとしたクラーレンス・ストレイト（Streit 1941）などがよく知られている。国際法学者にも連邦主義に共鳴する人は少なくなく、例えば常設国際司法裁判所判事（ハーヴァード大学教授）マンレー・ハドソンを中心とする北米の法律家たちは、拘束力のある一般国際法を定立する立法機関・それを組織的に強制する権限を持つ行政機関・強制的管轄権を有する司法機関などを備えた「国際共同体機構」を設立すべきだとする共同提言を行った（Hudson et al. 1944）。

　1948年には、シカゴ大学のロバート・ハッチンスを中心に、「世界連邦共和国」を樹立するための「世界憲法草案」が公表された（Committee to Frame a World Constitution 1948）。さらに、国連が創設されたのを受けて、全面完全軍縮に向けて国連の権限強化をめざす、ハーヴァード大学のクラークとソーンの提案（Clark and Sohn 1958）も現れる。それは総会に立法権を与え、執行理事会（現存の安保理に代わる新機関）による法の執行に強制力を持たせ、国際司法裁判所にも相当に広範な強制的管轄権を付与する、という構想だった。全面完全軍縮という目標に限定する点で、それは最小限主義の系譜に連なるものだったが、

いずれにせよ連邦主義の強力な提唱である点に変わりはない。

　こうして高揚した世界連邦運動であるが、その実現がどれほど困難であるかも明らかだった。実際にもそれは、現実世界に受け入れられることなく次第に下火になっていく。恒久平和の確立という意図は疑問の余地なく正しかったものの、そのためには国家主権を一気に超克しなければならないという処方が、まさに国家主権そのものの強靱さによって阻まれることになったのである。

　「世界大での実現が困難であるなら地域大で」ということでは必ずしもなかったが、連邦主義は地域主義と結びついて、特にヨーロッパの地域連邦樹立構想のかたちをとって現れた。その淵源は第1章第Ⅰ節でも触れた種々の平和案にまでさかのぼることもできるが、今世紀に入っても、オーストリアのクーデンホーフ＝カレルギ伯爵やフランスの政治家エドゥアール・エリオらを中心とする、1920年代の「パン・ヨーロッパ運動」によって生気を保たれていた。この運動に触発されて1929年、フランス首相兼外相アリスティッド・ブリアン（前年に締結されたパリ不戦条約の生みの親である）が国際連盟において表明したのが、ヨーロッパ合衆国を建設しようという「ブリアン・プラン」である。ヨーロッパのように地理的に近接した国々は「連邦的紐帯」を持たねばならない、というのがその主張の骨子だった(Duroselle 1990: 357-360)。

　もっとも、「世界」から「地域」に規模を縮小すれば連邦化が容易になる、というものでもない。ブリアン・プランもまた、それを検討したヨーロッパ各国によって、時期尚早としてしりぞけられたのである（1930年）。とはいえヨーロッパの場合、第二次大戦を経て統合機運がよみがえり、欧州共同体（EC）の設立に結実した。もっともそれは、「ヨーロッパ合衆国」のはるか手前の「統合」であったから、そこで連邦主義が花開いたと言うことはできない。方法的にはむしろ、経済という限定的な分野での結びつきを強めることから始めた点で、次に見る機能主義あるいは新機能主義的な構想に立つものだったのである。

　ただ、ブリアン・プラン自体は直接かつ即時の連邦化を唱えていたのではなかった。国際連盟での演説において彼は、「連邦的紐帯」があらゆる分野ですぐに実行に移せるわけではないから、「まず手始めに経済分野で実行されることになろう」と述べているのである(Duroselle 1990: 358-359)。そうしてブリアン・プランは、パン・ヨーロッパ運動の性急な連邦主義を、現実に生まれ始め

た機能主義的なヨーロッパ統合へと架橋するものになった。

## 2　機能主義

### (1) 概　　要

　第二次大戦中、連邦主義批判に立脚する新しい統合理論が現れた。英国のデイヴィド・ミトラニー(Mitrany 1943 ほか。文献リスト註記参照のこと)の唱えた「機能主義」である。

　機能主義とは、ある特定の問題領域で国家間協力を強力に推進することにより国際平和を確実なものにする、という理論である。そうして選び出される問題領域がこの理論の言う《機能》であり、原則的に経済などの「非政治的(技術的)」分野が想定されている。そのようにして始められる特定分野での協力(たとえば財の自由流通)が隣接他分野(たとえば輸送システムや為替制度)にも波及し、協力による結びつきが深化することにより平和の基盤も固まる、とするのである。そこにおいて国際機構に期待される役割は、そうした協力推進の核となることである。その際、「国際機構」は必ずしも地域的なそれに限られない。「働きうる(working)」ものであるなら、普遍的機構でもかまわないのである。

　国家間協力の推進という方式は古典的で新味のないものであるし、それによる国家間関係の平和化という過程構想も、——容易に現実化するかどうかは別として——およそ複雑というにはほど遠い。にもかかわらずミトラニーがそれを唱えたのは、壮大すぎて実際には「働きにくい」連邦主義にかえて、現実的で実際にも「働きうる」平和の構築過程を構想する必要がある、と考えたためだった。連邦主義は主権国家の存在自体が平和を阻害する要因だとし、それを除去すれば平和が得られると考える。除去するためにはそれに代わって主権を行使する組織体も設定しなければならない。その思考は論理的だが、ミトラニーはそういう直接的・制度構築的アプローチが全く功を奏していないと批判した。処方的理論としての実効性に疑義を呈したのである。のみならず、固定した制度を構築するという考え方そのものに、ミトラニーは反対だった。急速に変化しつつある社会のニーズに十分に応答するためには、固定した統治形態はむしろ害になるという理由からである。

## (2) 機能主義の論理

　連邦主義に対する批判から生まれたものではあるが、機能主義は「連邦主義への単なる反措定」にすぎないのではない。たしかに連邦主義の目標(連邦形成)が実現困難だとは言うが、それを理由にそこから逃避するのでもない。むしろ、平和の構築という根本目的のために、連邦を形成することとは違った目標を立て、違った手段をとろうとするのである。それは積極的な代替提示ではあれ、消極的あるいは逃避的な反措定ではない。

　何がどのように違うのだろうか。その違いを端的に示すのは、社会(人々)のニーズを満たすことが第一義的かつ究極の課題であって、いかなる統治形態を持つかが問題なのではないという、さきに述べた機能主義に特徴的な思考である。国家間社会にあてはめて言うならそれは、世界(地域)連邦が設立されるかどうかが重要なのではなく、いずれの国であるかを問わず諸社会(人々)の具体的なニーズが満たされるかどうかが最も重要なのだ、ということになろう。

　問題は、なぜ機能主義が統治形態にこだわらないのか、なぜそれが国際平和につながるのか、ということである。以下でその論理を順に追うが、その際、機能主義がたんなる非連邦主義なのではなく、この独自の論理ゆえに国際社会の組織化(＝国際機構)の理論としても独自性を持つ、という点を精確に理解しなければならない。

　第一に、これまでの論述からも明らかなように、機能主義にとって、国家という制度の廃棄自体は目的ではない。むろん機能主義も、いまのままの国家システムに大きな問題があるという認識から出発してはいる。国家というものが機能(住民の福利や安全の確保)の充足能力に従って設定されたものではなく、それとは無関係な領域的区分にすぎない以上、このシステムのもとで充足しきれない社会的ニーズが多々ある、という認識である。だが機能主義は、それゆえにそのシステムを構成する個々の単位(国家)を廃棄すべきだ、という論理はとらない。かわりに、問題処理のための権限(あるいは権威)が領域という偶発的な要素と結びついている事態を問題にし、その結びつきを切断することを重視する。つまり、社会のニーズを充足するのが国家でなければならない必然性はないとし、その任務を(より実効的な)国際機構を核とする協力に委ねるほうがよい、とするのである。そうして《領域(の保有)→権限》という連関にかわって

《機能(の遂行能力)→権限》という連関が国際社会の構成原理となるならば、あえて国家という制度の廃棄にこだわる必要はなくなる、と結論づける。

　第二に、そのように不定型な協力に踏みとどまることの理由でもあるが、機能主義はいわゆる立憲的(constitutional)アプローチはとらない。ここでいう立憲的とは、問題処理のための制度構造をあらかじめ固定することから始めようとすること(その典型が連邦主義である)を指す(前述した、現代の国際立憲主義とは少しく意味を異にする)。ともあれ、「統治の形態は不変であってはならない」、というのがミトラニーの信条だった。統治形態を固定すると、変化する民衆の欲求や期待に応答しきれないか、あるいは逆に、その権力体から(欲求充足のための)規制が増すことになって民主主義を窒息させかねない、という理由からである。政治的民主主義の最大の眼目は民衆が政府をコントロールすることにあるのに、社会的民主主義(福利の増大)への要求が高まれば高まるほど政府の規制が増し、政治的民主主義は押しつぶされていく——それはミトラニーにとって受け入れがたい逆説だった。

　第三に、そうすると機能を充足するための統治形態は永久に不確定なままなのか、という疑問が当然にわくが、機能主義にとってそれは本質的な問題ではない。「形態は機能によって決まる(Form follows function)」とミトラニーは言う。まず統治の形態を決めてそれに機能を充足させるのではなく、協力によって機能が充足されればそれに応じた統治形態が現れる、ということである。それはまた、国家間の関係(relations between states)ではなく事物間の関係(relations between things)が問題なのだという、機能主義に特有の思考を反映するものでもあった。国家間の権力関係を整序し、それらに命令を下す上位権力が存在するかどうかではなく、協力が進んで社会(人々)のニーズが充足されるかどうかが重要なのだ、ということである。ただ、その果てにどのような統治の形態が「決まる」のか、それについて機能主義は何も語らない。

　第四に、そのように始めから終わりまで統治形態の構想をわきに置いておきながら、なぜそれが平和の構築につながるのか。それに対する機能主義の解答は、協力の進化と深化の「過程」そのものが平和を生む、というものである。つまり、国家間の協力が進み、それぞれがかかえる物質的な欠落が解消されれば、相互の猜疑心も減り、欠落を埋めるために国々が戦争に訴えることもなく

なるであろう、と考えるのである。それはまさに、ミトラニーが唱え続けた「平和的変更」、すなわち暴力によって現状の変更をくわだてないことの慣行化にほかならない。こうして機能主義は、《戦争の起こりやすい状態》から《戦争の起こりにくい状態》への状態変化を何よりも重視するものとなる。

　こうした状態変化を英国の研究者ポール・テイラーは、《網絡過程》(enmeshment process)と呼んだ(Taylor 1978: 242)。協力関係の増大によって各国が相互依存の網の目に後戻りできぬほどに組み込まれる、ということである。協力が深化すれば、戦争によってその網の目を断ち切ることの政治的・経済的コストはその分だけ高くなる。そうすれば、高いコストにもかかわらずその網を暴力的に截断する国は次第になくなるだろう——こうした見通しこそが機能主義の核心を成していた。この見通しが常に実現するかどうかは別として、《網絡》という概念ほど機能主義の本質を簡潔に言い現すものはない。

### (3) 問題点と意義

　以上のような機能主義の処方にはいくつか問題もあり、またそれが批判を招いてもきた。たとえば国家間・民衆間の猜疑心の低下といった「態度変化」は本当に起こるのか、国家が相互依存の網の目に組み込まれれば「国益の自己抑制」が始まるという想定は現実的か、戦争原因は多種多様であり社会的ニーズの充足・非充足だけに還元できないのではないか、等々である。さらにまた、かりに機能主義が地域的に（限定数の国家間で）働きうるとしても、相互に異質性の高い大多数の国家を含む普遍的な場（すなわち世界全体）で働きうるのかどうかも定かではない。

　だが、とりわけ大きな問題は、機能主義の核心である《網絡過程》そのものに関して立ち現れるだろう。つまり、相互依存を高めればそれを暴力的に切断しようとする国は減ると言うが、どこまで行けば「後戻りできぬほど」網の目に組み込まれたと言えるようになるか、という問題である。どれほど協力関係が拡大深化しようと、なお暴力を用いて利己的に国益を主張する国はあるかもしれない。どの地点まで行けばそれが起こらなくなると言えるのか、あるいはそれを防ぐためにどのような手だてをほどこすべきなのか。いずれも機能主義が避けては通れない問題点である。

このうち前者の点については、たしかに連邦主義や新機能主義(次節)のほうが、戦争を封じ込めうる統治形態についての明確な処方を提示している。にもかかわらず機能主義が、むしろこの2理論の欠点(統治の硬直化や非民主性)を重要視して両者をしりぞけるのであれば、せめて「国益の暴力的自己主張」を防ぐ手だては構想しておかなければならない。軍縮を進め、相互の武力行使禁止規範を絶対的にし、紛争の平和的解決の仕組みを確立することである。その意味で、非政治的(技術的)な分野での協力を理論の核心とする機能主義といえども、あらゆる局面で非政治性を貫徹できるわけでは必ずしもない。

　EUなどの場合は、もはやそういう点はあまり深刻な課題にはなりにくいであろう。むしろ、そこにおける網絡過程の問題は、比較的ひんぱんに構成国の拡大を行なってきた点にある。構成国間の均質性を高め、網絡がある程度進んだところで新規加盟があると、古参と新参の間で網絡過程が新たに始まることになる。その負の効果を最小限に抑えるため、EUの政策と法の蓄積(acquis communautaire)を新規加盟国がほぼ一括して受容する仕組みにしてはいるが、裏返して言えばEUは数年ごとにそういう《網絡の稀薄化とのたたかい》をせねばならなかったわけで、それが機構にとって負担になっていたとは言える。

　これらの問題点にもかかわらず機能主義に国際機構の処方的理論としての独自性が認められるとすれば、それは、この理論が国際的集権化を前提せずに(むしろそれを回避して)平和を構想するものだという点である。連邦主義は言うにおよばず、次節で述べる新機能主義も含め、平和の構築に関わる国際機構理論は多かれ少なかれ主権の委譲／国際的集権化への志向を内包している。これに対し機能主義は、そのような主権委譲なしでも平和の構築は可能だとするのである。かりに機能(遂行)の国際的集中化を一種の集権化とみなすとしても、それは機能的集権化であって権力的集権化ではない。こうして機能主義は、《統治》の概念そのものを、権力的なものから非権力的なものへと転位させる。あるいは、焦点を政府的権力<sub>ガヴァメント</sub>から政府的機能<sub>ガヴァナンス</sub>へと合わせ直す。まさにこの点において、機能主義は国際機構理論の中で独特の地位を占めると言えるのである。

　ガヴァナンス理論は、なぜこの機能主義理論を再構成してみずからのうちに取り込もうとしないのだろうか。

## 3 新機能主義

　新機能主義とは1950年代から米国のエルンスト・ハース(Ernst B. Haas)によって唱えられ(Haas 1958; 1961; 1964; 1970)、その後、同じくアメリカのレオン・リンドバーグ(Leon Lindberg)やスチュアート・シャインゴールド(Stuart Scheingold)らによって継承され精緻化された統合理論である。具体的にEC(当時。以下、ECしか存在しなかった時代については、原則としてこの語で表記する)をモデルとする理論だったこともあり、一時期にはかなり注目された。名前のとおり機能主義と共通する点もあるが、相違点も少なくない。そうした異同に着目しながら、以下でこの理論を見ていく。

### (1)機能主義との共通点および相違点

　新機能主義は、理論の出発点においては機能主義と変わるところがない。すなわち、国際平和の構築という目標意識のもと、特定の機能分野における国家間の協力を進める、という処方がその原点である。「特定の機能分野」として「経済」を選択する点でも共通している。ただ、経済への自覚的特化は機能主義以上に強い。それは、こうして選択される機能分野が、過度に論争的で「国家主権の侵害」といった反発をたやすくひき起こすようでもいけないが、同時に、国家にとっての重要性があまりに低く、したがって協力を深化させるかどうかが国家の関心事にならないというのでもいけない、という判断に基づくものである。(この認識は、前述のブリアン・プランにおいてブリアンが言明していた点でもあった。)

　こうして出発点を同じくしながらも、新機能主義は機能主義と一つの点で決定的に異なる。国家間協力の、あるいはそのための「中心機関の設置」という処方を前面に押し出す点である。新機能主義、とりわけその草創期におけるハースの理論は、このような協力の行く手にあるべき、《政治統合》を重視していた。《政治統合》とは、ハースの定義によれば、「複数の国家の中の政治的アクターたちが、既存の国家に対して管轄権を要求するような新しい中心に対して忠誠心と期待と政治活動を移行させること」(傍点筆者)である。新しくつくら

た「中心」がそれまで国家の担っていた機能を吸収し、その「中心」に向けて人々の期待や忠誠心までもが移行する──それはある種の連邦形成にほかならない。このように新機能主義は、主権国家間の国際機構から出発しつつ究極目標を連邦化に置く、いわば組織の変成(metamorphosis)を志向する理論である。この理論が「機能的連邦主義」と呼びかえられることがあるのも、なにより新機能主義のこうした理論構造を根拠としている。

　第4章で論じた《超国家性》概念も、ある意味ではこのような変成構想の副産物だった。《国際機構以上》になりながら《連邦に至らない》中間段階があるのなら、権力あるいは権限の所在についても中間的な概念を用意しなければならない。主権が各国に残される《政府間主義》(intergovernmentalism)でもなく、主権が上位体に委譲される《連邦原理》(federalism)でもない、その中間としての《超国家性》(supranationalism)なる概念が、新機能主義にとっては不可欠となるのである。

### (2) 理論的核心および問題点

　機能主義も同様であったが、新機能主義は「波及」を重視する。財の自由移動を推進すれば輸送システムも共通化せざるをえなくなる、といった過程である。だが新機能主義の場合、機能主義以上に波及過程への理論的依存が大きい。新機能主義においてそれは、たんなる「国際機構の任務の拡張」ではなく、関税のように現在の通商や交通を妨げる要因を除去する《消極的統合》から、通商政策や経済政策全般を国際機構(中心機関)が統轄する《積極的統合》への移行であると位置づけられる。

　それだけなら概念の細目化以上ではない。だが新機能主義の理論的大胆さは、こうした移行がさらに、低度に政治的な分野(取引や通商や運輸など)から高度に政治的な分野(外交や安全保障など)への移行を伴う、と予測した点にあった。これを新機能主義の用語で《自動的政治化》(automatic politicization)という。つまり、統合が国家主権の周縁的な部分から核心的な部分へと必然的に移ることである。国家主権の核心を成す機能を中心機関が担うということは、国家が消滅し融合されるということにほかならない。こうして新機能主義の考える《統合》過程は完成する。

このような新機能主義に対しても種々の批判が加えられてきた。とりわけ大きなものは、《自動的政治化》に対するそれである。理論的にそのようなことは起こりにくいとする先験的な批判もあったが、それ以上に、新機能主義がECという現実の存在をモデルにしていた分だけ、経験的に理論の正しさが確証されないという批判のほうが強力だった。実際にも、1960年代半ば以降はECの超国家性が抑制されこそすれ伸張することはなかったから（第4章）、「予測が外れた」という批判は新機能主義にとって反論しがたいものであっただろう。それを受けて1970年代に入り、新機能主義の理論家たちも理論に退却的修正をほどこすことになった。たとえばハースはすでに1970年、特定の機能分野から始まった協力が新しい主権の担い手の創設に通ずるとは限らないとし、分野に応じて機能の担い手もそれへの集権化の度合いも多様であるような《非対称的地域複合体》(asymmetrical regional overlap)というモデルを立てて、理論を大きく転換している（Haas 1970: 634）。非対称的地域複合体とは、具体的には例えば、通商関係は超国家的なECの機関（特に委員会）が管轄し、通貨に関する協力は委員会と各国中央銀行総裁会議が分掌し、外交政策についてはあくまで政府間主義的で非超国家的な協力に委ねられる、といった組み合わせを想定すればよい。要するにそれは、《国家に代わる単一の中心が創設される》という理論の本質的修正であり、自動的政治化概念の放棄である。こうした「修正新機能主義」は、例えばハーヴァード大学のジョーゼフ・ナイなどによって唱えられたが（Nye 1970）、それは修正というよりむしろ、新機能主義の理論的核心の放棄というほうが正しい。

こうして新機能主義は、ECの非超国家化傾向と歩調を合わせるかのように、統合理論としての勢いを失っていった。あるいは、処方的理論から複雑きわまりない認識的理論へと転換していった。一面でそれは避けがたいことではあっただろう。しかし、この理論の処方ないし（ECさらにEUに関する）予測としての有効性は、本当に新機能主義者たち自身が考えるほど足早に失われていたのだろうか。新機能主義の退潮ののち、ECは紆余曲折を経ながらも進展をとげ、通貨統合までも部分的に実現する欧州連合（EU）の創設に至った。それはある程度までは、（厳密な意味での）超国家性の高揚につながったし、それが今後さらに高まる可能性も残る。もしそうなった場合、やはり新機能主義の処方ない

し予測は正しかった、ということになるのだろうか。

ここには理論の評価というもののむずかしさがよく現れている。つまり、ある理論の有効性を先験的・抽象的に否定する場合はともかく、経験的に否定する場合には、どれほどの時間幅で行うかで判断が変わりうる、ということである。新機能主義への批判、あるいはそれからの撤収も、本来はその退潮後の経過も含むような時間幅でなされるべきものだった。もっともそれは、新機能主義がいずれ理論としての有効性を現すだろうという意味ではない。むしろ、もし新機能主義を批判するのであれば、それは別の側面でなされるべきであったという意味である。すなわち、EU において実際には超国家性がかなり進展したこと、また、――たとえその進展が不完全だったとしても――超国家的な制度構造のもとでしか起こりにくいと考えられていた事柄(高度な経済統合や広義の政治統合)がそれなりに起こったことを、どう説明するかである。その間、構成国の結合性も高まり、新機能主義の大目標の一つだった「平和」もかなり強固なものになった。処方された手段が未確立なのに目的のほうはそれなりに達成されたという不整合があるのなら、そうした不整合の原因を究明することこそが、理論を批判的に検討することの第一の課題でなければならない。

### (3) 機能主義との比較

最後に、新機能主義と機能主義との違いを簡単に見ておきたい。両説は名称が似ているせいで不用意に混同されることが多いが、実は本質的な違いを含んでいる。少なくとも、「機能主義を発展させたものが新機能主義」なのではない。その違いはさらに、国際社会の組織化とは何か、そこにおける国際機構の役割は何かといった点にも関係している。

機能的連邦主義という別名が示すように、新機能主義は統合というものを、国家間結合関係の「非政治的な分野」から「政治的な分野」への移行、あるいは「主権の核心に触れる分野」への移行としてとらえる。あるいは、「相対的に重要でない分野」と「より重要な分野」とを区別し、前者から後者への《跳躍》を想定する。あえて《跳躍》という表現を用いるのは、前者から後者への移行が「主権の放棄・融合」を伴うような、結合関係の本質にも関わる大変化だからである。また、それゆえ当然に、融合した国家主権の新たな担い手を構想

する必要にも迫られる。こうして新機能主義は、《形態》に大きな関心を注ぐことになる。

これに対して機能主義においては、《跳躍》といったことがそもそも問題にならない。それが構想するのはむしろ、「重要でないもの」と「重要なもの」の区別が薄れていく過程である。あるいは、外交や防衛といった事柄が「より重要である」という思考そのものが変化する過程である。その過程にとってなぜ《跳躍》が無縁の概念であるかは、あらためて説明の必要もないであろう。つまり、平和的変更の慣行が確立すれば権力抗争や暴力行使は不要になるから、外交や防衛が「主権の核心的部分」である必然性もなくなる。それらが格別に重要なものでなくなったなら、そこに向けて《跳躍》する必要もない。また、特に国家主権の放棄ということがないのであれば、その新たな担い手を構想することも必要でなくなろう。機能主義が《形態》にこだわらないのも、まさにこのような論理構造に由来している。それが機能主義に国際機構理論の中で独特の位置を与えるものであることは、前項の終わりですでに述べた。漠然とした面も持つが、平和的変更への秩序構想としてなお引照に値すると思われる理論である。

## 4　構築主義

本章の終わりに、機能主義や新機能主義よりは新しい規範的秩序理論をとりあげたい。前章でも触れた《構築主義》(Constructivism) である。

それは、世界秩序構築における国際機構の役割について、リアリズムとは対極に立つ理論構成をとる。理論である前に、それはまず世界認識なのだが、現代世界において国際機構 (IGO および NGO) が果たす役割が大きいと分析する点において、リアリズムと好対照をなしている。とりわけ、その役割なるものが、国際社会に規範を増し加え、規範的秩序を構築する方向に向かうものであると論ずる点において、いっそう対照的である。

この学派の代表的な論者であるマーサ・フィネモアらは、この学派が「規範や理念へのこだわり」に立脚していると言明する (Finnemore 1996; 2001; Finnemore and Sikkink 1998; Finnemore and Barnett 2004。文献リスト註記参照)。だがそ

れは先験的なこだわりなどではなく、権力というものを「正統性のある社会目的」に結びつけるためのこだわりだと言う。実際それは、モーゲンソーのようなリアリストにとっても実は真剣な関心事だった、というのが彼女たちの理解である。これはモーゲンソーが「ナショナリズムや道義性や国際法といった理念的・規範的要素が、いかに国家の権力行使を限界づけているかについて、広範な著作を残している」という事実を指している。

　こうしてフィネモアらは国際規範のつくられ方と、それが国際社会に影響を及ぼす過程をさぐり、そこにおける国際機構の（大きな）役割を論じていく。それ自体は（国家中心主義的でない）国際立法論や、慣習法生成理論の系列に属す議論なので、ここではそれを細かになぞることはしない。ただ一点だけ、この理論でとくに興味深いのは、国際規範の生成に関連して《規範起業家》(norm entrepreneur)という概念を編みだしていることである。規範起業家とは、赤十字をつくり国際人道法の端緒をつくったアンリ・デュナンのように、社会の必要に応えた規範を主張し、その主張に十分な数の国家を巻き込んで新規範への尊重を強める役割を果たす人々である。その段階でものちの段階でも国際機構の役割は大きいが、とりわけ重要なのは、規範起業家という概念を導入することによって、国際立法の中に市民社会の力が入り込んでいる現実を浮き彫りにしたことであろう。

　たとえば、対人地雷禁止条約を国々にうながして成功したNGO、地雷禁止国際キャンペーン（ICBL）の例を考えてみればよい。それは狭い意味での規範に関する事柄だが、広い意味での規範になるとNGO等の関与はもっと鮮明になる。広い意味での規範とは、法典化されているか否かとは別に、社会的に何が必要であり、何が許され何が許されないかを指し示す基準であり、それについての市民社会の意思表示である。たとえば飢えた子供を放置しておいてよいか、蹂躙される人権を放置しておいてよいか。いずれについても、放置してはいけないと考える人々が放置しないための行動をとり続けるとき、そこには広い意味での規範が生まれる。そしてそれは、いつか狭い意味での法規範（ハード・ロー）につながりうるものでもあろう。まだ前章で触れたような欠点もある構築主義理論だが、この過程への国際機構の関わりを明確化しようとする点において、規範的秩序構築を志向する国際機構にとっては相応の可能性を秘め

た理論だと思われる。

## V　本書の結びにかえて

　以上で本書を終えるが、ここまで論じてきたことをふり返って、あらためて国際機構論の世界の知的な豊かさを思う。あれこれの国際機構自体に無限の可能性がある、という意味ではない。これまでに存在した政府間・非政府間の国際機構の成功と失敗、可能性と限界のいずれをとっても、社会科学として世界と歴史を見るときにいやおうなしに考えざるを得ない課題に満ちている、という意味においてである。

　一時期それは、たとえば「統合とは何か」という問題だった。EU がめざましい新現象だったころ、国際機構論研究者がこぞって取り組んだ論題である。本書もその伝統を尊重し、その問題意識を本書を貫く執拗低音の一つにしてもいる。だが本書ではそれを、単純に「EU とは何か」という問題に置きかえないように注意を払い、別のかたちの「統合」(CoE や北欧共同体など)、別の主体による「統合」に的確に目を向けることに意を用いた。普遍的な問いに対しては、対象を個別化した答だけで済ませてはならない。できるかぎり普遍的な答を与えなければならないのである。

　同時に、「統合とは何か」という問いは、EU がめざましいかどうかとは無関係に立ち現れてくる、国際機構世界にとって根源的な問いでもある。本書の冒頭でも述べたようにそれは、国家間の抗争と人間生活の恣意的な分断の克服であり、国際機構がそれへの反措定として歴史に登場してきたという事実である。その事実を背景に、さまざまな国際機構がさまざまな試行錯誤を重ねてきた。そこで明らかになったことが、少なくとも二つある。

　一つは、抗争と分断の克服が目標であるかぎり、単独主義ではなく多国間主義に依拠し続けるほかない、ということである。この主義に立脚した国際社会の再編は、20 世紀このかた、急速に進んだ。世界全体としても国連システムを軸に悪戦苦闘の努力が続いているし、地域的機構を軸とした試みならばさらに前に進んでいる。とくに後者を見た場合、そうして再編され「統合」された

国々の平和的関係というものは、なお種々の限界をかかえるとはいえ、やはり大きな成果なのだと言わねばならない。法の支配を達成するということは、まずは多国間主義を基本原理として受け入れるところから始めるということでもあるのだ。

　もう一つは、国家間の抗争と分断を克服することが課題なのだとしても、それを担うのが国家である必然性は必ずしもないし、現実にも次第にそうではなくなりつつある、ということである。国家間の問題を解決するのが市民社会の組織であっても、極端だが一人の個人であっても差し支えはない。その意味において、本書では多国間主義論に端を発し、さらにマルティラテラリズム論へと歩を進めた。究極的にマルティラテラリズムは、市民社会の組織を含む多種多様な国際アクターの組織原理である。それにどういう名辞を与えるにせよ、単なる国際法学でもなく単なる国際政治学でもない国際機構論は、その動かしがたい現実を的確にとらえ続ける責務を負っている。

　国際機構論の原点にあった政府間国際機構は、おそらく国家中心主義の時代の過渡的な形態であり現象だった。それに対しマルティラテラリズムは、未完の漸進的な原理である。その原理のもとで抗争と分断とがどれほど克服されつつあるか、あるいは逆に克服が阻害されているかを認識し、真に克服を達成するための(地域ごとあるいは世界大の)適切な処方を発見すること――それが国際機構論の根本課題である。この課題は、近代国際機構が誕生した当時から現在に至るまで、本質的には何も変わっていない。

# 主要参照文献

(本文中に引用・言及した文献のみにとどめた。)

Alvarez, José 1996: "Judging the Security Council", *American Journal of International Law*, vol. 90, no. 1

Andrén, Nils 1984: "Nordic Integration and Cooperation—Illusion and Reality", *Cooperation and Conflict*, vol. 19, no. 4

Armstrong, David et al. 1982: *International Organisation in World Politics*, Palgrave Macmillan [Third edition, 2004]

Barkin, J. Samuel 2006: *International Organization: Theories and Institutions*, Palgrave Macmillan [Second edition, 2013]

Beckles, Hilary McD. 2013: *Britain's Black Debt: Reparations for Caribbean Slavery and Native Genocide*, Univ. of the West Indies Press

Bederman, David 2007: "Foreign Office International Legal History", in Craven M., et al. (eds.), *Time, History and International Law*, Martinus Nujhoff

Beeson, Mark 2009: *Institutions of the Asia-Pacific: ASEAN, APEC and beyond*, Routledge

Bennett, Leroy 1991: *International Organizations: Principles and Issues*, Fifth edition, Prentice Hall

Bourquin, Maurice (éd.) 1936: *La sécurité collective*, Institut International de Coopération Intellectuelle, Société des Nations

Boutros-Ghali, Boutros 1992: *An Agenda for Peace: Preventive Diplomacy, peacemaking and peace-keeping* (Report of the Secretary-General pursuant to the statement adopted by the Summit Meeting of the Security Council on 31 January 1992)

Bowett, D. W. 1964: *The Law of International Institutions*, First edition, Stevens

Bowett, D. W. 1982: *The Law of International Institutions*, Fourth edition, Stevens

Braveboy-Wagner, Jacquline Anne 2009: *Institutions of the Global South*, Routledge

Brucan, Silviu 1978: *The Dialectic of World Politics*, The Free Press

Carr, E. H. 1939: *The Twenty Years' Crisis*, Macmillan and Co.

Charnovitz, Steve 1997: "Two Centuries of Participation: NGOs and International Governance", *Michigan Journal of International Law*, vol. 18, no. 2

Charnovitz, Steve 2006: "Nongovernmental Organizations and International Law", *American Journal of International Law*, vol. 100, no. 2

Cini, Michelle 2003: *European Union Politics*, Oxford U. P.

Clark, Grenville and Sohn, Louis B., 1958: *World Peace through World Law*, Second revised edition (1960), Harvard U. P.

Claude Jr., Inis 1956: *Swords into Plowshares: The Problems and Progress of International Organization*, First edition, Random House

Claude Jr., Inis 1971: *Swords into Plowshares: The Problems and Progress of International Organization*, Fourth editon, Random House

Commission on Global Governance 1995: *Our Global Neighbourhood: Report of the Commission on Global Governance*, Oxford U. P.

Committee to Frame a World Constitution 1948: *Preliminary draft of a world constitution*, in Borgese, Giuseppe Antonio 1953, *Foundations of the world republic*, Univ. of Chicago Press

Cox, Robert W. (ed.) 1973: *The Anatomy of Influence: Decision Making in International Organization*, Yale U. P.

Cremona, Marise et al. 2015: *ASEAN'S External Agreements: Law, Practice and the Quest for Collective Action*, Cambridge U. P.

DeMars, William E. and Dijkzeul, Dennis (eds.) 2015: *The NGO Challenge for International Relations Theory*, Routledge

Deutsch, Karl et al. 1966: "Political Community and the North Atlantic Area", in *International Political Communities: An Anthology*, Anchor Books

Dobson, Hugo, 2007: *The Group of 7/8*, Routledge（所収：Weiss, Thomas and Wilkinson, Rorden: "Foreword"）

Dulitzky, Ariel 2011: "The Inter-American Human Rights System Fifty Years Later: Time for Changes", *2011 Quebec Journal of International Law*, Special Edition

Duroselle, Jean-Baptiste 1990: *Europe: A History of its Peoples*, Viking

Egerton, George W., 1983: "Great Britain and the League of Nations: collective security as myth and security", in United Nations Library, *The League of Nations in Retrospect* (Proceedings of a Symposium), Walter de Gruyter

European Court of Human Rights 2014: Factsheet—Pilot Judgments (http://www.echr.coe.int/Documents/FS_Pilot_judgments_ENG.pdf)

Feld, Werner and Jordan, Robert 1988: *International Organizations: A Comparative Approach*, Second edition, Praeger

Finnemore, Martha and Barnett, Michael 2004: *Rules for the World: International Organizaitions in Global Politics*, Cornell U. P.［第7章の引用は1996年文献から。第8章における言及は主として下記1998年論文に拠っているが、必要に応じて他の文献の記述も要約紹介している］

Finnemore, Martha and Sikkink, Kathryn 1998: "International Norm Dynamics and Political Change", *International Organization*, vol. 52, no. 4, pp. 887–917

Finnemore, Martha 1996: *National Interests in International Society*, Cornell U. P.

Finnemore, Martha 2001: "Taking Stock: The Constructivist Research Program in International Relations and Comparative Politics", *Annual Review of Political Science*

Galbreath, David J. 2007: *The Organization for Security and Co-operation in Europe*, Routledge

Gaurier, Dominique 2014: *Histoire du droit international: De l'Antiquité à la creation de l'ONU*, P. U. de Rennes

Gautron, Jean-Claude 1977: "Le fait régional dans la société international", Société française pour le droit international, *Colloque de Bordeaux: Régionalisme et universalisme dans le droit international contemporain*

Gerbet, Pierre 1981: "Rise and development of international organization: a synthesis", Abi-Saab, Georges (ed.), *The concept of international organization*, UNESCO
Gonslaves, Ralph E. 2014: *The Case for Caribbean Reparatory Justice*, Strategy Forum
Grewe, Wilhelm G. 2000: *The Epochs of International Law*, Walter de Gruyter [original: 1911]
Haas, Ernst 1958: *The Uniting of Europe*, Stanford U. P.
Haas, Ernst 1961: "International Integration; The European and the Universal Process", *International Organization*, vol. 15, no. 3
Haas, Ernst 1964: *Beyond the Nation-State: Functionalism and International Organization*, Stanford U. P.
Haas, Ernst 1970: "The Joy and Anguishes of Pretheorizing", *International Organization*, vol. 24, no. 4
Hall, Rodney Bruce 2014: *Reducing Armed Violence with NGO Governance*, Routledge
Hammarskjöld, Dag 1961: *Servant of Peace: A Selection of His Speeches and Statements* (ed. by Wilder Foote), Harper & Row
Herz, Mônica 2011: *The Organization of American States*, Routledge
Hudson, Manley et al. 1944: *The International Law of the Future: Postulates, Principles and Proposals*, American Bar Association Journal
Hurd, Ian 2011: *International Organizations: Politics, Law, Practice*, Cambridge U. P.
Hurst, Michael 1972: *Key Treaties for the Great Powers 1814-1914*, vol. 1 (1814-1870), vol. 2 (1871-1914), David & Charles
Jacobson, Harold 1979: *Networks of Interdependence: International Organizations and the Global Political System*, Alfred A. Knopf [Second edition, 1984]
Karns, Margaret P. and Mingst, Karen A. 2004: *International Organizations: The Politics and Processes of Global Governance*, Lynne Rienner
Krasner, Stephen (ed.) 1982: *International Regimes*, (Special Issue of *International Organization*, vol. 36, no. 2)
Ku, Charlotte, and Diehl, Paul (eds.) 2009: *International Law: Classic and Contemporary Readings*, Third edition, Lynne Rienner
Lindeiner-Wildau, Klaus von 1970: *La supranationalité en tant que principe de droit*, A. W. Sijthoff
Mangone, Gerard 1954: *A Short History of International Organization*, McGraw-Hill
Max Planck Institut (on-line): "Andean Community of Nations", Max Planck Encyclopedia of Public International Law (Oxford Public International Law), http://opil.ouplaw.com/view/10.1093/law:epil/9780199231690/law-9780199231690-e582
Mearsheimer, John 1994/95: "The False Promise of International Institutions", *International Security*, vol. 19, issue 3, pp. 5-49
Meyer, Cord 1947: *Peace or Anarchy*, Little Brown
Mitrany, David 1943, *A Working Peace System*, in Brent F. Nelsen and Alexander C-G. Stubb (eds.), 1994, *The European Union: Readings on the Theory and Practice of European Integration*, Lynne Rienner

Mitrany, David 1943: *A Working Peace System* ［本文での記述は 1966 年の復刻版（Chicago: Quadrangle Books）を底本にしている。このほか、Mitrany 1975 および、Nelsen and Stubb 1994: Chap. 11 も適宜参照した。また、理論の要約に関しては、Taylor and Groom 1978 所収 Taylor 論文にも多くを負っている］

Mitrany, David 1975: *The Functional Theory of Politics*, Martin Robertson & Co.

Morgenthau, Hans 1971: *Politics among Nations*, Fourth edition, Fifth print., Alfred A. Knopf

Neff, Stephen 2014: *Justice among Nations: A History of International Law*, Harvard U. P.

Nelsen, Brent and Stubb, Alexander C-G. 1994: *The European Union: Readings on the Theory and Practice of European Integration*, Lynne Rienner, Chap. 11

Newman, Edward 2007: *A Crisis of Global Institutions?: Multilateralism and International Security*, Routledge

Nielsson, Gunnar 1978: "The Parallel National Action Process: Scandinavian Experiences", in Taylor, Paul and Groom, A. J. R. (eds.), *International Organization: A Conceptual Approach*, Frances Pinter

Northedge, F. S. 1988: *The League of Nations: its life and times 1920-1946*, Leicester U. P.

Nye, Joseph 1970: "Comparing Common Markets: A Revised Neo-Functionalist Model", *International Organization*, vol. 24, no. 4

Panisset, Ulysses B. 2000: *International Health Secretariat: Foreign Policy and Public Health in Peru's Cholera Epidemic*, U. P. of America

Pease, Kelly-Kate S. 2000: *International Organizations: Perspectives on Governance in the Twenty-First Century*, Pearson Prentice Hall ［Third edition, 2008］

Peters, Anne 2009 ①: "Membership in the Global Constitutional Community", in Klabbers, J. et al. (eds.), *The Constitutionalization of International Law*, Oxford U. P.

Peters, Anne 2009 ②: "Humanity as the *A* and *Ω* of Sovereignty", *European Journal of International Law*, vol. 20, no. 3

Reinalda, Bob 2009: *Routledge History of International Organizations: From 1815 to the Present Day*, Routledge

Reinsch, Paul 1911: *Public International Unions*, Athenæum Press

Reuter, Paul 1955: *Institutions internationals*, 1re éd., PUF

Reves, Emery 1945: *The Anatomy of Peace*, Harper & Brothers

Rittberger, Volker et al. 2006: *International Organization*, Palgrave Macmillan ［Second edition, 2012］

Roberts, Adam and Kingsbury, Benedict 1988: *United Nations, Divided World*, Clarendon Press ［1993 年刊行の第 2 版では本文で引用した語が抹消されている］

Rosenau, James N. 1992: "Governance, order, and change in world politics", in Rosenau et al., (eds.), *Governance without government: order and change in world politics*, Cambridge U. P., Chap. 1

Ruggie, John G. 1972: "Collective Goods and Future International Collaboration", *American Political Science Review*, vol. 66, no. 3

Russell, Ruth B. 1958: *A History of The United Nations Charter: The Role of the United*

States 1940-1945, The Brookings Institution
Schermers, Henry G. 1972: *International Institutional Law*, First edition, A. W. Sijthoff
Seyersted, Finn 1966: *United Nations Forces: In the Laws of Peace and War*, A. W. Sijthoff
Shelton, Dinah 1999: *Remedies in International Human Rights Law*, Oxford U. P.
Streit, Clarence 1941: *Union Now: The Proposal for Inter-democracy Federal Union*, Harper & Brothers
Sundelius, Bengt and Wiklund, Claes 1979: "The Nordic Community: The Ugly Duckling of Regional Cooperation", *Journal of Common Market Studies*, vol. XVIII, no. 1
Taylor, Ian and Smith, Karen 2007: *United Nations Conference on Trade and Development (UNCTAD)*, Routledge
Taylor, Paul 1978: "Functionalism: The Theory of David Mitrany" in Taylor and Groom (eds.), *International Organization: A Conceptual Approach*, Frances Pinter
Taylor, Paul 1990: "Consociationalism and federalism as approaches to international integration", in Groom and Taylor (eds.), *Frameworks for International Co-operation*, Frances Pinter
UNCTAD 2006: *Handbook of Statistics 2006*
Union of International Associations 2014: *Yearbook of International Organizations 2014-2015*
Urquhart, Brian 1987: *A Life in Peace and War*, Harper & Row
Vreeland, James R. 2007: *The International Monetary Fund: Politics of conditional lending*, Routledge
Walters, F. P. 1952: *A History of the League of Nations*, 2 vols., Oxford U. P.
Walters, F. P. 1952: *A History of the League of Nations*, Oxford U. P.
Waltz, Kenneth 1986: "Political Structures" in R. Keohane (ed.), *Neorealism and Its Critics*, Columbia U. P.
Zorgbibe, Charles 1986: *Les organisations internationals*, P. U. de France

鴨武彦・山本吉宣(編)1979:『相互依存の国際政治学』有信堂
高野雄一 1957:『新版 國際法概論』(上下)弘文堂
高野雄一 1961:『国際組織法』(初版)有斐閣
パーキンソン、F. 1991:『国際関係の思想』(初瀬・松尾訳)岩波書店
横田喜三郎 1947:『國際聯合の研究』銀座出版社

最上敏樹 1987:『ユネスコの危機と世界秩序──非暴力革命としての国際機構』東研出版
最上敏樹 1994:「思想としての国際機構」山之内靖ほか編『岩波講座 社会科学の方法 XI』岩波書店
最上敏樹 1995①:『国連システムを超えて』岩波書店
最上敏樹 1995②:「国際機構と民主主義」坂本義和編『世界政治の構造変動 2』岩波書店
最上敏樹 1995③:「国連の《二〇〇年》──国際立憲主義についての覚え書き」『法律時報』67巻6号
最上敏樹 2001:『人道的介入──正義の武力行使はあるか』岩波新書

最上敏樹 2005:『国連とアメリカ』岩波新書
最上敏樹 2009:「非国家主体と国際法——法秩序原理の転換に関する試論」『国際法外交雑誌』第108巻第2号
最上敏樹 2012①:「普遍的公権力と普遍的法秩序——国連安全保障理事会の決議および行動に対する司法審査について」松田竹男ほか編『現代国際法の思想と構造II』東信堂
最上敏樹 2012②: "Towards Jus Contra Oligarchiam: A Note on Critical Constitutionalism", *Japanese Yearbook of International Law*, vol. 55
最上敏樹 2013:「国際立憲主義の新たな地平——ヒエラルキー、ヘテラルキー、脱ヨーロッパ化」『法律時報』85巻11号
最上敏樹 2014:「国際立憲主義批判と批判的国際立憲主義」『世界法年報』第33号

# 文献案内——更なる学習のために

(すぐれた著作は他にも多く、できるだけ掲載したいと考えたが、紙幅の都合で最小限にとどめざるを得なかったことをおことわりしておきたい。)

### 序章・第1章

Kenneth W. Abbott (ed.), *The Law and Politics of International Organizations*, vols. I-II, Edward Elgar, 2015

Madeleine Herren (ed.), *Networking the International System: Global Histories of International Organizations*, Springer, 2014 [第3章に最上執筆章]

Jan Klabbers and Åsa Wallendahl (eds.), *Research Handbook on the Law of international Organizations*, Edward Elgar, 2011

Judith L. Goldstein and Richard H. Steinberg (eds.), *International Institutions*, vols. I-IV (Sage library of International Relations), Sage, 2010

Onuma Yasuaki, *A Transcivilizational Perspective on International Law*, Martinus Nijhoff, 2010

Yoshikazu Sakamoto (ed.), *Global Transformation: Challenges to the State System*, UNU Press, 1994 [第15章に最上執筆章]

Richard A. Falk et al. (eds.), *The Constitutional Foundations of World Peace*, SUNY Press, 1993 [第7章に最上執筆章]

中村道『国際機構法の研究』東信堂、2009年

### 第2章

Sam Daws and Paul Taylor (eds.), *The United Nations*, vols. I-II, Ashgate, 2010

Thomas G. Weiss and Sam Daws (eds.), *The Oxford Handbook on the United Nations*, Oxford U. P., 2007

M. J. Peterson, *The UN General Assembly*, Routledge, 2006

Edward C. Luck, *UN Security Council*, Routledge, 2006

藤田久一『国連法』東京大学出版会、1998

松井芳郎『湾岸戦争と国際連合』日本評論社、1993

コフィ・アナン、ネイダー・ムザヴィザドゥ『介入のとき コフィ・アナン回顧録(上・下)』白戸純訳、岩波書店、2016

明石康『国際連合 軌跡と展望』岩波新書、2006

吾郷眞一『国際経済社会法』三省堂、2005

佐藤哲夫『国連安全保障理事会と憲章第7章』有斐閣、2015

### 第3章

Joachim Müller (ed.), *Reforming the United Nations: New Initiatives and Past Efforts*, vols. I-IV, Kluwer Law International, 1997

Joachim Müller (ed.), *The Reform of the United Nations*, vols. I-II, Oceana Publications,

1992

Nicholas Tsagourias and Nigel D. White, *Collective Security: Theory, Law and Practice*, Cambridge U. P., 2013

Antonios Tzanakopoulos, *Disobeying the Security Council: Countermeasures against Wrongful Sanctions*, Oxford U. P., 2011

Erika de Wet, *The Chapter VII Powers of the United Nations Security Council*, Hart Publishing, 2004

### 第4章

Paul Craig and Gráinne de Búrca, *EU Law: Text, Cases and Materials*, Sixth edition, Oxford U. P., 2015

Martyn Bond, *The Council of Europe: Structure, history and issues in European politics*, Routledge, 2012

Claive Archer, *The European Union*, Routledge, 2008

Samuel M. Makinda and F. Wafula Okumu, *The African Union: Challenges of globalization, security, and governance*, Routledge, 2008

庄司克宏『新EU法』基礎篇、岩波書店、2013、政策篇、同、2014

### 第5章〜第8章

単行本では特に追加すべきものがなく雑誌論文になる。この個所に関しては本文中に言及の概説書・教科書を参照されたい。NGO関係の目立った書籍のみ以下に追加する。

Peter Willets, *Non-Governmental Organizations in World Politics*, Routledge, 2011

Anne Peters et. al. (eds.), *Non-State Actors as Standard Setters*, Cambridge U. P., 2009

Anna-Karin Lindblom, *Non-Governmental Organizations in International Law*, Cambridge U. P., 2005

Rafâa Ben Achour et Slim Laghmani (éds), *Acteurs non étatiques et droit international*, A. Pédone, 2007

Ansgar Klein und Silke Roth (Hrsg.), *NGOs im Spannungsfeld von Krisenprävention und Sicherheitpolitik*, VS Verlag für Sozialwissenschaften, 2007

## あとがき

　本書の原型は1996年に東京大学出版会から刊行された『国際機構論』である。その後、2006年に同書第2版を上梓した。2010年には第2版第2刷刊行の際に、発効したばかりのEU・リスボン条約による大変化を反映すべく、かなりの加筆修正をしたので、それが改訂第3版に近いものになっていた。
　多くの方に読んでいただき、教科書として使っていただいた同書を、いくつかの点で刷新したいと願い、大幅に加筆修正の上、書名も『国際機構論講義』と一新し、こうして岩波書店から刊行していただくことになった。
　ただ、一新と言っても、旧著が読者に大事にしていただいた本であったため、全面的に書き換えるのではなく、土台や軸になる大切な部分はできるだけ残すことにし、旧著との連続性は保ってある。保存した部分につき、旧著の執筆内容を再録することを快諾してくださった東京大学出版会に心から感謝したい。
　旧著の利点を保存すると同時に、初版刊行から20年を経て出版されるものであるため、この間の事実的な変化の反映は徹底的に行なったことに加え、学問的な関心の変遷もあるのでそれを十分に反映させた。また、21世紀に入って国際機構世界が多くの点で不透明になってきたことを受け、そのための再認識作業もできるだけ書き加えることにした。この時代に概説書として後世も読むに耐えるものにしたいと願って全力を尽くしたが、著者の力不足でなお不十分な点も多々残るかもしれない。そういう個所については読者諸氏の寛容に恃み、ご指摘をお願いしたい。
　20年を経て、問題状況が大きく変化した面もある一方、いつまでも変わらない面もある。理論的にも、根本的な知の組み替えをし、パラダイムを変えるべきだと確信できる面もあれば、いつまでも不変で研究者の忍耐力を試しているかのような問題もある。その中で変わらなかったのは、国際機構論という学問分野が、社会科学として多くの可能性をはらみ、多くの未開拓分野も持つ、本当に興味深い分野だという著者の確信である。かくも興味深い分野なのに、専攻する研究者だけはあまり増えなかった。多くの学生が興味を示してくれた

本書が、研究者を増やすことにささやかにでも貢献できることを心中ひそかに祈っている。また、著者の限られた能力を補うかのように、本書を豊かに育ててくれた、前任校・国際基督教大学および現任校・早稲田大学の受講学生諸君に心からの謝意を表したい。

本書の編集および刊行については、岩波書店編集部・小田野耕明氏の全面的なご助力を得た。困難な条件だらけのこうした出版のために、いつもと同様に、書き手の考えを重んじ、誠実で精確無比なお仕事をして下さった同氏に対しては、心からの敬意とともに、言葉に尽くせぬ感謝を覚えるものである。重ねてお礼申し上げたい。

本書を一昨年他界された恩師、故・坂本義和先生に捧げる。旧著の頃からこの本を大事にして下さり、奥深いコメントを数知れず与えて下さった。亡き先生にあらためて感謝の念を深くしている。

 2016 年 11 月

最 上 敏 樹

# 索　引

## ア 行

アヴェノル、ジョゼフ　54
アクター(行為体)　274, 277, 306-308, 316, 317, 320, 321, 323, 324
アークハート、ブライアン　98
アジアインフラ投資銀行(AIIB)　158, 228
アジア太平洋経済協力(APEC)　158
アスキス、ハーバート・ヘンリー　46
アセアン(ASEAN)→　東南アジア諸国連合
ASEAN 人権宣言　222
ASEAN 政府間人権委員会(AICHR)　222
アナン、コフィー　79, 143, 144
アフガニスタン戦争　95
アフリカ司法人権裁判所　226
アフリカ人権裁判所　226
アフリカ統一機構(OAU)　154, 157, 243
アフリカ連合(AU)　154, 223, 225-226, 243
アムステルダム条約　165, 167
アムネスティ・インターナショナル　4, 5, 238, 250, 264, 277
アラブ連盟　163
アルヘシラス会議　27
アンデス共同市場(ANCOM)　219
アンデス共同体(CAN)　219, 246, 248
アンフィクチオニア会議　20
安保理→　国連安全保障理事会
安保理改組　145-148
安保理中心的な国連　72, 73, 94, 105, 106, 110
育成論→　国連育成論
一国一票制　69, 103, 278, 279
一国行動主義→　単独主義
委任統治制度　60
イラク戦争　286
イラン・イラク戦争　78
ウイルソン、ウッドロウ　25, 44, 48, 49, 65
ウィーン会議　20, 22, 26, 33, 34
ウエストファリア(講和)会議　19, 22, 44
ウエストファリア・システム(モデル)　11, 230-232, 279, 280
ヴェトナム戦争　78, 79
ヴェルサイユ講和条約　47
ヴェルサイユ体制　49
ウォルターズ、F. P.　310
ウォルツ、ケネス　324
ウ・タント　78, 79
エクス・ラ・シャペル会議　26,
エチオピア侵略(イタリア)　59, 64
NGO　2-5, 33-35, 45, 48, 76, 117, 150, 153, 237-239, 249, 250, 277, 290
　AUと——　226
　CoEと——　204
　人権——　273
　北欧共同体と——　210, 211, 212
エリオ、エドゥアール　329
エリート型・選民型の機関　28, 31, 40, 41, 72, 92, 149, 256, 314
欧州安保協力機構(OSCE)　4, 157, 265
欧州共同体(EC)　47, 167, 329
欧州経済共同体(EEC)　157, 167, 218
欧州経済協力機構(OEEC)→　ヨーロッパ経済協力機構
欧州原子力共同体(EURATOM)　167
欧州憲法条約　194
欧州市民権(欧州連合市民権)　193
欧州社会権委員会　204
欧州社会憲章　203
欧州自由貿易地域(EFTA)　215
欧州人権委員会　198-201
欧州人権裁判所　198-201
欧州人権条約　198, 203-205
欧州石炭鉄鋼共同体(ECSC)　47, 166, 167, 195, 218
欧州評議会(CoE)　157, 161, 195-206
　——閣僚委員会　196, 199, 201
　——議員総会　196
　——人権弁務官　204
欧州連合(EU)　1, 4, 26, 164-195
　——一般裁判所　179, 181
　——運営条約　165
　——欧州委員会　170, 174-176, 190, 277
　——欧州議会　170-172, 176-179, 180, 190,

　　　　193
　──欧州理事会　170-172, 175
　──基本権憲章　193
　──共通外交安全保障政策(CFSP)　167,
　　171
　──共同決定手続き　178
　──刑事分野での警察および司法協力
　　(PJCCM)　168
　──私人の出訴権　180, 181
　──司法裁判所　179-182, 292
　──司法と内務領域における協力　167
　──常駐代表委員会(COREPER)　186
　──先決裁定(中間判決)　181
　──第一審裁判所　181, 292
　──通常立法手続き　177, 178
　──法(共同体法)　182-184
　──理事会　172-174
欧州連合条約→　マーストリヒト条約
オブザーバー　226
オランダ自治州連合　20

　　　　カ 行

カー、E. H.　320
開発　102, 106, 115, 118, 132, 133, 144, 145
開発援助委員会(DAC)　158
『開発への課題』　144
ガヴァナンス(統治、非権力的統治、機能的統
　治)　266, 275, 325, 326
核拡散防止条約(NPT)　241, 263, 270
核戦争防止国際医師の会(IPPNW)　277
加重主権制　28, 92, 149, 282
加重票制(表決制)　11, 20, 71, 174, 280, 281
カセバウム修正　136
勝ち組率　287, 288
カーディ事件　292, 293
加盟　52
加盟国限定的国際機構　153
カリブ共同体(CARICOM)　154, 157, 218,
　245, 248
カリブ自由貿易地域(CARIFTA)　218
環境　119
勧告(非拘束的意思決定)　277, 278
勧告的意見　55, 85, 303
関税同盟　246
カント、イマニュエル　24, 25, 48, 49, 148
機関融合条約　167

機構構想　53, 72, 73, 109, 149
気候変動に関する国連枠組み条約　235
基準設定　102, 104, 266
規則実施(適用)監視　269-271
北大西洋条約機構(NATO)　113, 154, 157,
　218, 242
機能主義　44, 45, 330-334
　──機能　331
　──国家の廃棄　331, 332
　──跳躍　338, 339
　──ニーズの充足　331, 332
　──網絡過程　333, 334
機能的な統治　319
機能的配分　255
機能的連邦主義　336
規範起業家　340
規範構想的な国連　105, 106
規範創設　267-269
規範の秩序　339, 340
規範の統治　106, 107, 266
規約人権委員会　204, 205
客観的共通利益　234, 236, 238, 239
《究極一歩手前の》国際機構　67, 115
旧ユーゴ国際刑事法廷(ICTY)　272
凝集的安全保障共同体　163
強制管轄権　54, 84, 180
強制行動　69, 85, 86, 90, 94, 99, 101, 110
矯正論→　国連矯正論
共通利益　41, 156, 230, 231, 234, 325
拒否権　11, 59, 61, 69, 70, 87, 92, 95, 140, 281,
　286
ギリシャ・ブルガリア国境紛争　99
キングズベリー、ベネディクト　109
近代　43
クーデンホーフ＝カレルギ　329
蜘蛛の巣状統合　216
クラーク・ソーン提案　131, 328
クラズナー、スティーヴン　323
クリュセ、エメリック　24
グレナダ侵攻　96
クロード、イニス　30, 43, 62, 87, 253, 257,
　301
グローバル・ガヴァナンス論　324-327
軍事的制裁　57, 58
軍事同盟　154-156, 160
経済協力開発機構(OECD)　153, 157, 158

索　引 —— 355

経済国連／経済安保理　133
経済財政機関　54, 60
経済相互援助会議(CMEA／COMECON)　157, 218, 242
経済統合　219, 221, 233, 246
刑事分野での警察および司法協力(PJCCM)　168
「形態は機能によって決まる」　332
現業活動　237
現業的機能　274-276
現業的統治　106, 107
厳密な超国家性　194
権力行使の客観性　149
権力制御の思想　143
権力創造の思想　142
権力的な国際政府　319
構造的人権侵害　203, 225
構築主義　305, 339-340
交通通過機関　54, 60
高等保健機関　39
国際エネルギー機関(IEA)　158
国際海事機関(IMO)　254, 255
国際河川委員会　36, 37, 41, 45
国際機構現象　15, 21, 24, 161, 228, 298, 301, 302, 305, 307, 309, 314, 315
国際機構の法主体性　302
国際機構の立法権　267
国際機構への傾斜　232, 233
国際行政連合　22, 38-41, 45, 240
国際刑事裁判所(ICC)　273, 277
国際決済銀行(BIS)　264
国際原子力機関(IAEA)　241, 270, 271
国際公衆保健機関　38, 39
国際公務員　36, 37, 53
国際司法裁判所(ICJ)　55, 84, 85, 303
国際社会の組織化　23, 30, 41, 241, 302, 328
国際人道法　2, 34, 272
国際性(国連憲章第100条)　76, 83, 175, 257
国際政府　318, 319
国際セーブ・ザ・チルドレン　238, 275
国際通貨基金(IMF)　68, 144, 237, 255, 279
国際的治安維持　88, 142, 237, 240-242
国際電気通信連合(ITU)　135, 240, 254
国際電信連合(ITU)　38
国際統合理論　327
国際農業開発基金(IFAD)　280

国際復興開発銀行(IBRD)→　世界銀行
国際民間航空機関(ICAO)　240, 268
国際民主主義(国際関係の民主化)　44, 63, 65, 88, 143
国際立憲主義　9-13, 44, 149, 293
国際連合(国連)　1, 3, 26, 67-121
——安全保障理事会(安保理)　9, 69, 75-79, 91-95, 110, 115, 116, 202, 242, 255, 256, 259, 268, 269, 272, 318, 319
——安保理の「決定」　281, 282
——育成論　131-133
——改革の機能面　124-127
——改革の制度面　124-127
——開発・国際経済協力事務局長　132
——矯正論　134-137
——軍事参謀委員会　94
——計画・調整委員会(CPC)　138
——経済社会理事会(ECOSOC)　61, 83, 84
——事務局　75-83
——事務局改革　137, 138
——事務総長　75-83
——事務総長の勧告権限　82
——職員規則　83
——人権理事会　5, 264
——信託統治理事会　84, 270
——総会　92, 101-108, 256
——総会決議　102, 267, 270, 287, 327
——中心主義　7-9,
——における革命と反革命　139
——の危機　104, 134
——の再生　110, 139
——の民衆化　150
——の民主化　110, 150
国際連盟(連盟)　26, 47-65, 68, 93, 310
——事務局　53, 54
——事務総長　53
——総会　50-53
——理事会　50-53, 93
——理事会の紛争審査　52, 57, 58
国際連盟協会　48
国際労働機関(ILO)　60, 68, 135, 136, 267, 268, 270
国民国家　20, 22, 24, 42, 65, 189, 230
国民国家体系(主権的国民国家体系)　2, 6, 23, 25, 39, 42, 43, 65, 119, 230, 315

国連開発計画(UNDP)　106, 118, 132, 275
国連海洋法会議／海洋法条約　235
国連環境開発会議(リオ・サミット)　235
国連環境計画(UNEP)　106, 232, 265
国連教育科学文化機関(ユネスコ)　135, 136, 254, 265
国連緊急軍(第一次、UNEF・I)　101
国連軍　94
国連憲章　3, 69, 91
国連憲章および機構の役割強化に関する特別委員会　131
国連工業開発機関(UNIDO)　254
国連システム　83
国連システムの構造に関する専門家委員会(25人委員会)　132
国連児童基金(ユニセフ)　106, 275
国連食糧農業機関(FAO)　68, 135, 265
国連専門機関　83, 106, 107, 254
国連ソマリア活動(第二次、UNOSOM・II)　100
国連対テロリズム委員会(CTC)　114
国連停戦監視機構(UNTSO)　98
国連ナミビア独立移行支援グループ(UNTAG)　97
国連難民高等弁務官事務所(UNHCR)　25, 106, 265, 275
国連人間環境会議　235
国連の行財政の効率を再検討するための政府間上級専門家グループ(18人委員会)　137
国連分担金　136, 138, 283
国連貿易開発会議(UNCTAD)　83, 103, 247, 257, 258
国連防災戦略事務局(UNISDR)　265
国連保護軍(UNPROFOR)　100
国連予防展開(UNPREDEP)　100
国家主権　6, 11, 23, 184, 244, 328, 329, 336
国家中心主義　5, 284, 320, 342
国家的機関　185, 254
国家連合説　251, 252
国境なき医師団　4, 264
個別主義的安全保障　86-89
コメコン(COMECON)→経済相互援助会議
コンセンサス方式　231, 279, 282-284
コンソシエーショナリズム(主権協調主義)　186

## サ 行

ザール国際軍　100
産業革命　35, 42
サン=ピエール、アッベ・ドゥ　24
サンフランシスコ会議(1945年)　70, 71-75
自衛原則　98,
ジェイコブソン、ハロルド　263, 301
ジェノサイド　111, 225, 245, 272
シェンゲン協定　165
資源の共通化　46, 47
G7／G8　259-261
自然状態　142, 143
自発的拠出金　232
司法機能　271-274
司法的統合　182
市民社会との連携　150
市民的および政治的権利に関する国際規約　204
事務局的機関　29, 257, 258
シャインゴールド、スチュアート　335
弱者連帯型国際機構　157, 243-249
ジャクソン報告　132
上海協力機構(SCO)　158, 228, 243
集権化(集権性)　58, 65, 116, 142, 143, 276, 302, 334
　機能的――　334
　権力的――　334
集権化する者／集権化される者　148
集団安全保障　7, 48, 56, 57, 61-65, 86, 90, 155
集団的自衛権　155, 218
集団不服申し立て手続き　204
自由貿易地域(無関税地域)　246
主権委譲(放棄)／主権制限　184, 187, 188, 191, 216, 275, 282, 334, 338
主権国家　2
主権の融合　46, 336, 338
主権平等　11, 28, 29, 31, 52, 65
主権平等主義型の機関　41, 92, 256
ジュネーヴ軍縮会議　231
ジュネーヴ条約　34
シューマン、ロベール　195
小火器規制国際行動ネットワーク(IANSA)　275
消極的統合　336
消極的平和　105, 106, 108

索　引 —— 357

少数決制　282, 284
常設国際司法裁判所(PCIJ)　54, 63, 84
常設性　32, 54, 63
常設仲裁裁判所　33, 64
常設的国際会議　33
常任理事国
　国連安保理——　69, 70, 87, 92, 93, 145, 156
　連盟理事会——　50, 93
情報機能　264, 265
植民地独立付与宣言　84, 102, 264, 266, 270
　——履行監視特別委員会　84, 264, 270
女性の権利促進のための国連機関(UN Women)　106
除名　52
地雷禁止国際キャンペーン(ICBL)　238, 340
自律性　25, 27, 39, 233, 302
新機能主義　335-339
　——自動的政治化　336, 337
　——中心機関　336
人権保障　2, 162, 223-226
人権保障共同体　198-201
新国際経済秩序(NIEO)　132, 248, 266
人道援助　2, 115, 319
人道的介入　107, 275
侵略／平和の破壊／平和に対する脅威　90, 91, 105
スイス州連合　20
スエズ動乱　98
スカンディナヴィア主義　211
ズットナー、ベルタ・フォン　35
ストレイト、クラーレンス　328
西欧同盟(WEU)　218
政治化
　国連システムの——　135-137
政治学的アプローチ　306-309
政治的任命　257
政治統合　163, 211, 335
正戦論　23
正統化／非正統化　264
正統性　91
　NGOの——　155, 249
　欧州統合の——　191
　機構構想の——　73, 75, 108-111, 149
　第一世代／第二世代の——　108-111, 147
制度化された接触点　264
政府間国際機構(IGO)　1, 4, 6, 8, 14, 48, 153

——の中の非政府間的(NG)な部分　83, 235-238, 257
政府間主義　184, 336
生物の多様性に関する条約　235
セイヤーステッド、フィン　304
世界管理　26, 240-242
世界気象機関(WMO)　135, 254, 264
世界銀行　68, 144, 228, 237, 279
世界自然保護基金(WWF)　264
世界食糧計画(WFP)　106
世界人権宣言　102, 266
世界政府　91, 115
世界秩序　108, 116, 129
世界秩序基準　14
世界貿易機関(WTO)　284
世界保健機関(WHO)　135, 236, 240, 268
世界連邦　328, 329
赤十字国際委員会(ICRC)　34, 250, 275, 277
積極的統合　336
積極的平和　106, 108
セーフガード(IAEAの保障措置)　241, 271
全欧安保協力会議(CSCE)→　欧州安保協力機構(OSCE)
全会一致　281, 283
1921年の解釈決議　58
戦争最高理事会　46
戦争モラトリアム　57
選択条項　54
全米相互援助条約(リオ条約)　218
総会中心的な国連　102, 103
総会的機関　254-257
早期警報　265
相互依存コスト　233, 271
相互依存ベネフィット　234, 271
相互依存論　320-322
総合的国際機構　68, 223
ソフト・ロー　325, 327
ソ連代表権問題　69, 70

タ　行

大国不加罰原則　149
対テロ戦争　202, 242, 269
多国間主義→　マルチラテラリズム
多国籍企業　2, 250, 320
多国籍軍　110, 141
多数決制　20, 103, 185, 281

他組織対抗型国際機構　157
脱退　59, 117, 135, 136, 184, 233
単一欧州議定書(SEA)　171
単独主義(一国行動主義、ユニラテラリズム)
　　9, 40, 116, 149, 235, 290, 310
ダンバートン・オークス会議(提案)　68, 69,
　　71
地域主義　154, 159-164, 217
地域的国際機構　153-228
地域統合　163, 327
地域連邦　328, 329
チェコスロヴァキア問題　95
秩序構想　32, 109, 110, 128, 129
秩序構築　14, 32, 238, 239
チャーチル、ウィンストン　67
中央条約機構(CENTO)　218
中間委員会　131
中米共同市場(CACM)　157, 158, 218, 245
中米司法裁判所　54
中米統合システム(CAIS／SICA)　218
中立原則　98
超国家性　76, 77, 164, 290, 336
　　EUの──　165, 168, 175, 184-193, 194
　　上への──　188, 189
　　CoEの──　206
　　下への──　188, 189
　　新機能主義と──　336
　　──の逆説　188-191
　　──パラダイム　186
　　漠然とした──　190
朝鮮戦争　95
超暴力　99
通貨統合　337
テイラー、ポール　333
デクエヤル、ハビエル・ペレス　78, 79
デュナン、アンリ　34, 340
デュボワ、ピエール　24
テロリズム　13, 114, 118
ドイッチ、カール　163
同意原則　98
統治　16, 163-165, 186, 189, 336, 341
統治→　ガヴァナンス
東南アジア条約機構(SEATO)　218
東南アジア諸国連合(ASEAN)　158, 218,
　　221-223, 245, 248
東部南部アフリカ共同市場(COMESA)　219

特定多数決　173
トラテロルコ条約　248
ドラモンド、エリック　54

ナ　行

ナイ、ジョーゼフ　337
内在的権限　304
ナショナリズム　42
77カ国グループ(G77)　103
ナポレオン　42
南部アフリカ開発共同体(SADC)　219
南米南部共同市場(MERCOSUR／MERCO-
　　SUL)　219, 246, 248
二国間主義　116
西アフリカ諸国経済共同体(ECOWAS／
　　CEDEAO)　157, 219, 220, 245
ニース条約　167
人間開発　118
人間環境宣言　102, 235
人間の安全保障　106, 118, 150
ネオ・リアリズム　319, 320
ノルディック関税同盟　215
ノルディック経済同盟　215
ノルディック同盟　163
ノルディック・パスポート同盟　209
ノルディック防衛協力　215

ハ　行

パイロット判決　203
バウエット、デレク　33, 300
波及(効果)　336
ハーグ体制　30-33, 40, 44, 51
覇権糾合型国際機構　157, 242, 243
ハース、エルンスト　335, 337
ハッチンス、ロバート　328
ハドソン、マンレー　328
ハマーショルド、ダグ　77-79, 98, 290
パリ会議(1856年)　27, 28
パレスチナ問題　96
ハンガリー動乱　95
ハンキー、モーリス　46
潘基文　143, 144
バンコク条約(東南アジア非核兵器地帯条約)
　　248
万国郵便連合(UPU)　38, 254
ハンザ同盟　20, 21

索　引 —— 359

バンジュール憲章　225
反貧困世界行動委員会(GCAP)　275
パン・ヨーロッパ運動　329
ピアソン、レスター　98
PSI　261, 262
非軍事的制裁(経済制裁)　57, 58
非国家主体(NSA)　3, 118, 290
非国家的機関　175, 185, 254, 257
非常任理事国
　　国連安保理 ——　88, 255, 269, 282
　　連盟理事会 ——　50, 93
非侵略型武力紛争　89
ビスマルク、オットー　29
非政府間(国際)機構→　NGO
非対称的地域複合体　337
非超国家的統合　195
非同盟諸国／非同盟運動　103, 109, 110, 243, 289
人および人民の権利に関するアフリカ委員会　225
人および人民の権利に関するアフリカ憲章→　バンジュール憲章
人および人民の権利に関するアフリカ裁判所　226
ヒトラー、アドルフ　59, 61
非暴力　9, 98
ヒューマン・ライツ・ウォッチ　264
費用と便益の比較衡量　232
フィネモア、マーサ　305, 339, 340
フィヒテ、ヨハン・ゴットリープ　42
フォーラム　63, 263, 289
不戦共同体　189, 216
ブートロス=ガリ、ブートロス　82, 144
普遍的国際機構　31, 117, 153, 154, 252, 314
不偏不党性　54, 76, 83, 242, 253, 290
ブラヒミ報告　143, 144
フランス革命　42
ブリアン、アリスティッド　46, 56, 329, 335
ブリアン・プラン　329, 335
武力不行使原則　107
ブルカン、シルヴィウ　164
ブルカン、モーリス　56
ブルース委員会・報告　61, 133
ブレトン・ウッズ(機構)　68, 144
分権性　42, 58, 65, 159, 230, 315
紛争の平和的解決　54, 55, 64, 70, 79, 90

紛争の予防　265
分断性　42, 230, 315
文民型の国連　106
並行的国家行為(並行的国内立法)　207, 208
米州機構(OAS)　154, 158, 218, 220, 223-225
米州人権委員会　223
米州人権裁判所　223
米州人権条約　223, 224
平和／安全保障機能　87, 102, 112
平和維持活動　90, 96-101, 112-114, 131, 141, 143, 144, 161, 215, 225, 303
　　—— の多機能化　97, 112
平和維持活動特別委員会　131
平和強行連盟　47
平和強制(執行)部隊(活動)　82, 100, 101, 112, 114, 141, 143
平和定着(構築)活動　112, 113, 143
平和的変更　163, 164, 333, 339
「平和のための結集」決議　98, 102
『平和への課題』　100, 112
ヘゲモニー　285
　　機構内 ——　103-105, 134, 289
　　集合的 ——　286
　　大国の ——　285-289
ペータース、アンネ　12
ベネット、リーロイ　54
ペリンダバ条約(アフリカ非核兵器地帯条約)　248
ヘルシンキ条約　208, 212
ベルトラン報告　133
ベルリン会議(1878年)　28, 29, 37
ペン、ウィリアム　24
法学的アプローチ　303-308
包括的核実験禁止条約(CTBT)　231
法人説　251, 252, 302
法的統合　184, 197, 206, 223
法の支配　43, 143, 144, 149, 182, 267, 274
補完性原理　192
北欧共同体(北欧統合)　207-217
北欧審議会　161, 207, 212, 213
北米自由貿易協定(NAFTA)　161
保健機関　54, 60
保護する責任　79
ボディエブラート、ゲオルグ　24
ポーランド・リトアニア紛争　99
ボールディング、ケネス　108

## マ 行

マーストリヒト条約　167, 171, 178, 189, 192, 193
マルチラテラリズム(多国間主義)　9-14, 27, 39, 45, 116, 120, 121, 151, 154, 290, 342
マンゴウン、ジェラード　310
満州事変　58
ミアシャイマー、ジョン　307, 320
ミトラニー、デイヴィド　330, 332, 333
南太平洋(諸島)フォーラム(SPF)　248
ミレニアム開発目標(MDG)　145
民主主義の赤字　178, 190
民族自決権　65
民族浄化　111
無秩序　23
メイヤー、コード　328
メッテルニヒ、クレメンス・フォン　34
メルコスール(MERCOSUR)→　南米南部共同市場
黙示の権限　78, 303, 304
モーゲンソー、ハンス　91, 269, 318-320, 340
モスクワ宣言　68
モネ、ジャン　47
問題吸引システム　119

## ヤ 行

ヤルタ会談　69
UN Women→　女性の権利促進のための国連機関
友好関係原則宣言　102, 266
ユニセフ(UNICEF)→　国連児童基金
ユニラテラリズム→　単独主義
ユネスコ(UNESCO)→　国連教育科学文化機関
抑制と均衡　52, 162
予防外交　265
『より安全な世界』　143, 144
『より大きな自由のうちに』　143

ヨーロッパ協調　22, 26-29, 40, 44, 50, 91, 92
ヨーロッパ経済協力機構(OEEC)　157, 218, 242

## ラ 行

ラロトンガ条約　248
リアリズム　318-320
リーヴズ、エメリー　328
リキアン連合　20
理事会的機関　254-257
リスボン条約　167, 168, 170, 184
リットン委員会(調査団)　59
リンドバーグ、レオン　335
ルソー、ジャン=ジャック　24
ルワンダ国際刑事法廷(ICTR)　272
冷戦　94, 95, 139, 318, 319
歴史的アプローチ　309-311
レジーム論　322-324
レスター、ショーン　54
列国議会同盟(IPU)　212
レーニン、ウラジミール・イリイチ　65
連合国委員会　46
連合国救済復興機関(UNRRA)　68
連合国糧食理事会　46
連邦主義　327-330
連邦制　184
ロイド・ジョージ、デイヴィド　46
6章半活動　99
ローズヴェルト、フランクリン　67
ロバーツ、アダム　109
ローマ規程　273, 274

## ワ 行

ワイス、トーマス　260
ワルシャワ条約機構(WTO)　154, 157, 218, 242
ワルトハイム、クルト　77, 78
『われらの強さを結集して』　144
湾岸戦争　88, 110, 113, 140

最上敏樹

1950年北海道生まれ．国際基督教大学教授を経て
現在—早稲田大学教授，国際基督教大学名誉教授
専攻—国際法，国際機構論
著書—『ユネスコの危機と世界秩序』(東研出版)
　　　『国連システムを超えて』(岩波書店)
　　　『人道的介入——正義の武力行使はあるか』
　　　『国連とアメリカ』
　　　『いま平和とは——人権と人道をめぐる9話』
　　　(以上，岩波新書)
　　　『国境なき平和に』(みすず書房)
　　　『国際立憲主義の時代』(岩波書店)ほか

国際機構論講義

2016年12月22日　第1刷発行

著　者　最上敏樹
　　　　もがみとしき

発行者　岡本　厚

発行所　株式会社　岩波書店
　　　　〒101-8002 東京都千代田区一ツ橋 2-5-5
　　　　電話案内 03-5210-4000
　　　　http://www.iwanami.co.jp/

印刷・三陽社　カバー・半七印刷　製本・松岳社

© Toshiki Mogami 2016
ISBN 978-4-00-022954-8　Printed in Japan

R〈日本複製権センター委託出版物〉　本書を無断で複写複製
(コピー)することは，著作権法上の例外を除き，禁じられてい
ます．本書をコピーされる場合は，事前に日本複製権センター
(JRRC)の許諾を受けてください．
JRRC　Tel 03-3401-2382　http://www.jrrc.or.jp/　E-mail jrrc_info@jrrc.or.jp

|  |  |  |
|---|---|---|
| 国際立憲主義の時代 | 最上敏樹 | 四六判 304頁 本体2800円 |
| 人道的介入——正義の武力行使はあるか | 最上敏樹 | 岩波新書 本体780円 |
| 国連とアメリカ | 最上敏樹 | 岩波新書 本体820円 |
| いま平和とは——人権と人道をめぐる9話 | 最上敏樹 | 岩波新書 本体780円 |
| 国際連合 軌跡と展望 | 明石 康 | 岩波新書 本体760円 |
| 介入のとき コフィ・アナン回顧録(上・下) | コフィ・アナン ネイダー・ムザヴィザドゥ 白戸 純訳 | 四六判各256頁 本体各2700円 |
| 聞き書 緒方貞子回顧録 | 野林 健 納家政嗣 編 | 四六判 328頁 本体2600円 |

————岩波書店刊————

定価は表示価格に消費税が加算されます
2016年12月現在